Auschwitz

Emerson Vermaat

Auschwitz

Eindstation van de dood

Uitgeverij Aspekt

Auschwitz
© Emerson Vermaat
© 2013 Uitgeverij ASPEKT
Amersfoortsestraat 27, 3769 AD Soesterberg, Nederland
info@uitgeverijaspekt.nl – http://www.uitgeverijaspekt.nl
Omslagontwerp: Anipa Baitakova
Binnenwerk: Paul Timmerman, Amersfoort

ISBN: 978-94-6153-271-8
NUR: 680

Alle rechten voorbehouden. Niets van deze uitgave mag worden verveelvoudigd, opgeslagen in een geauto-matiseerd gegevensbestand of openbaar gemaakt, in enige vorm of op enige wijze, hetzij elektronisch, mechanisch, door fotokopieën, opnamen of enig andere manier, zonder voorafgaande toestemming van de uitgever.

Voorzover het maken van kopieën uit deze uitgave is toegestaan op grond van artikel 16B Auteurswet 1912 j° het Besluit van 20 juni 1974, St.b. 351, zoals gewijzigd bij het Besluit van 23 augustus 1985, St.b. 471 en artikel 17 Auteurswet 1912, dient men de daarvoor wettelijk verschuldigde vergoedingen te voldoen aan de Stichting Reprorecht (postbus 882, 1180 AW, Amstelveen). Voor het overnemen van gedeelte(n) van deze uitgave in bloemlezingen, readers, en andere compilatiewerken (artikel 16 Auteurswet 1912), dient men zich tot de uitgever te wenden.

Inhoud

1. Auschwitz I ('Stammlager') en II ('Birkenau') en de rol van kampcommandant Rudolf Höss (1940/41)   7

2. Auschwitz I en II als 'eindstation van de dood' (1942-1945)   35

3. Himmler, IG Farben en Auschwitz-Monowitz   93

4. Robert Mulka, Wilhelm Boger, Carl Clauberg en Josef Mengele   107

5. Gesprekken met Nederlandse overlevenden van Auschwitz: 'Het was de ten top gedreven waanzin'   131

6. Wat was er tijdens de oorlog aan de buitenwereld over Auschwitz en de vergassing van de Joden bekend?   151

7. Antisemitische Holocaustontkenners en radicale moslims die een 'tweede Holocaust' willen   213

Tijdschema   237

Literatuur   249

Illustraties en documenten   259

Voetnoten   293

Persoonsregister   329

1

Auschwitz I ('Stammlager') en II ('Birkenau') en de rol van kampcommandant Rudolf Höss (1940/41)

Korte inleiding op de SS en de SS-rangen

De zogenaamde *Schutzstaffel* (bewakings- of beschermingseenheid, afgekort als SS) werd in 1923 opgericht en was bedoeld als persoonlijke lijfwacht van Adolf Hitler, leider van de antisemitische Nationaalsocialistische Duitse Arbeiderspartij (NSDAP). Deze Hitler, die zich de *Führer* (leider) liet noemen, werd eind januari 1933 rijkskanselier en trok nog datzelfde jaar alle macht naar zich toe. Heinrich Himmler, een fanatieke nazi uit Beieren die landbouwkunde had gestudeerd, werd in januari 1929 *Reichsführer-SS*, de hoogste leider van de SS. Deze organisatie telde op dat moment nog geen driehonderd leden. Himmler bouwde de SS snel uit tot een enorm machtsbolwerk, daarbij sinds 1931 bijgestaan door de even ambitieuze Reinhard Heydrich, die oneervol uit de marine was ontslagen en nu kansen zag een echte carrière op te bouwen. Heydrich zette binnen de SS de zogenaamde *Sicherheitsdienst* (veiligheidsdienst, afgekort als SD) op, die een beruchte reputatie zou krijgen. Himmler kreeg in de jaren dertig van de vorige eeuw ook de volledige zeggenschap over de Duitse politie, toen hij behalve *Reichsführer-SS* ook *Chef der deutschen Polizei* (chef van de Duitse politie) werd. Gevreesd werd vooral de *Geheime Staatspolizei* (geheime staatspolitie, afgekort als Gestapo), die zich toelegde op het martelen of vermoorden van tegenstanders en een sleutelrol speelde bij de Jodenvervolging. In 1936 formeerde Himmler de *Sicherheitspolizei* (de veiligheidspolitie, afgekort als Sipo) alsmede de *Ordnungspolizei* (ordepolitie). Heydrich kreeg de zeggenschap over de *Sicherheitspolizei.*

Op 1 september 1939 viel Hitler Polen binnen. Onder leiding van Heydrich werden daar moorddadige executiecommando's, de zogenaamde *Einsatzgruppen* (groepen met een speciale opdracht) ingezet. Grote aantallen mensen konden zonder vorm van proces worden doodgeschoten. Toen werd voor het eerst het codewoord *Sonderbehandlung* (bijzondere of speciale behandeling) gebezigd.[1] (Later zou dit het codewoord voor de 'vergassing' van Joden worden.)

Op 27 september 1939 werd het *Reichssicherheitshauptamt* (RSHA) opgericht, een fusie van SD en Sipo. Heydrich werd daarvan de chef, maar door hem ondertekende brieven hadden als briefhoofd *Der Chef der Sicherheitspolizei und des SD*.[2] Zijn rang was *Obergruppenführer*. Onder hem ressorteerden de *Befehlshaber der Sicherheitspolizei und des SD* (Bevelhebbers van de veiligheidspolitie en de SD, afgekort als BdS). Daarnaast waren er *Höhere SS- und Polizeiführer* (Hogere SS- en politieleiders, afgekort als HSSPF), die rechtstreeks onder Himmler vielen. Een HSSPF beschikte over uitgebreide bevoegdheden en kon, indien noodzakelijk, operationele controle over de gehele politie, de SS en zelfs militaire eenheden op de terreinen waar betrokkene verantwoordelijk voor was, uitoefenen.[3] Er waren ook nog iets lagere *SS- und Polizeiführer* (SSPF). Onder het RSHA ressorteerde ook de Gestapo. Chef van de Gestapo werd Heinrich Müller, die de rang van *Gruppenführer* had. Müller had een achtergrond bij de politie van München. Hij won al snel het vertrouwen van Heydrich en Himmler. Heydrich benoemde hem in 1934 tot operationele chef van de Gestapo. Heydrich kon Müllers politie-ervaring niet missen.[4] Later zou Müller als Gestapochef een nog belangrijker rol gaan spelen. Binnen het RSHA waren er zeven *Ämter* of departementen. *Amt IV* was de Gestapo, *Amt V* de *Kriminalpolizei* (afgekort als Kripo, de politie die zich met misdaad, hier een breed begrip, bezighield) en *Amt VI* was de buitenlandse inlichtingendienst van de SD.

Binnen de SS ontwikkelde Adolf Eichmann, die zich in 1934 bij Heydrichs SD had aangesloten, zich al spoedig tot de expert bij uitstek op het gebied van het Jodendom. Met toestemming van Heydrich maakte hij in het najaar van 1937 een reis naar Palestina, destijds een Brits mandaatgebied, en Egypte. Het initiatief tot die reis was van Eichmann zelf uitgegaan. Hij werd vergezeld door Herbert Hagen, die destijds zijn formele chef was. Beiden ressorteerden toen onder Heydrichs SD. Tijdens hun reis ontdekten Eichmann en Hagen dat 'het Arabische volk' of 'de gewone Arabier' grote waardering voor Duitsland en zijn *Führer* (Hitler) had en rapporteerden dat ook aan Heydrich.[5] Overigens dachten Heydrich en Eichmann in de tweede helft van de jaren dertig van de vorige eeuw nog niet aan het uitroeien van de in in Duitsland en Europa wonende Joden. Zij gaven toen nog de voorkeur aan massale emigratie naar 'Palestina' of landen die Joden wilden opnemen. Dit zou in 1941 veranderen. Aanvankelijk was Eichmanns belangrijkste taak de *Auswanderung* (emigratie) van in Duitsland en Oostenrijk levende Joden te bevorderen.[6] Oostenrijk was na de *Anschluss* (annexatie) van 1938 met Nazi-Duitsland verenigd.

Kort nadat het RSHA was gevormd kwam Eichmann te vallen onder Heinrich Müllers *Amt IV*. Eichmann werd chef van *Referat IVB4* (afdeling IVB4) waar men zich vooral met *Judenangelegenheiten* (Joodse kwesties) bezighield. Zijn rang was toen *Obersturmbannführer*. Eichmann werd begin 1942 de belangrijkste coördinator van de zogenaamde *Endlösung der Judenfrage* (uiteindelijke oplossing van het Joodse vraagstuk), waarmee 'de uitroeiing van het Joodse ras in Europa' werd bedoeld. Deportatietreinen vol met Joden die bijvoorbeeld naar Auschwitz werden gestuurd, waren RSHA/IVB4-transporten. Heydrich overleed in juni 1942 aan de gevolgen van een aanslag. Hij werd begin 1943 opgevolgd door Ernst Kaltenbrunner, eveneens een *Obergruppenführer*.

De SS was tijdens de Tweede Wereldoorlog onderverdeeld in meerdere *Hauptämter* of hoofddepartementen. De meest bekende waren het eerder genoemde RSHA, het *Wirtschafts- und Verwaltungshauptamt* (het Economisch en bestuurlijk hoofddepartement, afgekort als WVHA), dat werd geleid door *Obergruppenführer* Oswald Pohl, het *Hauptamt Ordungspolizei* (het Hoofddepartement van de ordepolitie), dat werd geleid door *Obergruppenführer* Kurt Daluege en het *SS-Hauptamt* (het Hoofddepartement), dat werd geleid door *Obergruppenführer* Gottlob Berger. Alle concentratiekampen, dus ook Auschwitz, vielen onder het eind januari 1942 gevormde WVHA. Dit WVHA moest de kampen door slavenarbeid 'economisch rendabel' zien te maken. Het eerste concentratiekamp van de nazi's bevond zich in Dachau en werd in maart 1933 in gebruik genomen. Op het toegangshek bij de ingang waren de woorden *Arbeit macht frei* ('arbeid maakt vrij') te lezen. Die cynische leus werd later óók boven de toegangspoort van het hoofdkamp van Auschwitz geplaatst. De eerste commandant van Dachau heette Hilmar Wäckerle, maar deze werd al snel opgevolgd door de alom gevreesde Theodor Eicke, die met name door Himmler werd bewonderd. Eicke wilde zijn in Dachau met succes toegepaste terreurregime overplanten naar andere concentratiekampen. Hij was de eerste die de titel *Inspekteur der Konzentrationslager* (inspecteur van de concentratiekampen) droeg. (Eicke was ook de initiator en commandant van de *SS-Divisie Totenkopf*, een van de hardste en best getrainde elite-eenheden binnen de SS, ongeveer vergelijkbaar met de Amerikaanse *special forces*).

Tot het uitbreken van de oorlog ging het bij de *Inspektion der Konzentrationslager* (IKL) nog om een kleine instantie. Maar intussen waren er steeds meer concentratiekampen bijgekomen. In november 1939 werd Richard Glücks tot inspecteur van de concentratiekampen benoemd. In januari 1942 kwam de IKL als *Amtsgruppe D* (afdeling D) onder het WVHA te vallen. Glücks werd in 1943 bevorderd tot *Gruppenführer*. Zijn plaatsvervanger was (vanaf november 1943) *SS-Obersturmbannführer* Gerhard Maurer. Voor Himmler was Glücks doodsbang en de *Reichsführer-SS* overwoog meermalen om hem te ontslaan, maar WVHA-chef Pohl wist dit te voorkomen. De ambtelijk ingestelde Glücks was een tegenstander van het invoeren van organisatorische veranderingen en botste ook meermalen met Rudolf Höss, de kampcommandant van Auschwitz. Höss verweet de in zijn ogen besluiteloze Glücks dat het hem aan praktische ervaring ontbrak omdat hij nooit in een concentratiekamp had gewerkt.[7] Diezelfde Glücks had overigens wel aan het begin van het kamp Auschwitz gestaan toen hij in januari 1940 een commissie naar dit gebied stuurde om te bekijken of daar een concentratiekamp gebouwd kon worden. Op 21 februari 1940 rapporteerde hij aan Himmler dat de voormalige Poolse legerbarakken bij Auschwitz geschikt waren om als 'quarantainekamp' in te richten.[8] Bovendien was Glücks verantwoordelijk voor de massamoorden en de wantoestanden in het kamp. Hij gaf zelfs de maandelijkse bevelen ter doorvoering van de *Endlösung der Judenfrage* en de *Vernichtung durch Arbeit* (het fysiek elimineren van gevangenen door harde slavenarbeid).[9]

De belangrijkste militaire tak van de SS was de goed getrainde *Waffen-SS*, die rechtstreeks onder Himmler viel. De *Waffen-SS* vocht samen met de Duitse *Wehrmacht*, het traditionele Duitse leger, tijdens de Tweede Wereldoorlog aan tal van fronten en werd vooral ingezet na de Duitse inval in de Sovjet-Unie in juni 1941. Op een gegeven moment waren er bij de *Waffen-SS* meer dan 800.000 man onder de wapenen. De generaals van de *Wehrmacht* zagen dit met lede ogen aan. Voor hen was de *Waffen-SS* steeds meer een concurrerende strijdmacht, al werd er in veel frontgebieden toch nog intensief samengewerkt. Ook de *Wehrmacht* maakte zich aan tal van oorlogsmisdaden schuldig.

Op het gebied van oorlogsmisdaden spande de SS echter de kroon. In de bezette delen van de Sovjet-Unie zouden de *Einsatzgruppen* van de Sipo en de SD ongeveer twee miljoen burgers doodschieten, de meesten van hen waren Joden.

De belangrijkste rangen binnen de SS (in vergelijking met die in het Nederlandse leger in 1940) waren: *Unterscharführer/Scharführer* (korporaal), *Oberscharführer* (sergeant/wachtmeester), *Hauptscharführer/Sturmscharführer* (sergeant-majoor), *Untersturmführer* (2e luitenant), *Obersturmführer* (1e luitenant), *Hauptsturmführer* (kapitein/ritmeester), *Sturmbannführer* (majoor), *Obersturmbannführer* (luitenant-kolonel), *Standartenführer/Oberführer* (kolonel), *Brigadeführer* (generaal-majoor), *Gruppenführer* (luitenant-generaal), *Obergruppenführer* (generaal).

Het begin van het concentratiekamp Auschwitz en de eerste 'IVB4'-deportatie

Zonder de Duitse inval in Polen op 1 september 1939 en de annexatie van grote delen van het Poolse grondgebied, was er in Auschwitz nooit een groot vernietigingskamp geweest. De Poolse naam was Oswiecim. Auschwitz lag in het zuiden van Polen, in een streek of provincie die bekend stond als Opper-Silezië (*Oberschlesien*). De bevolking bestond uit zowel Duitsers als Polen. In oktober 1939 werd dit gebied door Nazi-Duitsland geannexeerd en ging deel uitmaken van het Duitse Rijk (hoofdstad: Kattowitz of Katowice). Grenzend aan Opper-Silezië was het *Generalgouvernement*, een groot deel van het door Duitsland in 1939 bezette Polen, met als hoofdstad Krakau (Krakow). Omdat de gevangenissen van het *Generalgouvernement* en Opper-Silezië het grote aantal in hoofdzaak Poolse gevangenen niet meer aankonden, opperde *SS-Oberführer* Arpad Wigand in december 1939 het idee om vlakbij Auschwitz een concentratiekamp te bouwen. Er waren daar goede spoorverbindingen en niet ver van het stadje Auschwitz was een voormalige Poolse kazerne met stenen legerbarakken. Wigand viel onder Himmlers vertrouweling *SS-Gruppenführer* (later *Obergruppenführer*) Erich von dem Bach-Zelewski, die door de *Reichsführer-SS* was aangesteld als regionale *Kommissar für die Festigung Deutschen Volkstums* (Commissaris voor de versterking van het Duitse volk of volkswezen) in Silezië. (Himmler zelf was als *Reichskommissar* de chef van alle Duitse etnische zuiveraars.)

Op grond van een gunstig rapport van von dem Bach-Zelewski informeerde *SS-Obergruppenführer* Gottlob Berger, de chef van het *SS-Hauptamt*, Himmler op 25 januari 1940 dat er binnenkort bij Auschwitz een concentratiekamp zou worden ingericht. Himmler liet eerst nog uitzoeken of er alternatieve locaties waren, maar in februari rapporteerde *SS-Brigadeführer* Richard Glücks, de inspecteur van de concentratiekampen, dat Auschwitz de beste locatie was. Er moesten wel betere sanitaire voorzieningen komen. In april voerde een commissie onder leiding van *SS-Hauptsturmführer* (later *Obersturmbannführer*) Rudolf Höss besprekingen met Wigand in Breslau. De bedoeling was aanvankelijk dat Auschwitz een soort quarantaine- en doorgangskamp voor Poolse gevangenen zou worden, die later naar concentratiekampen in het Duitse Rijk moesten worden doorgestuurd. Het kamp zou vooralsnog zo'n 10.000 gevangenen moeten opnemen. Himmler gaf daarop bevel om op deze locatie een concentratiekamp te vestigen. Eind april benoemde Glücks Höss tot commandant van het toekomstige kamp, een benoeming die op 4 mei officieel werd.[10] Vrijwel uit het niets moest een groot kamp verrijzen. Dit was zes dagen vóór de Duitse aanval op Nederland, België, Luxemburg en Frankrijk.

In mei 1940 werd *SS-Obersturmführer* (later *Hauptsturmführer*) Josef Kramer benoemd tot adjudant/plaatsvervanger van Höss. In november 1940 werd hij kampcommandant van Dachau en in 1942 van Natzweiler. Op 8 mei 1944 keerde hij naar Auschwitz terug als commandant van Birkenau (tot november) 1944. In het voorjaar en de zomer van 1944 werden er in de gaskamers van Auschwitz-Birkenau meer dan 400.000 Hongaarse Joden vergast. In november 1944 werd Kramer commandant van het concentratiekamp Bergen-Belsen waar de Britse bevrijders hem in april 1945 de bijnaam 'het beest van Bergen-Belsen' gaven, omdat hij gevangenen massaal had laten creperen.[11] Een andere beruchte man van het eerste uur was *SS-Hauptsturmführer* Karl Fritsch, die de eerste *Schutzhaftlagerführer* werd en als zodanig rechtstreeks onder Höss viel. Bij *Schutzhaft* ging het om een kamp voor zogenaamde 'staatsgevaarlijke gevangenen' (een nogal breed begrip). Fritsch werd in januari 1942 overgeplaatst naar het concentratiekamp Flossenburg en opgevolgd door *SS-Hauptsturmführer* Hans Aumeier. Tenslotte werd de *Geheime Staatspolizei* (Gestapo) al vanaf 1940 vertegenwoordigd door *SS-Untersturmführer* Maximilian Grabner, de chef van de zogenaamde 'Politieke Afdeling' die gevangenen martelde en vaak executeerde.

Er waren tal van typen gevangenen, die een eigen 'merkteken' op hun kleding moesten dragen. Bij Duitse politieke gevangenen was dat een omgekeerde rode driehoek (bij een Fransman stond daar een grote zwarte 'F' in, bij een Pool een grote zwarte 'P'), bij 'emigranten' een omgekeerde driehoek in het blauw, bij 'Jehova's Getuigen' een omgekeerde paarse driehoek, bij een 'gewone misdadiger' (*Befristeter Vorbeugungshäftling*, later aangeduid als *Berufsverbrecher*, beide afgekort als BV) een omgekeerde groene driehoek, bij een *Arbeitsscheue* ('asociale, arbeidsschuwe persoon') een omgekeerde zwarte driehoek, bij zigeuners (Sinti en Roma) een omgekeerde bruine driehoek, bij homoseksuelen (homofielen) een omgekeerde roze driehoek. Joden kregen een met de punt naar boven wijzende gele driehoek met daarover heen

een met de punt naar beneden wijzende driehoek in het rood, groen, blauw, paars, roze of zwart. Het geheel had de vorm van een Davidsster. Een zogenaamde *Jüdische Rasseschänder* ('rasbevuiler') kreeg een zwart omlijnde gele omgekeerde driehoek over hun gele driehoek. Er waren nog meer klassificaties van gevangenen.[12]

Op 20 mei 1940 arriveerden er dertig Duitse gevangenen, zogenaamde 'gewone misdadigers', uit het concentratiekamp Sachsenhausen. Het ging om 'gewone misdadigers'. Zij waren de eersten die een kampnummer ontvingen en zouden in de hiërarchie van de kampgevangenen een belangrijke rol gaan spelen als verlengstuk van de SS. Het was de tactiek van de SS om gevangenen tegen elkaar uit te spelen, door kleine groepen en zogenaamde 'Kapo's' (*Kapos*) of 'bazen' betere posities en meer voorrechten te geven dan anderen. Ook waren er *Blocks* of barakken met *Blockführer* (blokleiders) die daar toezicht moesten houden. Dit systeem was door Eicke bedacht. Maar alléén in Auschwitz was het sinds de herfst van 1941 de gewoonte om op de linker onderarm van alle aangekomen Joodse gevangenen, voorzover zij niet direct werden vergast, een nummer te tatoeëren. In februari 1943 werd besloten om ook bij niet-Joodse kampgevangenen zo'n nummer te tatoeëren.[13] Zo werden gevangenen gereduceerd tot nummers.

Op 14 juni 1940 arriveerden meer dan 728 Poolse gevangenen uit de gevangenis van Tarnow in Galicië. Dit was het eerste transport van Polen naar Auschwitz.[14] Dit vond overigens op de dag plaats waarop Duitse troepen een overwinningsparade in Parijs hielden. Tot de lente van 1942 zou de meerderheid van de gevangenen in Auschwitz bestaan uit Polen.[15] Daarna werd Auschwitz een echt vernietigingskamp waar vooral Joden massaal werden omgebracht. De eerste Joden werden in de herfst van 1941 naar Auschwitz gedeporteerd. Op 26 maart 1942 werden 999 Slowaakse Joden, allen vrouwen, naar Auschwitz gedeporteerd. Dit was het eerste transport dat door Eichmanns afdeling 'IVB4' was georganiseerd.[16]

Het eerste crematorium, de eerste ontsnapping en de eerste executies

'Commando's' waren groepen of ploegen van dwangarbeiders die bepaalde werkzaamheden moesten verrichten. Als dat buiten het kamp was, sprak men van een *Aussenkommando* (commando buiten het kamp). Het eerste *Aussenkommando* werd op 10 juli 1940 gevormd. Het meest beruchte commando was het later gevormde *Sonderkommando* (bijzonder of speciaal commando), dat de lijken uit de gaskamers moest halen en in de crematoria verbranden. Dit waren allemaal Joodse gevangenen die het vuile werk voor de SS moesten opknappen en die gemiddeld drie maanden in leven mochten blijven. Eind juni 1940 werd begonnen met de bouw van het eerste op cokes gestookte crematorium, een oven met dubbele ingang, nadat de firma J.A. Topf und Söhne uit Erfurt een technisch model had ontwikkeld. Een maand later, op 25 juli, was de bouw voltooid. Er werd daarop een speciaal *Krematoriumkommando* gevormd.[17]

Op 6 juli 1940 ontsnapte de Poolse gevangene Tadeusz Wiejowski uit Auschwitz. Hij was de eerste die uit het kamp wist te ontsnappen. In de herfst van 1940 werd hij weer gearresteerd, gevangengezet en daarna geëxecuteerd.[18]

Op 18 juli bracht *SS-Gruppenführer* Erich von dem Bach-Zelewski, de *Höhere SS- und Polizeiführer* (HSSPF) in Silezië, een inspectiebezoek aan Auschwitz. Von dem Bach-Zelewski was bevriend met Himmler. Hij eiste dat de Poolse burgers die Wiejowski hadden geholpen bij zijn ontsnapping, zouden worden geëxecuteerd. Drie dagen later schreef hij een brief aan Höss waarin hij stelde dat vijf in het kamp werkzame 'civiele arbeiders', allen Polen, direct moesten worden geëxecuteerd. Die straf werd later omgezet in geseling en een straf van vijf jaar in een concentratiekamp.[19]

In september bracht *SS-Gruppenführer* (later *Obergruppenführer*) Oswald Pohl, chef van het *SS-Hauptamt Verwaltung und Wirtschaft* (eind januari 1942 werd dit het *Wirtschafts- und Verwaltungshauptamt* of WVHA) een bezoek aan Auschwitz. Pohl wilde de industriële groei van Opper-Silezië verder bevorderen en het kamp Auschwitz, als bron van dwangarbeiders, daarbij betrekken. Pohl gaf Höss opdracht het kamp gereed te maken voor de komst van nog meer gevangenen.[20]

Op 22 september 1940 arriveerde Witold Pilecki, een leidinggevende officier van het Poolse ondergrondse leger, in Auschwitz.[21] Pilecki had zich in Warschau opzettelijk gevangen laten nemen om vervolgens naar Auschwitz te worden gestuurd. (De SS en de Gestapo waren natuurlijk niet op de hoogte van zijn belangrijke rol in het Poolse verzet.) Vanuit Auschwitz zou Pilecki, op wie in hoofdstuk 6 nader wordt ingegaan, regelmatig rapporteren over wat hij zag, hoorde en meemaakte.

De eerste executies in Auschwitz vonden plaats op 22 november 1940. Het betrof veertig Polen die werden gedood als vergelding voor geweld dat tegen politiefunctionarissen in Kattowitz zou zijn gebruikt. De veertig Poolse gevangenen werden door de *Kriminalpolizei* (Kripo) van Kattowitz naar

Auschwitz gestuurd omdat Himmler niet wilde dat het grote publiek van de executies zou weten. (In Auschwitz waren andere gevangenen er echter wel getuige van.) Himmler en Heydrich hadden de executies bevolen en Höss ondertekende na afloop de verslagen die naar Berlijn werden gestuurd.[22]

Himmler droomt eerst nog van een 'agrarisch paradijs'

Eind november 1940 rapporteerde Höss, samen met *SS-Sturmbannführer* Heinrich Vogel van het *SS-Hauptamt Verwaltung und Wirtschaft*, aan Himmler in Berlijn. Vogel was verantwoordelijk voor land- en bosbouw alsmede voor visserij. Voor wat Auschwitz betreft, hield hij zich bezig met de onteigende Poolse boerderijen en landbouwbedrijven. Volgens de memoires van Höss probeerde hij (Höss) Himmler te doordringen van de misstanden die in latere jaren catastrofale vormen zouden aannemen, maar kreeg hij daarvoor geen gehoor. Hij moest als commandant zelf de problemen maar zien op te lossen. In oorlogstijd moet er geïmproviseerd worden, zou Himmler hebben gezegd. 'De soldaat aan het front moet ook veel ontberingen doorstaan, waarom niet de gevangenen?!' Toen Höss zijn hoogste baas wees op het gevaar van besmettelijke ziekten, kreeg hij te horen dat hij een te zwarte kijk op de dingen had.[23]

Himmlers belangstelling werd wel gewekt toen Höss aan de hand van kaarten inging op de mogelijkheden van het hele gebied. Himmler, die landbouwkundig ingenieur was, wilde dat er in Auschwitz ook op grote schaal 'agrarische experimenten', werden doorgevoerd. Er waren, zo stelde hij volgens Höss, genoeg arbeidskrachten voorhanden. 'Er moesten grote laboratoria en afdelingen die zich met plantenteelt bezighielden, worden gecreëerd. Veeteelt gericht op alle soorten en rassen die van betekenis zijn.' Ook wilde hij landerijen droogleggen en binnen een tijdsbestek van een jaar een dam over de rivier de Weichsel bouwen. (Dit plan werd inderdaad gerealiseerd.). Himmler kondigde aan dat hij 'binnenkort' zelf in Auschwitz alles in ogenschouw wilde nemen. Volgens Höss reageerde Vogel enthousiast op al die plannen, maar was hijzelf nog sceptisch. Overigens had Höss als lid van de *Artamanen Bund*, die het boerenleven verheerlijkte en waar ook Himmler lid van was geweest, wel enige ervaring op agrarisch gebied opgedaan. Höss hoopte echter dat de *Reichsführer-SS* bij diens aangekondigde bezoek met eigen ogen 'de zichtbare gebreken en misstanden' zou zien zodat hij bewogen kon worden hulp te bieden.[24] Himmlers plannen inzake, wat Laurence Rees terecht omschrijft als 'een Duitse landbouwutopie, bijna een paradijs', moesten nog wel gerealiseerd worden.²⁵ Op korte termijn kwam alles neer op een aanzienlijke uitbreiding van het kamp en een verdere toename van het aantal gevangenen, die als slavenarbeiders zouden worden uitgebuit. Himmler had echter haast en beval om rond het kamp Auschwitz een door de SS geleid gebied voor landbouw in te richten. Een aantal dorpen waaronder Birkenau (Brzezinka) werd in 1941 ontruimd en om Auschwitz heen werd een gebied afgezonderd waar de kampcommandant het voor het zeggen had.²⁶ In februari 1942 belastte Himmler *SS-Obersturmbannführer* Joachim Caesar met de leiding van de landbouwbedrijven in en rond Auschwitz.²⁷

Pater Maximiliaan Kolbe, helper van vervolgde Joden en Polen en 'de heilige van Auschwitz'

Kort voor Kerstmis 1940 verzocht mgr. Adam Sapieha, de bisschop van Krakau, aan Höss om toestemming om tijdens de kerstdagen de mis voor katholieke gevangenen te mogen lezen. Höss gaf die toestemming niet, maar stond wel de verzending per post van 6000 voedselpakketten voor de gevangenen toe. Veel gevangenen ontvingen deze pakketten pas na het nieuwe jaar.²⁸ Hieruit bleek dat de kerk zich al vroeg inspande om het lijden van althans een aantal gevangenen zoveel mogelijk te verlichten. Op 29 mei 1941 werd de populaire franciskaner pater Maximiliaan Kolbe, wiens grote klooster aan liefst 2000 Joodse en nog eens 1000 andere vluchtelingen onderdak bood, naar Auschwitz gebracht waar hij zich direct inzette voor zijn medegevangenen. Deze Poolse pater was op 17 februari, samen met andere monniken in de gevangenis van Pawiak opgesloten.²⁹

Toen er in juli (1941) een gevangene was ontsnapt, bepaalde de SS dat tien andere gevangenen als vergelding de hongerdood moesten sterven in een kelder in een speciale betonnen bunker in het zogenaamde Block 11 (Barak 11 in het *Stammlager* of moederkamp). Eén van de gevangenen die *Schutzhaftlagerführer* Karl Fritsch en zijn assistent van de Gestapo hadden aangewezen, was Franz Gajowniczek, vader van vier kinderen. Hij riep: 'O! Mijn lieve vrouw en kinderen zal ik niet meer terugzien!'

> 'Op dat moment stapte een kleine man met diepliggende ogen en ronde brillenglazen naar voren en nam zijn pet af. "Wat wil die Pool?" vroeg de commandant (niet Höss, maar Fritsch, V.). "Ik ben een katholiek priester; ik wil sterven voor die man. Ik ben oud; hij heeft een vrouw en kinderen... ik heb niemand", zei Maximiliaan Kolbe. "Akkoord", antwoordde de commandant kortaf, en liep

*verder. Die nacht werden negen mensen en de priester naar de bunker gebracht.'
'Uit de bunker klinkt gezang en gebed, maar met de dag wordt het geluid zwakker. Altijd zagen de bewakers de pater op de knieën, of staan tussen de stervende mannen. Tijdens deze stervenstijd was Maximiliaan Kolbe een rots in de branding voor zijn negen lotgenoten. Ook in deze korte ondraaglijke periode heeft Maximiliaan gedaan wat hij als priester doen moest. Na bijna drie weken zijn de Duitsers het zat. De laatste vier levenden krijgen een dodelijke injectie. Op 14 augustus 1941, om 12:50 uur, na twee weken in de bunker en nog steeds bij bewustzijn, dient de kamparts Maximiliaan een dodelijke fenolinjectie toe. De euthanasiearts ziet hoe de lippen van pater Maximiliaan biddend sterven.'[30]*

Hoewel dit verhaal hier en daar wellicht iets is aangedikt, is de kern ervan waar. Volgens Danuta Czechs *Auschwitz Chronicle* overleed pater Kolbe inderdaad op 14 augustus 1941. Het was echter geen arts die hem de dodelijke fenolinjectie toediende maar Hans Bock, de blokoudste in de ziekenzaal voor gevangenen.[31] Kolbe was 47 jaar toen hij stierf. Zo werd deze moedige man 'de heilige van Auschwitz'. Hij werd door de latere Poolse paus Johannes Paulus II op 10 oktober 1982 heilig verklaard. Op het St. Pietersplein in Rome bevond zich die dag ook Franz Gajowniczek, samen met zijn vrouw, kinderen en kleinkinderen.

Het was overigens niet voor het eerst dat gevangenen in de bunker van Block 11 de hongerdood moesten sterven nadat een gevangene was ontsnapt. Op 23 april 1941 werden uit vergelding voor de ontsnapping van een Poolse gevangene tien andere Poolse gevangenen in een cel in de kelder van Block 11 opgesloten zonder dat ze te eten en te drinken kregen. Ze stierven allemaal. Höss had de slachtoffers met medewerking van Fritsch uitgekozen. Dit herhaalde zich op 17 en 24 juni.[32]

Block 11, bijgenaamd het 'dodenblok', was de beruchte gevangenis van het kamp. In kelders werden gevangenen vaak doodgeschoten. Er waren zogenaamde 'stacellen' van anderhalve vierkante meter waar vier mensen in werden gepropt die niet konden liggen of zitten, maar overdag wel dwangarbeid moesten verrichten. Andere cellen werden gebruikt om gevangenen uit te hongeren. Dan waren er donkere cellen met een heel klein venster. Verse lucht was er niet, dus veel gevangenen stikten in zo'n cel. 's Winters was het er vreselijk koud, dus toch al ernstig verzwakte gevangenen konden er ook doodvriezen. Ook in dit opzicht was Auschwitz voor velen het eindstation van de dood.

Direct naast Block 11 bevond zich aan de achterzijde van een binnenplaats de zogenaamde 'Zwarte muur des doods' (*Schwarze Totenwand*). Daar werden tallozen die in Block 11 door de Gestapo terdoodveroordeeld waren, geëxecuteerd. Onder hen bevonden zich veel Polen. Toen men in mei 1945 de dikke laag zand die daar lag, verwijderde, bleek deze doordrenkt te zijn met bloed.[33] De ramen van het aangrenzende Block 10, waar 'medische' experimenten op vrouwen werden uitgevoerd, waren met planken dichtgespijkerd zodat deze toch al wanhopige vrouwen niet konden zien welke afschuwelijke taferelen zich bij de 'muur des doods' afspeelden. Wat ze echter wel goed konden horen, was het schieten door bloeddronken SS'ers.

Himmler wil vlakbij Auschwitz een tweede kamp, Birkenau

Eind 1940 en begin 1941 waren er al plannen voor een tweede kamp bij Auschwitz, dat als 'Auschwitz II' werd aangeduid en dat bestemd was voor 'zwaardere criminelen' (een zogenaamd 'klasse II kamp'). 'Auschwitz I' of het *Stammlager* (het oorspronkelijke of moederkamp) werd aangeduid als een 'klasse I kamp', waar op dat moment 'minder zware criminelen die beslist voor verbetering vatbaar waren', zaten.[34] Dit zou veranderen toen het besluit was genomen om Auschwitz te gebruiken voor de opvang van Russische krijgsgevangenen en Joden van wie er zeer velen zouden worden gedood of zouden omkomen.

In 1 maart 1941 bracht Himmler zijn langverwachte inspectiebezoek aan Auschwitz. Hij gaf aan de naar eigen zeggen tegenstribbelende Höss opdracht om de capaciteit van het kamp zodanig te vergroten dat er plaats was voor 30.000 gevangenen. Liefst 10.000 gevangenen moesten beschikbaar worden gesteld voor de bouw van een fabriek van de industriële gigant I.G. Farben in het zes kilometer verderop gelegen Dwory/Monowitz. Daarnaast moest er in Birkenau een tweede kamp komen voor liefst 100.000 (Russische) krijgsgevangenen.[35] Birkenau lag zo'n drie kilometer van het moederkamp.
Enkele auteurs twijfelen eraan of Himmler al op 1 maart 1941 met Höss over het opnemen van Russische krijgsgevangenen in Birkenau heeft gesproken. Dit kwam volgens hen pas later dat jaar aan de orde.[36] Aan de andere kant is niet geheel uit te sluiten dat Himmler deze kwestie toch al op 1 maart met Höss heeft doorgenomen. Anders dan Höss was Himmler ingewijd in de plannen van Hitler om nog in het voorjaar van 1941 de Sovjet-Unie binnen te vallen – later werd de datum verschoven naar 22 juni –, en zouden de

Duitsers al spoedig met honderdduizenden, zelfs miljoenen Russische krijgsgevangenen te maken krijgen. Maar er zouden door Auschwitz-Birkenau nooit 100.000 Russische krijgsgevangenen worden opgenomen. Birkenau zou in 1942 een echt vernietigingskamp worden waar vooral Joden werden vergast. Een klein aantal Russische krijgsgevangenen arriveerde in juli 1941 in Auschwitz, een groter aantal arriveerde in oktober.

Toen ook Fritz Bracht, de *Gauleiter* van Opper-Silezië, alsmede Walter Springorum, de *Regierungspräsident* (voorzitter van de plaatselijke regering) bezwaren maakten tegen Himmlers plannen, zou de laatste volgens Höss hebben gezegd:

> '*Mijne heren, de uitbreiding van het kamp komt er, mijn redenen daarvoor zijn veel belangrijker dan uw pogingen om daar bezwaar tegen te maken! Voor IG moeten 10.000 gevangenen, afhankelijk van de behoefte en het voortschrijden van de bouw, gereed gehouden worden. Het concentratiekamp Auschwitz moet in vredestijd zo worden uitgebreid dat er 30.000 gevangenen kunnen worden opgenomen. Ik overweeg om belangrijke wapenindustrieën hier naartoe over te plaatsen. Hiervoor moet ruimte vrij worden gemaakt.*'[37]

Volgens Höss stelde *Gauleiter* Bracht het gebrek aan bouwmateriaal aan de orde, maar Himmler wees op de door de SS in beslag genomen steenbakkerijen en een cementfabriek:

> '*Er moet harder worden gewerkt, anders neemt het KZ (concentratiekamp) enkele bedrijven over. Be- en ontwatering zijn zuiver technische problemen die vaklieden moeten oplossen, maar geen reden tot afwijzing kunnen zijn. Met alle middelen moet de uitbreiding worden bespoedigd.*'[38]

Himmler gaf aan dat epidemieën moeten worden bestreden en bevelen op het terrein van de veiligheid moeten worden opgevolgd. Hij weigerde te erkennen dat er met betrekking tot Auschwitz problemen waren en zei tegen Höss: 'Zie erop toe dat u het voor het elkaar krijgt.'

Tussen 7 en 12 april werden Birkenau en andere dorpjes rond het stadje Auschwitz ontruimd. Het terrein van het concentratiekamp werd nu aanzienlijk groter.

Russische krijgsgevangenen in Auschwitz vermoord en de eerste experimenten met Zyklon B (blauwzuurgas)

Op 22 juni 1941 viel Nazi-Duitsland de Sovjet-Unie binnen. 'Operatie Barbarossa', waarvoor Hitler reeds op 18 december 1940 het bevel had gegeven, was nu een feit. Al snel vielen honderdduizenden Russische krijgsgevangenen in Duitse handen. Al op 30 maart (!) had Hitler in een bespreking met meer dan tweehonderd hogere officieren aangegeven dat het om een strijd zou gaan waarbij de vijand geheel zou worden vernietigd. Met name 'commissarissen' en leden van de GPU (Stalins geheime dienst) zouden als misdadigers 'behandeld' (=gedood) moeten worden. Een dag later vaardigde Hitler hierover een uitvoerige instructie uit.[39] (In het Russische leger was er een groot aantal speciale officieren of 'volkscommissarisen', dat toe moest zien op de politieke betrouwbaarheid van de manschappen en de andere officieren.) Aanknopend bij Hitlers instructies van eind maart kwam het Duitse opperbevel op 6 juni met een instructie om alle zogenaamde 'politieke commissarissen' in het Russische leger te doden, het zogenaamde *Kommissarbefehl*.[40] Op 17 juli bepaalde Heydrich dat niet alleen de politieke commissarissen, maar ook Russische krijgsgevangenen die een gevaar konden vormen voor het nationaalsocialisme, moesten worden gedood. Dit betrof alle belangrijke partij- en staatsfunctionarissen, alle intellectuelen, alle Joden en alle 'agitatoren' of 'fanatieke communisten'.[41] Het was natuurlijk niet mogelijk om álle Russische krijgsgevangenen ter plekke dood te schieten, dus werden er ook krijgsgevangenen naar onder meer Auschwitz gestuurd.

Op 18 juli werden enkele honderden Russische krijgsgevangenen naar Block 11 in Auschwitz overgebracht. Dit was de eerste keer dat dit gebeurde. Ze werden eerst tewerkgesteld, maar al na een paar dagen door SS'ers doodgeschoten of door Kapo's doodgeslagen.[42]

In de bezette delen van de Sovjet-Unie werden zeer grote aantallen Joden tijdens massa-executies omgebracht, door speciale moordcommando's van de SS – de grotere *Einsatzgruppen* en de kleinere *Einsatzkommandos*. Deze vielen volledig onder de verantwoordelijkheid van Heydrich en rapporteerden regelmatig aan Berlijn. Zo had alleen al *Einsatzkommando 3* tussen 2 juli en 1 december 1941 in het bezette Litouwen en Minsk volgens eigen opgave liefst 137.346 Joden geëxecuteerd.[43]

Himmler en Heydrich reisden in juni, juli en augustus meermalen naar het oostfront om persoonlijk te inspecteren of er wel genoeg Joden en 'partizanen' werden gedood. Daaronder vaak ook vrouwen, kinderen en baby's.

Zo bevond Himmler zich op de ochtend van de vijftiende augustus in de omgeving van Minsk, de hoofdstad van het bezette Wit-Rusland, waar hij dergelijke massa-executies bijwoonde. Hij gaf aan dat het hier om een 'weliswaar walgelijke, maar noodzakelijke afweerhandeling' ging. Aanwezig daarbij was ook de eerdergenoemde Erich von dem Bach-Zelewski, die inmiddels in Minsk belast was met het toezicht op *Einsatzgruppe B* (Midden-Rusland). Na de lunch gingen Himmler en von dem Bach-Zelewski naar een nabijgelegen *Irrenanstalt* (psychiatrische inrichting) in Nowinki. Himmler zou toen *SS-Gruppenführer* Arthur Nebe, de commandant van *Einsatzgruppe B*, hebben bevolen deze pychiatrische patiënten te vermoorden, maar dan op een wijze die 'minder gruwelijk' dan executies was. Von dem Bach-Zelewski kwam toen op het idee dit met *gifgas* te doen en wilde een expert op dit gebied, *SS-Hauptsturmführer* Herbert Lange, laten overkomen, maar dit lukte niet. Op 18 september werden in Nowinki door een Duitse chemicus alsnog 120 chronisch zieke patiënten met gifgas gedood.[44]

Himmler en von dem Bach-Zelewski zochten dus in augustus 1941 naar methodes waarmee grote groepen weerloze burgers snel en zonder dat er bloed of stukjes van menselijke organen zichtbaar werden, zoals dat bij executies gebeurde, konden worden gedood. Gifgas leek voor dit doel ideaal. Dit speelde eind juli overigens óók in Auschwitz toen besloten werd om 575 zieke en zwakke gevangenen naar het 'euthanasiecentrum' kasteel Sonnenstein te sturen om ze daar in een als badkamer gecamoufleerde gaskamer te laten vergassen. Het gifgas – koolmonoxide – kwam uit zogenaamde douchekoppen aan het plafond. De meeste slachtoffers waren Polen, maar er was ook een tweetal Duitse gevangenen bij. Kampcommandant Höss ontving over deze geslaagde operatie een rapport van Franz Hössler, een beruchte SS'er die het gevangenentransport naar Sonnenstein had begeleid.[45]

Dit was de eerste keer dat gevangenen uit Auschwitz werden vergast, zij het niet in Auschwitz zelf, maar in één van de vijf zogenaamde 'euthanasiecentra' waar al geruime tijd geestelijk en lichamelijk gehandicapten en demente bejaarden als 'onnutte eters' werden omgebracht. Behalve Sonnenstein waren er nog vier andere 'euthanasiecentra', te weten Grafeneck bij Reutlingen, Hadamar in Hessen, kasteel Hartheim bij Linz (Oostenrijk) en Brandenburg an der Havel. Over Hartheim schreef de Nederlandse Jodin Luise Jacobs een aangrijpend boek. Haar vader, Arthur Jacobs, werd daar op 26 januari 1942 in een zogenaamde doucheruimte, samen met vijftig andere uitgemergelde mannen, vergast:

'Plotseling horen ze een zacht, sissend geluid. Het komt daar vandaan, daar in de hoek, onder de bank. Na ongeveer een half uur is het stil... Op de grond ligt een berg in elkaar gestrengelde lijken.'[46]

Hitler had in de zomer van 1939 bevolen om ernstig zieke patiënten een zogenaamde 'zachte dood' te laten sterven, 'euthanasie' op hen te plegen. In feite ging het om demente bejaarden, psychiatrische patiënten en ongeneeslijk zieken en later ook om Joden. Het 'euthanasieprogramma' van de nazi's kreeg de codenaam *Aktion T4*, genoemd naar de Berlijnse Tiergartenstrasse 4 waar het operationele centrum was gevestigd. Later, nadat het programma was uitgebreid tot gevangenen uit concentratiekampen, kreeg het programma de codenaam *Aktion 14f13*: '14' betekende concentratiekampen, 'f' betekende *Todes-f-älle* en '13' doden door middel van gas.[47] Enkele bij het T4-programma betrokken SS'ers speelden ook in Auschwitz een rol. Bijvoorbeeld de arts Horst Schumann, die op 28 juli 1941 naar Auschwitz kwam om daar de eerdergenoemde 575 gevangenen te 'selecteren' die in Sonnenstein, waarover hij toen de leiding had, zouden worden vergast.[48] Schumann maakte deel uit van artsencommissies die in de concentratiekampen Auschwitz, Buchenwald, Dachau, Flossenburg, Gross-Rosen en Mauthausen gevangenen die niet konden werken, moest selecteren. In november 1942 kwam hij opnieuw naar Auschwitz waar hij tot medio 1944 experimenten op mannelijke en vrouwelijke gevangenen uitvoerde. Hij probeerde hen te steriliseren door middel van röntgenstraling in Block (Barak) 30 in Birkenau en castraties in Block 10 van het *Stammlager*. Veel van zijn slachtoffers overleefden het niet.[49]

In opdracht van Himmler liet Richard Glücks, de inspecteur van de concentratiekampen, op 27 april 1943 aan alle commandanten van die kampen weten dat er in de toekomst alleen 'krankzinnige patiënten' voor de '14f13'-actie in aanmerking kwamen. Alle andere personen die niet in staat zijn om te werken, komen voor deze actie absoluut niet in aanmerking. Bedlegerige patiënten moet passend werk worden gegeven dat zij in bed kunnen doen.[50] Kennelijk waren sommige commandanten en artsen te ijverig geweest bij het vermoorden van zieke gevangenen volgens het 14f13-programma.

Schumann en andere SS-artsen hadden via het euthanasieprogramma ruime ervaring opgedaan met het doden van hun slachtoffers in speciale gaskamers. Er kwamen in de loop van 1941 steeds meer Russische krijgsgevangenen naar Auschwitz. Volgens de Poolse onderzoekster Danuta Czech was Höss eind augustus 1941 in Berlijn voor overleg met Eichmann.[51] Volgens Höss zelf nam zijn plaatsvervanger Karl Fritsch, tevens commandant van het *Schutzhaftlager*, toen het initiatief om het gas Zyklon B (een blauwzuurpreparaat) uit te proberen op Russische krijgsgevangenen. De cellen in de kelder van Block 11 werden 'volgepropt' met Russen waarna er Zyklon B in die cellen werd gegooid terwijl de SS'ers die dat deden, gasmaskers droegen. Dit leidde er volgens Höss toe dat die Russen direct stierven.[52] Volgens Danuta Czech gebeurde dit hoogstwaarschijnlijk eind augustus.[53]

Dit gifgas was verpakt in de vorm (harde) 'brokjes', die in speciale blikjes zaten. Daarop bevonden zich etiketten met als afbeelding een doodskop met twee gekruiste beenderen alsmede de tekst GIFTGAS! ZYKLON B. Dit werd geproduceerd door de bedrijven Degesch (*Deutsche Gesellschaft für Schädlingsbekämpfung GmbH*) in Dessau en Tesch & Stabenow in Hamburg, onder licentie van IG Farben. (IG Farben bezat 42,5 procent van de aandelen van Degesch.). Van Zyklon B was in Auschwitz al enige tijd een voorraad aangelegd omdat het een effectief middel bleek bij de bestrijding van ongedierte,[54] maar nu werd het voor het eerst op mensen uitgeprobeerd. Na binnenkomst in de gaskamer gingen de brokken Zyklon B over in gas.

Na zijn terugkeer uit Berlijn werd Höss door Fritsch op de hoogte gebracht:

> *'Na mijn terugkeer rapporteerde hij dit aan mij en bij het volgende transport werd dit gas wederom aangewend. De vergassing werd in de arrestatiecellen van Block 11 uitgevoerd. Ik zelf heb het doden, beschermd door een gasmaker, gezien. De dood volgde in de volgepropte cellen direct nadat (het Zyklon B) naar binnen was geworpen. Alleen een kort, bijna verstikt geschreeuw en daarna was het voorbij.'*[55]

Volgens verklaringen van vroegere gevangenen gebeurde dit op 3 september (1941). Ongeveer 250 zieke Poolse gevangenen en nog eens 600 Russische krijgsgevangenen, officieren en 'volkscommissarissen', werden, zo schrijven Danuta Czech en Laurence Rees, naar de zogenaamde 'bunker' (kelder) van Block 11 gebracht om te worden vergast.[56] Maar de dosis gifgas was kennelijk toch iets te laag geweest, want de volgende dag, toen *SS-Hauptscharführer* Gerhard Palitzsch met een gasmasker op de deuren opende, bleek dat meerdere krijgsgevangenen nog in leven waren. De deuren gingen weer dicht en er werden via speciale openingen in het dak nog meer brokjes Zyklon B naar binnen gegooid.[57] Daarna was iedereen echt dood. Het duurde wel even voordat alle lijken in het crematorium waren verbrand.

Deze massale vergassing in Auschwitz zou niet geheim blijven. De Poolse ondergrondse zou er in november melding van maken.[58]

Höss schreef dat hij ooggetuige is geweest van nóg een (experimentele) vergassing. Besloten werd om dergelijke vergassingen niet in Block 11 voort te zetten, omdat 'het gehele gebouw minstens twee dagen gelucht moest worden'. 'Daarom werd de lijkenruimte van het crematorium bij de ziekenafdeling als ruimte voor vergassing gebruikt, aangezien er een gasdichte deur was en er enkele gaten in het plafond werden geslagen om het gas naar binnen te werpen.'[59] Höss schreef dat '900 Russen' in het 'oude crematorium' (zó oud was dit crematorium toen overigens niet!) werden vergast.[60] Dit gebeurde waarschijnlijk op 16 september.[61] Höss:

> 'Bij het naar binnen werpen (van Zyklon B) riepen enkelen: "Gas." Daarop steeg er een luid gebrul op en drukte men tegen de beide deuren. Deze waren echter tegen de druk bestand. Na meerdere uren werden de deuren pas geopend en werd er ontlucht. Daar zag ik nu voor de eerste keer de vergaste lijken in de menigte. Mij bekroop toch een onbehaaglijk gevoel om zoiets te aanschouwen, hoewel ik mij de dood door gas als iets ergers had voorgesteld. Ik stelde me voor dat het daarbij altijd ging om een pijnlijke verstikking.'[62]

Höss schrijft dat hij destijds geen bedenkingen had tegen het doden van Russische krijgsgevangenen 'op zich'. Het ging om een bevel dat hij moest uitvoeren. Op hem had, zo schreef hij, deze vergassing zelfs een rustgevende uitwerking, 'aangezien binnen afzienbare tijd begonnen zou worden met de massale vernietiging van de Joden'.[63]

De meeste publicaties over Auschwitz vermelden alleen de experimentele vergassingen van 3 en 16 september 1941 en niet die van eind augustus. Maar Franciszek Piper stelt dat er in augustus en september in Block 11 meerdere experimenten waren om mensen met Zyklon B te doden.[64]

In november en december 1941 werden er in de bezette delen van de Sovjet-Unie en het bezette Polen ook zogenaamde 'mobiele gaskamers' gebruikt: op en neer rijdende en goed afgesloten vrachtwagens of bussen waarin uitlaatgassen, die koolmonoxide bevatten, werden geleid. Op deze wijze werden er bijvoorbeeld op 8 december 1941 in het Poolse Chelmno ('Kulmhof') liefst 700 Joden vergast. Op 7 januari 1942 ging het op diezelfde locatie om 5000 zigeuners, op 9 januari 1942 om duizend Joden.[65] Als men Auschwitz in de tweede helft van 1941 nog niet als 'vernietigingskamp' zou willen typeren, kan men Chelmno in ieder geval toen wel als zodanig typeren.

'In de zomer van 1941...'

Intussen had Hitler al het besluit genomen om alle Joden in Europa om te brengen. Dit bleek onder meer uit een door Eichmann ontworpen brief die de invloedrijke maarschalk Hermann Göring op 31 juli 1941 aan Eichmanns chef Heydrich schreef. Hij droeg Heydrich daarin op om hem 'spoedig een algeheel plan voor te leggen met betrekking tot de organisatorische, zakelijke en materiële maatregelen vooraf ter uitvoering van de beoogde uiteindelijke oplossing van het Joodse vraagstuk' (*zur Durchführung der angestrebten Endlösung der Judenfrage*). De term *Endlösung der Judenfrage* was, zoals we hierboven reeds vermeldden, een codewoord voor fysieke uitroeiing of vernietiging. Die term was door Eichmann zelf bedacht. Zeker is dat Eichmann deze term al bezigde in een door B.A. Sijes geciteerde brief van 12 maart 1941 aan het *Auswärtige Amt* (Duitse ministerie van Buitenlandse Zaken), en hij doelde toen niet meer op massale 'emigratie' van Joden, een optie waaraan in een eerder stadium nog wél was vastgehouden.[66] Zoals Sijes terecht vaststelt:

> 'Een vaststaand feit is, dat de voorbereiding van de oorlog tegen de Sovjet-Unie tevens de laatste stap in de definitieve voorbereiding van de vernietiging van het gehele Europese Jodendom zou worden.'[67]

Later onderzoek, waarop in hoofdstuk 6 wordt ingegaan, heeft aangetoond dat Sijes hier gelijk heeft gehad. De Holocaust begon niet in 1942, maar reeds in de zomer van 1941 toen de *Einsatzgruppen* en de *Ordnungspolizei* in de bezette delen van de Sovjet-Unie op zeer grote schaal Joden doodschoten – nadat Hitler en Heydrich daartoe nog vóór de Duitse invasie van juni 1941 opdracht hadden gegeven. Met die massa-executies werd met de realisering van de reeds in maart 1941 geplande *Endlösung der Judenfrage* een begin gemaakt.

In zijn in gevangenschap geschreven memoires en aantekeningen meldde Höss dat hij 'in de zomer van 1941' plotseling het bevel kreeg naar Berlijn af te reizen om daar Himmler te ontmoeten. Himmler viel volgens Höss meteen met de deur in huis:

> 'Tegen zijn gewoonte in onthulde hij aan mij, buiten de aanwezigheid van een adjudant, iets wat de volgende strekking had: De Führer heeft de uiteindelijke oplossing van het Joodse vraagstuk bevolen, wij – de SS – moeten dit bevel uitvoeren. De bestaande plaatsen in het oosten waar vernietiging plaatsvindt ("die bestehenden Vernichtungsstellen im Osten") zijn niet geschikt om de voorgeno-

men acties te realiseren. Ik heb daarom Auschwitz voor dat doel uitgekozen, ten eerste vanwege de gunstige verkeerstechnische ligging en ten tweede omdat het gebied daar goed kan worden afgeschermd en gecamoufleerd. Ik had eerst een Höhere SS-Führer voor deze opdracht uitgezocht; maar om problemen met bevoegdheden van tevoren uit te sluiten, laat ik dat achterwege en moet u nu deze opdracht uitvoeren. Het is hard en zwaar werk dat een totale persoonlijke inzet vergt, zonder dat rekening wordt gehouden met eventuele problemen die kunnen ontstaan. Nadere bijzonderheden worden u door Sturmbannführer Eichmann van het RSHA medegedeeld, die u binnenkort bezoekt. De hierbij betrokken ambtelijke instanties worden door mij te gelegener tijd op de hoogte gesteld. U moet over dit bevel het grootst mogelijke stilzwijgen bewaren, zelfs tegenover uw meerderen. Na het gesprek met Eichmann stuurt u mij direct de plannen voor het voorgenomen project toe.

De Joden zijn de eeuwige vijand van het Duitse volk en moeten worden uitgeroeid. Alle Joden die zich binnen onze machtssfeer bevinden, moeten nu tijdens de oorlog zonder uitzondering worden vernietigd. Slagen wij er niet in de biologische grondslagen van het Jodendom te vernietigen, dan zullen de Joden te zijner tijd het Duitse volk vernietigen.

Nadat ik dit zwaarwegende bevel had ontvangen, reed ik direct terug naar Auschwitz, zonder dat ik mij had gemeld bij het kantoor van mijn meerdere in Oranienburg. Korte tijd later bracht Eichmann mij een bezoek in Auschwitz. Hij wijdde me in in de actieplannen in de afzonderlijke landen.'[68]

Eerst zouden *Oberschlesien*, in het zuiden van Polen, alsmede daaraangrenzende delen van het *Generalgouvernement* aan de beurt komen, vervolgens gelijktijdig de Joden uit Duitsland en Tsjechië, daarna de Joden uit Frankrijk, België en Nederland. Eichmann noemde hem het aantal te verwachten transporten.

Wanneer vond Himmlers gesprek met Höss precies plaats en wat was er bedoeld met *'die bestehenden Vernichtungsstellen im Osten'*? Tijdens het naoorlogse proces in Neurenberg verklaarde Höss onder ede dat hij *in juni 1941* bevel had gekregen om in Auschwitz 'uitroeiingsfaciliteiten' te creëren.

'Op dat moment waren er in het Generalgouvernement al drie andere vernietigingskampen: Belzek (= Belzec), Treblinka en Wolzek (= Sobibor?). Deze kampen vielen onder het Einsatzkommando van de Sicherheitspolizei und SD. Ik bezocht Treblinka om uit te zoeken hoe ze daar de uitroeiing realiseerden. De kampcommandant in Treblinka zei dat hij in een halfjaar tijd 80.000 (personen) had gedood. Hij concentreerde zich vooral op het doden van alle Joden uit

het getto van Warschau. Hij gebruikte koolmonoxidegas en ik dacht niet dat zijn methoden erg efficiënt waren. Toen ik in Auschwitz dus het gebouw waar de uitroeiing moest plaatsvinden, neerzette, gebruikte ik Zyklon B...'[69]

Hier doet zich het probleem voor dat het gesprek met de kampcommandant van Treblinka onmogelijk in 1941 plaatsgevonden kon hebben, aangezien de vernietigingskampen Belzec, Sobibor en Treblinka pas in de loop van 1942 gereed waren. Had Höss zich in de datum vergist en had zijn gesprek met Himmler niet in 1941, maar in 1942 plaatsgevonden? Of had Höss de data van het gesprek met Himmler in 1941 en de datum van het gesprek met de kampcommandant van Treblinka in 1942 door elkaar gehaald? Sloeg *'die bestehenden Vernichtungsstellen im Osten'* op de *Einsatzgruppen* of op die andere vernietigingskampen? De genoemde kampen waren er toen echter nog niet, dus moet Höss, als hij die inderdaad had bedoeld, zich hebben vergist. Vergissingen en foutieve dateringen kwamen bij Höss wel meer voor en daar hoeft geen opzet achter te zitten.

Vaststaat dat Himmlers in 1999 gepubliceerde *Dienstkalender* over 1941/42 (een soort kantooragenda) nergens vermeldt dat hij in juni of 'in de zomer van 1941' in Berlijn een ontmoeting met Höss had. Dat betekent overigens niet dat zo'n bespreking toen niet heeft plaatsgevonden. Het is hooguit een aanwijzing dat dit niet het geval is geweest. Maar in genoemde *Dienstkalender* stonden ongetwijfeld niet alle ontmoetingen en afspraken vermeld, bijvoorbeeld als Himmlers adjudant er niet bij mocht zijn, zoals Höss zelf schreef. De Poolse historicus en Auschwitzkenner Franciszek Piper gelooft wel degelijk dat Himmlers bevel aan Höss dateerde uit de zomer van 1941, 'enige maanden na zijn bezichtiging van het kamp op 1 maart 1941'. 'Om geen schriftelijk getuigenis achter te laten, riep Himmler commandant Höss naar Berlijn en informeerde hem er mondeling over, buiten de anders gebruikelijke aanwezigheid van zijn adjudant.'[70] Volgens Robert Jan van Pelt en Debórah Dwork is Höss inderdaad 'half juni 1941 in Berlijn geweest voor een bespreking van het nieuwe algemene ontwerp voor het kamp dat was gemaakt in de euforie over de steun van IG Farben':

'Ook Himmler was destijds in de stad, om het feit te vieren dat hij sinds vijf jaar hoofd van de Duitse politie was. Gezien zijn persoonlijke belangstelling voor (en belang bij) Auschwitz is het waarschijnlijk dat de voltooiing van het algemene ontwerp voor hem reden was om een praatje met Höss te maken. Niet waarschijnlijk is echter dat ze overlegd hebben over een beslissing om de Europese Joden uit te roeien; de meeste Holocaust-historici zijn het erover eens dat

een dergelijk besluit pas later die zomer geformuleerd is. Maar het feit dat ze niet hebben gepraat over een geplande moord op de Joden wil niet zeggen dat ze niet hebben gesproken over de bouw van een of andere vernietigingsinstallatie in Auschwitz.'[71]

De Britse historicus Laurence Rees stelt dat Höss zich in de datum kan hebben vergist en dat het gesprek met Himmler misschien niet in 1941, maar in 1942 plaatsvond.[72] Danuta Czech plaatst de bespreking tussen Höss en Himmler evenwel op 29 juli 1941 en dat lijkt mij niet geheel onwaarschijnlijk.[73] Aannemelijk is dat Höss toen inderdaad een bevel van Himmler heeft ontvangen om in Auschwitz voorbereidingen te treffen voor het op grote schaal ombrengen van Joden.

Eichmanns hechte vriendschap met Höss

Het door Himmler aangekondigde bezoek van Eichmann aan Höss in Auschwitz vond waarschijnlijk in augustus plaats. Höss zelf schreef dat dit bezoek plaatsvond kort nadat hij van Himmler het 'zwaarwegende bevel' had ontvangen om Auschwitz een belangrijke rol te laten spelen bij de uitroeiing van de Joden.[74] Tijdens het proces in Neurenberg verklaarde hij dat het gesprek met Eichmann ongeveer vier weken na zijn gesprek met Himmler plaatsvond.[75] Höss informeerde Eichmann over het ombrengen (van Joden) door middel van uitlaatgassen van vrachtwagens. Maar deze methode kwam voor Auschwitz, waar 'massatransporten' werden verwacht, niet in aanmerking. Ook het gebruik van koolmonoxide waarmee elders in speciale gaskamers 'geesteszieken' waren omgebracht, was niet geschikt. Höss en Eichmann konden geen beslissing nemen en Eichmann zegde toe te zullen zoeken naar een gas dat gemakkelijk verkrijgbaar was en geen bijzondere installaties vereiste en dat vervolgens aan Höss te melden. Daarna reden ze het kamp uit om een geschikte locatie te vinden:

'Wij achtten een boerderij in de noordwestelijke hoek van het terrein waar later Birkenau III zou worden gebouwd, geschikt. Het was afgelegen en tegen naar binnen kijken beschut door rondomliggende stukken bos en heggen en niet ver verwijderd van de spoorwegen. De lijken zouden in diepe, lange kuilen op het aangrenzende weiland kunnen worden gelegd. Aan het verbranden van lijken dachten we op dat moment nog niet. Wij berekenden dat men in daar beschikbare ruimtes, nadat die voor gas dichtgemaakt waren, met een geschikt gas on-

geveer 800 mensen gelijktijdig zou kunnen doden. Dit was ook conform de latere capaciteit. Het tijdstip waarop de acties zouden beginnen, kon Eichmann mij nog niet meedelen, aangezien alles nog in voorbereiding was en de RFSS (= Himmler) nog geen bevel had gegeven om daarmee te beginnen.

Eichmann keerde naar Berlijn terug om over onze bespreking aan de RFSS te rapporteren. Een paar dagen later stuurde ik via een koerier een exact ontwerp van het kamp en een exacte omschrijving van de installatie aan de RFSS.'[76]

Höss schreef zelf dat hij eind november 1941 voor een bespreking op Eichmanns afdeling in Berlijn was, maar waarschijnlijk was het eind augustus. Want Höss schrijft dat hij daar nog niets kon vernemen over 'het begin van de acties'. 'Ook had Eichmann nog niet het juiste gas bemachtigd.'[77] Toen Höss uit Berlijn terugkeerde, rapporteerde zijn ondergeschikte Fritsch dat hij tijdens de afwezigheid van de kampcommandant en op eigen initiatief het gas Zyklon B op Russische krijgsgevangenen had uitgeprobeerd. Dit moest natuurlijk aan Eichmann worden gemeld. Höss:

'Bij het volgende bezoek van Eichmann rapporteerde ik aan hem over het gebruik van Zyklon B en wij namen het besluit dit gas bij de toekomstige massavernietiging te gebruiken.'[78]

Er is geen reden hieraan te twijfelen. Vaststaat dat Eichmann en Höss elkaar in 1941 en daarna regelmatig zagen en een hechte vriendschap sloten. Ze konden goed met elkaar overweg en zaten ideologisch op één lijn. Na de oorlog vertelde Eichmann aan Willem Sassen, een Nederlandse oud-SS'er die evenals hijzelf naar het voor beiden veilige Argentinië was gevlucht, dat Höss zijn 'sympathieke vriend en kameraad' was en dat hij ook 'zakelijk' veel met hem te maken had. Eichmann werd door Höss niet alleen in de zomer van 1941, maar ook daarna meermalen in diens dienstauto in het kamp en de omgeving daarvan rondgeleid.[79]

In 1942 of 1943 toonde Höss Eichmann ook de vergassing van Joden en lijken van vergaste Joden op roosters die 'met een of andere brandstof werden overgoten, aangestoken en die vervolgens smoorden zoals reuzel wordt gesmoord'.[80] Beiden spraken niet over Joden, maar over 'eenheden'.[81] *Eenheden*, een bureaucratische term waarmee de werkelijkheid werd gemaskeerd en het geweten, voorzover dat er nog was, werd gesust. Eichmann was het roerend met Höss eens. 'Zoals Höss dacht, dachten wij ook', zei hij tegen Sassen.[82] Eichmann wist dan ook precies wat er allemaal in Auschwitz gebeurde. Hij was de man die de deportatietreinen regelde en elke keer als er weer duizenden Joden naar Auschwitz waren gestuurd, wist Eichmann wat hen te wachten stond. Tijdens het proces in Neurenberg legde Höss een voor Eichmann belastende verklaring af. De laatste werd toen nog gezocht. Dr. Kurt Kauffmann, de advocaat van Ernst Kaltenbrunner, de vroegere chef van het RSHA, ondervroeg Höss over die verklaring:

> 'Dr. Kaufmann: "Alle massale terechtstellingen door vergassing vonden krachtens het directe bevel, onder toezicht en verantwoordelijkheid van het RSHA plaats. Ik ontving direct van het RSHA alle bevelen om deze massale terechtstellingen uit te voeren." Uw verklaringen, die u eerder voor deze rechtbank hebt afgelegd, kwamen erop neer dat deze hele actie rechtstreeks door Himmler via de daarmee persoonlijk belaste Eichmann tot u kwam. Blijft u daar nog steeds bij?' Höss: "Jazeker."'[83]

September-december 1941: wederom grote aantallen Russische krijgsgevangenen gedood

Na de eerste experimentele vergassingen van Russische krijgsgevangenen en zieke gevangenen in de kelders van Block 11, werd het mortuarium tot gaskamer omgebouwd. Daar trokken die vergassingen minder de aandacht dan in Block 11, dat immers midden in het *Stammlager* of moederkamp lag. In de nieuwe gaskamer konden per keer maximaal 900 gevangenen worden vergast.[84]

De lijken van de vermoorde gevangenen werden in het *Stammlager* in het zogenaamde 'oude crematorium', ook wel Crematorium I genoemd, verbrand. Dit was sinds augustus 1940 in gebruik. Inmiddels beschikte men daar over twee ovens en medio december kwam er nog een derde oven bij.[85] Dat was hard nodig want in het najaar van 1941 kwamen er niet alleen 10.000 Russische krijgsgevangenen bij, maar kwamen er ook nog eens duizenden van hen om of werden vermoord. Alleen al in oktober stierven er 1255 gevangenen. De zieken werden gedood met fenolinjecties, degenen die nog leefden, werden met stokken doodgeslagen.[86]

In oktober 1941 werd conform het uit begin maart daterende bevel van Himmler op de plek van het inmiddels ontruimde dorp Birkenau begonnen met de bouw van een tweede kamp. Daar werden de toch al ernstig verzwakte en hongerige Russische krijgsgevangenen tewerkgesteld, samen met andere gevangenen. Het gebied was nogal moerassig en moest dus eerst ontwaterd worden en er moesten wegen worden aangelegd. De slecht geklede gevangenen moesten de afstand naar Birkenau te voet afleggen, terwijl het buiten steeds kouder werd. Als de Russen naar het hoofdkamp terugkeerden, sleepten zij wagens vol met dode of bijna dode lotgenoten mee. Begin maart 1942, toen de eerste bouwfase beëindigd was, waren er nog 945 krijgsgevangenen in leven.[87] Verantwoordelijk voor de uitbreiding en de bouw was sinds begin november (1941) de zogenaamde *Zentralbauleitung der Waffen-SS und Polizei Auschwitz* (Centrale bouwleiding van de *Waffen-SS* en de politie) onder leiding van *SS-Sturmbannführer* Karl Bischoff, een uiterst bekwame architect, maar ook iemand die zijn werkslaven zó uitbuitte dat de meesten het niet overleefden. Van Himmlers oorspronkelijke plan om in Birkenau 100.000 (Russische) krijgsgevangenen te huisvesten, kwam niets meer terecht, maar Birkenau of 'Auschwitz II' zou, mede door de inzet van Bischoff en zijn staf, tussen het voorjaar van 1942 en het najaar van 1944 vooral voor Joden en zigeuners (Roma en Sinti) het eindstation van de dood worden.

In november 1941 stierven er in Auschwitz 3726 Russen, drie keer zoveel als in oktober. In december waren het er 1912.[88] Dat kwam niet alleen door de slavenarbeid in Birkenau, maar ook doordat er begin november een speciale commissie van de Gestapo onder leiding *SS-Standartenführer* dr. Rudolf Mildner naar Auschwitz kwam. De jurist Mildner was de alom gevreesde chef van de Gestapo in Kattowitz. Mildner en zijn commissie verdeelden de Russische krijgsgevangenen in vier categorieën: fanatieke communisten (ca. 300), politiek verdachte personen (ca. 700), niet-politiek verdachte personen (ca. 8000) en personen geschikt voor rehabilitatie (ca. 30). De fanatieke communisten en de politiek verdachte personen moesten worden gedood.[89]

Mildner fungeerde in Auschwitz ook nog als voorzitter van een beruchte snelrechtbank, die aan de lopende band doodstraffen uitsprak. Dit betrof niet alleen gevangenen uit het kamp zelf, maar ook merendeels Poolse mannen en vrouwen van buiten het kamp die uit geheel oostelijk Opper-Silezië kwamen. Deze schertsrechtbank hield zitting in Block 11 en de executies vonden plaats op de binnenplaats tussen Block 10 en Block 11, bij de zogenaamde 'dodenmuur'. Later vonden veel executies ook plaats in het mortuarium. Elke keer als Mildner vanuit Kattowitz naar Auschwitz kwam, volgde er een groot aantal executies.[90]

De in Brazilië geboren *SS-Unterscharführer* Pery Broad was in Auschwitz in 1942 en daarna vaak ooggetuige van deze executies (of werkte daar zelf aan mee). Hij schreef na de oorlog:

'De rechterhand van de kampcommandant SS-Hauptsturmführer (Gerhard) Palitzsch voltrekt de executies. Hij doodt de een na de ander met een goed gericht

schot in de nek. De lijkenhal wordt steeds voller. Met ijskoude ogen aanschouwt Mildner, die met zijn staf aanwezig is, naar de uitvoerder van zijn oordelen bij het werk. Om hem heen liggen ook al lijken. Uiteindelijk roept de SS-bewaker uit de daarvoor gelegen ruimte dat er buiten niemand meer is. Palitzsch maakt zich nu gereed om tussen de lijken door te waden om diegenen die nog kreunen of zich bewegen, een genadeschot te geven. Dan doet hij zijn geweer af, wendt zich tot zijn meester en staat stil ten teken dat hij diens wil heeft uitgevoerd. Mildner kijkt hem met een veelzeggende demonische glimlach aandachtig aan, heft langzaam de hand om de Hitlergroet te brengen en blijft in deze houding meerdere seconden staan.'[91]

Op de Poolse nationale feestdag, 11 november 1941, had Palitzsch bij de dodenmuur en in bijzijn van onder meer kampcommandant Höss, 151 gevangenen, onder hen 80 Polen, doodgeschoten.[92]

De eerste Joden en Nederlanders in Auschwitz

De eerste ongeveer twintig Joden die in Auschwitz arriveerden, maakten op 14 juni 1940 deel uit van een groep Poolse politieke gevangenen die vanuit Tarnow naar Auschwitz werden gestuurd.[93] *SS-Hauptsturmführer* Karl Fritsch, de eerste *Schutzhaftlagerführer*, 'verwelkomde' de nieuwe gevangenen met de volgende woorden (die in het Pools werden vertaald):

> 'U bent niet naar een sanatorium gekomen, maar naar een Duits concentratiekamp en de enige weg naar buiten is via de schoorsteen van het crematorium. Indien er iemand is die het niet leuk vindt, kan hij direct naar het prikkeldraad lopen. Indien er Joden in een transport zijn, hebben zij geen recht om langer dan twee weken te leven. Priesters hebben één maand en de overigen drie maanden.'[94]

Joden stonden in de kamphiërarchie van de SS helemaal onderaan. In oktober en november 1941 werden er ook individuele of kleine groepjes Joden naar Auschwitz gedeporteerd. Ze waren afkomstig uit Brünn (Brno), in Tsjechië, Breslau (Wroclaw) en Gleiwicz in Polen.[95] Van massatransporten was in 1941 nog geen sprake. Toch zouden er volgens Christopher Browning in de laatste maanden van 1941 in Auschwitz al wel Joden zijn vergast. Het ging om Joden uit de kampen van de *Organisation Schmelt*. (*SS-Brigadeführer* Albrecht Schmelt en zijn *Dienststelle* organiseerden dwangarbeid voor Joden in Opper-Silezië en Sudetenland.) Browning schrijft dat Joden in de kampen van Schmelt in Silezië 'die niet meer konden werken, reeds werden uitgeselecteerd en in het nabijgelegen Auschwitz werden vergast'.[96] Zo stelt ook Peter Longerich vast dat er 'een reeks aanwijzingen zijn dat er zelfs vóór het eind van het jaar (1941) in Auschwitz ook verschillende kleinere groepen Joden werden vermoord met Zyklon B'.[97]

De eerste Nederlandse gevangenen arriveerden in Auschwitz op 28 november 1941. Deze twee politieke gevangenen waren door de Haagse tak van de *Sicherheitspolizei und des SD* gestuurd.[98]

2
Auschwitz I en II als 'eindstation van de dood' (1942-1945)

De Wannseeconferentie in Berlijn: 'Er mag geen onrust onder de bevolking ontstaan'

Eichmann, Heydrich en Himmler hadden haast. Ze wilden zo snel mogelijk gehoor geven aan het bevel van Hitler om 'het Joodse vraagstuk' definitief op te lossen: de Joden in Europa uitroeien. Himmler had op 18 december 1941 in het *Führerhauptquartier* een onderhoud met Hitler waar het belangrijkste thema was: *Judenfrage. Als Partisanen auszurotten.*[99] ('Joodse vraagstuk. Als partizanen uit te roeien.') 'Het is goed als van tevoren wegens ons de schrik wordt verbreid dat wij de Joden uitroeien', zei Hitler in bijzijn van Himmler op 25 oktober 1941.[100] Dit sloot aan bij diens eerder dat jaar gegeven bevel.

In de bezette delen van de Sovjet-Unie waren de *Einsatzgruppen* daar al vanaf 22 juni 1941 mee begonnen. Himmler rapporteerde eind dat jaar aan Hitler dat er alleen al in zuidelijk Rusland, de Oekraïne en Bialystok (in het bezette Polen) in een tijdsbestek slechts van vier maanden 363.211 Joden waren doodgeschoten.[101] In de tweede helft van 1941 kwam het ombrengen van Joden door middel van gifgas, dat geen bloedsporen achterliet, steeds meer in beeld. Gaskamers werden door de SS 'bunkers' genoemd. In Auschwitz was nog in de nazomer van 1941 met succes geëxperimenteerd met Zyklon B.

Maar eerst moest de ambtelijke bureaucratie door middel van een conferentie op één lijn gebracht worden, de centrale overheidsinstanties moesten op elkaar worden afgestemd. Oorspronkelijk zou dit gebeuren op 9 december, maar de datum werd later verschoven naar 20 januari 1942. De locatie was een fraaie SS-villa aan de Berlijnse Wannsee. Aan de conferentie namen hoge ambtenaren en staatssecretarissen deel en behalve Eichmann en Heydrich ook enkele hogere SS'ers onder wie Gestapochef Heinrich Müller. Heydrich beriep zich op de brief over de 'uiteindelijke oplossing van het Joodse vraagstuk' die 'de rijksmaarschalk' (Göring) eind juli 1942 naar hem had gestuurd en op het feit hij door Göring tot 'gevolmachtigde voor de voorbereiding van de uiteindelijke oplossing van het Joodse vraagstuk was benoemd'. Eichmann werd daarbij zijn rechterhand en uitvoerder. Het eindverslag sprak in omfloerste taal over 'evacuatie van de Joden naar het oosten', maar in feite werd er fysieke uitroeiing mee bedoeld. Opgemerkt werd dat Hitler hiervoor toestemming had gegeven. ('Toestemming' is een eufemisme voor 'bevel'.) Er waren volgens Heydrich al 'praktische ervaringen, die met het oog op de komende uiteindelijke oplossing van het Joodse vraagstuk van groot belang zijn, opgedaan'.[102] (Dit sloeg vooral op de activiteiten van de *Einsatzgruppen*, de inrichting van getto's en het vergassen van Joden door middel van koolmonoxide in goed afgesloten vrachtwagens of bussen.)

In heel Europa kwamen volgens door Eichmann verstrekte gegevens liefst elf miljoen Joden in aanmerking – daaronder ook Joden uit landen die de nazi's nog niet eens hadden bezet. Het was de bedoeling dat Europa 'in het kader van de praktische tenuitvoerlegging van de uiteindelijke oplossing van het westen naar het oosten wordt uitgekamd'. Joden zouden in het oosten 'op passende wijze' tewerk worden gesteld en daarbij zou 'zonder twijfel een belangrijk deel op natuurlijke wijze uitvallen'. Met andere woorden: slavenarbeid onder erbarmelijke omstandigheden waarbij velen zouden omkomen. Degenen die dit zouden overleven, behoorden tot 'het deel met de grootste weerstand', dat dienovereenkomstig moest worden 'behandeld'.[103] 'Behandelen' betekende hier vergassen in als doucheruimtes gecamoufleerde gaskamers. In Auschwitz en andere vernietigingskampen werd dit wel *Sonderbehandlung* of 'SB' (bijzondere behandeling) genoemd.

Tijdens het Eichmannproces werd Eichmann, die de notulen van de vergadering had opgesteld, kritisch ondervraagd over het omfloerste taalgebruik dat daarin bewust werd gebezigd. Hij verklaarde dat Heydrich het eindverslag had gecorrigeerd, maar dat er tijdens de vergadering 'zeer grove bewoordingen' werden gebezigd, 'zonder dat het op schrift werd gesteld':

> *'Er werd gesproken over doden, elimineren en uitroeien. Ik moest mijzelf in feite voorbereiden op het opstellen van het verslag – ik kon daar niet gewoon staan en alleen maar luisteren –, maar de woorden drongen tot mij door..., drongen tot mij door omdat de kamer in feite niet zo groot was dat men uit de woordenvloed niet enkele woorden kon opvangen.'*[104]

Tijdens de discussie aan het eind van de vergadering merkten twee deelnemers op 'dat er in het kader van de uiteindelijke oplossing enige voorbereidingswerkzaamheden in de betreffende gebieden moesten worden uitgevoerd, maar zó dat er geen enkele onrust onder de bevolking ontstaat'. Eichmann moest tijdens het proces in Jeruzalem toegeven dat het hier om vernietigingsinstallaties ging, zoals hij die zelf in de tweede helft van 1941 in Polen had gezien.¹⁰⁵ (Eichmann had namelijk in het najaar van 1941 massa-executies en mobiele gaskamers gezien en daarover aan zijn directe chef Heinrich Müller in Berlijn gerapporteerd.¹⁰⁶)

De eerste vernietigingstransporten met Joden naar Auschwitz en de eerste gaskamers in Birkenau (1942)

In januari 1942 hadden er liefst 150.000 'voor arbeid geschikte Joden' uit het Duitse Rijk naar Auschwitz en Majdanek gestuurd moeten worden, maar van die plannen kwam niets terecht. Wel was in 1942 alleen al in Oost-Galicië zo'n 40 procent van alle Joodse slachtoffers naar het vernietigingskamp Auschwitz gedeporteerd.¹⁰⁷ Ook uit andere bezette gebieden en landen nam het aantal deportaties in de loop van 1942 dramatisch toe.

Eind januari/begin februari 1942 werd het *SS-Wirtschafts- und Verwaltungshauptamt* (WVHA), geleid door *SS-Obergruppenführer* Oswald Pohl, gevormd. Deze belangrijke instantie, voortgekomen uit het *Hauptamt Verwaltung und Wirtschaft* en het *Hauptamt Haushalt und Bauten*, moest er onder meer voor zorgen dat de concentratiekampen economisch rendabel zouden worden. In feite was Pohl aldus verantwoordelijk voor slavenarbeid en wat de SS *Vernichtung durch Arbeit* (doodgaan door uitputtende slavenarbeid) noemde. De economische uitbuiting van de slavenarbeiders liep parallel aan hun fysieke vernietiging.

Op 15 februari 1942 kwam er in Auschwitz een transport met Joden uit het in Opper-Silezië gelegen Beuthen (thans het Poolse 'Bytom') aan. Beuthen lag niet ver van Kattowitz en Auschwitz. Er was daar al sinds de vijftiende eeuw een bloeiende Joodse gemeenschap. Propagandaminister Goebbels hield een felle rede waarna de plaatselijke synagoge in brand werd gestoken. Tegen 1939 waren er in het stadje nog maar 1300 Joden.¹⁰⁸ Er bestaat een mogelijk door de Gestapo in 1942 samengestelde lijst met 982 namen van uit Beuthen naar Auschwitz gedeporteerde Joden.¹⁰⁹ Deze Joden werden per trein aangevoerd en moesten op het perron hun bagage achterlaten waarna ze in de gaskamer van het zogenaamde oude crematorium van het *Stammlager* met Zyklon B werden vergast. De lichamen werden vervolgens in datzelfde crematorium verbrand.¹¹⁰ Dit was de eerste keer dat er daar op grote schaal Joden direct na aankomst werden vergast.

Höss schrijft dat de vernietiging van de Joden uit Opper-Silezië misschien in januari 1942 begon en dat het bij de transporten nooit om meer dan duizend mensen ging, maar het eerste transport (uit Beuthen) was volgens de Duitse historicus Martin Broszat, die de memoires van Höss van kritische kanttekeningen voorzag, in feite een maand later.[111] Höss vergiste zich bovendien in de locatie en schreef dat de vergassing plaatsvond in Bunker 1 in Birkenau, maar het gebeurde in feite nog in het oude crematorium van het *Stammlager*.[112] In Birkenau waren de beide geplande gaskamers of bunkers medio februari nog niet gereed.

Höss schrijft dat deze Joden zich moesten uitkleden en dat hen werd wijsgemaakt dat zij zich in de betreffende ruimte moesten 'desinfecteren' of 'ontluizen'. Toch brak er paniek uit toen enkelen zeiden dat zij door verstikking gedood zouden worden. Daarop werden ze snel de gaskamer ingedreven en werden de deuren 'dichtgeschroefd'. Bij volgende transporten, zo schreef Höss, werden de 'onruststokers op onopvallende wijze naar een plek achter het huis overgebracht waar zij met het kleinkalibergeweer werden doodgeschoten'.[113]

In mei 1942 werden er 568 Joden uit Gleiwitz naar Auschwitz gedeporteerd en op 23 februari 1943 1000 Joden uit Breslau (het huidige Wroclaw). Beuthen, Gleiwitz en Breslau werden tijdens de oorlog tot het Duitse Rijk gerekend. Als men uitgaat van de Duitse grenzen tussen 1939 en 1945 werden er uit dit Duitsland in totaal 5151 Joden naar Auschwitz gedeporteerd, mits men Berlijn niet meerekent. Want het was uit Berlijn dat de meeste Duitse Joden tussen 11 juli 1942 en 5 januari 1945 naar hetzelfde vernietigingskamp werden gedeporteerd: 17.170. Uit het geannexeerde Wenen meer dan 200. Als men de Poolse grenzen van vóór de oorlog in aanmerking neemt, werden er uit dit Polen ongeveer 300.000 Joden naar Auschwitz gedeporteerd, daarnaast nog een flink aantal niet-Joodse Polen. De eerste groep met Poolse Joden kwam op 5 mei 1942 in Auschwitz aan, de laatste groep op 2 september 1944.[114] Vaak ging het om Joodse getto's die door de bezetter werden ontruimd.

Tijdens zijn eerste bezoek aan Auschwitz in de tweede helft van 1941 had Eichmann in Birkenau al twee boerderijen uitgekozen die tot gaskamers moesten worden omgebouwd – het 'rode huis' ('Bunker 1') en het 'witte huis' ('Bunker 2'). Volgens Danuta Czech was Bunker 1 gereed op 20 maart 1942 en werden daar nog diezelfde dag Poolse Joden uit Opper-Silezië vergast. De lijken werden in een weiland begraven en de gevangenen van het *Sonderkommando* die dit werk moesten doen, werden daarna in de ziekenbarak met fenolinjecties gedood. Er volgden dat voorjaar nog meer transporten met Joden. Deze Joden gingen niet naar het *Stammlager*, maar rechtstreeks naar de gaskamer in Birkenau. Ze kwamen per goederentrein aan op een zijspoor bij Auschwitz.[115]

Op de toegangsdeur van de gaskamer stonden de misleidende woorden *Zur Desinfektion* ('om te ontsmetten'). Bunker 2 was op 30 juni gereed. Naast die bunker waren ook ruimtes waar de slachtoffers zich moesten uitkleden.[116] Iedereen ging naakt de gaskamer in, zogenaamd om te douchen. De 'capaciteit' van Bunker 1 was ongeveer 800 personen, die van de grotere Bunker 2 was 1200 (volgens sommigen echter maximaal 1050).[117]

De selecties op het aankomstperron: er mag geen paniek uitbreken

Er was een soort vracht- of uitlaadperron dat hoorde bij het vrachtstation van de spoorwegen en dat 2,5 kilometer van de gaskamers in Birkenau lag en ook binnen loopafstand van het *Stammlager*. Dit uitlaadperron werd *alte Rampe* (oude perron) of *Judenrampe* (perron voor Joden) genoemd. In het voorjaar van 1944 kwam er een rechtstreekse spoorlijn tot ver in het kamp Birkenau met een uitlaadperron dat als *neue Rampe* (het nieuwe perron) werd aangeduid.

De slachtoffers kwamen aan in primitieve goederen- of veewagons, die 's zomers erg warm en 's winters bitter koud waren. Als de door honger, dorst en vermoeidheid gekwelde slachtoffers 's nachts aankwamen, zagen ze eerst de felle schijnwerpers, die een spookachtige indruk maakten. De blaffende honden en SS'ers met machinepistolen en bajonetten, maakten eveneens een intimiderende indruk.

Op 4 juli 1942 werd pas echt begonnen met het selecteren van de Joden die aankwamen. Daarvóór gebeurde dit sporadisch. De ene groep werd geselecteerd voor de gaskamer, de andere groep voor dwangarbeid. Maar éérst werden de mannen van de vrouwen gescheiden. Bij de tweede selectie ging het dus om leven of dood.[118] De 'gaskamergroep' moest naar links (gezien vanuit degenen die al in rijen waren opgesteld), de 'dwangarbeidersgroep' naar rechts. Vrouwen met kinderen werden vaak (maar niet uitsluitend) voor de gaskamer geselecteerd, evenals bejaarden en personen die er ongezond uitzagen. Na een paar oppervlakkige vragen te hebben gesteld en de slachtoffers die voor hen stonden, vluchtig te hebben geïnspecteerd, wezen SS-officieren, doorgaans artsen, met hun wijsvinger of een zweepje de weg. Alles moest in snel tempo verlopen om te voorkomen dat er teveel vragen zouden worden gesteld. De bagage werd intussen door tewerkgestelde gevangenen, het zogenaamde *Kanada-Kommando*, afgevoerd. Leden van dit commando mochten niet met degenen die aankwamen praten, maar dit gebeurde toch. Als men betrapt werd, betekende dat een doodvonnis. De SS vreesde dat Joden die aankwamen, door leden van het *Kanada-Kommando* voor de gaskamer werden gewaarschuwd. Bijvoorbeeld door te zeggen: 'Zorg ervoor dat je naar rechts mag gaan, anders ga je dood. Lieg desnoods over je leeftijd, maak een zo fit mogelijke indruk.'

Bij aankomst bij de gaskamers werd de slachtoffers wijsgemaakt dat zij gedoucht en 'ontluisd' zouden worden. Dus moesten ze zich eerst uitkleden. Ze moesten, zo zeiden de SS'ers, goed onthouden waar ze hun spullen hadden achtergelaten. Vervolgens werden ze de gaskamer ingedreven, die daarna hermetisch werd afgesloten.[119]

Belangrijk was dat er niet van tevoren paniek uitbrak. Johann Paul Kremer, een van de SS-artsen in Auschwitz, verklaarde na de oorlog dat hij begin september 1942 als arts in Birkenau bij de vergassing, die als *Sonderaktion* (bijzondere actie) werd aangeduid, betrokken was. Aanvankelijk verliep alles volgens hem rustig omdat SS'ers de mensen met hun beweringen over douches en 'ontluizing' geruststelden.

> *'Nadat allen de gaskamer waren ingedreven, sloot men de deur en daarop wierp een SS'er met een gasmasker op de inhoud van een blikje Zyklon B door een opening in een zijmuur. Door deze opening drongen kreten en het gejammer van de slachtoffers uit de gaskamer naar buiten, men hoorde hoe deze mensen hun doodsstrijd voerden. De kreten waren maar zeer kort te horen.'*[120]

De eerste 'IVB4'-transporten en de interventie van de paus ten gunste van de Slowaakse Joden (1942)

Op 26 maart 1942 werden 999 Joodse vrouwen uit het stadje Poprad in Slowakije naar Auschwitz overgebracht. Dit was het eerste transport dat geregeld was door Eichmanns 'IVB4'-afdeling in het RSHA.[121]

Tussen maart en medio augustus kwamen de transporten direct in het *Stammlager* aan en waren de selecties nog niet echt begonnen. Deze 999 Joodse vrouwen gingen dus eerst naar het *Stammlager* waar er tussen maart en medio augustus in totaal 17.000 merendeels Joodse vrouwen arriveerden. In die periode stierven er van hen naar schatting 5000.[122] Tussen maart en oktober 1942 werden er tussen de 52.000 en de 58.000 Slowaakse Joden gedeporteerd, de meesten naar Auschwitz, Majdanek en de omgeving van Lublin.[123] In Slowakije, een bondgenoot van Nazi-Duitsland, opereerde *SS-*

Hauptsturmführer Dieter Wisliceny, de vertegenwoordiger van Eichmann. Hij verklaarde na de oorlog dat de Slowaakse regering wilde weten wat er met de 52.000 Joden was gebeurd die als 'arbeidskrachten' naar Polen waren gestuurd. Paus Pius XII had, zo zei Wisliceny, bij de Slowaakse regering in 1942 ten gunste van de Slowaakse Joden geïntervenieerd. Deze regering wilde nu vertegenwoordigers naar de Poolse getto's sturen om ter plaatse poolshoogte te nemen. Maar Eichmann liet Wisliceny weten dat de meesten van deze Joden niet meer in leven waren.[124]

Op 30 maart vond het eerste 'IVB4'-transport uit Frankrijk plaats. Het ging om 1112 Joden die drie dagen eerder vanuit de doorgangskampen Compiègne en Drancy (bij Parijs) per trein naar Auschwitz waren gedeporteerd.[125] Het waren mannen van wie de helft de Franse nationaliteit had. De kampen in Frankrijk waren overvol en de SS in Parijs drong er bij Eichmann op aan haast te maken met de deportaties. *SS-Hauptsturmführer* Theodor Dannecker, Eichmanns vertegenwoordiger in Parijs, nam de leiding over de bewaking van *Transport Nr. 1* naar Auschwitz op zich. In 1945 waren er van dit transport nog slechts 22 overlevenden.[126]

Vanuit Frankrijk zouden er tussen 27 maart 1942 en 17 augustus 1944 73 transporten naar Auschwitz worden gestuurd. Vier transporten gingen naar het vernietigingskamp Sobibor, één ging gedeeltelijk naar Estland en Litouwen, waar massa-executies plaatsvonden, en één naar het concentratiekamp Buchenwald. In Auschwitz werden er in 1942 ten minste 21.000 Joden uit Frankrijk vergast, het totaal aantal tussen maart 1942 en augustus 1944 vergaste Joden uit dat land bedroeg 43.441. Tussen maart 1942 en augustus 1944 werden er uit Frankrijk in totaal 73.853 Joden gedeporteerd, van hen waren er in 1945 nog slechts 2560 in leven.[127]

Roemenië was een bondgenoot van Nazi-Duitsland. Met uitzondering van het door Hongarije geannexeerde Noord-Transsylvanië, waar de nazi's het in 1944 voor het zeggen kregen, zijn er weinig Roemeense Joden naar Auschwitz gedeporteerd. Wel zijn er in Roemenië zelf wel degelijk Joden omgebracht of gedeporteerd. De Roemenen weigerden echter om hun Joden aan de SS uit te leveren. Maar dat gold bepaald niet voor in Roemenië geboren Joden die in door de nazi's bezette landen woonden, bijvoorbeeld in Frankrijk. Op 24/25 september 1942 werden 729 Roemeense Joden vanuit Parijs naar Auschwitz gedeporteerd. Van hen zouden er slechts vijftien overleven. Op 28 september was er een tweede RSHA-transport naar Auschwitz met 900 Joden, onder wie 594 Roemeense Joden. Van hen zouden er achttien overleven. In totaal werden er tussen 2 juni 1942 en 25 maart 1943 vanuit Frankrijk ongeveer

3300 Roemeense Joden gedeporteerd, daarna begon Roemenië hen plotseling diplomatieke bescherming te verlenen. Men zag in Boekarest na de Duitse nederlaag bij Stalingrad in dat Duitsland de oorlog aan het verliezen was.[128]

Hetzelfde gold voor Bulgarije, een andere bondgenoot van Nazi-Duitsland. De Bulgaren beschermden wel de Joden in Bulgarije zelf, maar niet diegenen die in Frankrijk woonden. Zo was er op 16 september 1942 een transport met onder meer zeventien Bulgaarse Joden naar Auschwitz.[129] Bovendien werden de Joden die in de door Bulgarije geannexeerde gebieden van Thracië en Macedonië woonden, evenmin gespaard: zij werden grotendeels naar Treblinka en Auschwitz gedeporteerd.

Het vrouwenkamp, de vergassing van vrouwen en de kwalijke rol van SS-arts Johann Paul Kremer

Gelijktijdig met de 999 Joodse vrouwen uit Slowakije werden er op 26 maart 1942 eveneens 999 niet-Joodse vrouwen uit het concentratiekamp Ravensbrück gedeporteerd. In de blokken (barakken) 1 tot 10 in het *Stammlager* kwam een *Frauenkonzentrationslager* (FKL), een concentratiekamp voor vrouwen. Het ging deels om vrouwen die de SS als 'crimineel' en 'asociaal' beschouwde en die in het kamp de functies van blokoudsten en Kapo's zouden krijgen. In zijn memoires en aantekeningen liet Höss merken dat hij geen hoge dunk van het vrouwenkamp had. De sanitaire voorzieningen waren rampzalig en de toezichthoudsters of vrouwelijke Kapo's (*Aufseherinnen*), die uit Ravensbrück onvrijwillig waren meegekomen, functioneerden niet, want die waren volgens Höss 'zeer verwend' geweest. Bovendien stalen ze regelmatig en was hun seksuele moraal beneden peil. Volgens Höss waren sommige van die vrouwen lesbisch en hielpen ook de strengste straffen niet. 'Herhaaldeijk werden mij gevallen van geslachtsverkeer tussen toezichthoudsters en vrouwelijke gevangenen gemeld.'[130]

Höss had al helemaal geen waardering voor Johanna Langefeldt, de *SS-Aufseherin*, of hoogste toezichthoudster, die een SS-rang had. Höss schreef dat zij het werk niet aankon. Toen hij haar onder de commandant van het *Schutzhaftlager* plaatste, protesteerde zij daartegen en moest die beslissing worden teruggedraaid. Toen Himmler in juli 1942 op bezoek kwam liet Höss hem weten dat Langefeldt nooit in staat zou zijn om aan het vrouwenkamp op de juiste wijze leiding te geven en dit op te bouwen. Hij pleitte ervoor haar weer onder de commandant van het *Schutzhaftlager* te plaatsen, maar Himmler, zo schreef Höss, wees dit af.[131]

Op 8 oktober wist Höss zich eindelijk van Langefeldt te ontdoen. Zij werd naar Ravensbrück teruggestuurd waar ze haar oude functie weer opnam. Haar plaats in Auschwitz werd ingenomen door de uit Ravensbrück afkomstige Maria Mandel.[132] Deze Mandel kreeg in Auschwitz een beruchte reputatie. Ze was sadistisch en wreed en behandelde vrouwelijke gevangenen zeer slecht. Ze genoot ervan om kinderen en vrouwen voor de gaskamer te selecteren. Haar schrikbewind duurde tot november 1944 toen ze eindelijk werd overgeplaatst. Na de oorlog werd ze, tijdens een proces in Krakau, ter dood veroordeeld.[133] Een beruchte reputatie had ook Irma Grese, de 'blonde engel des doods', die in maart 1943 vanuit Ravensbrück naar Auschwitz was overgeplaatst. Ze had een liefdesrelatie met de kamparts Josef Mengele en nam samen met Mengele meermalen deel aan het selecteren van Joden voor de gaskamer. Ze aarzelde niet om knappe vrouwelijke gevangenen met haar zweep in het gezicht te slaan.[134] Zelf dacht ze dat ze knapste vrouw ter wereld was, maar ze had een enge en lelijke gezichtsuitdrukking. Het fanatisme spoot uit haar ogen. De in 1923 geboren Grese werd in november 1945 wegens oorlogsmisdaden ter dood veroordeeld en een maand later opgehangen.

Medio augustus 1942 werd het vrouwenkamp verplaatst naar de inmiddels gereedzijnde dertig stenen barakken in sector BIa in Birkenau. In juli 1943 werd daar nog sector BIb, waar tot dan toe mannen hadden verbleven, aan toegevoegd. De stenen barakken waren tochtig en er liepen ratten over de vloer. Als het 's winters sneeuwde en waaide, drong de sneeuw door de tochtgaten naar binnen. De vrouwen sliepen in uiterst primitieve 'bedden' en het drinkwater was zwaar vervuild. De toiletten waren in een aparte stenen barak ondergebracht, maar men mocht daar slechts tweemaal per dag, en dan nog gedurende korte tijd, naartoe. Die toiletten waren zeer onhygiënisch, ook al omdat veel vrouwen diarree hadden. (In november 2012 heb ik enkele nog grotendeels intacte barakken en de barak waar zich de toiletten bevonden, tijdens meerdere bezoeken van binnen bekeken.)

Bovendien waren er in 1943/44 nog 11.000 Sinti- en Romavrouwen, die in sector BIIe waren ondergebracht. De meesten van hen kwamen om. In 1944 werden Joodse vrouwen uit Hongarije en de vernietigde getto's in sector BIIc en een nieuwe, maar nog niet voltooide sector, die werd aangeduid als BIII ('Mexico'), ondergebracht. Er waren toen in Birkenau ongeveer 30.000 vrouwen.[135] Behalve in de gaskamer, stierven ook veel vrouwen en mannen aan besmettelijke ziektes, onder meer aan tyfus, die Auschwitz regelmatig teisterden. Ratten en ander ongedierte alsmede vuil water zorgden voor de verspreiding.

Bij de gaskamers speelden zich soms vreselijke taferelen af. Sommige vrouwen wisten of voelden intuïtief dat hen slechts een afschuwelijke dood wachtte. Op 18 oktober 1942 was de SS-arts Johann Paul Kremer getuige van de vergassing van 1594 Nederlandse Joden die net uit het doorgangskamp Westerbork waren gearriveerd. (Van de in totaal 1710 Joden uit dit transport werden er liefst 1594 voor de gaskamer geselecteerd.) Volgens Kremer waren er op die natte en koude zondagochtend drie jonge en gezonde vrouwen die weigerden de gaskamer binnen te gaan en die smeekten om hun leven. Ze werden door SS'ers ter plekke doodgeschoten. Kremer, die inmiddels wel wat gewend was, schreef die dag in zijn dagboek: 'Gruwelijke scènes bij drie vrouwen die om hun naakte overleving smeken.'[136]

Anderhalve maand eerder, toen hij op 5 september getuige was van de vergassing van sterk vermagerde en uitgehongerde vrouwen uit het vrouwenkamp, zou de in juli benoemde kamparts *SS-Obersturmführer* Heinz Thilo tegen hem hebben gezegd dat 'wij ons hier bij de *anus mundi* bevonden' – bij de anus van de wereld. Kremer schreef in zijn dagboek dat Thilo hiermee gelijk had: het was 'de verschrikkelijkste verschrikking' (*das Schrecklichste der Schrecken*).[137] Enkele dagen eerder, op 2 september, schreef hij naar aanleiding van een *Sonderaktion* die om drie uur 's morgens plaatsvond: 'In vergelijking hiermee komt het inferno van Dante bij mij bijna als een komedie over. Niet voor niets wordt Auschwitz het kamp der vernietiging genoemd!'[138] Op die dag was er een RSHA-transport met duizend Joden uit het Franse doorgangskamp Drancy gearriveerd. Van hen werden 761 mannen en vrouwen vergast.[139]

Kremer protesteerde echter niet, noch weigerde hij deze gruwelijke opdrachten uit te voeren. Begin oktober experimenteerde hij zelfs met 'levensvers materiaal' uit de menselijke lever, milt en alvleesklier. Hij deed dat in overleg met *SS-Obersturmbannführer* Eduard Wirths, de op 6 september benoemde nieuwe *Standortarzt*, dat was de arts die in Auschwitz aan alle andere artsen leiding gaf. Deze Wirths had hem gezegd dat hij dat 'levensverse materiaal' kon verkrijgen van gevangenen die met fenolinjecties waren gedood. Daarop begaf Kremer zich naar Block 28 in het *Stammlager*, zocht zich 'geschikte objecten' uit, toen deze nog in leven waren, en stelde hen bepaalde informatieve vragen. Daarna liet hij hen met een fenolinjectie in de hartstreek, waarbij de dood direct intreedt, doden.[140]

Kremer was in november 1942 weer uit Auschwitz vertrokken, maar Wirths zou er tot januari 1945, toen het kamp werd geëvacueerd, blijven. In 1943 en daarna voerde Wirths in Block 10 van het *Stammlager* experimentele operaties uit op Jodinnen die aan kanker leden. Hij was ook betrokken bij het steriliseren van zijn slachtoffers. Die barak stond onder leiding van de beruchte vrouwenarts prof. dr. Carl Clauberg.

Dramatische taferelen bij de vergassing van vrouwen beschreef Zalmen Gradowski, een Pools-Joodse gevangene die in Auschwitz bij het *Sonderkommando* was tewerkgesteld. Wetend dat hijzelf ook zou sterven, schreef hij zijn ervaringen op in een boek dat hij achter een van de crematoria in Birkenau begroef. Deze manuscripten over 'in het hart van de hel' werden later gevonden en uitgegeven. Over jonge Joodse vrouwen die op het punt stonden de gaskamer te betreden, schreef hij:

> 'En zo marcheren steeds maar rijen jonge naakte vrouwen. En weer staat de stoet stil. Daar staat een blonde jonge schoonheid de bandieten toe te spreken: "Duistere misdadigers! Naar mij kijken met dierlijke hongerogen, je lusten bevredigen aan de naaktheid van mijn aantrekkelijke lichaam. Ja, nu is jullie glorietijd. In je burgerleven had je hiervan niet kunnen dromen. Misdadigers, onderwereldfiguren, hier heb je het ideale plekje gevonden om je sadistische loerlust te bevredigen. Maar dat genoegen zul je niet lang smaken. Het spel is uit, alle Joden ombrengen lukt jullie zeker niet. Je zult er goed voor boeten." En plots springt ze naar hen toe en geeft Oberscharführer Fost (=Oberscharführer Peter Voss, V.), de chef, de leider van de crematoria, drie knallende oorvijgen. Stokken zwiepen op haar hoofd en rug. Met gaten in het hoofd komt ze in de bunker terecht, het bloed gutst warm omlaag. Dat warme bloed streelt haar lijf, haar gezicht straalt van genoegen. Gelukkig en voldaan. Haar hand voelt nog de klap op het gezicht van de bekende grote moordenaar en bandiet. Haar laatste doel is bereikt. Gerust gaat ze de dood in.'[141]

Eind februari 1944 was er een jonge *Poolse* vrouw die op het punt stond de gaskamer te betreden en die eveneens de aanwezige SS'ers aansprak: 'De gehele wereld weet nu wat er in Auschwitz gebeurt en voor elke persoon die hier vermoord wordt, zullen de Duitsers een hoge prijs betalen.' Ze zei dat ze deze wereld zou verlaten in de wetenschap dat het niet lang meer zou duren voordat er aan deze misdaden een einde zou komen.[142]

Volgens Pery Broad was Peter Voss verantwoordelijk voor de vergassing en verbranding van lijken in de grote Crematoria III en IV, die in 1943 in Birkenau werden gebouwd.[143]

Mirjam Blits, een Nederlandse Jodin die Auschwitz overleefde, maakte eveneens vreselijke dingen in het vrouwenkamp mee. Men wist wat de almaar rokende schoorsteenpijpen van de crematoria te betekenen hadden: Auschwitz was het eindstation van de dood. De eindbestemming of het einddoel was wat Blits het *Himmelkommando* (commando naar de hemel) noemde:

> *'Ongeveer eens per drie maanden kwamen er SS-dokters en dan gingen zij die er beroerd aan toe waren de pijpen door. Hun nummers werden dan opgeschreven en na twee dagen kwamen er 's nachts grote vrachtauto's en dan werden al deze stakkertjes naakt op deze vrachtauto's gesmeten, met als einddoel Himmelkommando. Radeloos, waanzinnig van angst waren deze meisjes van wie het nummer werd opgeschreven, want zij wisten: wanneer ik opgeschreven ben, ga ik de pijp door. 's Nachts, wanneer zij werden weggevoerd, gilden zij dat het door merg een been ging. Wij lagen dan wakker en konden niet slapen. Dan lagen wij met anstige gezichten te luisteren en dachten wij: wanneer wij?'* [144]

Langdurige appels buiten waren, zowel voor vrouwen als mannen, ook een ware verschrikking, vooral 's winters. Dit gebeurde bijvoorbeeld op 6 februari 1943 toen er op bevel van de kampleiding voor het vrouwenkamp in Birkenau een 'algemeen appel' was. De slecht geklede vrouwen werden 's morgens om half vier in de bittere kou het kamp uitgedreven zonder dat ze te eten kregen. Ze moesten daar tot vijf uur *'s middags* blijven staan. Bij de toegangspoort stonden SS'ers met knuppels. Daarna moesten die vrouwen in looppas naar het kamp terugkeren. Zij die daarvoor te zwak waren, werden 'geselecteerd' voor de gaskamer. Tijdens het appel stierven er ongeveer duizend vrouwen.[145]

Op 30 maart 1943 werd de naam *Frauenkonzentrationslager* (FKL) veranderd in *Frauenlager* (FL of vrouwenkamp).[146] Maar het schrappen van het woord 'concentratie' maakte voor de keiharde dagelijkse realiteit geen enkel verschil.

Joodse vrouw Franceska Mann schiet vlakbij de gaskamer een SS-officier dood (oktober 1943)

Zeker niet alle Joden lieten zich in Auschwitz weerloos afslachten. Op 23 oktober 1943 kwam er uit Bergen-Belsen een transport met 1800 Poolse Joden aan. Deze Joden hadden eerst in Warschau voor veel geld paspoorten en visa voor Latijns-Amerikaanse landen weten te bemachtigen en werden daarna naar Bergen-Belsen overgebracht. Daar bekeek Gestapochef Siegfried

Seidl deze documenten en constateerde dat personen die een bepaalde familieband hadden opgegeven, helemaal niet aan elkaar gerelateerd waren. Die paspoorten dienden er alleen toe om de houders ervan van een wisse dood te redden. Betrokkenen werd vervolgens wijsgemaakt dat ze naar het 'doorgangskamp Bergau' bij Dresden zouden gaan en dat hun bagage zou worden nagestuurd. (Dit kamp bestond in feite helemaal niet.) Vandaar zouden ze naar Zwitserland worden doorgestuurd om voor Duitse krijgsgevangenen te worden geruild.

Pas bij aankomst ontdekten de betreffende Joden dat ze niet in Dresden, maar in Auschwitz waren aangekomen, een oord dat inmiddels bij Poolse Joden een beruchte reputatie had. Op het aankomstperron werden de mannen van de vrouwen gescheiden. De mannen gingen naar Crematorium III, de vrouwen naar Crematorium II. De vrouwen kregen te horen dat ze eerst 'ontsmet' moesten worden. SS'ers leidden de vrouwen naar de ruimte waar ze zich moesten uitkleden. Deze ruimte lag naast de gaskamer. SS'ers namen hun ringen en horloges af. Eén van die vrouwen, de jonge en knappe danseres Franceska Mann, gooide een deel van haar kleren naar het hoofd van *SS-Unterscharführer* Josef Schillinger, een kampbewaker met een beruchte reputatie, die zijn slachtoffers letterlijk de gaskamer indreef en talloze gevangenen afranselde. Zij slaagde erin zijn revolver te bemachtigen en schoot drie keer op hem. Ook *SS-Oberscharführer* Wilhelm Emmerich werd door een kogel geraakt. De andere vrouwen vielen de SS'ers met hun blote handen aan. Eén SS'er werd in de neus gebeten. Spoedig arriveerden er versterkingen. Een aantal vrouwen werd doodgeschoten, de overigen werden alsnog de gaskamer ingedreven en vermoord.

Schillinger overleed onderweg naar het ziekenhuis en werd in zijn geboortestad Oberrimsingen met militaire eer begraven. De zwaar gewonde Emmerich zou de rest van zijn leven kreupel blijven. Höss verklaarde na de oorlog dat er muiterij uitbrak toen SS'ers wilden dat de vrouwen zich sneller uitkleedden. Deze SS'ers werden overweldigd en van hun wapens beroofd. Höss beval toen om de mannen onmiddellijk te laten vergassen, daarna werden de vrouwen naar een andere ruimte van het crematorium gedreven en op zijn bevel doodgeschoten.[147] Volgens Martin Gilbert was het neerschieten van Schillinger voor de andere vrouwen het signaal om 'de SS'ers bij de ingang van de gaskamer' aan te vallen. Eén SS'er verloor zijn neus, een andere SS'er werd gescalpeerd. Later kwam Höss met versterkingen de ruimte binnen. Ze dreven de vrouwen een voor een naar buiten en schoten ze dood.[148] Maar volgens anderen werd een klein aantal vrouwen doodgeschoten waarna de andere vrouwen alsnog in de gaskamer werden vermoord.

Vrouwelijke Jehova's Getuigen

De christelijke secte van de Jehova's Getuigen werd in Nazi-Duitsland zwaar vervolgd. De reden was dat zij de staat niet erkenden en niets van het leger en het militaire apparaat moesten hebben. Leden van de secte werden gevangengezet of naar concentratiekampen gestuurd. In Auschwitz kregen ze de aanduiding 'IBV', een afkorting van *Internationale Bibelforscher-Vereinigung* (Internationale Vereniging voor Bijbelonderzoek). Dit is overigens een benaming die de Jehova's Getuigen zelf ook hanteren. Er waren in Auschwitz ongeveer 230 mannelijke en vrouwelijke IBV-gevangenen. Meestal ging het om Duitsers, maar ook om Nederlanders en dus om personen die in de ogen van de SS tot het 'zuivere Arische ras' behoorden.

Vrouwelijke Jehova's Getuigen hadden het doorgaans niet zo slecht. Ze stonden bekend als vlijtige en betrouwbare personen en waren bij SS'ers vooral populair als hulp in de huishouding, schoonmaakster, kokkin of kinderoppas. In mei 1943 waren er in Auschwitz 63 IBV-gevangenen die dit werk deden, maar de SS'ers wilden er nog dertig bij hebben. Kampcommandant Höss had zelf twee van zulke IBV-gevangenen, de meeste andere SS-officieren hadden er één. Het gezin van Höss telde vier kinderen.[149] In zijn memoires schreef Höss later dat deze vrouwen in de kinderrijke huishoudens van de SS-gezinnen, het huis van de *Waffen-SS*, het *Führerheim* (een luxe villa in de stad Auschwitz bedoeld voor prominente gasten), waar ze voor de bediening zorgden, alsmede in de landbouw werkzaam waren. 'Ondanks hun min of meer fanatieke instelling waren ze zeer gewenst.' 'Ze hadden geen toezicht of bewaking nodig. Ze verrichtten hun werk vlijtig en bereidwillig, want dit was het gebod van Jehova.' Höss schreef dat hij gedurende drie jaar twee oudere vrouwen als hulp in de huishouding had en dat zijn vrouw zeer tevreden over hen was, met name over de wijze waarop ze met de kinderen omgingen. De kinderen waren zeer aan die twee vrouwen gehecht, 'als behoorden ze zelf tot de familie'. 'Nooit hebben ze met de kinderen over godsdienst gesproken. Dat was eigenlijk verbazingwekkend gezien hun fanatieke instelling.' Maar laarzen, uniformen en petten raakten ze niet aan, evenals alles wat met het militaire te maken had. Wat de Joden betreft, waren ze er volgens Höss van overtuigd dat die nu terecht moesten lijden en sterven, 'omdat hun voorouders eens Jehova hebben verraden'.[150]

Dit laatste is interessant. Als dit inderdaad klopt, dan wisten die twee vrouwen zeer wel wat er in Auschwitz met de Joden gebeurde, maar hebben ze nagelaten er kritiek op te leveren. Inplaats daarvan hielpen ze in het gezin van een oorlogsmisdadiger en massamoordenaar. Dat gold ook voor andere vrouwelijke IBV-gevangenen die bij SS'ers als hulp in de huishouding fungeerden.

Himmlers tweede inspectiebezoek aan Auschwitz (juli 1942)

Op 17 en 18 juli 1942 bracht Himmler een tweede inspectiebezoek aan Auschwitz. De in Slowakije geboren Joodse gevangene Walter Rosenberg, die zich later Rudolf Vrba noemde, was ooggetuige van dit bezoek. Hij beschrijft in zijn memoires hoe *Blockälteste* (blokhoofden of -oudsten, kampgevangenen die per blok of barak toezicht hielden op andere gevangenen) en SS'ers al dagen voor Himmlers bezoek uiterst nerveus werden. Gevangenen mochten zich ineens dagelijks wassen, hun kleding moest er smetteloos uitzien en goed zijn gestreken. Een kampgevangene genaamd Jankel Meisel miste kort voordat Himmler aankwam, drie knopen op de keurig gestreken jas van zijn gestreepte gevangenenuniform. Hij werd door de Duitse kampoudste doodgeslagen. Alles in het kamp moest er 'piekfijn' uitzien. Gevangenen werden gedrild om in de houding te staan en op vragen korte maar beleefde antwoorden te geven. Zieken die er 'niet presentabel' uitzagen, werden vermoord.

Toen Himmler arriveerde, stond Vrba helemaal voorin de rij van de uit zijn blok (barak) opgestelde kampgevangenen en kon dus alles goed zien. Het blok van Vrba lag direct naast de hoofdingang waar het opschrift *Arbeit macht frei* te zien was. Vrba was slechts zeventien dagen eerder in Auschwitz aangekomen. Zijn nummer was 44070.[151]

Toen Himmler aankwam, begon het kamporkest volgens Vrba de *Triumphmarsch* uit de Aïda te spelen. Een grote zwarte Mercedes met het opvallende nummerbord 'SS-1' reed het kamp binnen. Himmler zat achterin de auto, samen met kampcommandant Höss.[152] De *Reichsführer-SS* was om 15:15 uur geland op het vliegveld van Kattowitz waar hij door Höss, *SS-Obergruppenführer* Ernst-Heinrich Schmauser, HSSPF in Breslau, en Fritz Bracht, *Gauleiter* van Opper-Silezië, werd opgehaald.[153] (Op 20 januari 1945, kort voor het Rode Leger Auschwitz bevrijdde, werden in opdracht van diezelfde Schmauser ongeveer 700 kampgevangenen vermoord.[154]) Een andere hoge SS'er die Himmler op zijn bezoek aan Auschwitz begeleidde, was zijn vertrouweling *SS-Brigadeführer* Hans Kammler. De architect Kammler was bij projecten van de SS belast met het bouwtoezicht. Ook de bouwprojecten in Auschwitz vielen onder Kammlers afdeling, die sinds begin februari 1942 als *Amtsgruppe D* deel uitmaakte van het nieuwe *SS-Wirtschafts- und Verwaltungshauptamt* (WVHA). Onder Kammler ontwikkelden zich SS-bouwprojecten als gaskamers tot 'het zenuwcentrum van de massamoord'.[155]

Himmler stapte na aankomst in Auschwitz glimlachend uit de auto en, zo schrijft Vrba, 'genoot van de atmosfeer die aan een Engelse tuinparty herinnerde'. Himmler en zijn entourage stonden op slechts vijf meter afstand van Vrba en hij kwam nog dichterbij:

> *'Anders als bij alle anderen scheen zijn uniform niet bijzonder goed te zitten, en ik dacht: "Deze man is geen monster. Hij ziet er eerder uit als wiskundeleraar. Een heel gewone, doodgewone wiskundeleraar!" In ieder geval was de dood voor hem niets meer dan een simpele rekenopgave, niets anders dan een eindeloze reeks getallen in een correct bijgehouden kasboek voor de boekhouding.'*[156]

Een steeds maar glimlachende Himmler liep op een gegeven moment vlak langs Vrba, zo kort was de afstand dat hij (Vrba) hem had kunnen aanraken. Vrba hoopte dat ze de *Reichsführer* alles zouden laten zien, de vergassingen, het crematorium, het brute optreden.[157] Hij koesterde toen even de illusie dat het daarna misschien beter zou worden.

Volgens kampcommandant Höss nam Himmler op grondige wijze alles in ogenschouw. Kammler liet hem bouwplannen en modellen zien, maar verzweeg daarbij volgens Höss niet de problemen die zich voordeden. Himmler hoorde belangstellend toe, maar ging op de door Kammler genoemde problemen niet in. Vervolgens werden enkele landbouw- en veeteeltprojecten bekeken. Himmler, die in München landbouwkunde had gestudeerd, had daar bijzondere belangstelling voor. Hij was met name in biologische landbouw geïnteresseerd. Vervolgens ging het naar Birkenau, dat ook wel aangeduid werd als 'Auschwitz II'. Daar liet hij zich informeren over de indeling van het kamp, de bouwprojecten, het uitbreidingsplan en de watervoorziening en -afvoer. Hij zag hoe de gevangenen aan het werk waren, bekeek de barakken waar ze waren ondergebracht, de keuken en de ziekenzalen. 'Hij werd door mij voortdurend op alle misstanden gewezen', schreef Höss, die zich daarvoor kennelijk niet verantwoordelijk wilde voelen. Himmler zag, zo beschrijft Höss verder, de uitgemergelde slachtoffers van besmettelijke ziekten, de overvolle ziekenzalen, zag hoe veel kinderen stierven aan de ziekte Noma (dodelijk gezwel in het gezicht als gevolg van honger en zwakte), de overvolle barakken en de primitieve toiletten en wasgelegenheden, hoorde hoe de artsen het aantal zieken en het hoge sterftecijfer en de oorzaken daarvan vermeldden. Höss: 'Hij liet zich daarover nauwkeurig voorlichten, aanschouwde alles nauwlettend en waarheidsgetrouw – en zweeg daarover.' Volgens Höss voer Himmler in Birkenau heftig tegen hem uit en zei dat hij niets meer wilde horen over problemen die er waren. 'Voor een SS-leider zijn er geen problemen, het is zijn opdracht om steeds de problemen die zich voordoen, direct zelf op te lossen!' zou Himmler tegen Höss hebben gezegd. Hóe hij die problemen zou oplossen moest Höss zelf maar zien. Volgens Höss kregen Kammler en *SS-Sturmbannführer* Karl Bischoff, die sinds april 1941 in Auschwitz belast was met bouwaangelegenheden, iets soortgelijks te horen.[158] Een van de problemen rond het almaar uitdijende kamp was dat het rioolwater ongezuiverd en rechtstreeks in een nabije rivier werd geloosd. De drinkwatervoorziening van de gehele omgeving werd daardoor bedreigd. Een ander probleem was de verspreiding van besmettelijke ziekten als tyfus. (Hier wordt later nader op ingegaan.) Dit had te maken met slechte hygiëne en overvolle barakken. Maar Himmler leek meer geïnteresseerd in het directe succes van zijn missie: de fysieke uitroeiing van de Joden, de germanisering van het oosten en het 'prestigieuze' bunaproject in Monowitz. Daarmee kon hij bij Hitler in Berlijn goede sier maken. Hoe meer Joden er in Auschwitz stierven, hoe beter. En daarom wilde hij in Auschwitz-Birkenau met eigen ogen aanschouwen hoe snel en efficiënt de Joden daar in de gaskamer aan hun einde kwamen. Dit was een onmisbaar onderdeel van zijn tweedaagse inspectiereis. Van de uiterst dodelijke werking van het gifgas Zyklon B hadden Höss of Eichmann hem ongetwijfeld al eerder op de hoogte gebracht. Eichmann was na de Wannseeconferentie van januari 1942 belast met de uitvoering en coördinatie van het gehele uitroeiingsprogramma. Hij had dan ook rechtstreeks toegang tot Himmler.

Himmler, Bracht en Schmauser kregen van Höss alles te zien wat met de fysieke vernietiging van de Joden te maken had, inclusief de selectie voor de gaskamer of de dwangarbeid:

> '*Nadat hij (Himmler) Birkenau had bezichtigd, zag hij het hele gebeuren rond de vernietiging van een zojuist aangekomen transport van Joden. Ook het afzonderen (selecteren) van de arbeidsgeschikten had hij een tijdje aanschouwd, zonder commentaar te geven. Met betrekking tot het vernietigingsproces zei hij helemaal niets, hij keek alleen heel zwijgend toe. Daarbij sloeg hij meermalen op onopvallende wijze de bij het proces betrokken SS-officieren en onderofficieren en mijzelf, gade.*'[159]

Deze vergassing in Birkenau vond plaats in 'Bunker II', ook wel het 'witte huis' genoemd, een tot gaskamer omgebouwde boerderij. Himmler zag ook nog hoe de lijken uit die bunker werden weggehaald. De lijken werden toen nog niet in crematoria verbrand maar in grote kuilen begraven. Later kwam er een bevel om de lijken op te graven en te verbranden omdat anders het grondwater zou worden vervuild.[160]

Himmler was er op 17 juli getuige van hoe 449 Joden uit *Nederland* werden vergast.¹⁶¹ Op hen had de opmerking van Höss inzake 'een zojuist aangekomen transport van Joden' betrekking.

Volgens Himmlers *Dienstkalender* bracht de *Reichsführer-SS* op 17 juli ook een bezoek aan het *Frauenkonzentrationslager* (FKL, het concentratiekamp voor vrouwen, toen nog gelegen in het oorspronkelijke hoofdkamp). Daar was hij er ooggetuige van hoe een vrouwelijke gevangene werd afgeranseld. Volgens Höss, die ten onrechte schreef dat dit op de tweede dag van Himmlers bezoek gebeurde, ging het om een 'beroepscrimineel (prostituee), die voortdurend inbraken pleegde en alles stal wat ze mee kon nemen'. Himmler wilde volgens Höss zien wat het effect van zulke afranselingen waren. Daarna was het tijd voor het diner.¹⁶² Hierboven beschreven we reeds hoe mishandeling en uitbuiting van vrouwelijke gevangenen door de SS vaak voorkwam. In juni 1943 zou er in Block 24a op bevel van Himmler in Auschwitz I (het *Stammlager*) zelfs een bordeel worden geopend. De SS verwachtte dat daardoor de arbeidsprestaties van niet-Joodse gevangenen – Joden mochten niet naar het bordeel – zouden verbeteren. SS-mannen gingen naar een bordeel in de stad Auschwitz.¹⁶³

Tijdens het diner in het zogenaamde *Führerheim* ('huis van de *Führer*'), een luxe clubhuis voor SS-officieren en gasten in de stad Auschwitz, zou Höss Himmler hebben geattendeerd op het gebrek aan personeel dat hij in het kamp had. Hij vroeg om uitbreiding van het bewakingspersoneel, maar Himmler zou hebben geantwoord dat hij 'elke SS-man' aan het front nodig had. Dan moest Höss maar meer honden bij de bewaking inzetten. Himmler beklaagde zich over het grote aantal gevangenen dat uit Auschwitz wist te ontsnappen en gaf aan dat Höss 'ieder middel' mocht inzetten om dat te verhinderen.¹⁶⁴

De volgende dag, op 18 juli, had Himmler nog een gesprek met de eerdergenoemde vrouwelijke SS'er Johanna Langefeldt, die leiding gaf aan het vrouwenkamp. Zij pleitte voor de vrijlating van enkele Duitse vrouwen die al heel lang in het kamp gevangenzaten. Himmler gaf daarvoor zijn toestemming, maar hun vrijlating zou nog even op zich laten wachten. Eén van deze vrouwen, Luise Maurer, kwam pas eind 1943 vrij.¹⁶⁵ Langefeldt tekende bij Himmler verder bezwaar aan tegen het gedrag van *SS-Hauptsturmführer* Hans Aumeier, leider van het *Schutzhaftlager,* waar zogenaamde 'staatsgevaarlijke' gevangenen waren ondergebracht, alsmede tegen *SS-Hauptsturmführer*

Robert Mulka, de adjudant van Höss. Himmler zou daarop Höss opdracht hebben gegeven dat mannen niet meer het vrouwenkamp mochten betreden.[166] Höss kon het bepaald niet waarderen dat Langefeldt zich op 18 juli rechtstreeks bij Himmler nota bene over zijn eigen adjudant beklaagde. In oktober werd zij gedwongen te vertrekken.

Himmler bracht diezelfde dag ook nog een inspectiebezoek aan de in aanbouw zijnde 'bunafabriek' van het grote Duitse chemieconcern IG Farben. Daar moest nog een derde kamp, 'Monowitz' of 'Auschwitz III', komen. Hierop wordt in hoofdstuk 3 ingegaan.

In een evaluatiegesprek met Höss en Schmauser zou Himmler volgens Höss hebben gezegd dat hij gezien had wat de misstanden en moeilijkheden waren, maar daar niets aan kon veranderen:

> *'Zie erop toe dat u dit oplost. Wij bevinden ons midden in de oorlog en moeten volgens de vereisten van de oorlog leren te denken. De door mij bevolen maatregelen inzake acties van de veiligheidspolitie mogen in geen geval afgebroken worden, en zeker niet vanwege het aan mij getoonde gebrek aan accommodatie, enz. Het programma van Eichmann gaat door en zal elke maand in omvang toenemen. Zie erop toe dat u met de uitbreiding van Birkenau klaar komt. De zigeuners moeten aan de vernietiging worden prijsgegeven. Vernietig ook de Joden die niet geschikt voor arbeid zijn. In de nabije toekomst zullen de arbeidskampen (die gelegen zijn) bij de wapenindustrieën de Joden die in staat zijn om te werken, opnemen en dan is er voor u weer ruimte beschikbaar. Kammler zal u op het gebied van bouwwerkzaamheden vergaand ondersteunen. De experimenten op landbouwkundig terrein moeten intensief worden gestimuleerd.'*[167]

Met andere woorden, Himmler beval Höss om Birkenau verder uit te bouwen tot een echt vernietigingskamp, want door de sterk toenemende en door Himmler gesanctioneerde activiteiten van Eichmann zullen er steeds meer Joden naar Auschwitz worden gedeporteerd. Later zouden er bij wapenindustrieën meer dwangarbeiderskampen komen waar Joden die in staat waren te werken, konden worden opgenomen. (Dit had onder meer betrekking op Monowitz en de IG-Farbenfabriek.) Als blijk van waardering bevorderde Himmler Höss tot *Obersturmbannführer*, dezelfde rang die Eichmann bekleedde.[168]

Volgens Höss keerde Himmler na zijn tweedaags bezoek terug naar Berlijn, maar ook dit klopt niet. In feite reisde Himmler per vliegtuig door naar Lublin, in het oosten van het vroegere Polen. Daar was zijn vriend en vertrouweling *SS-Brigadeführer* Odilo Globocnik belast met de uitroeiing van de Joden in het *Generalgouvernement,* een door Nazi-Duitsland bezet deel van Polen dat ook de steden Krakau en Warschau omvatte. Himmler beval Globocnik om zijn activiteiten verder op te voeren.[169] Dat was anderhalve maand nadat Himmlers tweede man Reinhard Heydrich bezweek aan de gevolgen van een aanslag in Praag. Globocnik had van Himmler de leiding gekregen van *Einsatz (Aktion) Reinhar(d)t* (onjuist geschreven met 'dt' of een 't'), een nieuwe codenaam voor massamoorden in de in het *Generalgouvernement* gelegen vernietigingskampen Majdanek (nabij Lublin), Belzec, Sobibor en Treblinka. In een tijdsbestek van een jaar zouden er in het kader van *Einsatz Reinhardt* liefst 1,3 miljoen Joden worden vermoord. Begin 1943 werd Eichmann hiervan door Globocniks assistent *SS-Sturmbannführer* Hermann ('Hans') Höfle middels een geheim telegram op de hoogte gesteld.[170]

De eerste en de daaropvolgende deportaties uit Nederland en België en het totaal aantal slachtoffers

Op 12 mei 1942 bracht RSHA-chef Reinhard Heydrich een bezoek aan Nederland. Doel was voorbereidingen te treffen voor en bevelen te geven inzake de deportatie van de Nederlandse Joden naar 'het oosten' – de vernietigingskampen.[171] Ook Eichmann bracht dat voorjaar een bezoek aan Nederland en wel voor een bespreking met zijn vertegenwoordiger in Den Haag, *SS-Sturmbannführer* Wilhelm Zöpf. Zöpf was eveneens aanwezig op een conferentie op Eichmanns kantoor in Berlijn op 11 juni. Daar waren bovendien zijn beide collega's uit België en Frankrijk, respectievelijk *SS-Obersturmbannführer* Kurt Asche en *SS-Hauptsturmführer* Theodor Dannecker, bij aanwezig. Asche verklaarde in 1967 dat ook Willy Lages, de beruchte leider van de *Zentralstelle für jüdische Auswanderung* (Centraal bureau voor Joodse emigratie) in Amsterdam, erbij was. De SS'er Lages was rechtstreeks verantwoordelijk voor de deportatie van Nederlandse Joden uit bezet Nederland. Die was in feite al in 1941 begonnen, maar nog niet naar Auschwitz. (Wel waren er twee Nederlandse 'politieke gevangenen' naar Auschwitz gestuurd.). Volgens Asche zou Eichmann aan Zöpf, Asche en Dannecker hebben gezegd dat er een bevel van Hitler was op grond waarvan alle Joden uit het bezette Europa moesten worden afgevoerd. Zij zouden in het oosten worden tewerkgesteld. Er zouden ook vrouwen, kinderen en ouderen mee op transport gaan.[172] Zöpf verklaarde in 1966 dat Eichmann in een toespraak als plaats van bestemming Auschwitz had genoemd. Wekelijks zouden er uit Nederland maximaal twee treinen met elk duizend Joden moeten vertrekken, 'en wel vooralsnog voor een periode van één tot twee maanden'.[173] De deportaties zouden echter tot medio september 1944 doorgaan.

Volgens de *Auschwitz Chronicle* arriveerden er op 17 juli 1942, de eerste dag van Himmlers bezoek aan Auschwitz, 2000 Joden uit de kampen Westerbork en Amersfoort. Het ging hier, zoals bijna altijd het geval was, om een RSHA-transport, dat onder Eichmann viel. De groep bestond uit 1303 mannen en jongens en 697 vrouwen en meisjes. Van hen werden er, zoals we eerder beschreven, op de eerste dag van Himmlers bezoek, 449 omgebracht in de gaskamer.[174] Andere betrouwbare bronnen melden dat er uit Nederland in feite twee of drie transporten waren, en wel één op woensdag 15 juli (1135 personen) en twee op donderdag 16 juli (met in totaal 895 personen).[175] Er waren namelijk niet genoeg treinen om zo'n grote groep Joden, van wie er 950 uit Amsterdam kwamen, in één keer naar Auschwitz te deporteren. Velen waren maar heel kort in Westerbork geweest. Het transport dat op 15 juli met 1135 personen uit Westerbork vertrok, was dan het eerste transport van Nederlandse Joden naar het vernietigingskamp Auschwitz.[176] Volgens Karina Lewenhoff-Kotowski was die tweede groep op woensdagochtend vroeg nog in Westerbork geweest, maar arriveerde op donderdagavond (16 juli) in Birkenau:

> *'Er waren veel SS'ers, die een Sperre om ons heen vormden. De mannen en vrouwen waren toen al gescheiden. De mensen met kinderen moesten naar voren komen. De kinderen werden weggebracht en kwamen later terug met opengeslagen hoofden. Vervolgens gingen de vrouwen naar Auschwitz en de mannen naar Birkenau.'*[177]

Er zouden nog veel RSHA-transporten volgen, in totaal 69 naar Auschwitz en 19 naar Sobibor, een ander berucht vernietigingskamp in het bezette Polen. Alle transporten naar Sobibor vonden tussen 2 maart en 20 juli 1943 plaats en in die periode werden er geen Joden uit Nederland naar Auschwitz gedeporteerd. Daarnaast waren er, vooral in 1944, ook transporten naar Theresiënstadt en Bergen-Belsen. In 1941 waren er vanuit Nederland bovendien deportaties naar Mauthausen (via Buchenwald). Uit het doorgangskamp Westerbork vertrokken in totaal 93 treinen, één vertrok uit Apeldoorn rechtstreeks naar Auschwitz, twee treinen vertrokken uit het concentratiekamp Vught en één trein vertrok uit Amsterdam.[178] In de primitieve goederentrein uit Apeldoorn zaten in de koude januarimaand van 1943 meer dan 900 Joodse psychiatrische patiënten plus een aantal van hun begeleiders die na aankomst in Auschwitz direct werden vermoord. Deze speciale trein was door Eichmann persoonlijk geregeld.[179]

Naar Auschwitz werden in totaal 60.330 personen gedeporteerd, het overgrote deel bestond uit Joden (er was ook een kleine groep van 245 Roma en Sinti). Van hen overleefden er minder dan 4000. In Auschwitz kwamen er dus meer dan 56.000 Joden uit Nederland om. Naar Sobibor werden er 34.313 personen gedeporteerd en ook nu bestond de overgrote meerderheid uit Joden. Van hen overleefden er slechts achttien, dus in Sobibor kwamen er 34.295 Joden alsmede een zeer kleine groep niet-Joden uit Nederland om.[180] Volgens Jules Schelvis ging er in de periode van 2 maart tot en met 8 juni 1943 iedere week een trein naar Sobibor. 'Daarna trad er een pauze op van drie weken, waarin geen enkel transport uit Westerbork vertrok. Van 29 juni tot en met 20 juli reden de laatste vier treinen naar Sobibor.' In totaal ging het om negentien deportatietreinen.[181] Volgens Schelvis blijft het raadselachtig waarom er tussen 2 maart en 20 juli 1943 juist negentien treinen uit Nederland naar Sobibor en niet naar het dichterbij gelegen Auschwitz-Birkenau vertrokken.[182]

Tussen februari 1941 en september 1944 bedroeg het totaal aantal uit het bezette Nederland gedeporteerden ongeveer 107.083 personen, van hen overleefden er ca. 5202, zodat het totaal aantal slachtoffers ca. 101.881 personen bedraagt.[183] Slechts 5000 Joodse gedeporteerden overleefden de oorlog.[184]

In het bezette België werden er tussen 1942 en 1944 in totaal 34.801 Joden opgesloten of gedeporteerd. Van hen kwamen er 28.902 om. Het aantal overlevenden bedroeg dus 5899 (bijna 6000).[185] De meeste transporten vertrokken vanuit het doorgangskamp Mechelen (Malignes), maar er vertrokken er ook nogal wat vanuit het Franse Drancy.

Volgens de Duitse historica Insa Meinen werden er in 27 transporten 24.906 Joden naar Auschwitz gedeporteerd, van hen waren er in 1945 nog 1207 in leven, zodat er in Auschwitz 23.699 (bijna 24.000) Joden uit België omkwamen. Het eerste RSHA-transport vond plaats op 4 augustus 1942, het laatste op 31 juli 1944. Bovendien werden in 1943/44 218 Joden naar andere kampen gedeporteerd van wie er in 1945 nog 130 in leven waren.[186] Er werden in januari 1944 vanuit Mechelen ook nog 351 zigeuners (Roma en Sinti) naar Auschwitz gedeporteerd van wie er slechts twaalf overleefden.[187]

Marc Michiels en Mark van den Wijngaert, twee Belgische auteurs die in de Tweede Wereldoorlog gespecialiseerd zijn, schreven een belangwekkend boek getiteld *Het XXste transport naar Auschwitz*. Dit transport vertrok op 19 april 1943 uit Mechelen en kwam op 22 april in Birkenau aan.

Dat was nog op de *alte Rampe* (oude perron), want de spoorlijn die naar het aankomstperron binnen het kamp leidde, was nog niet aangelegd.

Vanwege een aantal ontsnappingen was het verloop van dit transport nogal spectaculair. Bij vertrek zaten er in de lange deportatietrein 1631 personen. Van hen wisten er 236 tijdens de deportatie naar Auschwitz te ontsnappen, maar 91 werden opnieuw opgepakt en 25 werden er gedood. Onderweg stierf ook nog een aantal personen. Bij aankomst waren er nog 1395 personen, van wie er direct 874 werden vergast. Slechts 150 keerden terug. Uit de lijst van gedeporteerden blijkt dat relatief veel Joden niet in België waren geboren. Zij waren bijvoorbeeld uit Duitsland en Polen naar België gevlucht. Er waren ook enkele in Amsterdam geboren Joden bij.[188] Michiels en Van den Wijngaert beschrijven op indringende wijze wat er bij aankomst op de vroege ochtend van de 22ste april gebeurde:

> '*Wat bij aankomst plaatsvond, was nauwelijks te beschrijven. Bij het uitstappen uit de treinwagons werd onmiddellijk een aantal standrechtelijke executies uitgevoerd. Degenen die gek van angst waren geworden tijdens het transport of wild om zich heen sloegen en niet in de groep wilden blijven, werden door SS'ers in koelen bloede neergekogeld. Zij verstoorden teveel de selectieprocedure. Alle gevangenen waren uitgehongerd, uitgedroogd of doodmoe. Zieken en gewonden werden ondersteund door hen die nog krachtig genoeg waren. De gevangenen werden geterroriseerd door de SS'ers die bevelen schreeuwden, de zweepslagen en de woest blaffende honden die afgericht waren om te bijten. Families werden uiteengerukt zonder dat iemand begreep wat daarvan de bedoeling was. SS'ers liepen langs de rijen op het perron en zochten naar tweelingen en dwergen. Ze stopten dikwijls bij kinderen die op elkaar leken. Moeders reageerden meestal positief in de hoop dat hun tweeling een betere behandeling zou krijgen. Ook Poolse gevangenen die instonden voor het bagagetransport, vertelden de mensen dat de Duitsers op zoek waren naar tweelingen. Hartverscheurende taferelen speelden zich af toen families bij de selectie door SS'ers uit elkaar werden gehaald. Niemand begreep waarom de ene naar rechts en de andere naar links werd gestuurd. Degenen die op vrachtwagens werden weggevoerd en die onmiddellijk de dood tegemoet gingen, werden door sommigen benijd omdat zij niet hoefden te lopen.*'[189]

De deportaties uit Theresiënstadt en Noorwegen

Op 28 oktober 1942 arriveerde er in Auschwitz de eerste groep Joden die afkomstig was uit het in het bezette Tsjechië gelegen getto van Theresiënstadt. Van de 1866 Joden werden er 1619 vergast in de gaskamers.[190] Theresiënstadt werd door de SS als 'model- of showkamp' ingericht: daar heerste een minder streng regime om bezoekers van bijvoorbeeld het Rode Kruis om de tuin te leiden. Na de oorlog liet Eichmann zijn Nederlandse vriend Willem Sassen weten dat hij bij twee gelegenheden vertegenwoordigers van het Rode Kruis in Theresiënstadt had ontvangen. 'Men moet de tegenstander ook niet altijd de waarheid vertellen', zo zei hij tegen Sassen.[191] Er werd zelfs een propagandafilm gemaakt waaruit zou blijken hoe goed de Joden het in Theresiënstadt hadden. Degenen die in die film figureerden, werden daarna naar Auschwitz gedeporteerd en vervolgens vermoord.

Op 8 september 1943 kwamen er met een RSHA-transport 5006 Joden uit het getto of kamp van Theresiënstadt aan.[192] Zij werden daags daarop in sector B-IIb ondergebracht waar een (tijdelijk) familiekamp voor Joden uit Theresiënstadt werd ingericht. Het was een familiekamp, dat wil zeggen zowel voor mannen als vrouwen. Deze gevangenen hadden het hier iets beter dan andere gevangenen. Er was zelfs een tuintje voor de kinderen. Dit alles was bedoeld om de buitenwereld te misleiden. Het was echter uitstel van executie. Binnen zes maanden stierven er van deze groep 1140 Joden, de anderen werden op 9 maart 1944 vergast.[193] Bovendien werden 1260 Joodse kinderen en 53 verzorgers die op 7 oktober 1943 vanuit Theresiënstadt naar Auschwitz waren gedeporteerd, nog op de dag van aankomst vergast. Met de anderen werd vijf maanden later afgerekend.

Na een inspectiebezoek van Eichmann werd het familiekamp op 8 maart 1944 opgeheven: 3791 Joden uit het kamp werden in de gaskamers vermoord. Artsen en tweelingen, waar Mengele bijzondere belangstelling voor had, mochten (vooralsnog) blijven leven.[194]

Tussen 26 oktober 1942 (vertrekdatum) en 28 oktober 1944 werden er in 27 transporten in totaal 46.750 Joden van Theresiënstadt naar Auschwitz gedeporteerd.[195] Tussen 28 september en 28 oktober 1944 werden er in elf transporten 18.402 Joden uit Theresiënstadt naar Auschwitz gedeporteerd. Van hen overleefden er slechts 1574.[196]

Van de bijna 5000 Joden die uit Nederland naar Theresiënstadt werden gestuurd, stierven er daar 163. Bijna 3000 werden naar Auschwitz doorgestuurd.

Slechts enkelen van hen overleefden.[197] In januari 1945 werd Auschwitz bevrijd.

De eerste deportatie uit Noorwegen begon op 20 november 1942 met een boot uit Arhus die 19 Joden vervoerde. Daarna ging het verder per trein via Hamburg naar Auschwitz. Op 26 november vertrokken twee schepen, de *Monte Rosa* met 27 Joden aan boord en de *Donau* met 532 Joden aan boord, vervolgens ging het per trein door naar Auschwitz.[198] Daar werd op 1 december de aankomst van 532 Joden bevestigd als het tweede RSHA-transport uit Noorwegen. Van hen werden er 346 personen vergast.[199] Uiteindelijk zouden er van dit transport slechts negen personen overleven. Op 24 februari 1943 werden er 158 Joden uit Noorwegen gedeporteerd, daarna gevolgd door kleinere aantallen. Het totaal aantal gedeporteerde Joden bedroeg 768, van wie er 28 overleefden.[200]

De deportaties naar Auschwitz van ongeveer 300.000 Joden uit de getto's in het bezette Polen

Er waren ook veel deportaties uit getto's in het bezette Polen. Zo arriveerde er op 8 november 1942 in Auschwitz een RSHA-transport met duizend Joden uit getto's in het district Zichenau (Oost-Pruisen, thans het Poolse Ciechanov). Zij werden allen vergast en kamparts Kremer was daar wederom ooggetuige van.[201] Op 2 december arriveerden er ongeveer 1000 Joden uit het getto van Grodno. Van hen werden er 762 in de gaskamers gedood. Op 3 december arriveerden er ongeveer 1000 Joden uit het getto van Plonsk. Van hen werden er 653 vergast.[202] Op 6 december arriveerde er een RSHA-transport met 2500 Joden uit het getto van Mlawa. Van hen werden er 2094 personen vergast. Op 8 december arriveerde er een RSHA-transport met ongeveer 1000 Joden uit wederom het getto van Grodno. Van hen werden er 769 personen gedood in de gaskamers. Op 19 januari 1943 arriveerde het eerste RSHA-transport met 1372 Joden uit het vlakbij Auschwitz gelegen Krakau. Van hen werden er 350 gedood in de gaskamers. Diezelfde dag arriveerden er 2000 Joden uit het getto van Zambrow en werden er van hen 1702 gedood in de gaskamers.[203] Op 5, 6 en 7 februari reden er drie RSHA-treinen met Joden uit het getto van Bialystok naar Auschwitz. In alle (goederen)treinen uit Bialystok zaten steevast 2000 Joden. Daarna volgden meerdere deportaties vanuit Bialystok naar het vernietigingskamp Treblinka, waar de beruchte kampcommandant *SS-Obersturmführer* Franz Stangl met de *Deutsche Reichsbahn* (de Duitse staatsspoorwegen) was overeengekomen om alle treinen 's middags te laten aankomen. Alleen zó kon hij ervoor zorgen dat 2000 gedeporteerde Joden nog op de dag van aankomst werden vergast. De *Reichsbahn* zorgde ervoor dat alle treinen uit Bialystok (alsmede eentje uit Grodno) precies om tien minuten over twaalf aankwamen.[204] Zó punctueel zouden de Duitse spoorwegen na de oorlog niet meer zijn!

Op 13 maart arriveerden er 2000 Joden uit wederom het getto van Krakau. Van hen werden er 1492 vermoord in de gaskamers. En op 16 maart arriveerden er uit hetzelfde getto nog eens 1000 Joden van wie er 959 werden vergast.[205] Een van de deportaties uit Krakau werd daar gefotografeerd door een Nederlandse vrijwilliger van de *Waffen-SS*. Erik Somers en René Kok constateren dat er bij de meeste vrijwilligers al gauw gewenning optrad aan de verschrikkingen van de strijd aan het oostfront:

> 'Een twintigjarige Nederlander schreef in zijn dagboek: "De zon scheen ontzettend fel. We liepen allen in sportbroekje rond. De 1e kompanie benutte zijn vrije tijd om Joden dood te schieten die "Partisanenkrieg" gevoerd hadden. Voor deze beesten was geen andere oplossing. De scherpschutters traden aan – 2 bij 2 werden ze doodgeschoten. Ze tuimelden in het graf dat ze zelf gegraven hadden."'[206]

Dit had vooral betrekking op massa-executies en niet op deportaties naar Auschwitz.

Op 1 augustus 1943 werd begonnen met de liquidatie van Bendin (Bendsburg of Bedzin) en Sosnowitz (Sosnowiec), de laatste twee getto's in Opper-Silezië. Tussen 1 en 12 augustus arriveerden er in Auschwitz in totaal 32.000 Joden uit beide getto's. Van hen werden er 25.600 in de gaskamers vermoord.[207] Dit alles gebeurde terwijl er ook nog transporten uit België (1553 Joden) en Frankrijk (1000 Joden) aankwamen. Er waren sinds begin maart geen transporten meer uit Nederland geweest: die gingen tot en met 20 juli naar Sobibor (Twee transporten gingen in die periode naar Theresiënstadt.). Pas op 24 augustus was er weer een transport vanuit Westerbork naar Auschwitz. In de eerste helft van augustus kreeg Auschwitz dus ongeveer 35.000 Poolse, Belgische en Franse Joden 'te verwerken' van wie meer dan driekwart werd vergast. Dit was een voorproefje van wat er in 1944 zou gebeuren als er in zeer korte tijd meer dan 400.000 Hongaarse Joden naar Auschwitz-Birkenau zouden worden gestuurd.

Overigens hadden de nazi's na de ontruiming van het getto van Sosnowitz ineens weer (Joodse) dwangarbeiders nodig voor een wapenfabriek van

Krupp, die vanuit het inmiddels bevrijde zuidoosten van de Oekraïne naar het niet ver van Auschwitz gelegen stadje Fünfteichen was verplaatst. Joden die net naar Auschwitz waren gedeporteerd, moesten nu ineens per trein naar Fünfteichen, waar de werkomstandigheden erbarmelijk waren en velen stierven.[208]

In het boek *Die Zahl der Opfer von Auschwitz* staat een overzicht van alle transporten uit Polen naar Auschwitz. Met Polen was hier het Polen volgens de vooroorlogse geografische grenzen bedoeld. Het eerste transport (uit Dabrowa Gornicza) kwam op 5 mei 1942 aan, het laatste transport (uit Lodz) op 2 september 1944. In totaal ging het om 300.000 Joden.[209]

Tyfus, andere dodelijke ziektes en een nieuwe codenaam voor Zyklon B: 'materiaal voor de evacuatie van Joden'

Door de slechte hygiënische situatie en voeding braken er in Auschwitz dodelijke besmettelijke ziektes uit. Vooral (vlek)tyfus en dysenterie, veroorzaakt door het drinken van vervuild water of het eten van besmet voedsel, vormden een groot probleem, ook voor de SS'ers die in het kamp werkten. De eerste tyfusepidemie brak in juni 1942 uit. In opdracht van de kamparts kregen enkele honderden zieke gevangenen een dodelijke fenolinjectie.[210] Onder het voorwendsel van de bestrijding van de tyfusepidemie selecteerde kamparts *SS-Hauptsturmführer* Friedrich Entress op 29 augustus 746 zieke gevangenen uit het zogenaamde infectieblok, die nog diezelfde dag werden vergast.[211]

Eind augustus en begin september werden de gevangenisblokken met Zyklon B ontsmet. De gevangenen werden tijdelijk ondergebracht in de barakken waar eerder de vrouwen gehuisvest waren geweest.[212] In september stierven er dagelijks honderden gevangenen aan tyfus. SS-arts Kremer liet zich tegen diverse varianten van de tyfus inenten. Op 3 oktober meldde hij dat *SS-Obersturmführer* Heinrich Schwarz, die leiding gaf aan de *Arbeitseinsatz*, met vlektyfus was besmet.[213]

Op 23 september kwam WVHA-chef Pohl onverwacht op bezoek. Hij liet zich uitgebreid rondleiden en gaf het advies om een grote waterzuiveringsinstallatie te bouwen om de verspreiding van tyfus en andere besmettelijke ziektes tegen te gaan.[214] Eind november was de grote tyfusepidemie voorbij, maar in januari 1943 brak er een nieuwe epidemie uit die tot medio april duurde en 12.000 slachtoffers eiste. Een derde epidemie brak in mei uit, maar beperkte zich tot het zigeunerkamp en was begin juli weer onder controle.[215]

De voorraden Zyklon B slonken in de tweede helft van 1942 niet alleen snel door vergassing van grote aantallen Joden, maar ook door de ontsmetting van barakken in verband met de eerste tyfusepidemie. Dus moest de voorraad begin oktober dringend worden aangevuld. Er werden twee of drie grote bestellingen voor Zyklon B gedaan. Alle waren mede ondertekend door Robert Mulka, de adjudant van kampcommandant Höss. Eén van die documenten was gedateerd 2 oktober 1942 en ondertekend door zowel *SS-Obersturmbannführer* Arthur Liebehenschel (van het WVHA) als Robert Mulka. Het ging om een machtiging om met een vrachtwagen met een gewicht van vijf ton en voorzien van een aanhangwagen naar Dessau te rijden en weer terug om 'benodigdheden (grondstoffen) voor de evacuatie van Joden' (*Materialien für die Judenumsiedlung*) op te halen. In Dessau was de *Deutsche Gesellschaft für Schädlingsbekämpfung* (Degesch) gevestigd. Deze firma produceerde onder meer Zyklon B.

Hoogst interessant is dat dit gifgas in dit door Mulka mede ondertekende document als 'benodigdheden (materiaal) voor de evacuatie van Joden' werd omschreven. Tijdens het Auschwitzproces in Frankfurt gaf Mulka op 11 september 1964 toe dat hij wist wat er met 'evacuatie van Joden' werd bedoeld en dat 'benodigdheden' betrekking had op Zyklon B.[216] (Zie hierover ook hoofdstuk 4.) Van hogerhand werd bevolen deze codetaal te gebruiken. Himmler kon echt boos worden als dat niet gebeurde. Toen Himmlers statisticus Ernst Korherr op 23 maart 1943 een statistisch rapport over de resultaten van de *Endlösung der Judenfrage* had opgesteld, eiste Himmler dat er in de tekst wijzingen zouden worden aangebracht. Hij wilde niet dat er in het rapport openlijk werd verwezen naar de *Sonderbehandlung der Juden*. Dit moest worden omschreven als 'het transporteren van Joden uit de oostelijke provincies naar het Russische oosten' (*Transportierung von Juden aus dem Ostprovinzen nach dem russischen Osten*).[217] Niettemin stuurde Richard Glücks, de inspecteur van de concentratiekampen, op 30 juli 1943 een telegram aan de commandant van Auschwitz waarin toestemming werd gegeven om die dag met een vrachtwagen in Dessau 'Zyklon' op te halen en weer terug te rijden. De chauffeur moest een bijzonder legitimatiebewijs voorzien van een 'K' worden meegegeven.[218]

Op 1 december 1942 bevonden zich 30.623 gevangenen in het kamp, bijna de helft bestond uit Joden. Het aantal in de gaskamers vermoorde Joden bedroeg al 150.000.[219] Aan tyfus waren 20.000 personen gestorven. Tussen 1 en 31 december werden er in Auschwitz ongeveer 17.000 personen gedood, meestal door vergassing. Andere doodsoorzaken waren het toedienen van fenolinjecties en executies. Vergassing werd bij Joden toegepast, fenolinjecties werden toegediend aan zieke gevangenen van wie de kamparts oordeelde dat zij niet meer beter konden worden of niet meer snel aan het werk konden.[220]

Op 28 december klaagde Glücks in een geheim decreet aan de SS-artsen dat het sterftecijfer in de kampen te hoog was. Belangrijk was dat de arbeidsproductiviteit omhoog ging en de voeding verbeterde. Hij beriep zich op een bevel van Himmler volgens hetwelk het sterftecijfer omlaag moest. Over de te nemen maatregelen moest vanaf 1 februari 1943 maandelijks worden gerapporteerd.[221]

Op 1 augustus 1943 werd in het kamp B-IIa in Birkenau een 'quarantainekamp' voor mannen die nog moesten arriveren, opgezet. Dit kamp bestond uit zestien primitieve houten barakken waar 4000 tot 6000 gevangenen konden worden gehuisvest. Een steeds groter aantal gevangenen was of werd ernstig ziek waardoor het gevaar van besmetting alleen maar toenam.

De noodkreten van Glücks om het sterftecijfer omlaag te drukken en de arbeidsproductiviteit te verbeteren, haalden weinig uit, omdat het bevel om alle Joden in Europa uit te roeien onverkort van kracht bleef. Tijdens de Wannseeconferentie had Heydrich in feite het eerdergenoemde principe van de *Vernichtung durch Arbeit* benadrukt, waarbij die Joden die dit toch overleefden, moesten worden gedood.[222]

Auschwitz was niet alleen een kamp voor slavenarbeiders, maar ook een eindstation van de dood. In de loop van 1942 kwamen er daar steeds meer treinen met gedeporteerden aan, die, tot het voorjaar van 1944, allen uitstapten op de *alte* of *Judenrampe*, het perron dat tussen het *Stammlager* en Birkenau lag. Bij de selectie op dat perron werd doorgaans een grote meerderheid direct naar de gaskamers gestuurd. Daar kwamen nog dodelijke tyfusepidemieën en andere doodsoorzaken bij.

Het opmerkelijke bevel om het haar van vrouwen en mannen te hergebruiken

Allen die in Auschwitz aankwamen en die niet direct naar de gaskamer werden gestuurd, werd de haren afgeknipt. Dit gebeurde bij mannen zowel als vrouwen en het ging om hoofd- en schaamhaar. Toen Auschwitz in 1945 werd bevrijd, trof men grote hoeveelheden mensenhaar aan. Dat was haar dat nog niet was hergebruikt. Op 6 augustus 1942 schreef Richard Glücks een brief aan alle commandanten van de concentratiekampen, dus ook aan die van Auschwitz. In die brief werd gewezen op een bevel van WVHA-chef Pohl om menselijk haar te hergebruiken. Er kan industrieel vilt en garen van worden gemaakt. Uit afgesneden vrouwenhaar worden viltsokken voor de spoorwegen en garen sokken voor onderzeebootbemanningen gemaakt. Het haar van vrouwen moet dan wel eerst worden gedesinfecteerd. Bij mannen kan men bij wijze van proef beginnen met te wachten tot het haar 20 cm lang is.[223] Ook Pery Broad maakt er melding van dat afgeschoren haren 'in geld moesten worden omgezet', zoals ook de gouden tanden en kiezen moesten worden verwijderd.[224]

Of er ooit lampekappen van mensenhuid hebben bestaan, is niet bewezen. Ilse Koch, 'de heks van Buchenwald', zou lampekappen van getatoëerde huid van terechtgestelde gevangenen hebben verzameld. Geheel onwaarschijnlijk is het echter niet. Stephan en Norbert Lebert, twee Duitse auteurs die in 2001 een deels op interviews gebaseerde studie over de kinderen van nazileiders publiceerden, komen met het volgende verhaal. Hedwig Potthast, de maîtresse van Himmler, woonde in een luxe villa vlakbij Hitlers buitenverblijf in Berchtesgaden. Toen Gerda Bormann, de echtgenote van Hitlers secretaris Martin Bormann, een keer met haar kinderen bij Potthast op bezoek was, wilde zij hen 'iets heel interessants' laten zien. Daarna gingen ze naar een klein kamertje op zolder waar twee stoelen van mensenbeenderen en een exemplaar van Hitlers *Mein Kampf* met een omslag bestaande uit mensenhuid te zien was. Bormanns kinderen schrokken zich wild.[225] Dit lijkt mij evenmin onwaarschijnlijk. De SS was een organisatie die toegewijd was aan de morbide cultus van de dood. Himmler zelf ging daarin zijn ondergeschikten voor. Niet voor niets was het officiële symbool van de SS de doodskop met de twee gekruiste beenderen. En in Auschwitz hoopten zich vooral in de tweede helft van 1942 steeds meer lijken op die niet allemaal in één keer konden worden verwijderd.

De bouw en de capaciteit van nieuwe crematoria in Birkenau

Wat moest er met al die lijken worden gedaan? Het bestaande crematorium was volstrekt ontoereikend. Op 16 september 1942 reisden kampcommandant Höss en de beide *SS-Untersturmführer* Franz Hössler en Walter Dejaco naar het vernietigingskamp Chelmno (Kulmhof). Daar bespraken zij met *SS-Standartenführer* Paul Blobel een methode om sneller lijken te kunnen verbranden. Blobel had hiermee in bezette delen van de Sovjet-Unie bij *Einsatzgruppe C* alsmede in Chelmno de nodige ervaring opgedaan. Het was zijn opdracht om lijken op te graven en te verbranden om zo de sporen van de massamoorden uit te wissen. Tot dusverre had men in Birkenau de meeste lijken in massagraven gedumpt, maar nu wilde men die lijken opgraven en alsnog verbranden.[226]

Behalve het uitwissen van sporen was er nog een belangrijke reden om lijken, waarvan er dagelijks nieuwe werden aangevoerd, voortaan op grote schaal te verbranden. De talloze rottende lijken vervuilden het grondwater. In afwachting van de bouw van nieuwe crematoria werden de lijken op grote stapels gelegd, die in brand werden gestoken. Die brandstapels veroorzaakten echter, zo schrijft Pery Broad, een enorme stank waardoor de lucht in de wijde omtrek sterk werd vervuild. Bovendien was de gloed van de roodgekleurde hemel vooral 's nachts op grote afstand te zien, waardoor hardnekkige geruchten dat Auschwitz één grote 'moordfabriek' was, alleen maar werden bevestigd. Spoorwegpersoneel vertelde de plaatselijke bevolking dat er met goederentreinen duizenden personen per dag naar Auschwitz werden getransporteerd zónder dat duidelijk was waar al deze personen bleven.[227] De *geheime Reichssache* (het staatsgeheim) van de Holocaust kon zo voor de buitenwereld niet langer geheim gehouden worden.

In augustus (1942) werd in Birkenau begonnen met de bouw van Crematorium II, begin september met die van Crematorium III, beide met vijf ovens. In november werd begonnen met de bouw van de Crematoria IV en V.[228] Het grote Crematorium II, dat verbonden was met een ondergrondse gaskamer en ook een ondergrondse ruimte had waar men zich moest uitkleden, zogenaamd om te douchen, werd op 31 maart 1943 officieel opgeleverd. Het crematorium kon dagelijks 1440 lichamen verwerken. In de ondergrondse gaskamer konden 3000 personen worden gedood.[229] Bij eerdere tests waren er flinke technische problemen opgetreden. Op 10 maart bleek het ontluchtingssysteem in de gaskamer niet goed te werken. Toen dit was verholpen werden er op 13 maart 1492 Joden uit het getto van Krakau met Zyklon B vergast. Slechts vier kilogram daarvan was voldoende om duizend mensen te vermoorden. Ze waren heel snel dood en de leden van het *Sonderkommando* droegen een gasmasker toen ze de ruimte betraden, maar kennelijk was dit keer alles naar wens verlopen. Op 20 maart werden 2191 Joden uit het Griekse Saloniki vergast en verbrand. Tijdens het verbranden van de lichamen brak er door oververhitting brand uit. Op 31 maart waren deze problemen min of meer opgelost, maar op 22 mei werd het crematorium voor een maand stilgelegd wegens herstelwerkzaamheden.[230]

Crematorium III was gereed op 25 juni 1943. Het zag er identiek uit, kon dagelijks eveneens 1440 lijken verwerken en had ook een ondergrondse gaskamer. De andere twee crematoria waren kleiner en waren eerder gereed. Crematorium IV, met bovengrondse gaskamers en een capaciteit van 768 lijken per dag, werd op 22 maart officieel opgeleverd. Ook bij dit crematorium traden er de nodige technische problemen op. Door intensief gebruik bezweek de oven al na twee weken.[231]

Crematorium V met een identieke capaciteit en identieke gaskamers als Crematorium IV was gereed op 4 april. In totaal konden het zogenaamde oude crematorium in het *Stammlager* (Crematorium I) en de nieuwe crematoria in Birkenau 4756 lijken per dag verwerken, mits alles goed functioneerde.[232] Robert Jan van Pelt en Debórah Dwork schrijven hierover: 'Ondanks al die pech heeft het kamppersoneel in net twee maanden tijd meer dan dertigduizend leden van de gemeenschap in Saloniki uitgemoord, plus nog zevenduizend Joegoslavische, Duitse en Poolse Joden.'[233] Toen er in mei, juni en juli 1944 meer dan 400.000 Hongaarse Joden naar Auschwitz werden gedeporteerd en daar werden vergast, werden de lijken vooral verbrand in de Crematoria II, III en V, alsmede in de vroegere Bunker 2 en bovendien nog in kuilen in de open lucht. Toen tegen het eind van de zomer een tekort aan Zyklon B optrad, werden slachtoffers zelfs levend in de vlammen geworpen.[234]

Het *Sonderkommando* werd in 1943 aanzienlijk uitgebreid en bestond uit een dag- en een nachtploeg. In de Crematoria II, III en IV telde de dagploeg per crematorium 84 gevangenen, de nachtploeg telde er 85. In Crematorium V telde de dagploeg 72 gevangenen en de nachtploeg 84.[235] Alle leden van het *Sonderkommando* wisten dat zijzelf, als ongewenste ooggetuigen van massamoorden, vroeg of laat ook aan de beurt zouden komen.

De ovens en ventilatie- en ontluchtingssystemen waren gebouwd door de firma J.A. Topf & Söhne in Erfurt, waar men natuurlijk ook goed op de hoogte was van wat er in Auschwitz gebeurde. Terwijl de SS in officiële en geheime correspondentie doorgaans (maar niet altijd!) vermeed om termen als 'gaskamers' en 'Zyklon B' (blauwzuurgas) te gebruiken, was de firma Topf minder voorzichtig. Zo was er een op 2 maart 1943 gedateerde brief van deze firma aan de *Zentralbauleitung der Waffen-SS und Polizei* in Auschwitz over detectoren om in Crematorium II 'sporen van blauwzuur' (*Anzeigegeräte für Blausäure-Reste*) te kunnen vinden. De tekst van deze brief verraadde dat er in Crematorium II een gaskamer was waar Zyklon B werd gebuikt.[236] De SS in Auschwitz wilde er zeker van zijn dat als de lijken uit de gaskamers waren verwijderd, er geen sporen van blauwzuur(gas) meer zouden zijn. (Die bleven er in de muren wel, maar niet in die mate dat het dodelijk was.)

De zigeuners (Roma en Sinti)

Zigeuners (Roma en Sinti) werden door de nazi's als minderwaardige en misdadige wezens beschouwd. Vanaf oktober 1938 was er in Berlijn zelfs een *Reichszentrale zur Bekämpfung des Zigeunerunwesens* (Rijkscentrale ter bestrijding van de misdadige praktijken van de zigeuners). Op 16 december 1942 kwam Himmler met een speciaal decreet, het zogenaamde *Auschwitz-Erlass*, dat bepaalde dat zigeuners of *zigeunerische Personen* naar Auschwitz moesten worden gedeporteerd. Het eerste RSHA-transport met zigeuners kwam op 26 februari 1943 in Auschwitz aan. Het ging om zigeuners uit Duitsland zelf. Zij werden in Birkenau ondergebracht in een speciaal nog in aanbouw zijnd 'zigeuner- of familiekamp', dat werd aangeduid als 'B-IIe' en bestond uit houten barakken. Zigeuners kregen bij aankomst een registratienummer, voorafgegaan door een 'Z' (zigeuner). Het tweede transport arriveerde op 1 maart en op 5 maart volgde er een transport met 450 zigeuners (uit het Duitse Rijk). Tussen eind februari en 21 juli werden er volgens B.A. Sijes in totaal meer dan 21.000 zigeuners (11.000 vrouwen en 10.000 mannen) naar Auschwitz-Birkenau gedeporteerd.[237] Onder hen ook zigeuners uit Oostenrijk, Hongarije, Joegoslavië, Polen en Tsjechië.

Op 16 mei 1944 vond het enige transport van zigeuners uit Nederland plaats: 246 zigeuners gingen via Westerbork naar Auschwitz, waar zij op 21 mei aankwamen. Onder hen bevonden zich liefst 123 kinderen van wie er 18 de oorlog overleefden. Eén van de meisjes die nooit terugkeerde, was de in het Zuid-Limburgse Born geboren Anna Maria (Settela) Steinbach, het negenjarige meisje dat in Westerbork uit een half gesloten schuifdeur van een goederenwagon angstig naar buiten keek. Zij werd op 3 augustus 1944 in Auschwitz vergast, een datum waarop de meeste anderen uit dat transport eveneens werden omgebracht. In de nacht van 2 op 3 augustus werd het zigeunerkamp namelijk op bevel van Himmler opgeheven. Een kleiner aantal kwam al kort na aankomst, op 22 mei, om.[238] In totaal keerden er ongeveer 30 gedeporteerde zigeuners naar Nederland terug.[239]

Zigeuners werden eveneens onderworpen aan de marteling om lang buiten te staan. De gaskamer werd hen evenmin bespaard. Op de avond van de 23ste maart 1943 werden 1700 zigeuners, afkomstig uit het district Bialystok, die tyfus zouden hebben, in de gaskamers vermoord.[240] Dit was in Birkenau de eerste vergassing van zigeuners. De tweede grote vergassing vond plaats op 25 mei nadat de SS-kamparts het bevel had uitgevaardigd om het zigeunerkamp onder quarantaine te plaatsen in verband met de uitbraak van tyfus.

1035 zigeuners werden in de gaskamers vermoord. Onder hen bevonden zich ook personen die met tyfus waren besmet of daarvan werden verdacht. Maar op de overlijdenscertificaten werd vermeld dat het in alle gevallen om een 'natuurlijke doodsoorzaak' ging.[241] Behalve door vergassingen gingen veel zigeuners ook op andere wijze dood, met name door ziektes en erbarmelijke leefomstandigheden. Eind juli 1944 waren er nog 6000 zigeuners overgebleven in het kamp, daarvan werd de helft begin augustus alsnog vergast toen het kamp werd opgeheven. Volgens een door Laurence Rees geïnterviewde ooggetuige werden kinderen tegen de zijkant van vrachtwagens gesmeten en waren er machinegeweervuur en pistoolschoten te horen. Zigeuners probeerden zich met lepels en messen te verzetten, maar werden uiteindelijk overmeesterd. In totaal brachten de nazi's naar schatting een kwart tot een half miljoen zigeuners om.[242]

Net als Joden werden ook zigeuners onderworpen aan zogenaamde 'medische' experimenten. Het ging onder meer om sterilisaties zonder operatief ingrijpen, castratie door middel van röntgenstraling waar de SS-artsen Horst Schumann en Carl Clauberg sinds november/december 1942 mee bezig waren. De beruchte kamparts *SS-Hauptsturmführer* Josef Mengele had een eigen laboratorium in het zigeunerkamp waar hij proeven uitvoerde op invaliden en tweelingen.[243] Hij was in mei 1943 naar Auschwitz gekomen waar hij de kamparts van het zigeunerkamp werd. Op Clauberg en Mengele wordt in hoofdstuk 4 nader ingegaan.

De deportaties uit Noord-Griekenland en Albanië

In oktober 1940 nam de Italiaanse fascistische dictator Benito Mussolini het onwijze besluit om Griekenland binnen te vallen, maar het Italiaanse leger bleek niet bestand tegen het verzet dat de Grieken boden. Dus schoot Hitler zijn Italiaanse vriend en bondgenoot in april 1941 te hulp, waarop de Grieken moesten capituleren. Het land werd opgedeeld in drie zones: de Italiaanse (Athene, de Peleponesos, een groot middenstuk, een stukje van Kreta en een aantal eilanden in de Egeïsche Zee), de Duitse (in het noorden met als centrum Thessaloniki (Saloniki), alsmede het westen van Macedonië, het oosten van Thracië bij de Turkse grens, het grootste deel van Kreta en een drietal eilanden in de Egeïsche Zee) en de Bulgaarse (het oostelijk deel van Macedonië). In de Italiaanse zone waren de Joden relatief veilig, want Mussolini en zijn vertegenwoordigers weigerden om de Joden die zich binnen hun machtsbereik bevonden, ook die in Italië zelf, aan de SS uit te leveren.²⁴⁴ Hitler, Himmler, Eichmann en minister van Buitenlandse Zaken Joachim von Ribbentrop waren woedend, maar konden vooralsnog weinig ondernemen.

De Duitse zone kwam onder een militair bestuur. Zeker is dat de Duitse *Wehrmacht* een actieve rol bij de Holocaust in Griekenland speelde.

In Griekenland bevonden zich tegen 1941 ongeveer 70.000 tot 80.000 Joden, de meesten zaten in de Duitse zone en dan vooral in Thessaloniki (in die stad woonden 53.000 Joden). In Athene en Midden-Griekenland bevonden zich de oudste Joodse gemeenschappen van Europa, in het noorden woonden vooral Sefardische Joden die aan het eind van de vijftiende eeuw uit Spanje waren gevlucht en een middeleeuws Spaans dialect spraken.²⁴⁵

In augustus 1942 arriveerde Maximilian (Max) Merten in Thessaloniki. Hij was geen SS-officier, maar een officier van de *Wehrmacht*, die in oktober chef van het Duitse militaire bestuur werd. In september/oktober 1942 reisde hij naar Berlijn voor een bespreking met Eichmann of diens plaatsvervanger *SS-Sturmbannführer* Rolf Günther. Kort voor kerst reisden Eichmann en Günther zelf naar Thessaloniki voor besprekingen met Merten. In de eerste helft van januari 1943 volgde een tweede bezoek aan Thessaloniki. Eichmann en Günther maakten de hogere officieren van de *Wehrmacht* duidelijk dat alle Joden 'naar Krakau' moesten worden gedeporteerd waar ze 'nuttig werk' zouden verrichten. Günther kondigde aan dat een speciale eenheid van de *Sicherheitsdienst* onder leiding van *SS-Hauptsturmführer* Dieter Wisliceny ('IVB4') naar Thessaloniki zou komen.²⁴⁶ Wisliceny was dus de man die door zijn Berlijnse chef Eichmann naar Griekenland werd gestuurd. Eerder beschreven we reeds hoe diezelfde Wisliceny in 1942 met succes ongeveer 50.000 Joden uit Slowakije had gedeporteerd, die vrijwel allen werden omgebracht. De hoogste militaire leiding in Noord-Griekenland verklaarde zich bereid met Eichmann en Wisliceny samen te werken.²⁴⁷

Wisliceny kwam op 2 februari 1943 in Thessaloniki aan en werd vergezeld door twee SS-politie-eenheden van elk honderd man. Ook had hij *Hauptsturmführer* Alois Brunner bij zich. De Oostenrijker Brunner was in 1938 assistent van Eichmann geworden. Hij was een echte sadist, die zijn slachtoffers met een zweep die uit lederriemen met stukjes metaal bestond, sloeg.²⁴⁸ Tot eind mei zou hij in Griekenland en daarna in Frankrijk een sleutelrol spelen bij de deportatie van Joden naar Auschwitz. In Thessaloniki moest de plaatselijke opperrabbijn Zvi Koretz, die voorzitter van de Joodse gemeenschap was, eraan meewerken dat de Joden uit die stad werden gedeporteerd. Er kwam een door de bezetter afgedwongen Joodse Raad. De goedgelovige Koretz werd wijsgemaakt dat de Joden in Krakau een nieuw leven zouden kunnen opbouwen en dat de Joodse gemeente hen daar met open armen zou ontvangen. De kwade genius achter deze misleidingsmanoeuvre was Brunner.[249]

De eerste trein met 2800 Joden uit Thessaloniki vertrok op 15 maart 1943 en kwam op 20 maart aan. Van hen werden 2191 personen direct na aankomst in Birkenau vermoord in een gloednieuwe en grotere gaskamer en verbrand in het bijbehorende Crematorium II, die beide werden uitgetest. De volgende twee RSHA-transporten met in totaal 4701 Joden uit Thessaloniki kwamen op 24 en 25 maart aan.[250] Er zouden nog vele transporten volgen.

Volgens Raul Hilberg waren er na beëindiging van de 'actie' in het noorden van Griekenland in totaal 45.984 (dus bijna 46.000) Griekse Joden gedeporteerd: 43.850 uit de stad Thessaloniki, 1132 uit de omgeving van de stad en 1002 uit het Oost-Egeïsche gebied – tot aan de Turkse grens.[251] De Italianen probeerden een aantal Joden te redden door aan hen Italiaanse paspoorten te verstrekken. Eichmann kookte van woede. De Italiaanse consul in Thessaloniki, Guelfo Zamboni, was op zijn beurt woedend toen hem werd medegedeeld dat een aantal Joden met een Italiaanse pas zich reeds in Polen (lees Auschwitz) bevond. Brunner had zich kennelijk van eerdere afspraken om déze Joden te sparen, niets aangetrokken.[252]

In juli 1943 werd Mussolini echter afgezet en gearresteerd. In september capituleerde Italië, maar een speciaal SS-commando wist Mussolini nog diezelfde maand te bevrijden. Met diens macht was het echter gedaan. Al kort na de val van de dictator hadden de Duitsers hun macht uitgebreid over de Italiaanse zone in Griekenland en ook Albanië ingenomen.

Nadat de Italiaanse zone in Duitse handen was gevallen, kwamen de Joden uit die zone aan de beurt. Er volgden deportaties uit Athene en omgeving (ongeveer 2500), Korfu (1795), Kreta (260) en Rhodos (ca. 2500) naar Auschwitz. Het transport uit Rhodos kwam op 16 augustus 1944 in Auschwitz aan en was het laatste transport van Joden uit Griekenland.[253] Op 11 april 1944 kwamen de 2500 Joden die in Athene waren opgepakt, in Auschwitz-Birkenau aan. Ze hadden een vreselijke en lange reis achter de rug. Bij aankomst stond kamparts Josef Mengele hen al op te wachten. Hij selecteerde 320 mannen en 328 vrouwen voor zijn 'medische' experimenten. De overigen werden vermoord in de gaskamers.[254]

Raul Hilberg schat dat er uit Griekenland, Albanië en Rhodos meer dan 60.000 Joden werden gedeporteerd. Slechts 12.000 Joden bleef dit lot bespaard.[255]

De nazi's beperkten zich niet tot de Italiaanse zone in Griekenland, maar deporteerden in april 1944 ook nog eens bijna 600 Joden uit buurland Albanië. Velen van hen waren eerder gevlucht uit landen waar zij door de nazi's werden bedreigd, uit het noorden van Griekenland bijvoorbeeld.[256] Albanië was in 1939 door het fascistische Italië geannexeerd, totdat de Duitsers het er in 1943 voor het zeggen kregen.

De deportaties uit Joegoslavië en Kroatië en het dramatische verhaal van Branko Lustig, overlevende van Auschwitz

In april 1941 werd Joegoslavië door Duitsland en Italië bezet. Het land viel daarop uiteen. Een deel van Slovenië werd geannexeerd en Servië kwam onder een Duits militair bestuur. Van de ca 78.000 Joden in Joegoslavië kwamen er 60.000 om. In november 1941 werden in Servië 5000 Joodse mannen doodgeschoten en in mei 1942 werden er nog eens 4000 vrouwen en kinderen vergast in zogenaamde *Gaswagen*, afgesloten vrachtwagens waarin uitlaatgassen werden geleid. Ca. 5000 Joden werden naar Auschwitz gedeporteerd.[257]

In Kroatië werd een marionettenregering gevormd onder leiding van Ante Pavelic, die ook delen van Bosnië controleerde. Er kwamen in Joegoslavië bovendien Duitse en Italiaanse zones. Delen van Bosnië, heel Montenegro en een flink deel van de Adriatische kust kwamen onder Italiaans bestuur. In Kroatië zelf werden de ongeveer 30.000 tot 40.000 Joden ernstig bedreigd. Eichmann stuurde zijn vertrouweling *SS-Hauptsturmführer* Franz Abromeit ('IVB4') naar Zagreb, dat de Duitsers aanduidden als 'Agram'. Kort daarop begonnen de deportaties naar Auschwitz. Het eerste RSHA-transport met 1200 Joden vertrok op 13 augustus 1942. Dit transport kwam op 18 augustus aan. Er werden 156 Joden tot het kamp toegelaten, de anderen werden vergast. Tussen 13 en 20 augustus waren er in totaal vier RSHA-transporten die naar Auschwitz vertrokken met in totaal 4927 Joden.[258] Op 5 en 10 mei 1943 werden er na een bezoek van Himmler aan Zagreb 2000 Joden via Oostenrijk naar Auschwitz gedeporteerd, onder wie leidinggevende vertegenwoordigers van de Joodse gemeenten in Zagreb en Osijek.[259] De trein die op 5 mei vertrok, kwam op 7 mei in Auschwitz aan. Van de 1000 Joden werden er liefst 960 vermoord in de gaskamers. De trein die op 10 mei vertrok, kwam op 13 mei aan. Van de 1000 Joden werden er 945 vergast.[260]

Veel Kroatische Joden uit de Duitse zone of het gebied dat Pavelic controleerde, waren naar de veilige Italiaanse zone gevlucht. In februari 1943 had von Ribbentrop hierover een gesprek met Mussolini. Hij wilde dat deze de Joden uit de Italiaanse zone zou verwijderen. De Italiaanse dictator leek toe te geven, maar het enige wat hij deed was de Joden in een kamp, dat onder Italiaanse controle stond, onderbrengen. De Italianen namen dezelfde houding in die ze ook in hun zone's in Griekenland en Zuid-Frankrijk hadden ingenomen: ze voelden er niets voor om aan de *Endlösung der Judenfrage* mee te werken.[261]

In september 1943 was het gedaan met de Italiaanse zone in Kroatië, maar een groot aantal Joden wist uit het interneringskamp te ontsnappen. De Gestapo slaagde erin daar nog 200 Joden gevangen te nemen en naar Auschwitz te deporteren. Enkele honderden Joden uit andere delen van de Italiaanse zone wachtte eenzelfde lot.[262]

Als men de Italiaanse zone meerekent werden er uit Kroatië in totaal naar schatting 7500 Joden naar Auschwitz gedeporteerd. Van hen overleefden er slechts enkele tientallen. Eén van hen was Branko Lustig, die na de oorlog een wereldberoemde filmproducent en acteur werd. Eén van de films die hij produceerde, was *Schindler's List*. Hij is al jaren bevriend met de bekende Amerikaanse regisseur Steven Spielberg. Branko Lustig was twaalf jaar oud toen hij in Auschwitz arriveerde. Hij verklaarde na de oorlog dat een Duitse officier hem in Auschwitz het leven had gered. Deze officier kwam evenals hij uit Osijek en kende Branko's vader. Zijn vader werd in maart 1945 in het noorden van Kroatië door Hongaren vermoord. Zijn moeder overleefde de Holocaust. In maart 2011 bracht hij in het kader van de *March of the Living* een dramatisch bezoek aan Auschwitz, waar hij voor de ingang van Block 24, waar hij tijdens de oorlog gevangenzat, alsnog het *bar-mitzvah* (het bereiken van de dertienjarige leeftijd) kon vieren, iets wat voor hem in de oorlog, tijdens zijn verblijf in het dodenkamp, onmogelijk was. 'Dit nooit weer is voor altijd mijn hoop en mijn droom', zo verklaarde hij bij zijn bezoek aan Auschwitz.[263]

De Joden in Italië en de rol van Eichmann

Eind 1941 bevonden zich in Italië ongeveer 40.000 Joden. We beschreven reeds dat Mussolini deze Joden, op enkele uitzonderingen na, niet aan de Duitsers uitleverde. Wel waren er in 1938 anti-Joodse wetten van kracht geworden, maar Mussolini saboteerde daarna nog wel eens zijn eigen rassenwetten. Bovendien vonden de Duitsers die wetten niet ver genoeg gaan.[264] Tegen november 1942 wist Mussolini waarschijnlijk al dat zijn nazibondgenoten de Joden op grote schaal ombrachten.[265]

Op 10 juli 1943 was de geallieerde invasie op Sicilië begonnen. Twee weken later werd Mussolini afgezet. In september bezette de Duitse *Wehr-*

macht grote delen van het land, inclusief de stad Rome. Intussen rukten de geallieerden gestaag naar het noorden op, maar kregen nu te maken met felle Duitse tegenstand. Eichmann stuurde zijn 'IVB4'-vertegenwoordiger *SS-Hauptsturmführer* Theodor Dannecker naar Rome. Hij was eerder in Frankrijk ingezet. In januari/februari 1944 werd Dannecker opgevolgd door *SS-Sturmbannführer* Friedrich Robert Bosshammer.

In Italië kreeg Dannecker te maken met taai verzet van de bevolking en de kerk tegen de deportatie van de Joden. Veel Joden konden onderduiken bij Italianen of in kloosters en andere katholieke instellingen en bijna vijfhonderd in het Vaticaan zelf. Daarom bleek het onmogelijk om alle Joden op te pakken en te deporteren. Een van de meest spectaculaire acties van Dannecker was de razzia die op 16 oktober 1943 in Rome plaatsvond. Dannecker en zijn 'commando' hadden gehoopt 6000 Joden te kunnen oppakken, maar ze slaagden er uiteindelijk in slechts 1035 Joden naar Auschwitz te deporteren, die daar op 23 oktober aankwamen. Van hen werden er 839 personen vermoord in de gaskamers.[266] Dit eerste RSHA-transport naar Auschwitz met Joden uit Italië was op 18 oktober vertrokken.[267] Ook in het noorden probeerde de SS zoveel mogelijk Joden naar Auschwitz te deporteren, al waren het er daar eveneens minder dan men had gehoopt. Zo kwamen er op 11 december 1943 600 Joden uit Verona en Milaan in Auschwitz aan. Van hen werden er 504 vermoord in de gaskamers.[268] Op 30 januari 1944 vertrok er wederom een trein uit diezelfde steden die op 6 februari aankwam. Van de 700 gedeporteerde Joden werden er 572 vergast.[269]

Veel naar Auschwitz te deporteren Joden werden eerst korte tijd in het noordelijke doorgangskamp Fossoli di Carpi ondergebracht. Van daaruit vertrokken er tot begin augustus 1944 zes treinen naar Auschwitz, en wel op 22 februari, 5 april, 16 mei, 26 juni, 1 en 2 augustus.[270] Begin augustus naderden de geallieerde legers het kamp, dus toen werd het snel ontruimd. De laatste trein naar Auschwitz vertrok op 24 oktober vanuit het nog noordelijker gelegen Bozen (Bolzano), waar ook een kamp was.[271] Dit RSHA-transport kwam op 28 oktober aan. Het ging om 196 mannen en een onbekend aantal vrouwen. Van de mannen werden er 137 vermoord in de gaskamers.[272] Tot in november 1944 bleef Auschwitz het eindstation van de dood.

In een tijdsbestek van een jaar, tussen 18 oktober 1943 en 24 oktober 1944, werden er volgens Franciszek Piper uit Italië in totaal 7422 (bijna 7500) Joden *naar Auschwitz* gedeporteerd. Daarbij zijn de 837 Joden die vanuit Triëst werden gedeporteerd, inbegrepen.[273] Er waren ook nog deportaties naar andere kampen, onder meer naar Bergen-Belsen en Ravensbrück, die al medio september 1943 begonnen. Ook werden er Joden in Italië zelf vermoord, onder meer in Rome in maart 1944. Volgens betrouwbare gegevens van Giulani Donati waren er tussen 16/18 september 1943 en 14 december 1944 in totaal 8369 gedeporteerde Joden van wie er 7390 om het leven kwamen, dus waren er slechts 979 overlevenden.[274]

Höss opgevolgd door Arthur Liebehenschel en druk van Eichmann om Höss weer terug naar Auschwitz te halen

Op 11 november 1943 deelde *SS-Obersturmbannführer* Arthur Liebehenschel het SS-garnizoen mee dat hij op bevel van Himmler was benoemd tot de nieuwe commandant van het concentratiekamp Auschwitz.[275] Höss werd op 10 november benoemd tot waarnemend chef van afdeling D I van de *Inspektion der Konzentrationslager* (op 1 mei 1944 volgde de definitieve benoeming). Deze functie was eerder bekleed door Arthur Liebehenschel. Er vond dus een soort uitruil plaats. Zelf schreef Höss later dat hij blij was nu na drieëneenhalf jaar van de zware last van het leiden van een kamp bevrijd te zijn. Maar of hij echt wel zo blij was, is de vraag. Zijn nieuwe chef was Richard Glücks, de eigenlijke inspecteur van de concentratiekampen, met wie hij slecht overweg kon. Hij had ook geen hoge dunk van Liebehenschel. Deze zou het aan praktische ervaring ontbreken en daarom als commandant tekortschieten. Feit is echter dat er onder Liebehenschel een iets milder regime werd ingevoerd, althans voor een aantal gevangenen. Zo werden talrijke gevangenen uit de bunker van Block 11 in het *Stammlager* vrijgelaten en werden de executies bij de 'Zwarte Muur' beëindigd.[276]

Eén van de gevangenen die uit dat beruchte Block werd vrijgelaten, was 'Jozek' (de socialist/communist Jozef Cyrankiewicz), een belangrijk lid van de Poolse ondergrondse. Hij probeerde de buitenwereld te informeren over wat er in Auschwitz gebeurde.

De 'Politieke Afdeling' in het kamp – de Gestapo – was allerminst gelukkig met het vrijlaten van deze gevangenen, die overigens wel in het kamp bleven.[277] Met hulp van het Poolse verzet werd Cyrankiewicz een injectie toegediend waardoor hij koorts kreeg en als zogenaamde rookvonkpatiënt naar ziekenbarak 20 in het *Stammlager* werd overgeplaatst waar hij mocht blijven. Het werd hem ook toegestaan zich vrijelijk in het kamp te bewegen. Dit kwam de verzetsactiviteiten natuurlijk ten goede.[278]

Op 16 november waarschuwde Liebehenschel leden van het SS-garnizoen om zich geen bezittingen van gevangenen toe te eigenen. Deze behoorden aan de staat toe. Liebehenschel wist dat er een onderzoekscommissie van de

SS in aantocht was die gevallen van persoonlijke verrijking zou gaan onderzoeken.²⁷⁹ *SS-Untersturmführer* Maximilian Grabner, de alom gevreesde leider van de Politieke Afdeling, werd op 1 december vervangen door *SS-Untersturmführer* Hans Schurz. Grabner werd vervolgens zelf gearresteerd wegens ambtsmisbruik, diefstal en corruptie. Hij had zich op grote schaal spullen van gevangenen toegeëigend en wilde ook nog 2000 gevangenen doodschieten zonder dat er daarvoor een bevel van het RSHA was.²⁸⁰

In januari 1944 werden er uit ziekenbarak 'B-IIf' in Birkenau 800 Joodse gevangenen, alsmede 200 uit het kamp zelf, voor de gaskamer geselecteerd. De niet-Joodse gevangene Herman Langbein, een Oostenrijkse communist, praatte op verzoek van de Joodse verzetsorganisatie *Kampfgruppe Auschwitz* vervolgens in op *SS-Standortarzt* Eduard Wirths. Die zei dat het om een bevel uit Berlijn ging. Wirths nam vervolgens contact op met Liebehenschel, die toestemming gaf om het aantal geselecteerden te beperken tot hen die dodelijk ziek waren, op voorwaarde dat het WVHA in Berlijn ook akkoord ging. Dit laatste bleek het geval en uiteindelijk werden er 220 gevangenen omgebracht in de gaskamers.²⁸¹ De *Kampfgruppe Auschwitz* had zich niet voor niets tot Langbein gewend, die goede contacten met Wirths had en als diens 'secretaris' fungeerde. Robert Jay Lifton beschrijft hoe Langbein er eerder in was geslaagd Wirths ervan te overtuigen dat vlektyfus niet kon worden bestreden door het toedienen van dodelijke fenolinjecties.²⁸² Overigens was Wirths bepaald geen lieve jongen. Zo nam hij volgens Lifton zelf actief aan de selecties voor de gaskamer deel. En toen zijn broer Helmut Wirths, die zelf gynaecoloog was, bij een ziekenbarak vreselijk uitgemergelde lijken zag, zei Eduard tegen hem dat het hier om doden ging die 'op natuurlijke wijze' waren gestorven. Hij typeerde het sterven in Auschwitz dus als een 'natuurlijke dood'.²⁸³

Op 22 november 1943 werd Auschwitz officieel in drie concentratiekampen onderverdeeld: Auschwitz I (het moederkamp of *Stammlager*) met als commandant Arthur Liebehenschel, Auschwitz II (Birkenau) met als commandant *SS-Obersturmbannführer* Friedrich Hartjenstein en Auschwitz III (het werkkamp Monowitz) met als commandant *SS-Hauptsturmführer* Heinrich Schwarz. (Deze indeling werd in feite al langer gehanteerd.) Liebehenschel benoemde Hartjenstein tot zijn plaatsvervanger. Op 20 januari 1944 waren er in Auschwitz I, II en III in totaal 80.839 gevangenen.²⁸⁴ Er waren inmiddels ook steeds meer zogenaamde neven- of hulpkampen, uiteindelijk zou dit aantal tot bijna vijftig stijgen. Ook daar bestond de dagelijkse realiteit doorgaans uit slavenarbeid.

In zijn nieuwe functie bracht Höss veel inspectiebezoeken aan concentratiekampen. Hij werkte daarbij nauw samen met *SS-Standartenführer* Gerhard Maurer, die belast was met het toezicht op de dwangarbeid in die kampen. Höss schreef later dat er door druk van Himmler en Pohl steeds meer Joodse gevangenen in de wapenindustrie tewerk werden gesteld. Maar de omstandigheden waaronder dit geschiedde, waren zo erbarmelijk dat velen stierven. De kwaliteit van het werk had er ernstig onder te lijden. 'Als men de gevangenen van Auschwitz gelijk in de gaskamers zou hebben omgebracht, zou hen veel leed bespaard gebleven zijn', schreef Höss.[285] Volgens hem zouden Eichmann en het RSHA bezwaar hebben gemaakt tegen het bevel om Joodse gevangenen als arbeidskrachten in te zetten. Het RSHA wilde de Joden immers zo snel mogelijk dood hebben.[286]

Liebehenschel werd op 8 mei 1944 overgeplaatst naar het concentratiekamp Lublin-Majdanek waar hij commandant werd. Volgens Höss zou het RSHA zich bij Glücks erover hebben beklaagd dat Liebehenschel het netwerk van eigen informanten in Auschwitz had ontbonden en de verzetsbeweging in de kaart had gespeeld.[287] Liebehenschel werd vervangen door *SS-Sturmbannführer* Richard Baer, Hartjenstein werd vervangen door *SS-Hauptsturmführer* Josef Kramer, nadat Eichmann zich tijdens een bezoek aan Birkenau over hem (Hartjenstein) had beklaagd. Eichmann had diverse technische gebreken geconstateerd en bovendien gezien dat er vertraging was opgetreden in de aanleg van een aparte spoorlijn naar Birkenau.[288]

Op aandrang van Eichmann keerde Höss terug naar Auschwitz, niet als commandant, maar als leider van de omvangrijke operatie om de nog grotendeels intacte groep van de Hongaarse Joden in Auschwitz om te brengen. De codenaam voor die operatie was *Aktion Höss*. Daarbij werkte Höss nauw samen met Eichmann. Zijn functie in Berlijn bleef hij tot het eind van de oorlog echter gewoon uitoefenen, al was hij tussen mei en augustus 1944 nauwelijks in Berlijn.

De rol van Albert Speer

De architect Albert Speer gold als een vertrouweling van Hitler. In opdracht van Hitler bouwde hij onder meer de pompeuze rijkskanselarij. Tijdens de oorlog was er minder tijd voor zulke bouwprojecten: in februari 1942 werd Speer benoemd tot minister voor Bewapening en Oorlogsproductie. Hij volgde Fritz Todt op wiens vliegtuig was neergestort. Speer was een uitstekend organisator. Volgens Joachim C. Fest zou Hitler zónder de inzet van

Speer de oorlog al eerder hebben verloren. In 1943 had Speer al de beschikking over 80% van de Duitse industriële capaciteit.[289] Hierdoor was Speer in belangrijke mate mede verantwoordelijk voor de massale dwangarbeid die in de Duitse industrie werd toegepast. Na de oorlog probeerde Speer de verantwoordelijkheid hiervoor vooral in de schoenen van de SS te schuiven. Hij schreef een boek getiteld *Der Sklavenstaat* (de slavenstaat), dat over zijn conflict met de SS ging. Himmlers steeds omvangrijker concentratiekampenimperium was inderdaad een echte 'slavenstaat'. Maar Speer hielp wel degelijk mee aan het instandhouden daarvan. Zo liet Speer Himmler eind mei 1943 weten dat hij bereid was om bouwmaterialen aan Auschwitz te leveren, met name ijzer en (water)pijpen. Dit materiaal was nodig voor de uitbreiding van het kamp. Met de hand schreef Speer nog een paar vriendelijke woorden over een gunstig beeld dat de inspectie van een ander concentratiekamp had opgeleverd. Twee weken later dankte Himmler Speer nadrukkelijk voor zijn toezeggingen en besloot zijn brief aldus: 'Uw regels hebben mij in de overtuiging gesterkt dat er nog steeds gerechtigheid is.'[290]

Speer wist dat Himmler en de SS alle Joden wilden uitroeien. Op 6 oktober 1943 hield Himmler een toespraak voor hoge partijfunctionarissen en bestuurders in Posen (Poznan). Onder de aanwezigen bevond zich ook Speer. Himmler noemde de Joden een 'ondermijnende pest' en zei ronduit dat de Joden moesten worden uitgeroeid, ook de vrouwen en de kinderen:

> 'Ik vond het namelijk niet gerechtvaardigd om de mannen uit te roeien – dat wil zeggen om te brengen of te laten ombrengen – en toe te staan dat hun kinderen volwassen worden en zich aan onze zonen en kleinkinderen zullen wreken. Het moeilijke besluit moest worden genomen om dit volk van de aardbodem te doen verdwijnen.'
> 'U weet nu precies waarom het gaat en u moet dit voor u houden.'[291]

Speer wist óók dat er in Auschwitz grote aantallen Joden werden vermoord. Zelf schreef hij in zijn memoires dat hij in de zomer van 1944 door zijn vriend Karl Hanke, de *Gauleiter* van Neder-Silezië, indringend werd gewaarschuwd om nooit een concentratiekamp in Opper-Silezië te bezoeken. Daar had hij volgens Speer iets gezien wat hij niet kon beschrijven. 'Ik stelde hem geen vragen, ik stelde Himmler geen vragen, ik stelde Hitler geen vragen, ik sprak er niet met privévrienden over', schreef Speer. Uit angst iets te zullen ontdekken sloot hij de ogen, zo stelde hij. 'Precies omdat ik het destijds liet afweten, voel ik mij nog vandaag de dag heel persoonlijk voor Auschwitz verantwoordelijk.'[292] Het is gezien zijn positie onwaarschijnlijk dat Speer niet ook wist dat er in Auschwitz gaskamers en crematoria waren waar de Joden werden omgebracht. Opmerkelijk is dat hij in zijn memoires nergens verwijst naar Himmlers toespraak in Posen waar hij zelf bij was. Hij noemt die toespraak wel in zijn latere boek *Der Sklavenstaat*.[293]

Overigens kwam Speer wel meermalen op voor Joodse dwangarbeiders die volgens hem voor de wapenindustrie onmisbaar waren, al speelde hij zeker niet dezelfde rol als de Duitse industrieel Oscar Schindler met diens levensreddende lijst van voor hem onmisbare Joden. Speer probeerde meermalen te voorkomen dat 'zijn' Joden naar de vernietigingskampen werden gestuurd. Daarbij kwamen hij en zijn ministerie nog wel eens in botsing met Himmler en Eichmann, bijvoorbeeld in Nederland. Op 21 januari 1944 stuurde Eichmanns 'IVB4'-afdeling een telexbericht aan *SS-Hauptsturmführer* Wilhelm Zöpf, de 'IVB4'-vertegenwoordiger in het bezette Nederland. Eichmann wilde dat 'Joodse metaalopkopers', die voor Speers ministerie voor Bewapening werkzaam waren, werden 'geëvacueerd' (naar een vernietigingskamp, doorgaans Auschwitz). Het ging om slechts zeven Joden die vanwege hun gespecialiseerde kundigheden niet gemist konden worden. De vertegenwoordiger van Speer nam het echter nadrukkelijk voor deze Joden op. Eichmann begreep daarentegen niet dat bepaalde groepen Joden in bezet Nederland nog steeds vrij konden rondlopen. Er was immers een bevel van Himmler om in Nederland alle Joden op te pakken en af te voeren.[294]

In het bezette Polen was het getto van Lodz (Litzmannstadt) het laatste dat moest worden ontruimd. Er waren eerder al 55.000 Joden uit dat getto in het nabijgelegen vernietigingskamp Chelmno vergast, maar in mei 1944 waren er nog 77.000 Joden in leven.[295] Eichmann bracht in december 1943 een bezoek aan het getto voor besprekingen over de opheffing ervan. Eichmann en Himmler hadden gewild dat de ontruiming al veel eerder had plaatsgevonden. Eichmann kreeg echter te maken met, zoals hij het later zelf noemde, 'voortdurende interventies uit het ministerie van Speer'.[296] Het getto was namelijk deels veranderd in een groot werkkamp met een fabriek waar onder meer textiel werd geproduceerd. Vanaf september 1942 stond een deel van die bedrijven onder bescherming van Albert Speer. Overigens had Himmler zelf in februari 1944 besloten om de productie in het getto voorlopig nog even in stand te houden, maar in juni kreeg Speer te horen dat de ontruiming aanstaande was. De plaatselijke *Gauleiter* Arthur Greiser, zelf een hoge SS'er, wees diezelfde maand in een geheime brief aan Himmler op de rol van de dwarsliggende Speer, die zich met de nodige productiecijfers mogelijk tot

Hitler zou wenden om de door Himmler bevolen ontruiming van het getto tegen te gaan. Speer wilde dat de Joodse (dwang)arbeiders uit Lodz daar aan het werk konden blijven. In zijn brief gaf Greiser wel aan dat hij klaar was met de voorbereidingen voor de ontruiming. Himmler antwoordde Greiser dat hij die ontruiming tot een goed einde moest brengen.[297]

Zo werden er in augustus en begin september 1944 nog tienduizenden Joden uit het getto van Lodz naar Auschwitz gedeporteerd. Van hen werd het grootste deel in de gaskamers vermoord.

Himmler in 1944 bevreesd voor een opstand in het almaar uitdijende Auschwitz

Auschwitz, en vooral Birkenau, bleef maar uitbreiden. In de zomer van 1944 was Birkenau als volgt onderverdeeld: BIa/b (het vrouwenkamp), BIIa (het quarantainekamp), BIIb (het gezinskamp voor Joden uit Theresiënstadt), BIIc (het kamp voor Joodse vrouwen uit Hongarije), BIId (het kamp voor mannen), BIIe (het gezinskamp voor zigeuners of Roma), BIIf (het ziekenhuis voor gevangenen) en BIIg (de opslagplaats voor eigendommen van de vermoorde slachtoffers, die door kampgevangenen werd aangeduid als 'Canada'). Verder was er nog het niet voltooide BIII, dat door gevangenen 'Mexico' werd genoemd. 'Canada' en 'Mexico' waren voor gevangenen, die wisten dat ze waarschijnlijk niet zouden overleven, droombestemmingen. Daarnaast waren er nog veel zogenaamde neven- of hulpkampen (onder meer Blechhammer, Gleiwitz, Janinagrube, Jawischowitz en Sosnowitz). In maart 1944 waren er in Auschwitz I, II en III 67.000 gevangenen (tegen de zomer waren het er meer dan 100.000). De meesten zaten in Birkenau: 36.000. Voor Auschwitz I en II waren er 2300 SS-bewakers en voor de hulpkampen nog eens 650 beschikbaar.

Het complex was zo groot geworden dat Himmler bang was dat er een opstand zou kunnen uitbreken. Hij herinnerde zich nog heel goed hoe een jaar eerder in het getto van Warschau een opstand was uitgebroken die de SS maar met moeite had kunnen bedwingen. En in oktober 1943 was er in het vernietigingskamp Sobibor eveneens een opstand uitgebroken waarna het kamp werd opgeheven. In maart 1944 wilde Himmler van WVHA-chef Pohl weten welke veiligheidsmaategelen er inmiddels met het oog op de voortdurende uitbreiding van het Auschwitzcomplex waren getroffen. Pohl liet Himmler weten dat men niet alleen kon rekenen op bijna 3000 SS-bewakers, maar dat er door *SS-Obergruppenführer* Ernst-Heinrich Schmauser nog een politieeenheid van 130 man zou worden gevormd die speciaal in Birkenau zou worden ingezet. Er is een door SS'ers bemande binnenste veiligheidsring. Bij een opstand kon er ook een buitenste ring, die bovendien Monowitz en het IG-Farbencomplex zou omvatten, worden gevormd. Die zou worden bemand door de *Wehrmacht*. Hierover waren enkele weken eerder afspraken gemaakt met Wehrmachtgeneraal Rudolf von Koch-Erbach. Tenslotte kon men een beroep doen op een eenheid van duizend man van de luchtmacht die in het stadje Auschwitz was gestationeerd, mits er niet gelijktijdig een luchtalarm was.[298] Eenheden van de *Luftwaffe* waren niet voor niets in dit stadje gestationeerd. Op 14 april 1944 namen geallieerde vliegtuigen de eerste luchtfoto's van Auschwitz I en II en de IG-Farbenfabriek. Het plan was om de petrochemische industrie daar te bombarderen. (Hierop wordt in hoofdstuk 3 gedetailleerder ingegaan.) Op 5 mei werd het zogenaamde oude crematorium in Auschwitz I omgebouwd tot schuilkelder bij luchtaanvallen.[299]

Een grote opstand zoals in Sobibor en het getto van Warschau zou er in Auschwitz niet uitbreken. Wel brak er in oktober 1944 een opstand van het *Sonderkommando* uit die bloedig werd onderdrukt. (Hierop wordt later nader ingegaan.)

Het lot van de Hongaarse Joden: Birkenau als eindstation van de dood

In maart/april 1944 werd er een spoorlijntje tot ver in het kamp Birkenau aangelegd dat vlakbij de grote crematoria II en III eindigde. De treinen gingen daarna door ingangspoort van Birkenau, bijgenaamd de 'poort des doods' (*Todespforte*). Halverwege in het kamp kwam er een nieuw aankomstperron, de zogenaamde *neue Rampe*. Dit alles ter voorbereiding van de komst van honderdduizenden Hongaarse Joden waar in mei een begin mee werd gemaakt. In Birkenau werd Auschwitz aldus in de meest letterlijke zin het eindstation van de dood. Op aandrang van Eichmann keerde de vroegere kampcommandant Rudolf Höss speciaal naar Auschwitz terug om aan deze omvangrijke operatie (*Aktion Höss*) persoonlijk leiding te geven.

Tijdens de Tweede Wereldoorlog was Hongarije een bondgenoot van Nazi-Duitsland. In augustus 1940 annexeerde Hongarije met Duitse steun het noordelijke deel van Transsylvanië (*Siebenburgen*), dat eerder tot Roemenië had behoord. In dit gebied woonden behalve veel etnische Hongaren en Duitsers ook 150.000 Joden. Het Hongaarse grondgebied was tussen 1940 en eind 1944 dus groter dan het thans is. Maar tot mei 1944 waren de ongeveer 800.000 Hongaarse Joden wonderwel aan de dans ontsprongen. Hoewel hij zeker geen vriend van de Joden was, had de Hongaarse leider admiraal Miklos Horthy, een vrome katholiek, consequent geweigerd om 'zijn' Joden aan de nazi's uit te leveren. Dit tot grote woede van Hitler, Himmler en Eichmann, want ook Roemenië en Bulgarije, twee andere bondgenoten van Nazi-Duitsland, voelden zich door de Hongaarse houding gesterkt om geen Joden uit te leveren. Op 30 november 1942 schreef Himmler een brief aan de *Duitse* minister van Buitenlandse Zaken Joachim von Ribbentrop. Die moest de regering in Boedapest onder druk zetten om de Hongaarse Joden te 'evacueren'. Als de Hongaren eenmaal vaart zouden zetten achter de deportatie van al hun Joden, zouden Roemenië en Bulgarije dit voorbeeld wel volgen.[300]

In december 1943 noemde *SS-Brigadeführer* Edmund Veesenmayer, die zowel voor von Ribbentrop als de SS werkte, de '1,1 miljoen' Hongaarse Joden 'saboteurs'. 'De Jood is de vijand nummer één.'[301] In april 1943 zette Hitler Horthy persoonlijk onder druk en merkte op dat de Joden moesten worden behandeld als 'tuberculosebacillen die een gezond lichaam konden besmetten'.[302] Horthy moet in ieder geval toen zeker hebben geweten dat als hij Hitler en de SS hun zin zou geven, de Hongaarse Joden als 'tuberculosebacillen' zouden worden behandeld. In elk geval ging hij op de Duitse wensen niet in. Hitler gaf daarop in maart 1944 bevel om Hongarije binnen te vallen. Horthy werd op 18 maart 1944 op het Oostenrijkse kasteel Klessheim ontboden en daags daarop viel de *Wehrmacht* Hongarije binnen, spoedig gevolgd door Eichmann en diens *Sondereinsatzkommando* (SEK). Eichmann had van Himmler bevel gekregen om Hongarije van het oosten naar het westen uit te kammen en daar alle Joden naar Auschwitz te deporteren.[303] Bij terugkeer in Boedapest moest Horthy zich naar de Duitse wensen schikken. Veesenmayer werd *Reichsbevollmächtigter*, Hitlers 'gevolmachtigde van het Duitse Rijk' in Boedapest. Hij rapporteerde doorgaans aan von Ribbentrob of diens ministerie.

Om de eerste fase van de deportaties naar Auschwitz voor te bereiden vond er op 4 mei een belangrijke *Reichs- of Fahrplankonferenz* (overleg over vertrek- en aankomsttijden van treinen) in Wenen plaats. Hier was Eichmanns transportspecialist *SS-Hauptsturmführer* Franz Novak bij aanwezig. In zijn boek *Hongarije 1944-1945: De vergeten tragedie* schrijft de historicus Perry Pierik:

> *'De conferentie – die het transport van de Hongaarse Joden naar de vernietigingsmachine Auschwitz moest leiden – was een verbluffend staaltje van in-*

– 81 –

ternationale samenwerking binnen de Holocaust. Aanwezig waren niet alleen Duitse civiele specialisten, maar ook Hongaarse en Slowaakse autoriteiten, waaronder Hauptmann Lullay van de Hongaarse gendarmerie. Het probleem waarvoor men stond, was het feit dat het spoorwegtraject via Lwow door de gebeurtenissen aan het front onbruikbaar was geraakt. Het spoorwegnet Boedapest-Wenen was niet bruikbaar omdat dat paniek onder de Joodse Raad en de Joodse gemeenschap in Boedapest zou veroorzaken. Besloten werd de transporten via Slowakije te laten verlopen. Afgesproken werd dat er vier treinen per dag gereserveerd zouden worden met 45 wagons elk. De Hongaren zouden voor het "inladen" van de wagons zorgen.'[304]

Eichmann wilde dat de deportaties in het oosten zouden beginnen omdat men vreesde dat de opmarcherende Russische troepen dit gebied eerder zouden bezetten. Ook moest er in dit gebied rekening worden gehouden met een opleving van partizanenactiviteit of een opstand.

Hongarije werd in vijf zones verdeeld. De Hongaarse gendarmerie (politie) zou de Joden op aanwijzing van Eichmanns medewerkers moeten oppakken en op de trein naar Auschwitz moeten zetten. Aan Eichmann werd steeds gemeld hoeveel Joden er waren opgepakt.[305] Eichmann gaf deze informatie waarschijnlijk door aan Veesenmayer. Die was namelijk opvallend goed op de hoogte van de aantallen Joden die werden gedeporteerd.

Al op 2 mei, dus nog vóór bovengenoemde *Fahrplankonferenz*, arriveerden in Auschwitz de eerste twee transporten uit Hongarije. Het eerste transport met 1800 Joden uit Boedapest was op 29 april vertrokken, het tweede transport met 2000 Joden was op 30 april uit Topoly vertrokken. In totaal werden er van die eerste transporten 2698 personen in de gaskamers vermoord.[306] Volgens redelijk nauwkeurige cijfers van de Hongaarse gendarmerie waren er tot en met 8 juli 1944 met 147 treinen 434.351 Joden gedeporteerd.[307] In sommige gevallen werden Hongaarse Joden echter via Auschwitz naar Buchenwald of Mauthausen gedeporteerd. Zij werden als 'depotgevangenen' aangeduid.[308]

Veesenmayer meldde op 30 juni 1944, kennelijk op basis van door Eichmann verstrekte informatie, dat er in totaal 381.611 Joden waren gedeporteerd.[309] Op 11 juli meldde hij dat dit cijfer al was opgelopen tot 437.402 Joden.[310]

Op 9 juli had Horthy verdere deportaties van Joden verboden. Eichmann was woedend en noemde de Hongaarse leider 'de oude dwaas'. Hij slaagde er op 19 en 24 juli nog in om in een tweetal transporten 2700 Joden naar

Auschwitz te deporteren.[311] Er waren daarna nog twee kleinere transporten: op 13 augustus met 131 Hongaarse Joden en op 18 oktober met 152 Hongaarse Joden.[312] In totaal waren er dus ongeveer 440.000 Joden uit Hongarije naar Auschwitz gedeporteerd. Franciszek Piper noemt het getal van tenminste 437.685 (bijna 438.000), maar in zijn overzicht worden de transporten van 19 en 24 juli niet vermeld.[313] Er zijn ook schattingen volgens welke er in een tijdsbestek van acht weken 458.000 Hongaarse Joden werden gedeporteerd.[314]

Het overgrote deel van de gedeporteerden werd vergast, veel anderen stierven door ziekte, honger of uitputting. In Boedapest uitte Eichmann dreigende taal tegen Joodse leiders die hoopten op een zekere mate van clementie. Hij zei dat hij 'de molens van Auschwitz' kon laten draaien en daar bedoelde hij de gaskamers mee.[315]

Onderweg naar Auschwitz stierf er ook een relatief groot aantal Joden. Het transport vond, zoals bij alle RSHA-transporten het geval was, plaats in primitieve goederenwagons, er was één emmer met water en één emmer voor sanitaire behoeften. Elke wagon telde tachtig tot honderd personen en was dus overvol. In juni/juli stikte men van de zomerhitte of kwam om van dorst.[316] Tenslotte kwamen er nog Hongaarse Joden uit Auschwitz om tijdens de beruchte 'dodenmarsen'.

Nog nooit eerder had Auschwitz in zo korte tijd zulke grote aantallen Joden te 'verwerken' gekregen. De SS'er Pery Broad, die ooggetuige was, schreef hierover:

> *'In het voorjaar van 1944 bereikte Auschwitz zijn hoogtepunt. Lange treinen pendelden tussen het kamp Birkenau en Hongarije heen en weer. Alle Hongaarse Joden moesten in één klap worden vernietigd. De vroegere commandant van Auschwitz, SS-(Ober)sturmbannführer Höss, die nu chef van Amtsgruppe D1 van het SS-Wirtschafts- und Verwaltungshauptamt in Berlijn was, gaf als man die hiervoor verantwoordelijk was, leiding aan de actie. (...) Alle vier crematoria draaiden op volle toeren. (...) Het ging zonder onderbreken door. Nauwelijks had men het laatste lijk uit de (gas)kamers getrokken en naar de met lijken bezaaide plek achter de crematoria gesleept, of de volgende groep stond al klaar in de hal om vergast te worden. Het was nauwelijks mogelijk om in de haast de talloze kledingstukken uit de ruimtes waar men zich moest uitkleden, weg te halen. Soms was onder een bundel kleren nog het kraaien van een kind te horen, dat men vergeten was. Het werd eruit gesleurd, omhooggehouden en door een of andere volledig verdierlijkte beulsknecht door het hoofd geschoten. Höss zette de meestal dronken SS'ers, die op deze plaatsen van vernietiging dienst moesten*

verrichten, tot de grootste spoed aan. (...) Wanneer men het aantal van diegenen die binnen een tijdsbestek van enkele weken vermoord werden, op een half miljoen schat, dan moet dat eerder te laag dan te hoog geschat zijn.'[317]

Met zijn schatting van een half miljoen zat Broad er niet ver naast.

Het 'Auschwitzalbum' (mei 1944)

Sommige SS'ers waren trots op wat ze deden. In elk geval werd er door de SS'ers Ernst Hofmann of Bernhard Walter en met kennelijke toestemming van de kampleiding bijna tweehonderd kwalitatief goede foto's van een RSHA-transport uit Beregszász (Beregowo) gemaakt. Dit stadje lag toen in een gebied dat door Hongarije was geannexeerd, maar nu ligt het in het westen van de Oekraïne. Nog steeds wonen er in dit stadje veel etnische Hongaren. Het transport uit Beregszász vertrok op 24 mei 1944 en kwam op 26 mei in Birkenau aan. Deze authentieke foto's werden in een album gebundeld en dat album – het 'Auschwitz Album' – werd enkele dagen na het einde van de oorlog gevonden door Lilly Jacob, een overlevende van de Holocaust die op meerdere foto's familieleden en vrienden herkende, die geen van allen hebben overleefd.[318]

Lilly Jacob-Zelmanovic trad tijdens het Auschwitzproces als getuige op, maar stond haar unieke album toen niet af. In 1980 slaagde de Frans-Joodse nazijager en jurist Serge Klarsfeld erin om haar te overreden dit album aan Yad Vashem in Jeruzalem te schenken.

Veel foto's zijn op of nabij het nieuwe aankomstperron van Birkenau gemaakt nadat de Hongaarse Joden uit Beregszász daar waren aangekomen. Uiteraard werden er geen foto's gemaakt van de ruimtes waar men zich moest uitkleden, de gaskamers en de binnenkant van de crematoria.

Op de foto's is goed te zien hoe SS-officieren de per trein in Birkenau aangekomen Joden selecteren. Eerst worden de mannen van de vrouwen gescheiden zodat er twee rijen ontstaan. Er zijn ook detailopnamen. Daarop is bijvoorbeeld te zien hoe (oudere) mannen en vrouwen met een angstige en onzekere blik naar de camera kijken. Op een andere foto is rechts een deel van een goederenwagon te zien en daarnaast in rijen opgestelde vrouwen en mannen.

Op één van de foto's is te zien hoe *SS-Obersturmführer* Heinz Thilo, een arts, met zijn wijsvinger naar links wijst (links voor degenen die voor hem stonden, voor hemzelf wees hij naar rechts), dat was naar de richting van de gaskamer en Crematorium II, iets verderop. Helemaal op de achtergrond, links aan de overkant van de spoorrails, is een lopende groep personen te zien, die, zonder het te weten, de dood tegemoet gaat. Op een andere foto is te zien hoe *SS-Obersturmführer* Karl Höcker, adjudant van kampcommandant Baer, toekijkt als de vrouwen al van de mannen zijn gescheiden. Sommigen menen dat het om *SS-Oberscharführer* Emmerich Höcker ging, maar dat was niet waarschijnlijk.[319] Höcker stond met de rug naar de SS-fotograaf toe en hield met beide handen achter zich een wandelstok vast. Op enkele foto's zijn in de verte de qua bouw identieke Crematoria II en III met hun opvallend hoge schoorstenen te zien die zich achterin het kamp bevonden en waar ondergrondse ruimtes om zich uit te kleden en gaskamers waren. Op één foto is te zien hoe een in gestreepte kleding geklede gevangene van het *Kanada-Kommando*, dat de bagage moest sorteren en op waardevolle spullen doorzoeken, praat met een zojuist aangekomen Joodse vrouw die op haar rug een zak met kleding of spullen draagt. Op zulke gesprekken stond de doodstraf. SS'ers wisten dat gevangenen van het *Kanada-Kommando* meermalen hadden geprobeerd aangekomen Joden te waarschuwen om ervoor te zorgen dat ze bij de selectie niet bij de groep die naar links ging, naar de gaskamer, werden ingedeeld. Dat kon bijvoorbeeld door een gezonde indruk te maken of, indien nodig, te liegen over de leeftijd. Op andere foto's is de 'poort des doods', de opvallende ingangspoort van Birkenau, te zien en op nog weer andere foto's rails, goederenwagons, barakken en prikkeldraad. Er zijn ook foto's van ouderen en kinderen, die steevast voor de gaskamer werden geselecteerd. Op één foto is te zien hoe een groep vrouwen en kinderen naar links is afgebogen en bij een SS-barak naar rechts afslaat, de weg op die naar Crematorium II en de bijbehorende gaskamer leidt.[320] Van enige paniek leek geen sprake te zijn. En dat was op een dag dat er zulke belangrijke foto's werden genomen, precies de bedoeling.

Er is nog een tweede album van Auschwitz. Dit album behoorde toe aan de eerdergenoemde SS'er Karl Höcker en werd na de oorlog eveneens gevonden en begin 2007 aan het *United States Holocaust Memorial Museum* in Washington gegeven. Dit album gaat vooral over de vrijetijdsbesteding van de SS'ers, hun uitstapjes naar de Solahütte, een hut midden in de natuur waar men zich kon ontspannen. Vrouwen waren er ook bij. Op enkele van die foto's zijn Höss, Baer, Höcker, Otto Moll, Franz Hössler en Mengele te zien. Van Mengele waren er zelfs acht foto's, de enige bekende foto's die van hem in Auschwitz waren gemaakt. Op één foto is Mengele's collega Carl Clauberg, in civiele kleding, te zien.[321]

De laatste vijf maanden (augustus 1944-januari 1945)

Op 1 augustus 1944 brak er in Warschau een grote opstand uit die werd geleid door het Poolse verzet. De opstand duurde ongeveer twee maanden en werd bloedig neergeslagen. Uit het opstandige Warschau bracht de SS duizenden Poolse vrouwen en kinderen en ook enkele mannen naar Auschwitz. Tegelijk werden Poolse en Russische gevangenen die men als een risico voor de veiligheid beschouwde, vanuit Auschwitz naar kampen verder in Duitsland gedeporteerd.[322]

In augustus en begin september werden er bovendien tussen de 55.000 en 65.000 Joden uit het inmiddels ontbonden getto van Lodz naar Auschwitz gedeporteerd.[323] De meesten van hen werden vergast. In oktober volgden er nog eens duizenden Joden uit Theresiënstadt van wie de meesten eveneens werden vergast.

Op 5 september kwam het laatste RHSA-transport uit Nederland (Westerbork) met bestemming Auschwitz aan. (Er waren daarna nog wel twee transporten uit Westerbork naar Theresiënstadt.) In het laatste transport naar Auschwitz zaten onder meer Anne Frank, haar zuster Margot, haar moeder Edith, haar vader Otto en de jonge Nederlandse Jodin Bloeme Emden. Anne Frank zou na de oorlog bekend worden vanwege haar tijdens de onderduik in Amsterdam geschreven dagboek. Otto Frank zou als enige op 27 januari 1945 de bevrijding van Auschwitz meemaken. Edith Frank stierf in Auschwitz op 6 januari 1945. Anne en Margot werden in oktober naar Bergen-Belsen overgebracht waar zij in maart 1945 zouden sterven. Bloeme Emden zou overleven. Op haar wordt in hoofdstuk 5 nader ingegaan.

Op 12 september 1944 werden 300 Joodse kinderen uit de omgeving van Kaunas (in het bezette Litouwen) direct na aankomst vergast.[324] Tot op het laatst maakten kinderen heel weinig kans om te overleven. Baby's gingen al direct naar de gaskamer of werden bij ontdekking doodgeschoten.

Op 24 juli 1944 werd het vernietigingskamp Majdanek door het Rode Leger bevrijd. De SS had er geen rekening mee gehouden dat de Russische opmars zo snel ging en had geen tijd gehad om de sporen van hun omvangrijke misdaden uit te wissen en de meeste gevangenen naar het westen te deporteren. De SS-leiding in zowel Berlijn als Auschwitz was geschokt door deze onverwachte ontwikkeling. Men wilde niet dat er straks in Auschwitz hetzelfde zou gebeuren en dus werden er in het najaar van 1944 maatregelen genomen om zoveel mogelijk sporen uit te wissen. Op 6 september kreeg Höss van Himmler bevel om daartoe de nodige voorbereidingen te treffen. Begonnen moest worden met het dichtgooien van de verbrandingskuilen bij de crematoria. Later moesten de barakken, crematoria en gaskamers worden opgeblazen en de puinhopen verwijderd om het terrein vervolgens te egaliseren zodat alles er onschuldig uitzag. *SS-Hauptscharführer* Otto Moll, chef van de crematoria in Birkenau, stelde zich hiervoor beschikbaar.[325]

Maar eerst brak er nog een onverwachte opstand van het *Sonderkommando* uit. Daar waren meerdere aanleidingen voor. In februari (1944) waren er 200 leden van het *Sonderkommando* naar Majdanek gedeporteerd waar zij werden doodgeschoten. Dit uit vergelding voor een mislukte ontsnappingspoging van enkele leden van dat commando.[326] Maar die executies in Majdanek konden niet geheim blijven.

Eind augustus telde het *Sonderkommando* liefst 874 man, voor dag- en nachtdiensten. Er waren vier *Sonderkommando's*: 57B voor Crematorium II, 58B voor Crematorium III, 59B voor Crematorium IV en 60B voor Crematorium V.[327] Het totaal aantal SS'ers bedroeg ongeveer 3000. In september wilde men het aantal leden van het *Sonderkommando* met 200 man verminderen. Het ging om een groep die de kuilen waarin lijken werden verbrand, moest dichtgooien. Verbranding in de open lucht was tijdens de Hongarije-operatie noodzakelijk geworden omdat de capaciteit van de crematoria ontoereikend bleek. Als de capaciteit van de gaskamers tekortschoot, werden slachtoffers soms levend in het vuur geworpen.

Nu moesten 200 lastige getuigen van het *Sonderkommando* worden vermoord. Hen werd eerst wijsgemaakt dat ze per trein naar het nabijgelegen Gleiwitz zouden gaan. Ze kregen voldoende eten mee toen ze in de vrachtwagons die op een zijspoor bij Auschwitz stonden, stapten. Die trein reed echter naar het nog dichterbij gelegen *Stammlager*, waar ze opnieuw werden geregistreerd alsof het om nieuwe gevangenen ging. 's Avonds kregen ze van Moll sterke drank waarna ze dronken werden. Vervolgens werd de ruimte waarin ze zich bevonden, afgesloten en werd er door een raam Zyklon B naar binnen geworpen.[328]

Het was moeilijk om zulke dingen in Auschwitz geheim te houden, de Poolse ondergrondse wist er in ieder geval van. Bovendien werden, zo schrijft De Jong, hun lijken in de crematoria van Birkenau vergast en daar herkend.[329] In juni was een plan voor een opstand verraden. Nu was er opnieuw een plan om in opstand te komen. Volgens De Jong wisten enkele vrouwelijke gevangenen die in de bij Auschwitz I gelegen munitiefabriek 'Weichsel-Union-Metallwerke' werkzaam waren, het *Sonderkommando* pakjes met dynamiet te bezorgen. Het *Kanada-Kommando* kon in het badhuis van de SS enkele machinepistolen en handgranaten bemachtigen.[330]

Op 7 oktober maakten de Duitsers bekend dat er weer een groep 'naar Gleiwitz' zou gaan en wel de gevangenen die in de Crematoria IV en V werkten. Toen de selectie begon, was dit het sein voor de opstand. De 200 man die in Crematorium IV werkten, bliezen dit op en wisten in de paniek de kampomheining te doorbreken en naar een nabijgelegen boerenschuur te ontkomen. De mannen van Crematorium II gooiden een Duitse Kapo in de brandende oven. Een SS'er werd doodgeslagen. Ook gevangenen uit Bunker I, de eerste en provisorische gaskamer in Birkenau die tijdens de Hongarije-operatie weer in gebruik was genomen, deden mee. De opstand werd echter bloedig onderdrukt, de boerenschuur werd omsingeld en onder vuur genomen. In totaal werden er 451 leden van het *Sonderkommando* uitgeschakeld zodat er 212 overbleven die in Crematorium III werden omgebracht. Aan Duitse kant vielen er drie doden. De *Sonderkommando's* uit de Crematoria III en V deden niet mee omdat ze niet op de hoogte van de plannen waren en ook omdat de SS de situatie daar snel onder controle wist te brengen.[331] Eén van degenen die bij de opstand in Crematorium IV betrokken was, was Zalmen Gradowski. Hij was een Joodse gevangene uit Lona (bij Bialystok), die in november 1942 via een doorgangskamp bij Grodno naar Auschwitz was gedeporteerd. Hij werd tijdens de opstand gevangengenomen, wreed gemarteld en daags daarna opgehangen. Hij liet een tweetal belangrijke manuscripten of dagboeken over zijn kampervaringen na, die in 1945 werden gevonden.[332] In november werden de laatste 200 leden van het *Sonderkommando* vermoord. Op 6 januari 1945 werden de vier vrouwen die het *Sonderkommando* eerder aan dynamiet hadden geholpen, in het *Stammlager* opgehangen. *SS-Obersturmführer* Franz Hössler riep toen luidkeels dat alle verraders zo aan hun einde zouden komen.[333] (Diezelfde Hössler, die in april 1945 in Bergen-Belsen nog talloze gevangenen zou doodschieten, werd in december door de Britten opgehangen.)

Op 2 november 1944, nog geen vier weken na de opstand van het *Sonderkommando*, kwam er een bevel van Himmler om met het vergassen van Joden te stoppen. In Auschwitz werd aan dit zogenaamde *Stoppbefehl* gehoor gegeven en werd er geen Zyklon B meer gebruikt. Wel werden er op het terrein van Crematorium V nog geselecteerde gevangenen doodgeschoten.[334] De laffe Himmler wist dat de oorlog verloren was en probeerde in het geheim en geheel buiten Hitler om met de westelijke geallieerden in contact te komen. Hij koesterde de illusie dat hij met dit veel te late bevel en zijn voorstellen om met Britten en Amerikanen (niet met de Russen!) vrede te sluiten, bij de westerse geallieerden in de gunst zou kunnen komen. Op 26 november volgde zijn bevel om de gaskamers en crematoria te vernietigen, in een laatste poging om de sporen van de genocide uit te wissen.[335]

Ook aan dit bevel werd in Auschwitz gehoor gegeven. Op 1 december werd er in Birkenau een vrouwelijk en een mannelijk 'commando' gevormd dat Crematorium III moest ontmantelen. Deze gevangenen moesten in de muren van de gaskamers gaten maken voor het plaatsen van dynamietstaven en het terrein bij het verwoeste Crematorium IV egaliseren en daar menselijke resten verwijderen om er bomen te planten. Geallieerde luchtfoto's lieten op 21 december zien dat het dak van de ondergrondse gaskamer, de uitkleedruimte en de schoorsteen van Crematorium II en de omheining van Crematorium III waren verwijderd. Alleen Crematorium V was nog in functie, als executieplaats: daar werden op 1 januari 1945 nog honderd mannelijke en honderd vrouwelijke Polen doodgeschoten.[336]

Nieuwe geallieerde luchtopnamen lieten op 14 januari zien dat de gaskamers en Crematoria II en III al deels afgebroken waren.[337] In de muren waren gaten gemaakt om daarin explosieven te plaatsen en op 19 januari blies de SS beide crematoria op. Op 26 januari, om één uur 's morgens, werd Crematorium V opgeblazen. Een dag later werd Auschwitz door het Russische Rode Leger bevrijd. De Russische soldaten troffen doodzieke, sterk vermagerde en uitgeputte gevangenen aan die een wazige blik hadden. Alexander Vorontsov, een cameraman van het Rode Leger, maakte er unieke filmopnamen van, die gelukkig bewaard zijn gebleven. Op een van de filmfragmenten is te zien hoe kinderen achter prikkeldraad hun mouw opstropen en een getatoeëerd nummer laten zien.

Maar grote groepen gevangenen waren gedwongen geweest het kamp eerder te verlaten. Met de gedeeltelijke ontruiming werd zelfs al in augustus 1944 begonnen. Tot medio januari 1945 werden liefst 65.000 gevangenen per trein in overvolle en gesloten goederenwagons naar tien westelijker gelegen concentratiekampen in het Duitse Rijk gedeporteerd, onder hen 15.000 Polen, Russen en Tsjechen. Er waren meer dan 130 van zulke transporten. Onderweg kregen deze gevangenen nauwelijks te eten en te drinken, zodat velen tijdens het transport stierven.[338] Veel vrouwen gingen naar het vrouwenkamp in het overvolle Bergen-Belsen, onder hen ook de eerdergenoemde Anne en Margot Frank.[339] Op 10 december waren er nog 19.236 vrouwen in de vrouwenkampen van Auschwitz van wie er 13.333 in Birkenau zaten.[340]

Op 21 december 1944 gaf Fritz Bracht, de *Gauleiter* van Opper-Silezië, opdracht om alle krijgs- en concentratiekampgevangenen en dwangarbeiders in zijn gebied verder naar het Duitse Rijk te evacueren. Tot medio januari 1945 gebeurde er echter niets. Maar op 12 januari begon een groot offensief van het Russische Leger dat ook Opper-Silezië wilde bevrijden. Medio januari werd *SS-Obergruppenführer* Ernst-Heinrich Schmauser, HSSPF in Breslau, namens Himmler te verstaan gegeven dat er in de kampen die in zijn gebied lagen, niet één gezonde gevangene mocht achterblijven.[341] Dit had ook betrekking op Auschwitz. Himmler was waarschijnlijk al ruim een half jaar eerder, en wel in de zomer van 1944, tot de conclusie gekomen dat concentratiekampgevangenen niet in handen van de geallieerden mochten vallen. De plaatselijke *Höhere SS- und Polizeiführer* kregen op dit punt vergaande bevoegdheden en verantwoordelijkheden.[342]

Het was bitterkoud toen er op 17 januari 1945 een laatste appel werd gehouden: er waren in Auschwitz I en II en de daaronder vallende nevenkampen in totaal 31.233 gevangenen, iets meer dan de helft bestond uit vrouwen. In Monowitz/Auschwitz III en de daaronder vallende nevenkampen waren er 33.118 gevangenen en de meesten van hen waren mannen.[343] Op 17 januari gaf Schmauser bevel om het Auschwitzcomplex te ontruimen. Gevangenen die nog konden lopen, moesten weg. Op 18 januari werden documenten uit de ziekenbarak van Birkenau alsmede andere belastende archiefstukken verbrand. Die dag werd ook begonnen met de gedwongen evacuatie van ca. 56.000 gevangenen, ongeveer 9000 uitgeputte en ernstig zieke gevangenen bleven achter. Schmauser gaf twee of drie dagen later, toen de meeste gevangenen al weg waren, bovendien bevel om alle gevangenen die niet mee konden, dood te schieten. Inderdaad werden ongeveer 300 zieke Joodse gevangenen op 25 januari doodgeschoten, maar SS achtte het niet nodig om alle gevangenen te doden. Dit was de laatste groep die in Auschwitz werd vermoord.[344]

Het eerste stuk dat de gevangenen uit Auschwitz te voet moesten afleggen, was een afstand van ongeveer 50 km. Daarna ging het in ijskoude en open goederenwagons per trein verder. Zo'n 3200 gevangenen uit het nevenkamp Jaworzno moesten zelfs 250 km lopen om het concentratiekamp Gross-Rosen te bereiken. Wie onderweg door uitputting, honger en koude in elkaar zakte of probeerde te vluchten, werd door fanatieke SS'ers zonder pardon doodgeschoten: dit was de snelste en effectiefste methode om van al die 'lastige' gevangenen af te komen. Er lagen vele duizenden lijken in de sneeuw. Geschat wordt dat er tussen 9000 en 15.000 gevangenen uit Auschwitz bij deze 'dodenmarsen' omkwamen of werden doodgeschoten en later werden er tal van massagraven ontdekt.[345] Het ging hierbij overigens niet uitsluitend om Joden.

De beruchte dodenmarsen – gedwongen evacuatie als het front naderde – waren in al september 1944 in het bezette Joegoslavië en in de eveneens bezette Franse Elzas begonnen. In Hongarije moesten Hongaarse Joden in november en december 1944 op bevel van Eichmann te voet de afstand tussen Boedapest en Wenen, zo'n 180 tot 200 km, afleggen. Tussen de 6000 en 7000 werden onderweg doodgeschoten, zo'n 2000 kwamen om door honger en koude.[346]

3
Himmler, IG Farben en Auschwitz-Monowitz

Leiding van IG Farben op de hand van Hitler en de SS

Hitler had al vroeg grote belangstelling voor de productie van synthetische benzine en synthetische rubber ('buna,' een afkorting van de chemicaliën butadiene en natrium), waaraan Duitsland tijdens de oorlog veel behoefte zou hebben. Het eind 1925 opgerichte Duitse chemische concern IG Farben, dat al vroeg op de hand van Hitler en de nazi's was, wilde in de jaren dertig de productie daarvan ter hand nemen. Een onmisbare grondstof was steenkool. Volgens Robert Jan van Pelt en Debórah Dwork was IG Farben er inderdaad in geslaagd vliegtuigbenzine met een hoog octaangetal te fabriceren. Ook bleek men in 1940 in staat om te voorzien in het jaarlijks verbruik van honderdvijftienduizend ton synthetische rubber.[347]

Na de Duitse inval in Polen in september 1939 was het gebied rond het stadje Auschwitz weer in Duitse handen gekomen. Eind 1940 en begin 1941 wilde de leiding van IG Farben een nieuwe chemische fabriek bouwen in de directe omgeving van Auschwitz. Niet alleen was daar sinds mei/juni 1940 een concentratiekamp van waaruit arbeidskrachten zouden kunnen worden geleverd, maar ook waren er voldoende steenkool, water en gebluste kalk voorhanden.

Auschwitz was begin 1940 een stadje met iets meer dan 25.000 inwoners, omringd door de dorpen Birkenau, Babitz, Broschkowitz, Klutschnikowitz, Dwory, Wlosienitz, Poremba-Wielka, Stare-Stawy, Zaborze en Monowitz. De Duitse bezetters wilden de Joodse en Poolse bevolking deporteren en vervangen door zogenaamde 'Rijksduitsers'. SS-chef Heinrich Himmler was enthousiast over het plan om daar een nieuwe grote fabriek van IG Farben neer te zetten. Het paste in zijn ideologische conceptie van 'germanisering van het oosten'. Volgens Robert Jan van Pelt en Debórah Dwork werd Himmler van deze plannen en voornemens misschien op de hoogte gebracht door Otto Ambros, de gifgas- en buna-expert van IG Farben, of door Walter Dürrfeld, hoofdarchitect van diezelfde fabriek. Dürrfeld had tevens een ererang binnen de SS.[348] Ambros en Dürrfeld werden beiden bij het IG-Farbenproces (1947/48) tot acht jaar veroordeeld, maar konden na hun vrijlating niettemin een carrière in het Duitse bedrijfsleven opbouwen. Ambros was de ontdekker van zenuwgas (sarin of tabun), maar wist Hitler ervan te overtuigen dit nieuwe wapen niet te gebruiken omdat de geallieerden hetzelfde wapen zouden kunnen ontwikkelen en dan dubbelhard zouden kunnen terugslaan.[349]

Behalve Ambros hadden nog twee andere heren een belangrijke rol gespeeld. Het ging om Carl Krauch, die een topfunctie bekleedde binnen IG Farben en binnen het zogenaamde 'Vierjarenplan' belast was met toezicht op de chemische industrie, alsmede om de machtige Hermann Göring, 'rijksmaarschalk van het Groot-Duitse Rijk' en gevolmachtigde voor datzelfde Vierjarenplan. Krauch had Göring in februari 1941 geattendeerd op het belang en de urgentie van de bouw van de bunafabriek bij Auschwitz, waarvoor een groot aantal arbeiders nodig was. Göring had zich vervolgens per brief tot Himmler gewend met het verzoek de Joden uit Auschwitz te deporteren zodat hun huizen beschikbaar kwamen voor gewone bouwvakkers en bovendien dwangarbeiders uit het concentratiekamp Auschwitz beschikbaar te stellen.[350] (Krauch werd na de oorlog tijdens het IG-Farbenproces onder meer wegens 'betrokkenheid op grote schaal bij slavenarbeid' tot zes jaar gevangenisstraf veroordeeld.)

Op 26 februari had Himmler *SS-Gruppenführer* Karl Wolff, zijn toenmalige adjudant en vertrouweling, aangesteld tot verbindingsman tussen de SS en IG Farben.

Himmlers eerste inspectiebezoek aan Auschwitz (begin maart 1941)

Op 1 maart 1941 brachten Himmler en Wolff een bezoek aan Gleiwitz en Auschwitz. In Gleiwitz voerde men besprekingen met provinciale bestuurders en leidinggevende functionarissen van IG Farben. Himmler zou enthousiast geweest zijn over de plannen om de stad Auschwitz te 'verduitsen' en het nabijgelegen kamp als leverancier van (dwang)arbeiders te gebruiken. Een nieuwe IG-Farbenfabriek moest worden gebouwd in Monowitz/Dwory, dat op een afstand van slechts zes à zeven kilometer van het hoofdkamp (*Stammlager*) lag.

Diezelfde dag brachten Himmler en Wolff, in gezelschap van de heren van IG Farben, alsmede van Fritz Bracht, *Gauleiter* (provinciebestuurder/partijleider) van Opper-Silezië, *SS-Gruppenführer* Erich von dem Bach-Zelewski, *SS-Brigadeführer* Richard Glücks, de inspecteur van de concentratiekampen, een bezoek aan Auschwitz.[351] Het was Himmlers eerste inspectiebezoek aan Auschwitz.

Op kampcommandant Höss werd er door Himmler stevig ingepraat om hem voor al deze plannen te winnen. Volgens na-oorlogse aantekeningen van Höss probeerde hij Himmler ervan te overtuigen dat men te snel van stapel liep. Höss wilde in bijzijn van al die andere 'buitenstaanders' (de *Gauleiter* en de mensen van IG Farben) niet het achterste van zijn tong laten zien. Hij wachtte tot hij alleen in de auto zat met Himmler en von dem Bach-Zelewski om het omliggende terrein te verkennen en kwam toen met een hele reeks klachten. Er was in het kamp aan van alles gebrek. Er was te weinig water, het kamp was veel te vol, de tijd was nog niet rijp om over vergaande uitbreiding te denken. Volgens Höss wees Himmler zijn kritische opmerkingen 'op grove wijze' af en hoefde hij niet op diens hulp te rekenen. En na het eten begon Himmler volgens Höss nog meer uit te wijden over zijn uitbreidingsplannen voor Auschwitz. Er moest daar een krijgsgevangenkamp komen voor liefst 100.000 krijgsgevangenen.[352]

Nauwere samenwerking tussen IG Farben en de SS

Op 20 maart 1941 vond er in Berlijn een belangrijk overleg plaats tussen Heinrich Bütefleisch, directeur van IG Farben, Walter Dürrfeld, Max Faust, hoofdingenieur van IG Farben met speciale belangstelling voor Auschwitz, en drie hoge SS'ers, te weten Karl Wolff, Georg Lörner en Richard Glücks. Onderwerp van deze bespreking was de mate van steun die het concentratiekamp Auschwitz kon geven aan de bouw van een nieuwe chemische fabriek van IG Farben in Dwory, vlakbij Monowitz. Men rekende erop dat Auschwitz voor dat doel voldoende (dwang)arbeiders zou kunnen leveren en werd het erover eens dat zevenhonderd kampgevangenen onmiddellijk aan het werk zouden worden gezet.[353]

Bütefleisch bekleedde niet alleen een leidinggevende functie binnen IG Farben, maar was tevens erelid van de SS. Na de oorlog werd hij tijdens het IG-Farbenproces in Neurenberg wegens betrokkenheid bij dwangarbeid tot zes jaar gevangenisstraf veroordeeld. Vanaf 1941 was hij in Monowitz verantwoordelijk voor de productie van synthetische benzine. Lörner speelde een belangrijke rol in het *SS-Wirtschafts- und Verwaltungshauptamt* (WVHA) en werd na de oorlog ter dood veroordeeld, maar die straf werd in gevangenisstraf omgezet.

Op 27 maart vond er in Auschwitz een vervolgbespreking plaats. Daarbij waren onder meer Höss, Dürrfeld en Faust betrokken. Höss zegde toe dat het kamp 1000 tot 1500 (dwang)arbeiders aan IG Farben/Buna zou leveren en dat dit aantal in 1942 zou worden uitgebreid tot 3000 à 4000 kampgevangenen, mits IG Farben voor voldoende accommodatie in het kamp zelf zou zorgen. In 1942 zouden er in Auschwitz in totaal 30.000 gevangenen moeten zijn. IG Farben zou de SS 3 *Reichsmark* (RM) per dag per ongeschoolde arbeider betalen en 4 RM (per dag) per geschoolde. Niet de gevangenen, maar de SS kreeg er dus geld voor, zij het dat die bedragen wel inclusief transport en voeding waren. Er werd rekening mee gehouden dat kampgevangenen minder zouden presteren dan uit Duitsland afkomstige en in vrijheid levende arbeidskrachten. De voeding en fysieke conditie van de kampgevangenen, die helemaal uitgebuit werden, was allerminst optimaal. Werkdagen telden in de zomer tien tot twaalf uur en tenminste negen uur in de winter. Höss beloofde IG Farben dus zeer goedkope dwangarbeiders uit Auschwitz voor de bouw van de nieuwe fabriek in Monowitz te zullen leveren. In ruil daarvoor verwachtte hij dat IG Farben bouwmateriaal voor barakken in het kamp zou leveren en dit zegde men inderdaad toe. Ook had hij grote behoefte aan prikkeldraad. Verder moest er een brug worden gebouwd over de Solarivier met een smalspoorlijn om de gevangenen uit het hoofdkamp naar de bouwplaats van de bunafabriek te vervoeren.[354] Aanvankelijk werden de doorgaans toch al vermoeide kampgevangenen gedwongen zich in de hete zomer te voet naar het bouwterrein te begeven. Later was er een treinverbinding die niet optimaal functioneerde. Uiteindelijk kwam er naast de bunafabriek een met onder stroom staand prikkeldraad en wachttorens afgeschermd 'nevenkamp' waar de dwangarbeiders uit Auschwitz werden ondergebracht.

Höss schreef later dat hij op alle mogelijke manieren aan (bouw)materiaal probeerde te komen, zelfs door dit te stelen. 'Ik moest mijzelf immers zien te redden en dat deed ik dan ook op grondige wijze!' zo schreef hij. Zijn goede contacten met IG Farben, en dan met name met Walter Dürrfeld, die directeur van de plaatselijke vestiging in Monowitz werd, hielpen hem daarbij.[355]

Op 7 april vond er in het niet ver van Auschwitz gelegen stadje Kattowitz een vergadering plaats waar deze afspraken werden bevestigd. (Diezelfde dag begonnen gevangenen uit Auschwitz met de bouw van de bunafabriek.[356]) Otto Ambros betoogde dat IG Farben met het 'Auschwitzproject' een plan had ontworpen 'voor een nieuwe onderneming van gigantische proporties':

> *'Het bedrijf is vastbesloten al het mogelijke te doen voor de bouw van een krachtige onderneming, die haar omgeving zal kunnen omvormen zoals dat ook met de vele fabrieken in West- en Midden-Duitsland is geschied. Op die manier vervult het bedrijf IG Farben een verheven morele plicht: door middel van een mobilisatie van alle krachten garanderen wij dat deze industriële nieuwbouw een*

stevige hoeksteen zal vormen voor een krachtig en gezond Deutschtum in het oosten.'[357]

In zijn sterk ideologisch getinte toespraak, die volgens Van Pelt en Dwork algemeen werd toegejuicht, besteedde Ambros geen enkele aandacht aan het lot van de dwangarbeiders uit Auschwitz. Hun lot interesseerde hem kennelijk geen zier. Het enige wat telde waren hoge productiecijfers en uitbreiding van de Duitse invloed in het oosten ten koste van de oorspronkelijke bewoners van het gebied. (Dit was ook wat Himmler en diens SS wensten te bereiken.) Over de rol van en de samenwerking met die SS liet Ambros zich op 12 april 1941 in een brief aan de IG-directie in Frankfurt, waarin hij verwees naar de recente 'constituerende oprichtingsvergadering in Kattowitz', positief uit:

> *'Bovendien heeft onze samenwerking met de SS zeer zegenrijke gevolgen. Tijdens een diner dat de leiding van het concentratiekamp (Höss, V.) ons aanbood, hebben wij bovendien alle maatregelen vastgelegd met betrekking tot de inschakeling van het werkelijk voortreffelijke bedrijf van het concentratiekamp bij de bunafabriek.'*[358]

Medio april verliet het zogenaamde *Aussenkommando* (een uit dwangarbeiders bestaand 'commando' dat buiten het kamp tewerkgesteld was) Auschwitz om in Monowitz een begin te maken met de bouw van de IG-Farbenfabriek. Op 21 april bestond dit commando uit 150 concentratiekampgevangenen. Al spoedig merkte men bij IG Farben dat hun gezondheid te wensen overliet en dat een aantal gevangenen zelfs was gestorven. In oktober, toen de winter op komst was, stelde de directeur van 'IG Auschwitz' aan kampcommandant Höss voor om barakken te bouwen op het terrein van de in aanbouw zijnde fabriek. Naar verwachting zouden er in 1942 4000 à 5000 kampgevangenen voor de dan geplande productie nodig zijn. Höss wees dit idee af. Hij gaf aan niet over voldoende bewakingspersoneel en middelen te beschikken. Wel mochten 200 gevangenen uit het commando in barakken van de *Reichsarbeitsdienst* (De arbeidsdienst van het Duitse Rijk, RAD), die tijdens de oorlog zoveel mogelijk arbeidskrachten beschikbaar stelde, worden ondergebracht. Deze barakken lagen op het bouwterrein van de fabriek.[359] Volgens Florian Schmaltz 'was dit besluit een belangrijke stap in de richting van de creatie van het Buna/Monowitz concentratiekamp'.

Het besluit om zo'n kamp neer te zetten werd tegen de jaarwisseling van 1941/42 genomen. In maart 1942 werd in opdracht van de plaatselijke bouwdirecteur van IG Farben begonnen met de bouw van een aantal barakken. Toestemming van Höss was er toen nog niet. Bovendien waren er plannen om in Monowitz een kamp voor 5000 dwangarbeiders te bouwen. De SS zou aanvankelijk behoorlijk dwars hebben gelegen, maar moest uiteindelijk inbinden. Eind juni 1942 gaf het kantoor van Höss eindelijk toestemming om daar zo'n kamp neer te zetten.[360] In oktober 1942 was dit kamp gereed. Een in Auschwitz uitgebroken tyfusepidemie en gebrek aan prikkeldraad hadden voor de nodige vertraging gezorgd. Een jaar later werd Auschwitz-Monowitz ook wel officieel aangeduid als Auschwitz III.

Himmlers inspectiebezoek aan de in aanbouw zijnde de bunafabriek van IG Farben (juli 1942)

De bouwwerkzaamheden voor de bunafabriek waren in volle gang toen Himmler op 17 en 18 juli een tweede bezoek aan Auschwitz bracht. In hoofdstuk 2 werd beschreven hoe Himmler op de *eerste* dag onder meer het vrouwenkamp in het *Stammlager* had bezocht en in Birkenau ooggetuige was geweest van de selectie en vergassing van zojuist aangekomen Nederlandse Joden in de provisorische gaskamer of bunker. Volgens Höss zou Himmler daarna een bezoek aan de in aanbouw zijnde bunafabriek hebben gebracht, maar dit klopt niet. Helaas nam ook de *Auschwitz Chronicle* de op dit punt onbetrouwbare informatie van Höss over.[361] De ochtend van de *tweede* dag was namelijk speciaal ingeruimd voor een inspectiebezoek aan het 'fabrieksterrein van Buna', zo blijkt uit Himmlers betrouwbaarder *Dienstkalender*, een soort kantooragenda die in 1991 in een archief in Moskou werd ontdekt.[362]

Himmler werd daar vergezeld door onder meer Höss, Schmauser, Kammler, Max Faust, de leider van de bouwwerkzaamheden (IG Farben) en enkele andere ingenieurs van dezelfde fabriek. Er werden van dit bezoek foto's gemaakt waarop te zien is hoe Faust, die een hoed droeg, Himmler aan de hand van bouwtekeningen toonde hoe de bouw vorderde. Verder werd Himmler op het bouwterrein rondgeleid met links van hem Faust en Höss, gevolgd door hoge SS'ers en medewerkers van IG Farben. Op een andere foto liep Himmler op het bouwterrein tussen Faust en twee ingenieurs van IG Farben in. Er is ook een foto waarop te zien was hoe Himmler met naast hem Faust een trap afliep. Op weer een andere foto schudde een vriendelijk kijkende Faust, maar nu zonder hoed, de hand van een hoge SS-officier (Schmauser), terwijl Himmler glimlachend toekeek. Op de achtergrond was een nieuw gebouwde barak in Monowitz te zien waar in oktober 1942 dwangarbeiders uit Auschwitz zouden worden ondergebracht. Dan zijn er twee foto's waarop Faust, nu met de hoed in de hand en waarschijnlijk ten afscheid of bij aankomst, een tevreden kijkende Himmler de hand schudde. Op de achtergrond is de Mercedes van Himmler te zien. Op één van die foto's is te zien hoe Bracht, Kammler en Schmauser toekeken.[363] Het was die dag stralend weer en erg warm.

Volgens Höss inspecteerde Himmler de bouwwerkzaamheden van de bunafabriek 'net zo grondig als de gevangenen en het werk dat zij verrichtten'. In elk geval was Himmler diep onder de indruk van wat IG Farben zijns inziens in korte tijd had gepresteerd. Höss:

> '(Hij) zag en hoorde hoe hun gezondheidstoestand was. Kammler kreeg te horen: "U klaagt over problemen, kijk eens wat er hier gebeurt, wat de industrie van IG Farben in een jaar voor elkaar gekregen heeft terwijl ze met dezelfde problemen te maken hadden." Over welke aantallen (quota) en mogelijkheden IG beschikte, over de duizenden arbeidskrachten waarover IG de beschikking had – het waren er destijds ca. 30.000 – zei hij niets. Himmler vroeg naar de arbeidsprestaties van de gevangenen, hoorde hoe er door IG ontwijkende antwoorden werden gegeven. Daarop zei hij tegen mij dat ik hoe dan ook de arbeidsprestaties moest verbeteren! Hoe, dat was wederom mijn zaak, hoewel hij kort daarvoor van de Gauleiter en van IG had vernomen dat er op korte termijn rekening moest worden gehouden met een aanzienlijke inkrimping van de rantsoenen voor alle gevangenen en hij ook de algemene toestand van de gevangenen zag.'[364]

Himmler bekeek op het bunaterrein ook nog de bouw van een fabriek voor de productie van methaangas.

Leiding van IG Farben verantwoordelijk voor oorlogsmisdaden, dwangarbeid en wantoestanden in Auschwitz-Monowitz

Eind oktober 1942 werd het concentratiekamp Buna-Monowitz officieel geopend. Het lag naast de in aanbouw zijnde fabriek van IG Farben en ressorteerde voorlopig nog rechtstreeks onder Höss. In november 1943 decreteerde Himmler dat Auschwitz nu uit drie kampen bestond: Auschwitz I (het hoofdkamp of *Stammlager*), Auschwitz II (Birkenau) en Auschwitz III (Monowitz). (Zie ook hoofdstuk 2.) Bovendien kwam er voor Monowitz een aparte commandant, *SS-Hauptsturmführer* Heinrich Schwarz.[365]

Al op 19 oktober 1942 arriveerde in het hoofdkamp een eerste transport dat bestemd was voor Buna-Monowitz. Het ging om 405 gevangenen uit

Buchenwald. Van hen werden er 76 vergast. Op 27 oktober arriveerden er 841 Joodse gevangenen uit Westerbork in Auschwitz. Van hen werden slechts 224 'geschikt voor arbeid' bevonden, de anderen werden in Birkenau vergast. Eind oktober waren er ongeveer 2100 gevangenen in Monowitz. Tegen januari 1943 was het aantal gevangenen toegenomen tot 3750 en in september bedroeg het aantal 6500. In de zomer van 1944 waren er, mede door de door Eichmann geleide massale deportaties uit Hongarije, meer dan 11.000 gevangenen. Begin januari 1945 waren er 10.350 gevangenen.[366]

Tussen 1942 en januari 1945 kwamen er volgens minimale schattingen zeker 10.000 kampgevangenen in Monowitz om. Andere en mogelijk iets betrouwbaarder schattingen houden het op ongeveer 30.000 slachtoffers. Gemiddeld bleef een kampgevangene in Monowitz drie tot vier maanden in leven.[367] Toch was het ondanks alles in Monowitz nog beter toeven dan in Birkenau of in het hoofdkamp, al konden zij die ernstig ziek, vermagerd of uitgeput waren al snel naar de gaskamer worden afgevoerd.

Op 18 januari begon de SS met de ontruiming van Auschwitz-Monowitz omdat het Rode Leger in aantocht was. Veel gevangenen werden gedwongen westwaarts te trekken, deels te voet, deels per trein of met een ander vervoermiddel.[368]

De Poolse historicus Piotr Setkiewicz wijst erop dat IG Farben grote voordelen had bij het gebruikmaken van goedkope en ruim voorhanden gevangenen uit Auschwitz. De leiding van de fabriek gaf gevangenen geen toestemming hun barakken te verlaten behalve voor werk in de fabriek. Het eten liet te wensen over. Ten koste van de gevangenen werd er bespaard. Toen het kamp Monowitz gereed was, steeg het aantal zieken daar plotseling dramatisch, maar ook toen wilde de leiding van IG Farben geen geld uittrekken om de capaciteit van de ziekenbarak te vergroten. *SS-Obersturmbannführer* Gerhard Maurer, chef van *Amtsgruppe D II* (arbeidsinzet) van het WVHA, bracht in februari 1943 een bezoek aan Auschwitz-Monowitz. Besloten werd om alle zwakke gevangenen terug naar het hoofdkamp te brengen, maar dit besluit bleek deels onuitvoerbaar omdat de gezondheidstoestand van de meeste gevangenen so-wie-so erbarmelijk was.[369] Omtrent het lot van velen die inderdaad naar het hoofdkamp of naar Birkenau werden teruggestuurd, hoeft weinig twijfel te bestaan: zij werden vergast of kwamen op andere wijze om het leven. Zo werd de leiding van IG Farben medeverantwoordelijk voor de uitbuiting en de dood van heel wat weerloze dwangarbeiders. Het was op initiatief van IG Farben, zo stelt Setkiewicz vast, dat zwakke gevangenen werden ingeruild voor nieuwe, terwijl men heel goed wist welk lot de afgedankte werkkrachten wachtte.[370] Florian Schmaltz schrijft dat gevangenen wier arbeidsprestaties achteruit gingen of die door langdurige ziekte of een handicap niet meer konden werken, op instigatie van medewerkers van IG Farben tijdens regelmatige selecties naar Birkenau werden gestuurd waar de overgrote meerderheid werd vergast.

> 'De selecties vonden plaats bij de kamppoort (van Monowitz, V.) wanneer de gevangenen 's ochtends naar buiten liepen, in de ziekenzaal voor gevangenen en op het plein waar de appels plaatsvonden. Volgens een vroegere arts-gevangene waren er onder de degenen die aan de selecties bij de kamppoort deelnamen, "altijd verschillende burgers die tot de speciale eenheid (task force) van IG Farben behoorden".'[371]

Begin 1943 werd besloten om ook Joden uit getto's en andere concentratiekampen naar Monowitz over te brengen. Hun gezondheidstoestand was niet veel beter. Op 21, 24 en 27 januari werden 5022 Joden naar Auschwitz gedeporteerd, van hen werden er door de SS slechts 613 mannen en 316 vrouwen geschikt voor arbeid bevonden. De anderen, onder wie veel kinderen, gingen naar de gaskamer. In het voorjaar van 1943 kwamen er in Auschwitz bijna 9000 Joden uit Berlijn aan. Van hen werden er 1700 naar Monowitz overgebracht.[372]

De deportatie van de Joden uit Berlijn was onderdeel van een toezegging om meer arbeidskrachten voor de bunafabriek beschikbaar te stellen, die Gerhard Maurer tijdens zijn eerdere bezoek aan Auschwitz had gedaan. Maurer en IG Farben wilden dat er meer Joden voor werk zouden worden geselecteerd. Toch gingen verreweg de meeste Joden die in Auschwitz aankwamen, niet naar de bunafabriek, maar naar de gaskamer.[373]

Ook in Monowitz en de bunafabriek werden gevangenen regelmatig geslagen of op andere wijze mishandeld. Meermalen overleden gevangenen aan de gevolgen van geselingen of ongelukken, schrijft Florian Schmaltz. Er was een speciaal 'detachement' dat ondergrondse betonnen bunkers moest bouwen, die als schuilplaats voor bombardementen zouden dienen.

> 'In 1944 aarzelden de bouwdirecteuren van IG Auschwitz niet om 35 uit Hongarije afkomstige Joodse kinderen in de leeftijd van acht tot twaalf jaar zware arbeid in dit doodseskader te laten verrichten waarbij ze door middel van schoppen en klappen in het gezicht tot een sneller werktempo werden aangezet.'[374]

Denis Avey was een Britse krijgsgevangene die in 1943 in een kamp voor Britse krijgsgevangenen vlakbij Auschwitz terechtkwam. Dit kamp werd aangeduid als 'E715' en lag op zeer korte afstand van de bunafabriek en het Monowitzkamp. Het hoofd- of moederkamp, Auschwitz I, lag zo'n vier km verderop. Het eten en het onderdak waren in 'E715' stukken beter dan in Auschwitz zelf. Overdag werkte Avey in de bunafabriek waar ook Joden uit Monowitz dwangarbeid verrichtten. Daar, in die fabriek, kwam hij een Joodse gevangene genaamd Ernst Lobethal tegen. Hij sloot vriendschap met Lobethal en slaagde er twee keer in om vermomd als gevangene het kamp Monowitz binnen te komen waar hij korte tijd verbleef en alles wat hij zag goed in zich opnam. Hij had zijn kleding geruild met de gestreepte gevangeniskleding van Lobethal, zijn hoofd kaal geschoren en een bewaker omgekocht. Lobethal op zijn beurt ging tijdelijk naar het kleine krijgsgevangenkamp van Avey. In zijn boek *The man who broke into Auschwitz* schrijft Avey dat de gevangenen uit het dwangarbeiderskamp Buna-Monowitz zich moesten doodwerken. 'Het was de hel op aarde, een afschuwelijke, angstaanjagende ervaring.' Hier werden mensen langzaam maar zeker doodgemaakt en uitgehongerd. 'Het was veel erger dan de verschrikkingen die ik in de oorlog in de woestijn had meegemaakt.'[375] (Avey was in Noord-Afrika door de manschappen van de Duitse generaal Erwin Rommel krijgsgevangen gemaakt.)

Gevangenen in Monowitz duidden medegevangenen die helemaal tot op bot vermagerd waren, aan als *Muselmänner* (letterlijk: moslims). Het stonk er naar de dood. Een Kapo maakte je om vier uur in de ochtend wakker, vervolgens kreeg je een ontbijt dat niet te eten was.[376] Maar de ergste dingen zag hij buiten het kamp gebeuren. In de IG-Farbenfabriek sloeg een SS-officier een Joodse jongen dood. Avey schold de SS'er daarop uit voor *'Du verfluchter Untermensch!'* waarna die SS'er hem met de kolf van zijn pistool in het gezicht sloeg.[377] Op een nabijgelegen station zag hij hoe een SS'er een huilende baby, die in de armen van een vrouw lag, een dodelijke harde klap gaf. 'Wij waren gewend om te zien hoe volwassenen wreedheden werden aangedaan, maar een baby in de armen van de moeder vermoorden was onbeschrijfelijk.'[378]

Bombardementen: de gaskamers en de spoorverbindingen blijven buiten schot

De Poolse regering-in-ballingschap had meermalen aangedrongen op het uitvoeren van luchtaanvallen op Auschwitz en het IG-Farbencomplex in Monowitz met zijn petrochemische industrie en de fabricage van synthetische rubber. Een probleem was dat het kamp nogal ver lag en lange tijd voor Britse of Amerikaanse bommenwerpers onbereikbaar was. De eerste keer dat er een luchtaanval plaatsvond, was in de nacht van 4 op 5 mei 1943 toen er negen bommen op de omgeving van het Buna-Monowitzkamp werden afgeworpen en een gevechtsvliegtuig het vuur opende op een wachttoren. Er werd echter geen schade aangericht. Let wel, dit gebeurde al begin mei 1943.[379]

Op 14 april 1944 namen geallieerde vliegtuigen de eerste luchtfoto's van Auschwitz I en II en de IG-Farbenfabriek/Monowitz. Op 9 augustus werden er weer luchtopnamen gemaakt, maar de kwaliteit van die foto's liet te wensen over. Op 20 augustus volgde het eerste *zware* bombardement door Amerikaanse bommenwerpers op de IG-Farbenfabriek en enkele doelen in de buurt. Het *Stammlager* en Birkenau (Auschwitz I en II) werden niet getroffen. Het bombardement duurde bijna een half uur en de weersomstandigheden waren goed. Eén bommenwerper werd neergeschoten. Er werden tijdens het bombardement ook luchtopnamen gemaakt.[380] Op 25 augustus werden er wederom luchtopnamen gemaakt om te zien hoeveel schade dit laatste bombardement had aangericht. Op vergrote foto's is het vrouwenkamp van Auschwitz II te zien, alsmede de omheining, de wachttorens, de hoofdpoort, een goederentrein met 33 wagons en ongeveer 1500 personen die zich naar de gaskamer van Crematorium II begeven.[381] Op 13 september was er opnieuw een bombardement van het IG-Farbencomplex. Er vielen ook enkele bommen op Auschwitz I (*Stammlager*) en II (Birkenau). Er vielen bij dit bombardement vrij veel doden. Bij het IG-Farbencomplex waren er ongeveer 300 doden en gewonden, onder hen ook gevangenen. Ook in het *Stammlager* en Birkenau waren er doden. Er werden gelijktijdig luchtopnamen gemaakt waarop in Birkenau een trein met 65 goederenwagons en 1500 personen die zich waarschijnlijk naar de gaskamer van Crematorium IV begaven, die in bedrijf was.[382] Op 29 november werd IG-Farben/Monowitz opnieuw gebombardeerd. Op de gelijktijdig gemaakte luchtfoto's is in Birkenau geen trein te zien. Ook is te zien hoe Crematorium IV zwaar was beschadigd. (Dit was tijdens de opstand van het *Sonderkommando* op 7 oktober gebeurd.) Op 18 en 26 december waren er opnieuw luchtaanvallen op de IG-Farbenfabriek.[383]

Hoewel dat gemakkelijk had gekund, hebben de Amerikanen en de Britten geen bombardementen op de gaskamers, de omheining, de wachttorens, van en de spoorverbindingen naar Auschwitz uitgevoerd. President Roosevelt was daar niet op tegen geweest, maar het Departement van Oorlog (*War Department*) lag dwars. In Engeland waren Churchill en zijn minister Anthony Eden eveneens voor het bombarderen van Auschwitz, maar hier lag het ministerie van Luchtvaart en Edens eigen ministerie van Buitenlandse Zaken dwars. Deze ambtelijke obstructie bleek fataal, want daardoor kon Auschwitz nog tot eind 1944 als eindstation van de dood fungeren en dat terwijl de geallieerden al sinds 1942 heel goed wisten wat er daar gebeurde. In 1944 hadden Joodse organisaties en de *War Refugee Board* er tevergeefs en meermalen op aangedrongen om mensenlevens te redden door de crematoria/gaskamers in en de spoorlijnen naar Auschwitz te bombarderen.[384]

IG Farben en het Auschwitzproces in Frankfurt

In het na-oorlogse IG-Farbenproces beweerden de aangeklaagden dat zij de gevangenen uit Auschwitz juist zo goed mogelijk hadden behandeld. Hetzelfde gebeurde tijdens het Auschwitzproces in Frankfurt tussen december 1963 en augustus 1965. Bij dat proces was een drietal leidinggevende ingenieurs van het voormalige IG Farben, te weten Karl Krauch, Otto Ambros, Max Faust en Walter Dürrfeld, als getuige en niet als aangeklaagde, betrokken. (Zij hadden immers tijdens het IG-Farbenproces al betrekkelijk milde straffen gekregen en konden dus niet opnieuw voor dezelfde feiten voor de rechter worden gedaagd.)

Tijdens het proces in Frankfurt beweerde Krauch, voorheen voorzitter van de Raad van Toezicht van IG Farben, dat het de commandant van Auschwitz (Höss) was geweest die had bevolen gevangenen uit het concentratiekamp voor de bunafabriek beschikbaar te stellen. 'Voorheen had ik een keer de inschakeling van concentratiekampgevangenen afgewezen.' Het ging toen, zo liet hij weten, om 'asociale elementen met een politiek verleden'. Hij verklaarde bovendien dat er bij de bunafabriek in totaal 50.000 arbeiders werkten, 'buitenlandse arbeiders, krijgsgevangenen en gevangenen'.

Namens IG Farben voerden Dürrfeld en Bütefleisch onderhandelingen met Karl Wolff, generaal van de *Waffen-SS,* zo deelde Krauch desgevraagd mede.[385] (Wolff, die inderdaad een hoge rang had, was tevens adjudant van Himmler en chef van diens 'persoonlijke staf'.)

Met betrekking tot Ambros kwam diens eerdergenoemde brief van 12 april 1941 (er staat abusievelijk 14 april) aan de directie van IG Farben in Frankfurt op het proces ter sprake. Daarin schreef hij over 'het werkelijk voortreffelijke bedrijf van het concentratiekamp'. Ambros verklaarde tijdens het proces dat hij het terrein in Monowitz in januari 1941 had uitgekozen. Hij ontkende dat hij dat toen had gedaan omdat er een concentratiekamp met gevangenen die als dwangarbeiders konden worden ingezet, in de buurt was. Het had volgens hem veeleer te maken met het feit dat dit gebied nog niet voor de geallieerde bommenwerpers bereikbaar was. Bovendien waren er voldoende water en steenkool. Nevenaanklager Henry Ormond confronteerde Ambros daarop met een verklaring die Heinrich Bütefleisch tijdens het IG-Farbenproces had afgelegd. Volgens deze onder ede afgelegde verklaring had Ambros in de winter van 1941/42 de plek voor de bunafabriek in de eerste plaats uitgekozen 'omdat er gevangenen uit het nabijgelegen concentratiekamp beschikbaar zouden zijn'. Ambros bleef echter bij wat hij eerder had verklaard.[386] De Poolse historicus Piotr Setkiewicz wijst echter op een brief van Krauch aan Otto Ambros waaruit blijkt dat hij (Ambros) zelf had benadrukt dat de tewerkstelling van concentratiekampgevangenen op het bouwterrein in Monowitz op zijn aandrang was geschied.[387]

Faust, die Himmler in juli 1942 had rondgeleid op de bouwplaats van de bunafabriek en die de leiding had gehad over de bouwwerkzaamheden daar, verklaarde dat hij pas in de tweede helft van 1941 naar Auschwitz was gekomen. Hij had, zo beweerde hij, Himmler alleen rondgeleid omdat alle andere leidinggevende persoonlijkheden van IG Farben 'toevallig' op reis waren. Hij toonde zich verontwaardigd over het feit dat de kranten sinds 1952 de foto tonen waarop hij met Himmler te zien is, 'vaak met het onderschrift: "Moordenaars onder ons."'

> *'Ik kan me daartegen niet verweren. Maar ik zou graag van deze gelegenheid gebruik willen maken om daartegen protest aan te tekenen. Men kan het mij toch niet kwalijk nemen dat ik de heer Himmler twee uur lang op het bouwterrein rondleidde?'*[388]

Op de vraag of hij het was geweest die de SS had voorgesteld om bij de bunafabriek een gevangenkamp in te richten, antwoordde Faust bevestigend. Hij verklaarde dat Dürrfeld 'ongetwijfeld' bij de commandant van Auschwitz bezwaar had aangetekend tegen het doodschieten van een aantal gevangenen dat zich aan zeer kleine vergrijpen had schuldig gemaakt. Hijzelf, zo zei hij, had zich in een telefoongesprek met Höss ingezet voor de vrijlating van twee opzichters die door de SS ervan werden beschuldigd dat zij gevangenen hadden begunstigd. Volgens Hermann Langbein, auteur van een tweedelig standaardwerk over het Auschwitzproces, verliet ir. Faust de getuigenbank als iemand die zich beledigd voelde 'door het ongemak dat hij vanwege zulk een kwaadwillige propaganda te lijden had'.[389]

Walter Dürrfeld, de vroegere directeur van de bunafabriek, kon wegens ziekte niet in de rechtszaal getuigen, dus werd er een verklaring van zijn hand voorgelezen. Hij omschreef Monowitz als 'louter een werkkamp'. 'IG Farben had er belang bij om alleen gevangenen die konden werken, te krijgen. Hoe langer gevangenen bij ons waren, hoe meer zich hun gezondheidstoestand verbeterde.'[390] Dit is pertinent onjuist. Helaas zag de rechtbank geen aanleiding om het waarheidsgehalte van deze bewering te toetsen. Wel verhoorde men nog heel kort Gustav Murr, die indertijd leiding had gegeven aan de bouwwerkzaamheden van IG Farben in Monowitz. Wat er met de zwakke gevangenen gebeurde, dat wist hij niet, zo gaf hij aan. Het onttrok zich eenvoudigweg aan zijn waarneming.[391]

De heren van het vroegere IG Farben toonden tijdens het proces in Frankfurt, zo veel jaren ná de oorlog, nergens berouw over hun daden en nalatigheden. Himmler rondgeleid? Dat was toeval omdat er niemand anders beschikbaar was! Met de moordenaars van de SS geassocieerd worden? Hoe durven de kranten dat te schrijven! Gevangenen uitgebuit en mishandeld? Neen, wij probeerden hun gezondheidstoestand juist te verbeteren – en met succes! Zwakke gevangenen door de SS vermoord? Dat onttrok zich aan onze waarneming!

4
Robert Mulka, Wilhelm Boger, Carl Clauberg en Josef Mengele

Robert Mulka, de adjudant van kampcommandant Rudolf Höss: 'Hij was erger dan Höss'

Robert Mulka werd in 1895 in Hamburg geboren. Tijdens de Eerste Wereldoorlog werd hij als oorlogsvrijwilliger in diverse landen ingezet. Na die oorlog streed hij in Letland en Estland tegen het oprukkende Rode Leger en eigende zich op onrechtmatige wijze een deel van de buit toe. Een rechtbank in Hamburg veroordeelde hem tot acht maanden gevangenisstraf wegens 'heling'. (Dit vonnis werd tijdens de nazidictatuur in december 1936 door de minister van Justitie vernietigd.) In de jaren twintig van de vorige eeuw was Mulka actief in diverse rechtsextremistische paramilitaire organisaties. In februari 1940 werd hij lid van de NSDAP en in 1941 trad hij als *SS-Obersturmführer* tot de *Waffen-SS* toe. In december 1941 werd hij naar Auschwitz overgeplaatst. Daar gaf hij eerst leiding aan de eerste bewakingscompagnie en was belast met training en ideologische toerusting. Hij moest ook meermalen op het perron (*die Rampe*) zijn waar de deportatietreinen arriveerden en de selecties voor de gaskamer of voor slavenarbeid plaatsvonden. In april 1942 werd hij plaatsvervangend adjudant van kampcommandant Höss, in juli *Stabsführer* (leider van de staf van het kantoor van de commandant). Hij was nu verantwoordelijk voor alle dienstaangelegenheden van dat kantoor, ook voor bijvoorbeeld uitgaande post. In augustus volgde zijn definitieve benoeming tot adjudant van Höss in de rang van *SS-Hauptsturmführer*. Die functie bleef hij tot 9 maart 1943 bekleden toen hij onverwacht de laan werd uitgestuurd. Dit gebeurde nadat Hildegard Bischoff, de echtgenote van *SS-Sturmbannführer* Karl Bischoff, in Auschwitz chef van het 'centrale bouwkantoor' van de *Waffen-SS* en de politie, zich in een brief aan WVHA-chef Oswald Pohl had beklaagd over uitlatingen die Mulka had gedaan. Deze had Joseph Goebbels, Hitlers minister van Propaganda, 'een idioot en een rokkenjager' genoemd.[392] Mulka werd begin april 1943 opgevolgd door *SS-Obersturmführer* Ludwig Baumgartner.

Tijdens het Auschwitzpoces in Frankfurt bevestigde Mulka in 1964 dat hij deze uitlating inderdaad had gedaan:

'Ik heb de opmerking gemaakt dat Goebbels een idioot en een rokkenjager was met het oog op de kritiek in de buitenlandse pers. Omdat Goebbels na Stalingrad tijdens een grote bijeenkomst in het Sportpaleis de totale oorlog heeft uitgeroepen kon men in het buitenland constateren dat Duitsland aan het eind van zijn krachten was.'[393]

Mulka verdween enige tijd in de gevangenis van Berlijn-Schöneberg, maar het onderzoek werd stopgezet wegens betoonde moed tijdens luchtaanvallen op Hamburg. Hij mocht in de SS blijven en kreeg zelfs het kruis der verdienste, eerste klasse.

Als adjudant en vertrouweling van Höss was Mulka gedetailleerd op de hoogte, en meermalen ook ooggetuige, van wat er in het kamp gebeurde. Niettemin sprak hij zich tijdens het Auschwitzproces meermalen tegen over wat hij wist over de vergassing van Joden. Dat begon al tijdens het eerste verhoor door openbaar aanklager Joachim Kügler in november 1960 toen hij zich van de domme hield en beweerde: 'Ik wist niet dat er vergassingen plaatsvonden. Zyklon B is mij destijds niet bekend geweest. Na de oorlog heb ik natuurlijk het nodige gehoord over wat er in Auschwitz moet zijn gebeurd.'[394] Hij herhaalde deze leugens tijdens het proces toen Kügler hem vroeg of hij wist dat gevangenen per vrachtwagen naar de gaskamers werden gebracht: 'Daar had ik geen wetenschap van. Ik had met vergassingen niets te maken.' 'Ik vraag u of u het geweten heeft', vroeg Kügler. Daarop antwoordde Mulka slechts: 'Neen.'[395] Kügler vroeg Mulka of hij de twee boerderijen in Birkenau kende waarin vergassingen plaatsvonden. Mulka zei dat hij zich dat niet meer herinnerde.[396] (Het ging hier om twee boerderijen die tot gaskamers, zogenaamde 'bunkers', waren omgebouwd, iets wat alle SS'ers in Auschwitz wisten.) Verder verklaarde hij dat hij niet wist dat er in het 'oude crematorium' (het crematorium in het *Stammlager*, niet ver van Mulka's kantoor) vergassingen plaatsvonden. Dit had hij naar eigen zeggen pas na de oorlog in publikaties gelezen.[397]

Allemaal onwaarheden. Mulka wist heel goed wat Zyklon B was en waar het voor gebruikt werd. Op 2 oktober 1942 gaf *SS-Obersturmbannführer* Arthur Liebehenschel schriftelijk toestemming om met een vrachtwagen met aanhangwagen in Dessau *Materialien für die Judenumsiedlung* (materiaal voor de evacuatie van Joden) op te halen. Daarmee was, zo gaf Mulka tijdens het proces toe, Zyklon B bedoeld. Dit document, dat ook in hoofdstuk 2 genoemd wordt, was medeondertekend door Robert Mulka, adjudant.[398] Er was nog een tweede document dat door Mulka was medeondertekend. Het ging om een op 12 augustus 1942 gedateerd bevel van Höss, waarin werd verwezen naar lichte vergiftigingsverschijnselen bij een SS'er als gevolg van de inwerking van blauwzuurgas (Zyklon B): 'Het gebruikte gas bevat geen reukstoffen en is derhalve gevaarlijk.' 'SS'ers die geen gasmaskers dragen, moeten gedurende vijf uur een afstand van vijftien meter tot de kamer (waar gas is gebruikt), in acht nemen.'[399] Kennelijk was er een ongeluk gebeurd doordat een onvoorzichtige SS'er in aanraking met een zeer kleine hoeveelheid Zyklon B was gekomen.

Kügler wees erop dat Mulka als adjudant toezicht uitoefende op de 'economische bedrijvigheid' en dat er door Auschwitz voor de crematoria in Birkenau 'gasdichte deuren met een kijkgat' waren besteld. Mulka zei dat hij zich een dergelijke bestelling niet kon herinneren, maar hij achtte die 'in elk geval wel mogelijk'.[400]

Gezien de omvang van het belastende materiaal kon Mulka zich niet altijd van de domme houden. Dus waren er ook momenten waarin hij toegaf meer over de vergassing van Joden te weten, bijvoorbeeld toen hij zei:

> *'Het is mij ook bekend dat er transporten zijn aangekomen die zijn vergast. Daarover werd gesproken. Ik heb ook telexen gezien waarin transporten werden aangekondigd. In deze telexen stond dat de transporten voor SB (=Sonderbehandlung) bestemd waren. SB is ons allen pas naderhand duidelijk geworden, ook mij.'*[401]

Dit laatste klopt niet. Mulka en andere SS'ers wisten al direct wat er met 'SB' was bedoeld: dit was een codewoord voor vergassing. Zelf verklaarde Mulka tijdens het proces: '*Sonderbehandlung* was moord, waarover ik hoogst verontwaardigd was.'[402] Die 'verontwaardiging' moeten we met een korreltje zout nemen. Mulka voerde immers loyaal uit wat hem opgedragen werd.

De voorzittende rechter confronteerde Mulka met een brief gedateerd 29 januari 1943 over de bouw van crematoria, die bepaalde dat gevangenen ook op zondag 31 januari moesten werken. Die brief was door Mulka ondertekend. Dus hij moest, zo stelde de rechter, van de bouw van crematoria hebben geweten.

> *'Voorzittende rechter:* "Bij de crematoria waren toch ook gaskamers?"
> *Mulka:* "Dat is waarschijnlijk, ik kan het me echter niet herinneren. De commandant heeft het bevel gegeven, en ik heb dit slechts doorgegeven."
> *Voorzittende rechter:* "U heeft dus toch een notie van de gaskamers gehad?"
> *Mulka:* "Er zijn zo oneindig veel dingen gebeurd. Mij moet per geval vragen worden gesteld, als ik moet antwoorden."*

Voorzittende rechter: "Zijn deze documenten geen bewijs dat u bij de bouw van de crematoria betrokken was? U heeft echter gezegd dat u daar niets mee te maken zou hebben gehad."
Mulka: "Ik wist zeker dat er daar gebouwd werd. Ik kreeg immers het ene bevel na het andere, en ik heb bevelen van de commandant doorgegeven. Maar in feite was ik bij de bouw niet betrokken."[403]

De voorzittende rechter confronteerde Mulka met het door hem medeondertekende bevel van Höss van 12 augustus 1942 over ruimtes waarin gas was gebruikt. Mulka antwoordde: 'Ik heb nooit ontkend dat ik wist dat er Auschwitz werd vergast.'[404] In het oordeel stelde de rechtbank vast dat Mulka uit hoofde van zijn functie als adjudant van de commandant precies op de hoogte was van de details van de massale vernietiging in de gaskamers van de door het *Reichssicherheitshauptamt* (RSHA) gedeporteerde Joden.[405]

Uit documenten bleek dat Mulka ook meermalen 'aankondigingen van transporten' (telexen over treinen met gedeporteerde Joden) gezien en doorgestuurd heeft. Mulka verklaarde dat dit 'in twee, drie, hoogstens vier' gevallen was gebeurd.[406] In hun vonnis hielden de rechters Mulka verantwoordelijk voor het doorgeven van zulke telexberichten. Bovendien stelden zij vast: 'Hij bracht na aankomst van de transporten de vernietigingsmachine op gang.'[407]

Mulka was bovendien betrokken bij de 'selectie' op het aankomstperron (*die Rampe*). Tijdens het proces in Frankfurt verklaarde Alexander Princz, een Tsjechische (Slowaakse) getuige die in de paardental werkte en koetsier was, dat hij Mulka vaak op het aankomstperron had gezien. Princz moest daar zelf vaak onbruikbare spullen weghalen om te verbranden. Volgens deze getuige was Mulka bij de selecties aanwezig, al had hij niet gezien dat Höss' adjudant zelf de beslissingen nam.[408] Een andere getuige was de Slowaakse Jood Rudolf Vrba (eigenlijke naam: Walter Rosenberg), die werkzaam was in het zogenaamde *Kanada-Kommando*. Dit uit gevangenen bestaande 'commando' moest de bagage van de aangekomen personen op het perron sorteren en opbergen in een gebouw dat vlakbij de gaskamers lag. Vrba verklaarde dat hij Mulka 'vaak op het perron in officiersuniform' (met een pelsmantel) had gezien, maar hij kon niet zeggen of betrokkene ook zelf aan selecties had deelgenomen.[409] 'Hij (Mulka) stond in de groep waar de selecties werden uitgevoerd. Als de selecties plaatsvonden, was ik immers bij de wagons. Ik kon er pas komen als de selecties voorbij waren.'[410]

In hun vonnis stelden de rechters dat Mulka 'bij de afwikkeling van RSHA-transporten' herhaaldelijk op het perron aanwezig is geweest en dat bewezen was dat hij daar aan selecties heeft meegewerkt.[411] Hij was 'bij minstens vier RSHA-transporten betrokken waarbij bij elk transport 25 procent, dus 250 mensen, als geschikt voor arbeid werden afgezonderd en in het kamp opgenomen. Aldus kan worden vastgesteld dat hij aan het doden van steeds 750 mensen per transport, en daarmee aan het doden van in totaal 3000 mensen heeft deelgenomen.'[412]

Volgens verschillende getuigen had Mulka zelf bevelen gegeven om gevangenen te doden. 'Hij was erger dan Höss en heeft nooit geaccepteerd dat een gevangene uitrustte', verklaarde Princz. In januari of februari 1943 reed Princz met zijn paard-en-wagen samen met twee andere koetsiers en een SS'er naar de brug over het spoor, die tussen Auschwitz en Birkenau lag. Toen werden ze drie- of vierhonderd meter voor de brug ingehaald door een auto waarin Mulka zat. Voor hen waren twee gevangenen en twee SS-bewakers die de beide gevangenen doorzochten, sloegen en iets uit hun zakken haalden. Mulka vroeg aan de SS'ers wat er aan de hand was. De SS'er meldde dat de gevangenen ergens iets 'georganiseerd' (gestolen) hadden. Princz:

> *'Daarop zei Mulka: "Schiet die honden toch dood!" De ene gevangene was door het slaan al met bloed bedekt. De SS-bewakers schoten, maar één gevangene richtte zich nog op. Daarop trok Mulka zelf zijn pistool en loste een schot. Daarna reed hij in zijn auto weg. Wij moesten de lijken op onze wagen laden en naar Birkenau brengen.'*[413]

Het ging volgens Princz om gevangenen tussen de dertig en de vijfendertig jaar oud die al langer in Auschwitz waren.

Rudolf Vrba verklaarde dat hij gezien had dat een gevangene slaag kreeg en naar leidinggevende SS'ers op het aankomstperron werd gebracht:

> *'De onderkapo meldde: "Dit zwijn heeft met de pas gearriveerde personen (mit den Zugängen) willen spreken." Daarop zei deze aangeklaagde (Mulka): "Maak hem af, het is al laat!" Het was inderdaad laat, het was al na middernacht.'* (...)
> *Voorzittende rechter: "Hoe werd de gevangene afgemaakt, die Mulka was voorgeleid?"*
> *Dr. Vrba: "Met knuppels werd hij geslagen, tot hij geen geluid meer gaf. Daarna werd het lijk weggehaald. Dat was routine in ons commando."*'[414]

Een derde getuige, Rudolf Rybka, beschuldigde Mulka ervan eigenhandig gevangenen te hebben doodgeschoten, maar de rechters oordeelden dat deze getuige zichzelf tegensprak en dat wat hij zei niet overeenkwam met wat anderen getuigen over hetzelfde voorval hadden verklaard. Op formele gronden wezen de rechters ook af wat de getuigen Princz en Vrba over het doden van gevangenen in opdracht van Mulka hadden verklaard. Dat was jammer, want wat zij hadden verklaard, was zeer geloofwaardig. Wel werd Mulka tot veertien jaar gevangenisstraf veroordeeld wegens medeplichtigheid aan de moord op vier keer 750 personen.[415]

SS-officier Wilhelm Boger: de vleesgeworden duivel van Auschwitz en een kindermoordenaar

In Auschwitz werden niet alleen grote aantallen Joden en zigeuners vergast, maar voerde de SS ook talloze executies uit. Meestal ging het bij executies om niet-Joden. Die vonden vaak in het *Stammlager* of hoofdkamp op een daarvoor in de open lucht gereserveerde plek tussen Block 10 en Block 11 plaats, maar ook in Birkenau. Voor de zeer vele geëxecuteerde niet-Joden was Auschwitz eveneens het eindstation van de dood. Het aantal executies nam tussen 1942 en 1944 steeds meer toe, maar het totaal aantal executies is niet bekend, omdat de kampleiding die gegevens heeft vernietigd.[416] Bovendien werden talloze gevangenen gemarteld of lichamelijk verminkt of doodgeslagen. De man die in Auschwitz op dit punt een beruchte reputatie opbouwde, was *SS-Oberscharführer* Wilhelm Boger, een echte sadist. Tijdens het Auschwitzproces in Frankfurt (1963-1965) was hij de belangrijkste verdachte.

De in 1906 geboren Wilhelm Boger was reeds in 1930 lid van de SS geworden. Ook was hij actief in de *Artamanenbund*, een pseudoreligieus gezelschap waar bloed, bodem en ras werden verheerlijkt en waar ook Himmler en Höss lid van waren. Nadat Hitler in 1933 aan de macht was gekomen, ging Boger voor de recherche en de politieke politie werken. Na de Duitse inval in Polen werd hij chef van de grenspolitie in Ostrolenka. Volgens enkele mede-SS-officieren kreeg hij daar de bijnaam 'de beul van Ostrolenka'. Hij had toen de rang van *SS-Hauptsturmführer*.[417] In het voorjaar van 1940 werd hij wegens overtreding van de dienstvoorschriften geschorst: hij zou een (Duitse) vrouw tot abortus hebben aangezet, iets wat in Hitlers Derde Rijk streng verboden was. Hij werd gedegradeerd en in november 1941 naar het oostfront bij Leningrad gestuurd. Daar raakte hij in maart 1942 gewond en moest enkele maanden het ziekenhuis in. Op 1 december 1942 kwam hij als *SS-Oberscharführer* in Auschwitz aan.[418] Daar kwam hij bij de 'Politieke Afdeling' (Gestapo) terecht. Onder hem ressorteerde de afdeling 'Vlucht, diefstal en opsporing' (*Referat Flucht, Diebstahl und Fahndung*) die viel onder de staf van de kampcommandant (Rudolf Höss).[419] Hij zou in Auschwitz blijven tot januari 1945, toen het kamp grotendeels ontruimd werd.

Hij ontwikkelde een speciaal martelwerktuig, de beruchte *Boger-Schaukel*: een metalen stang die aan de bovenkant twee loodrechte palen met elkaar verbindt. Het slachtoffer werd aan die stang als het ware dubbelgevouwen. Op deze wijze probeerden Boger en zijn medewerkers gevangenen aan het spreken te krijgen. Tijdens het Auschwitzproces verklaarde getuige Dounia Zlata Wasserstrom, die tussen 1942 en 1945 een Joodse gevangene was, dat Boger zijn *Schaukel* de 'praatmachine' noemde, op een andere manier kon hij geen verhoren afnemen. Boger had Wasserstrom gedwongen om tijdens de martelingen als tolk op te treden. 'Ik heb voor geen SS-man zoveel angst gehad als voor Boger. Alle SS'ers kwamen bij Boger om van hem te leren hoe je moet verhoren.'[420]

Een andere gevangene, de Oostenrijkse communist Hermann Langbein, verklaarde dat een celgenoot die 'Volksduitser' was, aan Bogers verhoormethode was onderworpen en dat hij 'in een onbeschrijflijke toestand' terugkeerde:

> *'Hij zei dat hij door Boger over de stang (Schaukel) was gelegd. Het was Bogers specialiteit om een gevangene die zo was gemarteld, na twee of drie dagen opnieuw over die stang te leggen, wanneer hij bij de eerste gelegenheid niet datgene had gezegd wat Boger wilde horen. De eerste keer dat je geslagen wordt is het helemaal niet zo erg met de pijn. Maar wanneer men na twee of drie dagen op die plek waar men eerder geslagen werd, ook maar aangeraakt wordt, dan is de pijn nauwelijks te verdragen.'*[421]

De Joodse gevangene Willi Leeuwarden zag hoe Boger in de 'Politieke Afdeling' een Poolse gevangene uit het raam had gesmeten. Hij was halfdood en vroeg om water. Boger zag hoe Leeuwarden de halfdode Pool water probeerde te geven. Daarop sloeg Boger ook Leeuwarden in elkaar. Daarna moest Leeuwarden de mishandelde Pool terug naar het kamp brengen, maar die was al dood. Later werd Leeuwarden zelf door Boger verhoord. Er was bij hem namelijk een fles met sterke drank gevonden. 'Boger legde mij over de stang en sloeg mij tot ik bewusteloos raakte', zo verklaarde hij in Frankfurt. 'Ik meldde mij vrijwillig voor een transport naar Warschau. Ik wilde niet nogmaals in Bogers handen vallen.'

Boger ontkende tijdens het proces eerst dat hij ooit een gevangene uit het raam had geworpen of had doodgeslagen, maar moest even later toch toegeven dat het 'absoluut mogelijk' was dat hij de betreffende gevangene bewusteloos had geslagen en over de stang had gelegd. Hij beriep zich op een bevel van zijn meerdere, *SS-Untersturmführer* Maximilian Grabner.[422] Deze al even gevreesde SS'er zwaaide de scepter over het beruchte Block 11 (in het *Stammlager*), een ware martelkamer. Hij werd na een proces in januari 1948 in Krakau opgehangen.

Ook de Poolse gevangene Józef Kral, die in juni 1941 naar Auschwitz was gedeporteerd, leerde Boger en Grabner van nabij kennen toen hij in december 1942 door de 'Politieke Afdeling' werd verhoord en zwaar werd mishandeld. Die verhoren duurden enkele dagen. Bij één gelegenheid werd hij door Boger opgehaald en moest op de kamer van Grabner zeer zoute haringsalade eten. Hij moest overgeven. Boger sloeg hem net zo lang tot hij alles had opgegeten. Daarna gaf Boger andere SS'ers instructie om erop toe te zien dat Kral niet opnieuw zou overgeven. Die werd naar Block 11 gebracht, maar had intussen een vreselijke dorst. Met zijn handen geketend op zijn rug werd hij opgehangen. Zijn gewrichten begaven het bijna. Voor hem was er een emmer met water neergezet, maar elke beweging deed hem vreselijke pijn. Na ongeveer vijftig minuten werd hij weer losgemaakt en door Boger verhoord. Eerst moest hij samen met anderen op een gang wachten. Kral: 'Boger hanteerde de stelregel om de eerste persoon zwaar toe te takelen, en daarna tegen de tweede te zeggen: "Als jullie niet de waarheid zeggen, wacht jullie hetzelfde."' Eerst werd de Poolse gevangene Georg Janicki verhoord:

> *'Hij werd over de stang gelegd. Een SS'er hield z'n hoofd vast en bracht hem in de juiste positie om te kunnen slaan. Twee SS'ers sloegen afwisselend. Uit Janicki werd eenvoudigweg gehakt gemaakt, hij werd aan stukken gehakt. Boger heeft hem uiteindelijk van de stang afgehaald en op de gang gesmeten. Achter hem bleef een bloedspoor zichtbaar. Na een poosje opende Janicki zijn mond en men zag dat hij dorst had, hij had zijn tong naar buiten gestoken. Boger liep naar hem toe en heeft met zijn laars het hoofd van Janicki omgedraaid.*
>
> *Daarna werd Zdzislaw Wróblewski voor verhoor opgehaald. De deur bleef met opzet open. Nadat Wróblewski over de stang was gelegd en twintig dubbele klappen had ontvangen, wierp hij met een heftige beweging de stang omver en zei dat hij alles wilde zeggen. Hij werd van de stang losgemaakt en Boger ging met hem weg. Ze waren nauwelijks een half uur weg geweest of ze kwamen terug en Boger had een verroest pistool bij zich. Hij sloeg mij tegen de kaak en zei: Eindelijk hebben we wat we hebben wilden!'*[423]

Daarna werd het drietal naar 'de bunker' afgevoerd, naar cel 20 in Block 11. De volgende dag werd de deur geopend en riep Boger: 'Eruit jullie honden, uit de cel!' Wróblewski kon niet meer opstaan. 'Sta op, jij zwijn!' riep Boger. Vervolgens trapte hij hem een aantal keren, trok daarop zijn pistool en schoot hem dood.' Kral werd diezelfde dag van de bunker naar het kampziekenhuis overgebracht.

In de rechtbank zei Boger slechts dat het verhaal van de getuige 'niet in alle opzichten met de waarheid overeenkwam', maar helaas stelden de rechters toen geen verdere vragen meer, bijvoorbeeld waar dit toch schokkende verhaal van Kral klopte en waar niet. Aanvankelijke ontkenningen van Boger dat hij in Auschwitz nooit iemand had doodgeschoten, namen ze echter niet serieus.[424] In hun vonnis stelden de rechters vast dat Boger onder de gevangenen bekend stond als 'het beest van Auschwitz', 'de zwarte dood', 'de schrik van Auschwitz' en 'de duivel van Auschwitz'. In de herfst van 1944 schoot hij samen met de SS'er Josef Erber ('Houstek') tenminste honderd Joodse gevangenen dood met een nekschot. Deze gevangenen hadden geprobeerd in opstand te komen en te vluchten. Boger handelde uit wraak omdat betrokkenen tegen de SS in opstand waren gekomen en dit motief typeerden de rechters als 'zedelijk verachtelijk'.[425]

De Poolse getuige Józef Mikusz verklaarde dat hij had gezien hoe in 1944 drie Russische krijgsgevangenen, die tijdens een ontsnappingspoging waren gepakt, in Auschwitz voor de keuken werden opgehangen. Boger zelf las het vonnis voor. Eén van de gevangenen zei iets waarin de naam van Stalin voorkwam, waarop Boger hem sloeg. De gevangene, die al op het krukje stond, gaf Boger daarop een trap met z'n voet. Boger gaf tijdens de rechtszaak aan dat hij zich dit incident kon herinneren, maar dat het niet om drie, maar om vier Russen ging.[426]

Boger spaarde kleine kinderen niet, integendeel. De eerdergenoemde getuige Dounia Wasserstrom verklaarde dat zij één voorval nooit heeft kunnen vergeten. Het gebeurde in november 1944, dus nog maar enkele maanden voor de bevrijding van het kamp. Een vrachtwagen met Joodse kinderen reed het kamp binnen en stond stil voor Bogers 'Politieke Afdeling':

> *'Een jongen van ongeveer vier of vijf jaar oud sprong uit de vrachtwagen. Hij had een appel in zijn hand. Waar de kinderen vandaan kwamen, weet ik niet. Bij de deur stonden Boger en Draser. Ik zelf stond bij het raam. Het kind stond met de appel naast de vrachtwagen. Boger liep naar het kind, pakte het bij de voeten beet en sloeg het met de kop tegen de muur. De appel stak hij in z'n zak.*

Toen kwam Draser bij me en beval me om "dat wat aan de muur (te zien was)", schoon te vegen. Dat deed ik ook. Een uur later kwam Boger en riep mij om te tolken. Daarbij at hij de appel. Dat alles heb ik met eigen ogen gezien. Het kind was dood. Een SS'er heeft het dode kind weggebracht.'[427]

SS-Unterscharführer Hans Draser was een andere beruchte SS'er in Auschwitz. SS'ers als moordenaars van weerloze kinderen.

De eerdergenoemde Slowaakse getuige Alexander Princz zag hoe Boger samen met *SS-Hauptscharführer* Otto Moll, de chef van de crematoria, in juni of juli 1944 stond bij een open kuil vol met lijken waar ook afval werd verbrand:

'In de buurt van die kuil stonden tien of twaalf kinderen in de leeftijd van twee tot vier jaar. Moll pakte een kind en wierp het in het vuur. Boger schoot op het kind toen het in het vuur viel. Ondertussen zei Boger tegen ons: "Bevalt je dit? Zo hebben wij met de Joden in Warschau afgerekend."'[428]

Boger was heel vaak op het aankomstperron, samen met de SS-arts *Oberscharführer* Josef Erber (Houstek) en andere SS'ers. Boger lette dan goed op, met name tijdens de transporten uit Griekenland in het voorjaar van 1943 en uit Hongarije in 1944, zo verklaarde de uit Polen afkomstige Anna Palarczyk tijdens het proces. Als 'blokoudste' in het vrouwenkamp genoot zij meer bewegingsvrijheid en kon Boger goed observeren. Zij zag hem naar eigen zeggen bijna dagelijks. Boger nam actief aan de selecties deel en wees met de vinger aan waar mensen naartoe moesten gaan: naar het kamp of naar het crematorium. Hij kwam vaak in het kamp zelf. 'Hij riep steeds angstgevoelens bij ons op, allen waren bang voor hem', verklaarde Palarczyk. 'Hij was bekend, overal bekend.'[429]

Volgens getuige Princz had Boger ook met de gaskamers te maken. Hij moest een keer met paard-en-wagen grind naar het zigeunerkamp brengen. Toen hield Boger hem tegen, liet het grind uitladen en beval hem naar het gebouw van het theater te gaan. Bij dat gebouw werden kartonnen dozen op zijn wagen geladen. In één doos zaten ongeveer twintig blikjes met gas:

'Boger gaf het bevel: "Direct naar Crematorium IV naar Birkenau!" Hij reed op de (paard-en-)wagen mee. Vlakbij het crematorium moesten we blijven stilstaan. Daar stonden SS'ers. Boger vroeg: "Geef me een gasmasker!" en liet de dozen uitladen. Hij haalde er enkele metalen blikjes uit; ze zagen eruit als conserveblikjes. Boger en de anderen maakten ze open en wierpen ze door het open

raam van Crematorium IV. Daar waren ramen op manshoogte. Men hoorde uit het crematorium een dof gedreun. De SS sloot de ramen en ik kreeg het bevel om weg te rijden.'430

Filip Müller, een Slowaakse overlevende van het *Sonderkommando*, bevestigt dat Boger 'op z'n fiets en met een aktentas' vaak bij de crematoria langskwam. Als hij eraan kwam wist het *Sonderkommando* bij Crematorium IV al dat er een half uur later een transport met Joden zou arriveren, die daar dan zouden worden doodgeschoten:

> *'Zo kwam er eens een transport met Slowaakse Joden bij ons crematorium aan. Boger was er ook. De mannen bevonden zich al in de gaskamer, maar de deur was nog niet helemaal goed afgesloten. Toen het gas naar binnen werd gelaten, drukten de mannen tegen die deur, deze ging open en liepen die mannen half verdoofd naar buiten, naar de binnenplaats. Het waren er misschien 150 tot 200. De draden rondom het crematorium waren elektrisch geladen. Boger en de andere SS'ers – ik geloof dat het chauffeurs van de vrachtwagens waren die het transport hiernaartoe gebracht hadden – hebben op die mensen geschoten. Iedereen heeft geschoten.'*431

Nadat het kamp in januari 1945 deels was geëvacueerd heeft Boger volgens Anna Palarczyk bij het station van Wodzislaw, een stad in het zuiden van Polen en niet ver van Kattowitz, nog gevangenen die niet meer verder konden, geëxecuteerd. Toen Boger dit ontkende, verklaarde Palarczyk: 'Ik heb Boger zeker gezien.'432 Dit werd tijdens het proces bevestigd door de eerdergenoemde getuige Mikusz. Hij had gezien hoe op bevel van Boger bij dit station vier gevangenen werden doodgeschoten. Boger ontkende echter ooit op dat station geweest te zijn, maar die ontkenning is niet erg geloofwaardig.433

Na de oorlog wist Boger lange tijd zijn straf te ontlopen, maar in 1958 werd hij eindelijk gearresteerd. Tijdens het latere proces in Frankfurt kreeg hij levenslang. Hij stierf in 1977. Berouw over zijn vele misdaden heeft hij nooit getoond.

De wrede experimenten van de gynaecoloog prof. dr. Carl Clauberg

Carl Clauberg, een kleine, oerlelijke en vadsige man, werd in 1898 in Wupperhof geboren. Na de Eerste Wereldoorlog ging hij medicijnen studeren en specialiseerde zich in de gynaecologie. In 1933 sloot hij zich aan bij

Hitlers NSDAP, datzelfde jaar promoveerde hij. In 1937 werd hij hoogleraar gynaecologie aan de universiteit van Königsberg. Daar bleef hij tot januari 1940. Vervolgens werd hij chefarts in de vrouwenklinieken van het *Knappschaftskrankenhaus* (het ziekenhuis van de mijnwerkersbond) en het *St.-Hedwigskrankenhaus* in Königshütte, het huidige Poolse Chorzów, niet ver van Kattowitz en Auschwitz. Tevens kreeg hij tijdens de oorlog een hoge ererang binnen de SS, namelijk die van *Gruppenführer*.

In maart 1941 schreef Viktor Brack, de chef van de kanselarij van Hitler, een brief aan Himmler waarin hij voorstelde om psychisch zieken en lichamelijk gehandicapten door middel van röntgenstralen te steriliseren. In mei (1941) werd Himmler geattendeerd op de mogelijkheid om 'minderwaardige vrouwen' te steriliseren zonder dat daar een operatie voor nodig was. Dit idee stamde van Clauberg af. Deze dacht dat het mogelijk was om vrouwen door middel van injecties in de baarmoeder onvruchtbaar te maken, de zogenaamde 'Claubergmethode'. Na de Duitse inval in de Sovjet-Unie in juni 1941 begon de gedachte te rijpen om Russische krijgsgevangenen en Joden niet alleen als dwangarbeiders in te zetten, maar hen ook massaal te steriliseren zodat ze zich niet konden voortplanten.[434]

In juni 1941 schreef Clauberg een eerste brief aan Himmler waarin hij voorstelde om een *Forschungsinstitut für Fortpflanzungsbiologie* (onderzoeksinstituut voor voortplantingsbiologie) op te zetten. Dit idee verdween in de ijskast. Maar op 30 mei 1942 stelde Clauberg 'als lid van de SS' Himmler voor om hem naar Auschwitz over te plaatsen waar hij experimenten kon verrichten om methoden te ontwikkelen om vrouwen die 'onwaardig' waren om zwanger te worden, massaal te steriliseren. Omgekeerd moest ook worden gezocht naar methoden om onvruchtbare vrouwen vruchtbaar te maken.[435] Claubergs brief viel in goede aarde.

Op 7 juli vond er in Hitlers *Führerhauptquartier* in Oost-Pruisen overleg plaats tussen Himmler, de invloedrijke SS-arts Karl Gebhardt (tevens Himmlers lijfarts en *Reichsarzt-SS*), Richard Glücks (inspecteur van de concentratiekampen) en Clauberg. Onderwerp was de sterilisatie van mannen door middel van röntgenstraling en de sterilisatie van vrouwen door het injecteren van een prikkelende stof in de baarmoeder. Himmler stelde het concentratiekamp Auschwitz hiervoor ter beschikking, maar er moest wel naar een methode worden gezocht die leidde tot sterilisatie 'zonder dat de betrokkenen daar iets van merken'. Himmler benadrukte bovendien dat het hier om 'hoogst geheime dingen' ging en dat een ieder die bij dit werk betrokken was, verplicht was daarover het stilzwijgen te bewaren.[436]

Op 10 juli schreef Himmlers secretaris *SS-Obersturmbannführer* Rudolf Brandt een brief aan Clauberg. Himmler wilde nog weten hoe snel er duizend Joodse vrouwen konden worden gesteriliseerd, zónder dat betrokkenen dat zelf merkten. De resultaten van de experimenten moesten met röntgenopnames worden gecontroleerd.[437]

In december 1942 begonnen Clauberg en SS-arts Horst Schumann in Block 30, een houten barak in het vrouwenkamp in Birkenau, met hun sterilisatie-experimenten. In maart/april 1943 verhuisden ze naar Block 10, het zogenaamde *Clauberg Block*, in het *Stammlager*. Op 7 juni 1943 schepte Clauberg in een brief aan Himmler op over zijn prestaties. Hij schreef dat de door hem bedachte methode om het vrouwenlichaam zonder operatieve ingreep te steriliseren, 'zo goed als klaar is'. 'Dit wordt bereikt door één enkele injectie voor de ingang van de baarmoeder.' Verwijzend naar de vraag die Himmler hem een jaar eerder had gesteld, schrijft Clauberg:

> 'Een ter zake ervaren arts zou op een daartoe geëigende plaats en bijgestaan door misschien tien assistenten hoogstwaarschijnlijk meerdere honderden – zo niet zelfs duizend – personen per dag kunnen steriliseren.'[438]

De ambitieuze doelstelling om duizend personen *per dag* te steriliseren, zou bij lange na niet worden gehaald. Zelfs na twee jaar waren er nog geen duizend vrouwen gesteriliseerd.

Bij de injecties in de baarmoeder, zonder verdoving, gebruikte Clauberg een langere en grotere injectienaald waarin een bijtende vloeistof, namelijk formaldehyde (formaline), eventueel gecombineerd met novacaine, zat. Hij koos doorgaans vrouwen in de leeftijd tussen de twintig en dertig jaar uit van wie bewezen was dat ze vruchtbaar waren.[439]

Deze injecties waren niet alleen pijnlijk, maar leidden vaak tot allerlei eveneens pijnlijke bijwerkingen, zoals onstekingen van het buikvlies, de baarmoeder, de eileider, de eierstokken of een brandend gevoel in de onderbuik. Sterilisatie zonder dat de vrouwen dat merkten, zoals Himmler dat had gewenst, bleek onuitvoerbaar. Regelmatig zouden er zelfs vrouwen overlijden, maar Clauberg trok zich daar niets van aan. De 'voorraad' vrouwen kon desgewenst snel worden aangevuld.

In feite waren er drie injecties, zo schrijft Ernst Klee. De eerste keer injecteerde Clauberg of zijn assistent Johannes Goebel, die overigens geen arts was, een contrastvloeistof (jodipine) en keek dan op het röntgenscherm of de eileider die doorliet. De eigenlijke sterilisatie volgde een tijdje later door middel van een injectie met formaline, dat de eileider dichtmaakt. Een paar maanden later volgde er wederom een injectie met contrastvloeistof en werd op het röntgenscherm gekeken of de eileider inderdaad dicht was, wat meestal het geval was.[440] In totaal zouden Clauberg en Goebel ongeveer 700 vrouwen hebben gesteriliseerd.[441]

Klachten over pijn werden doodleuk genegeerd of de betrokken vrouwen werd te verstaan gegeven zich koest te houden. De Tsjechische Jodin Margarita Neumann beschreef later hoe pijnlijk de experimenten van Clauberg waren. Zij werd in een donkere kamer met een groot röntgenapparaat gebracht:

> '*Dr. Clauberg gaf bevel dat ik op de stoel voor gynaecologisch onderzoek moest gaan liggen. Ik kon Sylvia Friedman zien die een injectiespuit met een lange naald gereedmaakte. Dr. Clauberg gaf mij een injectie in het onderlichaam. Ik had het gevoel dat mijn buik van pijn zou barsten. Ik begon hard te schreeuwen zodat ik in het gehele Block (Block 10, V.) gehoord kon worden. Dr. Clauberg voer tegen mij uit om onmiddellijk met schreeuwen op te houden, anders zou ik gelijk teruggestuurd worden naar het concentratiekamp Birkenau. (...) Na dit experiment kreeg ik een ontsteking aan de eierstokken.*'[442]

Hoe pijnlijk de experimenten in Block 10 ook waren, alle vrouwen wisten dat terugsturen naar Birkenau onherroepelijk betekende dat men daar in de gaskamer zou worden vermoord. In Block 10 was er tenminste nog een kans dat men het zou overleven, in Birkenau was de overlevingskans in ieder geval nul. In het voorjaar van 1943 waren namelijk de voor 'medische' experimenten gereserveerde vrouwen vanuit het vrouwenkamp in Birkenau overgebracht naar Block 10 in het *Stammlager*. Clauberg zette daar, samen met de SS-artsen Schumann, Wirths, Bruno Weber en August Münch, zijn misdadige experimenten voort. Schumann hield zich behalve met vrouwen, ook bezig met het steriliseren van mannen door middel van röntgenstraling. Die veroorzaakten, zoals te verwachten viel, eveneens pijnlijke bijwerkingen en bestralingsziektes als kanker. In het voorjaar van 1944 kwam men erachter dat dit toch niet zo'n effectieve methode was.[443]

Herhaalde blootstelling aan röntgenstraling was voor vrouwen eveneens schadelijk. Toch drong Clauberg er in augustus 1943 in een brief aan Himmler andermaal op aan (de eerste keer was in juni) om hem een tweede röntgenapparaat te geven, op de redenen daarvoor kon hij slechts mondeling ingaan. 'Het is zelfs waarschijnlijk, dat er later nog meer apparaten nodig zijn', liet Clauberg weten.[444]

In Block 10 waren er op 3 mei 1943 reeds 243 vrouwelijke gevangenen gehuisvest, alsmede nog 22 verpleegsters, die eveneens gevangenen waren.

Op 30 mei bedroeg dit aantal 225 (plus 39 verpleegsters), op 3 juni was er een plotselinge 'aderlating' van liefst 89 vrouwen en waren er nog 136 (plus 39 verpleegsters) over. Op 29 oktober waren er 387 vrouwen (plus 67 verpleegsters), op 15 december 398 (dus bijna 400 vrouwen!). Op 22 mei 1944 werden de vrouwelijke gevangenen van Block 10 wederom overgeplaatst naar een andere barak. Op 8 november 1944 bedroeg het aantal vrouwen in deze barak 297 (alsmede acht verpleegsters), op 7 december bedroeg het aantal 270 (alsmede acht verpleegsters). Op 8 december overleden er drie vrouwen, waarschijnlijk aan de gevolgen van de experimenten, zodat het totaal aantal nog 267 bedroeg. Op 21 december waren er weer 270 vrouwen en acht verpleegsters, exclusief twee vrouwen die die dag overleden waren.[445] Hoewel er sinds begin november in Birkenau geen Joden meer werden vergast en het Russische leger steeds dichterbij kwam, bleef Clauberg tot ver in december 1944 nog doorgaan met zijn 'medische' experimenten.

Toen de Russen in januari 1945 Auschwitz en Königshütte al dicht waren genaderd week Clauberg met enkele van zijn slachtoffers uit naar Ravensbrück, waar hij zijn sterilisatie-experimenten voortzette. In april/mei vluchtte hij naar Schlesweg-Holstein in de hoop zich bij Himmler kunnen aansluiten, maar die was al opgepakt en pleegde zelfmoord. In juni raakte hij in Russische krijgsgevangenschap. Het kwam tot een proces waarbij hij tot 25 jaar kerker werd veroordeeld. In 1955 mocht hij echter naar Duitsland terugkeren. Hij had nergens spijt van. In november werd hij echter gearresteerd. Terwijl een proces tegen hem in voorbereiding was, stierf hij in 1957. De Duitse artsenkamer had hem inmiddels wel uit het ambt van medicus gezet, een maatregel die nogal aan de late kant was.[446] In augustus 2010 werden er in een huis in Polen meer dan 150 gynaecologische en chirurgische instrumenten gevonden die aan Clauberg toebehoorden. Ze werden aan het Auschwitzmuseum geschonken.[447]

Josef Mengele: verwijderde nog kloppende harten uit de lichamen van jonge vrouwen

Josef Mengele, bijgenaamd 'de engel des doods', werd in 1911 in het Beierse Günzburg geboren. Hij promoveerde eerst in 1935 in München in de antropologie en in 1939 in Frankfurt in de medicijnen. Zijn eerste proefschrift ging over 'Rassenleer en onderzoek naar de onderste kaaklijnen van vier minderheidsgroepen'. Zijn medische proefschrift over de genealogische (erfelijke) aspecten van de hazelip en de gehemeltespleet was niet minder dubieus, maar paste wel in het ideologische en geestelijke klimaat dat in de nazitijd óók aan Duitse universiteiten toonaangevend was. In de zomer van 1937 was hij lid van Hitlers NSDAP geworden en een jaar later lid van de SS. Zijn twee dissertaties stonden in het teken van de nationaalsocialistische rassenleer en verbonden het rationele met het irrationele. Mengele's leermeester in Frankfurt was Otmar Freiherr von Verschuer, die leiding gaf aan het onder bescherming van de SS staande *Institut für Erbbiologie und Rassenhygiene* (Instituut voor erfelijkheidsbiologie en rassenhygiëne), verbonden aan de universiteit van Frankfurt. Tevens was hij directeur van het Berlijnse *Kaiser-Wilhelm Institut für Anthropologie, menschliche Erblehre und Eugenik* (Keizer Wilhelm Instituut voor antropologie, de menselijke erfelijkheidsleer en eugenica', afgekort als KWI). Verschuer was een antisemiet die grote belangstelling had voor raszuiverheid en genetisch onderzoek, onder meer bij tweelingen. Hij meende dat er belangrijke raciale verschillen waren tussen Joden en Duitsers. Zijn genetisch onderzoek leidde tot de misdadige praktijk van gedwongen sterilisaties en het vermoorden van diegenen die niet aan het ideaalbeeld voldeden.[448]

In 1940 meldde Mengele zich bij de medische dienst van de *Waffen-SS* aan. Begin 1942 kwam hij bij de SS-divisie 'Viking' terecht, die in het bezette Rusland streed. Nadat hij twee Duitse soldaten uit een brandende tank had gehaald, kreeg hij het IJzeren Kruis Eerste Klasse, een hoge militaire onderscheiding. (Eerder had hij het IJzeren Kruis Tweede Klasse ontvangen.) Nadat hij gewond was geraakt, werd hij in mei 1943 in de rang van *SS-Hauptsturmführer* kamparts in Auschwitz, waar hij de direct verantwoordelijke voor het in Birkenau gevormde familiekamp voor zigeuners (Roma en Sinti) werd. Tevens deed hij dienst als algemene kamparts. Waarschijnlijk had hij zelf om de overplaatsing naar Auschwitz gevraagd omdat er in dit grote kamp onbegrensde onderzoeksmogelijkheden waren.

Verschuer zorgde ervoor dat de man die hij nog steeds als zijn assistent en vriend beschouwde, in Auschwitz onderzoek naar specifieke eiwitlichaampjes en de kleur van de ogen kon doen. Hij regelde het geld daarvoor. Later schreef Verschuer dat met toestemming van *Reichsführer-SS* Himmler bij diverse rassengroepen in het kamp 'antropologische onderzoekingen' en bloedproeven ten behoeve van zijn laboratorium werden gedaan.[449] Op deze wijze werden Verschuer en zijn instituut dus medeplichtig aan wat Mengele in Auschwitz deed. Mengele's directe chef was Eduard Wirths, de *SS-Standortarzt* of hoogste arts.

Voor Mengele was Auschwitz één groot genetisch laboratorium. Hij beschikte over drie onderzoeksruimtes: in het mannenkamp, het vrouwenkamp en het zigeunerkamp. Daarnaast was hij werkzaam in het *Stammlager*, maar niet in Block 10, zoals sommige auteurs menen. Joden en zigeuners en vooral (eeneiige) tweelingen en 'dwergen' ('lilliputters') waren proefkonijnen voor hem. Hij wilde ontdekken of het mogelijk was dat Duitse vrouwen in de toekomst vooral nog maar tweelingen zouden baren zodat het Duitse volk zich sneller zou vermeerderen.[450] Bij zigeuners en dwergen deed Mengele zich nog wel eens voor als de 'aardige en sympathieke oom' en zorgde in het zigeunerkamp zelfs voor een speeltuin.[451]

De vijfjarige Vera Kriegel en haar tweelingzuster Olga hadden vaak met Mengele te maken, zo blijkt uit de aangrijpende tv-documentaire *Return to Auschwitz* (1985/1989) van de Nederlandse regisseur Franz Arnold (overleden in 2012). Deze documentaire kreeg een *Finalist Award* op het *33rd Annual International Film and Television Festival of New York*.

Bij aankomst in Birkenau vroeg Mengele of er ook tweelingen waren. De nog jonge moeder van Vera en Olga antwoordde bevestigend. Dat heeft Vera en Olga het leven gered en ook de moeder overleefde het kamp. De oudere vader werd na aankomst direct vergast. Vera verklaarde na de oorlog dat zij en Olga van Mengele vaak injecties kregen die zelfs na de oorlog nog vervelende bijwerkingen hadden. Ook werd er meermalen bloed afgenomen. Vera, Olga en haar moeder sliepen in een barak in Birkenau. De kinderen huilden vaak en als hun moeder hen probeerde te troosten, werd zij geslagen. Ze moesten in de buurt van het crematorium naakt buiten staan en het water in lopen om te zien hoe lang ze dat zouden uithouden. Vera dacht dat ze in de hel terecht was gekomen. Ze zag ook hoe SS'ers met geweerkolven kinderhoofdjes verbrijzelden; enkele kinderen werden levend in een walmelde kuil gegooid.[452]

Mengele aarzelde niet om tweelingen te doden als hij een bepaalde stelling wilde bewijzen. Zo was er een zigeunertweeling die volgens Mengele aan tuberculose leed, maar kampgevangenen die arts waren, waren een andere mening toegedaan. Daarop schoot Mengele het zigeunertweetal, die nog jongens waren, buiten aanwezigheid van die andere artsen dood om vervolgens beiden open te snijden en hun longen en andere organen te onderzoeken. Ze leden inderdaad niet aan tuberculose. Mengele probeerde bovendien chemicaliën uit op de huid van tweelingen om te zien hoe die huid daarop zou reageren.[453] Volgens een na-oorlogse verklaring infecteerde Mengele in het zigeunerkamp tweelingen met tyfus om te zien of zij daarop op verschillende of op identieke wijze zouden reageren.[454] Volgens een andere verklaring heeft Mengele bij een bepaalde gelegenheid veertien zigeunertweelingen eerst laten inslapen met evipaninjecties om vervolgens dodelijke injecties in het hart met chloroform toe te dienen.[455]

Toen het zigeunerkamp in Birkenau begin augustus 1944 werd geliquideerd, probeerde Mengele veertien andere zigeunertweelingen te redden: hij wilde ze in Block 10 van het *Stammlager* onderbrengen om verdere experimenten uit te voeren. Toen hij hiervoor geen toestemming kreeg, keerde hij samen met een SS'er genaamd Hertel naar Birkenau terug, bracht de tweelingen in het crematorium waar hij hen eigenhandig doodschoot, zo verklaarde de voormalige gevangene Tadeusz Joachimowski na de oorlog. Vervolgens onderwierp Mengele de lijken aan een onderzoek, zo vertelde Hertel aan Joachimowski. Hij zag er als een slager uit en zat onder het bloed.[456]

Pijnlijk waren de experimenten waarbij Mengele probeerde om de kleur van het oog (de iris) te veranderen door middel van injecties in het oog of oogdruppels waarin waarschijnlijk Adrenaline zat. Die ogen raakten daarna ontstoken. Een achttal zigeunertweelingen werd door Mengele met een dodelijke injectie vermoord. Mengele had geconstateerd dat de ene tweeling een blauw en de andere een grijs oog had. Bij de sectie op de lijken werden de oogballen verwijderd en naar Berlijn gestuurd.[457] Mengele bracht bewust proefpersonen om om hun oogballen te kunnen verwijderen en die te conserveren. Eén van degenen die in formaldehyde geconserveerde oogballen met verschillende kleuren uit Auschwitz ontving, was dr. Karin Magnussen, de assistente van Verschuer. Volgens kampgevangene Martina Puzyna gaf Mengele haar in 1944 een voor Karin Magnussen bestemd houten kistje waarin geconserveerde menselijke ogen zaten.[458] Zelfs na de oorlog roemde Magnussen nog 'de wetenschappelijke en menselijke kwaliteiten' van 'collega' Mengele.[459] Hij wilde een methode ontwikkelen om irissen blauw te maken. Marck Berkowitz, een gevangene uit het zigeunerkamp die voor Mengele boodschappen moest overbrengen, verklaarde na de oorlog dat hij in september 1943 in Birkenau een houten tafel zag. Daarop lagen oogballen met irissen, die verschillende kleuren hadden. Aan elke oogbal was een briefje gehecht waarop een nummer en aantekeningen stonden.[460] De eerdergenoemde Vera Kriegel verklaarde in 1985 hoe zij als vijfjarig kind in een laboratorium in Auschwitz menselijke ogen had gezien die als vlinders aan de muur waren vastgepind. Deze ogen waren door Mengele uit lichamen verwijderd. Ze was panisch van angst.[461] Voor een kind inderdaad een buitengewoon lugubere aanblik en een traumatische ervaring die levenslang schade aan de psyche kan aanrichten.

Net als Clauberg gaf Mengele meisjes en jonge vrouwen pijnlijke injecties in de baarmoeder die tot ernstige complicaties leidden. Bij vrouwen die het overleefden, moest na de oorlog soms de baarmoeder worden verwijderd.[462] Mengele probeerde hier een methode uit om vrouwen onvruchtbaar te maken zonder dat er een operatieve ingreep nodig was. Ook bestraalde hij mannelijke en vrouwelijke slachtoffers in het onderlichaam met zo'n hoge dosis röntgenstraling dat er diep in het weefsel brandwonden ontstonden. Bij zowel mannen als vrouwen voerde Mengele in samenwerking met Clauberg en Schumann operaties uit zodat ze onvruchtbaar werden. Bij mannen verwijderde hij eerst de eerste, daarna de tweede teelbal. Na afloop van deze experimenten stuurde hij deze doorgaans jonge Joodse mannen naar de gaskamer.[463]

Jenta-Jehudit Feig was in mei 1944 nog een dertienjarig Joods meisje toen ze met een transport uit Hongarije in Birkenau aankwam. Ze zag in de ziekenafdeling van het Hongaarse vrouwenkamp BIIc, waar Mengele kinderen bloed afnam, hoe de deur openging, Mengele naar buiten stapte en tegen haar zei om nog even te wachten, want hij was bijna klaar. 'Mengele had een kloppend menselijk orgaan in zijn hand waarvan ik moest aannemen, dat het juist vanwege deze schokkende bewegingen, een voor onderzoek bedoeld menselijk hart was', zo verklaarde Jenta Feig na de oorlog. Door de geopende deuren kon zij twee operatietafels zien. Op elk van die tafels lag een jonge vrouw. Mengele droeg een wit schort en rubberen handschoenen die onder het bloed zaten. Jenta Jehudit-Feig twijfelde er niet aan of Mengele had bij deze twee vrouwen het nog levende en kloppende hart verwijderd.[464]

Het verwijderen van nog kloppende harten om die op te eten of te offeren, is een religieus ritueel dat we ook bij oude primitieve volken aantreffen en tegenwoordig hier en daar nog in Afrika waar sommigen nog steeds geloven dat het eten van levende mensenharten extra magische krachten geeft. Hieruit blijkt wederom dat de SS niet alleen een ideologische en militaire organisatie was, maar ook neerkwam op een pseudoreligieuze *cultus van de dood*, die aan kannibalisme grensde. In Auschwitz werden er als het ware door de SS 'mensenoffers' gebracht op het primitieve altaar van de god van de onderwereld, een soort Kanaänitische Moloch. (Zie hierover mijn boek *Heinrich Himmler en de cultus van de dood.*)

Mengele maakte zich nog aan andere beestachtige wreedheden schuldig, zogenaamde experimenten die geen enkel medisch doel dienden. De Joodse overlevende Vera Alexander zag hoe Mengele chocolaatjes en kleding gaf aan twee kinderen aan wie zij persoonlijk zeer gehecht was. Ze heetten Guido en Nino en waren ongeveer vier jaar oud. Een dag later liet Mengele hen weghalen. Twee of drie dagen later bracht een SS'er die twee kinderen terug, maar tot haar grote schrik zag Vera hoe beide slachtoffertjes door Mengele als Siamese tweelingen aan elkaar waren genaaid. Ze schreeuwden het uit van de pijn.[465]

Voor 'histologisch weefselonderzoek' stuurde Mengele op 29 juni 1944 het hoofd van een twaalfjarig zigeunerkind naar de *Hygienisch-bakteriologische Untersuchungstelle der Waffen-SS* in het nabijgelegen Rajsko.[466] Bij 'klinische diagnose' vulde Mengele niets in. Dit kinderhoofd was waarschijnlijk door hemzelf of in ieder geval in zijn opdracht in de ziekenbarak van het zigeunerkamp van de romp gescheiden.

Met het geven van dodelijke injecties, met bijvoorbeeld fenol, was Mengele zeer vertrouwd, hij deed dat zonder gevoelens te tonen, als betrof het een routine-aangelegenheid.[467] Jenta-Jehudit Feig zag hoe Mengele een pasgeboren baby een dodelijke injectie gaf omdat er, zoals hij zei, in het kamp geen plaats voor was. Eerst was nog geprobeerd de baby voor Mengele verborgen te houden, maar de pasgeborene begon te huilen net op een moment dat de SS-arts in de ziekenbarak was.[468] Er zijn redelijk betrouwbare verhalen volgens welke Mengele pasgeboren baby's levend direct in de oven van het crematorium, dat wil zeggen direct in het vuur heeft gegooid.[469]

Grote belangstelling had Mengele voor zogenaamde 'dwergen' of lilliputters. Zij zaten in Block 23 waar Mengele zich vaak liet zien. Hij toonde zich dan van zijn vriendelijke kant, praatte met hen en maakte zelfs grapjes. Zo zei hij dat hij al vanaf zijn kindertijd hield van de verhalen van de 'Gebroeders Grimm' en 'Sneeuwwitje en de Zeven Dwergen', maar nooit had kunnen dromen dat hij nog eens met echte dwergen in aanraking zou komen. Hij liet zich door de kinderen 'oom Mengele' noemen.[470]

Maar hij onderwierp lilliputters wel aan dezelfde experimenten als de zigeuners (Roma en Sinti), al werden ze niet vergast. Volgens de Joodse gevangene Sigismund Hirsch, een röntgenoloog die voor Mengele röntgenfoto's moest interpreteren, kregen de dwergen eveneens injecties die tot abcessen, flegmonen (zich snel uitbreidende etterende infecties) of zware ooginfecties leidden. Ook werden zij met röntgenstraling gecastreerd, wat vaak zware verbrandingen tot gevolg had. Er traden meerdere sterfgevallen op.[471]

Op 19 mei 1944 kwam er een transport uit Hongarije aan. Er was een kunstenaarsfamilie bij die vooral uit lilliputters bestond. Eén van hen was de dertigjarige Elisabeth Ovici. Zij verklaarde in 1968, dat, toen Mengele deze familie zag, hij zei: 'Deze familie zal mij voor twintig jaar werk bezorgen.' Ook zij werden aan allerlei pijnlijke experimenten onderworpen, zoals injecties 'in bijna alle organen', oogdruppels die tot dagenlange blindheid leidden, het wegnemen van beenmerg. Velen moesten overgeven.[472]

De meeste lilliputters in Auschwitz kwamen uit Hongarije. Maria Halina Zombirt, een kampgevangene die arts was en Mengele moest assisteren, verklaarde in 1973 dat er een groep van tien Hongaarse lilliputters was. 'Als een van hen stierf, werd het skelet geprepareerd en naar Verschuers *Kaiser Wilhelm Institut* in Berlijn gestuurd.'[473]

De uiterlijk zo vriendelijke en correcte Mengele kon rigoureus optreden als hij dat nodig achtte. Volgens de Oostenrijkse arts en kampgevangene Ella Lingens heeft Mengele in het kader van de bestrijding van tyfus een keer alle 600 Joodse vrouwen uit een barak naar de gaskamer gestuurd. Vervolgens liet hij die barak van boven tot onder desinfecteren. De vrouwen uit de volgende barak moesten daarna naar buiten om naar de schone barak te worden overgeplaatst. Ze kregen ook een nieuw en schoon nachthemd. De daarop volgende barakken werden op dezelfde wijze schoongemaakt, waarna de tyfusepidemie voorbij was. Mengele paste dezelfde methode later toe in andere sectoren van Birkenau als het ging om de bestrijding van gele koorts en mazelen.[474]

Als het om het selecteren van in Auschwitz-Birkenau aangekomen Joden en zigeuners ging, was Mengele nog fanatieker dan andere SS-artsen, die soms eerst een dosis alcohol tot zich hadden moeten nemen eer zij aan dit 'werk' begonnen. Mengele had dat niet nodig, stelde Auschwitzoverlevende Ella Lingens in mei 1975 in een interview met de *New York Times*.[475] Niemand werd vaker op zowel het oude als het nieuwe perron gezien dan hij.[476] (De *neue Rampe*, het nieuwe perron, bevond zich in Birkenau zelf en werd in het voorjaar van 1944 in gebruik genomen.)

Volgens Martin Gilbert kwamen in de periode dat Mengele in Auschwitz was, tenminste 74 treinen uit alle delen van Europa aan. Daags nadat hij in Auschwitz arriveerde, kwam er een trein met 2862 Joden uit Nederland aan.[477]

Mengele had vaak een rijzweepje bij zich, vooral als hij door het kamp liep, maar ook wel tijdens de selectie. Overlevenden verklaarden later dat Mengele op het aankomstperron selecteerde 'als een goede dirigent' van een orkest. Met handgebaren en de woorden 'links', 'rechts', 'links', rechts' gaf hij aan bij welke groep de aangekomenen zich moesten voegen.[478] Hij toonde vaak een glimlach, waardoor degenen die aankwamen, de illusie hadden dat hij een aardige man was die men kon vertrouwen. Intussen selecteerde hij doorgaans méér mensen voor de gaskamer dan andere SS-artsen, tweelingen en lilliputters spaarde hij vaak wel, in verband met zijn experimenten. Ooggetuige Camila Bentata verklaarde in 1974:

'Hij glimlachte en floot of zong een deuntje, ook op de verschrikkelijkste momenten. Ik moet overigens nog zeggen dat hij reeds bij deze eerste selectie van tweeduizend personen slechts ongeveer honderd personen had uitgekozen die voorlopig in leven mochten blijven.'[479]

Tijdens het Auschwitzproces in Frankfurt getuigde de vroegere *SS-Rottenführer* Richard Böck, die op de *neue Rampe* in Birkenau had gezien hoe Mengele in de zomer (van 1944) een grote groep gevangenen uit Hongarije naar de gaskamer stuurde. Het begon met een knappe blonde vrouw, die volgens Böck leek op de wereldberoemde filmster Lilian Harvey. Mengele vroeg haar eerst hoe oud ze was. Ze antwoordde dat ze 29 jaar was. Mengele vroeg daarna of ze zwanger was. Ze antwoordde: 'Ja, in de negende maand.' Daarop zei Mengele volgens Böck slechts: 'Weg!' Hij maakte een bepaald gebaar met zijn duim en een tijdje later zei hij: 'Ach wat.' Hij had de hele groep naar de gaskamer gestuurd.[480] Jenta-Jehudit Feig had ook mooie blonde haren die de belangstelling van Mengele wekten. Zij bleef in leven, Mengele gaf persoonlijk opdracht om haar 'Duits uitziende haren' niet af te scheren, zoals dat bij de meeste andere gevangenen wel gebeurde. Ze kreeg zelfs een kam om haar haren te kammen. Wel moest ze zich aan diverse 'medische' experimenten onderwerpen.[481]

De ogenschijnlijk vriendelijke en knap uitziende Mengele, die soms last van driftbuien en woede-uitbarstingen had, kon bij de selectie op het aankomstperron ineens iemand vermoorden. Toen een moeder zich niet van haar dertien- of veertienjarige dochter wilde scheiden en een SS'er krabde en beet, trok Mengele zijn pistool en schoot beide vrouwen dood. Maar daar bleef het niet bij. Voor straf stuurde hij daarop het hele transport naar de gaskamer, ook diegenen die al voor dwangarbeid geselecteerd waren. 'Weg met de stront', zei hij toen.[482]

In de ziekenbarak selecteerde Mengele vrouwen die naakt aan hem voorbij moesten lopen of hij liep zelf langs hen. Ze moesten hun arm opheffen en zich omdraaien. Mengele wees vervolgens de vrouwen aan die voor de gaskamer in aanmerking kwamen. Deze slachtoffers moesten vaak eerst nog een paar dagen wachten in het beruchte *Todesblock*, de barak des doods, waar ze niets te eten en te drinken kregen. Naakt werden ze vervolgens naar het crematorium gereden, ook als het 's winters ijskoud was. Deze vrouwen gilden het tijdens zulke transporten uit, ze wisten maar al te goed wat er met hen ging gebeuren.[483]

Evenals Hitler, Himmler en Eichmann was Mengele een fanatieke antisemiet. Toen hij hoorde dat de Amerikanen het huis van zijn ouders hadden gebombardeerd, kreeg hij tranen in zijn ogen en schreeuwde dat geen Jood in leven mocht blijven.[484] De deportatie van meer dan 400.000 Hongaarse Joden naar Auschwitz vormde een 'hoogtepunt' voor de 'engel des doods'. Als er weer een trein uit Hongarije aankwam, was Mengele vaak op het aankomstperron in Birkenau te vinden, niet alleen om de meeste gedeporteerden naar de gaskamer te sturen, maar ook om tweelingen voor zijn 'medische' experimenten uit te zoeken. Dit gebeurde bijvoorbeeld op 18 mei, 29 juni en 11 juli 1944 toen Mengele een aantal Hongaars-Joodse tweelingzusters tot het kamp toeliet.[485]

Mengele's chef Eduard Wirths was zeer over hem te spreken. Op 19 augustus kwam Wirths met een buitengewoon positieve en schriftelijke beoordeling van zijn ondergeschikte. Deze had 'een open, eerlijk en standvastig karakter'. 'Met omzichtigheid, volharding en energie heeft hij de hem toegewezen taken vaak onder de moeilijkste omstandigheden tot volle tevredenheid van zijn meerderen uitgevoerd en getoond tegen elke omstandigheid opgewassen te zijn.' Bovendien heeft hij als antropoloog aan de antropologische wetenschap 'een waardevolle bijdrage' geleverd met zijn onderzoek naar het hem ter beschikking staande 'wetenschappelijke materiaal'. 'In zijn optreden jegens meerderen is hij een onberispelijke SS-leider' en is bij zijn kameraden 'bijzonder geliefd'. In ideologisch opzicht toont hij 'absolute stabiliteit en rijpheid'.[486]

Mengele bleef tot het laatste moment in Auschwitz. Op 17 januari ruimde hij in kamp B-IIf de plaats op waar hij zijn experimenten verrichtte en bracht de documenten inzake zijn experimenten op tweelingen, dwergen en gehandicapten in veiligheid.[487] Daags daarop, op 18 januari 1945, begon de ontruiming van het kamp en werd een flink aantal medische documenten verbrand, ook documenten die betrekking hadden op kamp B-IIf. Mengele begaf zich eerst naar het concentratiekamp Gross-Rosen tot hij ook daar in februari weg moest. Eind april droeg hij niet langer een SS-uniform, maar dat van een officier van de *Wehrmacht*. Mengele kwam in juni/juli in een Amerikaans krijgsgevangenkamp terecht en vervolgens in een kamp in het Beierse Ingolstadt. In beide kampen werd hij helaas niet als een belangrijke oorlogsmisdadiger geïdentificeerd. Hij slaagde erin om te ontsnappen, dook een aantal jaren in Beieren onder en wist in 1949 met valse papieren naar Argentinië te ontkomen. Daar werd hij geruime tijd met rust gelaten, maar de Duitse justitie en diverse nazijagers zaten achter hem aan. In 1960 vestigde hij zich in Paraguay, datzelfde jaar werd Eichmann in Buenos Aires door Israëlische geheime agenten ontvoerd en naar Israël overgebracht. Israël zat ook achter Mengele aan, maar die wist opnieuw te ontkomen. Uiteindelijk kwam hij in Brazilië terecht, waar hij in februari 1979 tijdens het zwemmen in de oceaan een beroerte kreeg en overleed. Hij heeft nooit spijt betoond over zijn daden, zo bleek uit een gesprek dat hij met zijn zoon Rolf in 1977 in Sao Paulo heeft gehad. Maar de laatste jaren van zijn leven waren niet prettig geweest. Hij was oud en ziek en moest voortdurend vrezen dat hij net als Eichmann zou worden opgespoord en berecht.[488]

Mengele's leermeester Verschuer werd na de oorlog niet als oorlogsmisdadiger gezocht. Kwalijk was bovendien dat hij in de Duitse Bondsrepubliek opnieuw hoogleraar kon worden en zich als 'geneticus' naam en faam verwerven.

5

Gesprekken met Nederlandse overlevenden van Auschwitz: 'Het was de ten top gedreven waanzin'

A. Dr. Bloeme Evers-Emden
Deportatie naar en aankomst in Auschwitz-Birkenau

Dr. Bloeme Evers-Emden werd op 26 juli 1926 in Amsterdam geboren. Haar vader Emanuel Emden was diamantslijper in Amsterdam en haar uit Groningen afkomstige moeder Roza Emden-de Vries was naaister. Bloeme had ook een jongere zuster, die Via Roosje heette. In 1941 ging Bloeme naar het Joods Lyceum. Ze leerde daar Anne Frank en haar oudere zuster Margot kennen. Margot was van dezelfde leeftijd als Bloeme. In 1943 moest Bloeme onderduiken. Haar beide ouders en haar zuster Via Roosje doken echter niet onder en werden op 6 juli 1943 vanuit het doorgangskamp Westerbork naar het vernietigingskamp Sobibor gedeporteerd, waar zij na aankomst, op 9 juli 1943, werden vergast.[489] Onderweg in de primitieve goederenwagon had haar moeder nog een briefkaart geschreven aan een bevriend en gemengd gehuwd echtpaar in Amsterdam-Zuid en nog in Nederland uit de trein gegooid. Bloeme was bevriend met de zoon van het echtpaar en gemengd gehuwden werden doorgaans ongemoeid gelaten. Die kaart werd gevonden en door welwillenden op de post gedaan. Er staat een poststempel op: 8(?).VII (juli) 1943. Een laatste levensteken van haar ouders, dat Bloeme na de oorlog zorgvuldig bewaard heeft. Die briefkaart is afgedrukt in haar boek *Als een pluisje in de wind*.[490]

Bloeme werd in augustus 1944 op haar laatste geheime adres in Rotterdam opgepakt. Er was verraad in het spel. Vervolgens ging ze naar Westerbork waar ze na twee weken per trein naar Auschwitz werd gedeporteerd. Ze was toen achttien. Die primitieve deportatietrein vertrok op 3 september 1944 en was tevens de laatste trein die vanuit Nederland naar Auschwitz ging. Er zaten 1019 gedeporteerde Joden in onder wie 95 kinderen. Ook Anne en Margot Frank en hun beide ouders Otto en Edith Frank zaten in die trein.

Bloeme Evers-Emden:

> 'Dat transport was verschrikkelijk. 't Was donker. Er was één emmer om je behoefte te doen, wat natuurlijk ontzettend gênant was. De wagon was helemaal

volgepropt. Er was voor al die mensen geen ruimte om te liggen, dus zat je of leunde je tegen iemand aan. We hadden wat eten meegekregen, veel te weinig drinken. En die trein, die denderde maar voort. Er waren een paar luchtspleten in een van de wanden van de wagon. Daar ging je af en toe voor staan om frisse lucht in te ademen. Daar stond op een gegeven moment een man die uit deze streek kwam en die zei: "Dit is de omgeving van Auschwitz." Een Poolse vluchteling die de omgeving herkende.'[491]

In de vroege ochtend van de vijfde september kwam dit transport aan in Birkenau:

'Op 5 september kwamen we vroeg in de ochtend aan. Het begon al licht te worden. We hadden dus twee dagen en twee nachten gereisd. Toen werden we uit de wagons geknuppeld, geslagen en geschreeuwd door mannen in blauw-witte uniformen. Later begreep ik dat dat ook gevangenen waren. Ik begreep niet waarom ze zich zo gedroegen, maar dat heb ik later wel geleerd.

Ik was daas (versuft) van het gebrek aan slaap en het gebrek aan frisse lucht, eten en drinken. Ik dacht dat daar koolspitslampen stonden, die mij voorkwamen alsof we op een andere planeet waren – dat waren we ook, maar op een andere manier dan ik toen dacht.'[492]

Direct na aankomst begon het selecteren van de gedeporteerde Joden uit Nederland:

'Onze koffers moesten we allemaal achterlaten. Vervolgens werden de mannen van de vrouwen gescheiden. Schnell! Schnell! werd er geroepen. Je moest een eindje lopen. Aan het eind van die weg stond een man, een SS'er, en die wees naar links of naar rechts. Je wist natuurlijk helemaal niet wat "links" of "rechts" te betekenen had. Ik wist toen nog niet dat "links" de gaskamer betekende. Het ging allemaal heel snel. Die SS'er keek even naar de persoon die voor hem stond en dan zei hij zus of zo en wees met z'n duim.

Vrouwen die een kind meevoerden, werden naar de gaskamer verwezen. Eén van onze medereizigsters had een nicht die haar dochter bij zich had. Ze kende een van de mannen in blauwe pakken en vroeg hem waar die moeder met haar kind gebleven waren. "Oh, die zijn al dood", kreeg ze te horen. "Dat kan niet", antwoordde ze. "Ik heb ze net nog gezien!" Ze waren naar de verkeerde kant gegaan: vrouwen met kinderen gingen naar de gaskamer. Die mensen waren met hetzelfde transport uit Nederland als waarin ik zat, gekomen.'[493]

Volgens Danuta Czechs *Auschwitz Chronicle* werden er uit dit transport van 1019 Joden op de ochtend van 5 september 1944 549 personen vermoord in de gaskamers, meer dan de helft dus.[494] Uiteindelijk zouden er in 1945 nog slechts 127 overlevenden zijn. Onder hen bevonden zich zeven kinderen.[495] Bloeme Emden en Otto Frank behoorden tot degenen die het hadden overleefd.

Tijdens haar onderduiktijd had Bloeme al over de gaskamers gehoord:

> *'Ik zat in het huis van een illegale groep. Iemand kwam thuis met het bericht dat die en die mevrouw had gehoord dat de Joden werden vergast en die (mevrouw) had er geweldig bij gehuild. Maar je geloofde 't niet. Dat kon niet. Dat bestond niet. Maar je wist het tóch! Nou, al spoedig geloofde ik 't wel, toen ik eenmaal in Auschwitz was. Ik heb geschreven dat ik me niet wilde laten ausrotten, maar dat het zeer onwaarschijnlijk was dat ik me aan die voortrollende, die verpletterende wals zou kunnen onttrekken.'*[496]

Bloeme had geluk dat ze in Birkenau niet direct naar de gaskamer werd verwezen, maar, zoals ze het zelf uitdrukt, 'in de goede richting':

> *'Daarna werden we voortgejaagd langs lange paden, lopend, tot we bij een vrij groot gebouw zonder ramen kwamen. Daar werd je getatoeëerd. Daarna of daarvoor, dat weet ik niet meer, werd al je haar eraf geschoren. Toen was 't buiten al licht.*
>
> *Ik herinner me nog dat ik daar naakt stond voor al die mannen. Ik ben in kuisheid opgevoed. Dan knakt er echt iets bij je. Dat was heel verschrikkelijk. Maar ik begreep in één flits dat de normen en waarden die me bijgebracht waren, hier niet van toepassing waren en dat je je heel wat anders moest eigen maken, wilde je nog een kans hebben om te overleven. Dat dacht ik toen.'*
>
> *'Daarna werden we naar de barakken gebracht, drie verdiepingen van tienpersoonsbedden boven elkaar. Daar werden we gestald. Ik zat in Barak 29 (in het vrouwenkamp van Birkenau, V.).'*[497]

Tijdens haar verblijf in Auschwitz kreeg Bloeme een harde klap op haar hoofd. Het trommelvlies van haar linkeroor scheurde en daar zou ze nog lange tijd last van hebben. Er was een zogenaamde *Lagerstrasse* (kampstraat) en een wasruimte, maar die was volgens Bloeme meestal gesloten als zij de barak uit mocht.

Anne en Margot Frank en hun moeder zaten in hetzelfde vrouwenkamp in Birkenau en zelfs in dezelfde barak als Bloeme. (Dit waren tochtige bakstenen barakken, die nog steeds redelijk intact zijn, zo heb ik in november 2012 kunnen constateren.) Otto Frank zat in het mannenkamp. Bloeme had veel contact met Anne en Margot:

> 'We spraken niet alleen de eerste dag met elkaar, maar ook gedurende de vijftig dagen die daarop volgden, maakten we regelmatig een praatje. Want we kenden elkaar goed, maar ik kan niet zeggen dat ik met ze optrok. Anne was nog een klein meisje. Anne en Margot vertelden dat ze in Amsterdam waren opgepakt. Het was verraad geweest. Die verrader moet een insider zijn geweest, die de deur wist.'[498]

Op het nippertje gered door de 'blokoudste' en een 'grapje van de SS'

In elke barak zaten er volgens Bloeme ongeveer 900 gevangenen. Regelmatig werden er vrouwen uit de barakken gehaald om te worden vermoord in de gaskamers zodat er weer ruimte vrijkwam. Of de SS wilde snel van zieke en zwakke gevangenen af zijn. Selecties vonden dus niet alleen bij aankomst plaats, maar ook later in de barakken zelf. Bloeme is op het nippertje aan vergassing in de gaskamer ontkomen, dankzij de *Blockälteste*, de barak- of blokoudste die de supervisie over de barak had:

> 'Onze Blockälteste was een Russin, ook een gevangene. Ze liep een keer langs de bedden en zei op fluisterende toon: "Ich bitte um Ruhe." ("Ik vraag om stilte.") Ze had ook de deuren opengezet. Ze wist blijkbaar dat als de deuren openstonden en er geen geluid uit de barak kwam, dan namen de SS'ers aan dat die barak al leeg was. Wij begrepen maar al te goed wat er gebeurde met de barakken naast ons: die werden 's nachts leeggehaald, de gevangenen die daarin zaten, werden op vrachtwagens geladen. Ik herinner me dat links van ons de Franse barak was en de gevangenen uit die barak zongen, terwijl ze weggereden werden, de Marseillaise (Franse volkslied, V.). Heel dapper! Ze begrepen natuurlijk heel goed waar ze heen gingen. Dit gebeurde kort voor het einde van ons verblijf daar, waarschijnlijk in oktober.
>
> De volgende ochtend marcheerden Hongaarse vrouwen de leegstaande barakken binnen, een aantal van hen kwam ook bij ons. Er waren in onze barak zeker nog plaatsen over. Wij hadden het overleefd en we vroegen ons af wat er nog gebeuren ging, wanneer wij aan de beurt waren.'[499]

Een aantal vrouwen overleefde door het vormen van een hechte groep vriendinnen. Bloeme maakte ook deel uit van een groep van dertien Nederlandse 'kampzusjes' van wie er vijf Auschwitz niet hebben overleefd. Dus bleven er acht over. Die deden alles om elkaar te helpen:

> 'Op een dag was er weer een selectie. Je moest naakt langs een SS'er lopen die dan beoordeelde of je er nog gezond uitzag of niet. Eén van mijn vriendinnen uit de groep, Netty Slager, werd toen geselecteerd voor de verkeerde kant. Wij waren al weer aangekleed toen er achter ons een deur openging. Daar kwam Netty opeens. Ze had weten te ontsnappen en ons groepje gevonden. Aangezien ze naakt was zou ze meteen opvallen, dus heeft ieder van ons iets uitgedaan om haar aan te kleden. Ze heeft daarna nog dertig jaar geleefd! Ze heeft haar kinderen en kleinkinderen gezien.'[500]

Eén keer moest Bloeme samen met andere vrouwen zich op bevel van een SS'er 'bij wijze van grap' in de richting van de gaskamer begeven:

> 'Je ging die richting op. Ja, ja, we wisten wat dat betekende, maar toen keerden we weer om en gingen terug naar de barak. Ik dacht eerst echt dat we naar de gaskamer zouden gaan. Ik was er heel gelaten onder en nam me voor om aan m'n familie en m'n vriendje in Amsterdam te denken, zolang dat nog mogelijk was. Dit hing je elke dag boven het hoofd. Maar je kunt niet altijd bang blijven. Dat is niet zo gek. Dat zijn emoties en emoties blijven niet lang hangen. Treiterijen, daar zijn ze erg goed in. Hoe mensen opgeleid worden om andere mensen te treiteren, te mishandelen, te doden. Het is onbegrijpelijk.'[501]

Bloeme is niet alleen zelf geslagen, maar zag ook hoe andere gevangenen werden doodgeslagen:

> 'Nou, ze werden net zo lang geslagen tot ze niet meer bewogen, met knuppels of geweerkolven, ja. Ik heb dat enkele keren gezien. Er waren ook vrouwen die zich in het elektrische prikkeldraad wierpen en die daarna dood waren. Ze waren geëlektrocuteerd. Dat heb ik ook gezien, ja... (Emotie in haar stem.) Zoiets wilde ik niet doen. Ik had nog altijd hoop en ik was er met mijn groep. Die groep was buitengewoon belangrijk. Dat heb ik duidelijk in mijn boek beschreven. Ik wilde overleven en de groep wilde dat ook. We hebben elkaar gesteund en bemoedigd en dat is heel belangrijk geweest! Ook voor de psychische steun.'
>
> 'SS'ers stonden klaar met hun zwepen en gebruikten die. Schneller! Schneller! Naar een onbekend doel.'[502]

Er waren nog andere ondraaglijke beelden die bij Bloeme zijn blijven hangen, bijvoorbeeld de zogenaamde 'Muselmannen' (letterlijk 'moslims'). Die waren zo mager dat ze nauwelijks meer konden lopen:

> *'Ik heb ze langs zien lopen in slome tred, uitgeteerd waren ze! Hun neuzen staken uit omdat al 't vlees was weggeteerd, halve skeletten, ja... Ik was bang dat dit ook mijn lot zou worden, maar ik heb alleen mannen gezien die er zo uitzagen. Beangstigend was het. Op zulke momenten werd mijn groep vriendinnen weer ongelooflijk belangrijk.'*
>
> *'Je liep elk moment het gevaar te bezwijken aan een ziekte of aan de slechte voeding.'*[503]

Josef Mengele

Wat Bloeme bij aankomst in Auschwitz-Birkenau al snel zag, waren de rokende schoorstenen van de crematoria, of, zoals ze het zelf omschreef, 'de vlammen die uit de crematoria sloegen'. Bovendien was er die ondraaglijke stank van verbrand vlees.

> *'We wisten al heel gauw dat er grote aantallen Joden werden vergast. Maar ik denk niet dat we er in onze groep veel over gepraat hebben. Want dan verviel je toch wel in een ernstige depressie. Nee, we vertelden over onze vroegere gelukkige levens...'*[504]

Toen het transport uit Nederland op 5 september in Birkenau aankwam, bevond de beruchte kamparts Josef Mengele zich mogelijk op het aankomstperron om Joden te selecteren. (In het vorige hoofdstuk beschreven we dat hij daar doorgaans meer was dan andere kampartsen van de SS.) Mengele bevond zich ook vaak in het kamp zelf. Bloeme: 'Ik denk dat ik Mengele wel eens gezien heb.' Als ik het over een later gevonden fotoalbum van de SS heb waar Mengele (samen met Rudolf Höss en andere hoge SS'ers) ook in staat, zegt Bloeme: 'Oh, maar daar ga ik maar niet naar kijken.' Kennelijk zouden zulke foto's bij haar onaangename herinneringen oproepen. 'Hij zag er knapper uit dan eh....' (andere SS'ers, V.) 'Nogmaals, ik denk wel dat ik Mengele heb gezien, maar misschien wist ik niet dat hij het was.' Mengele was direct betrokken bij afschuwelijke 'medische' experimenten. Bloeme had daar tijdens haar verblijf in Birkenau ook over gehoord:

> 'Dat wist je inderdaad! Het experimenteerblok waar de verschrikkelijkste operaties werden uitgevoerd, waar de vrouwen onvruchtbaar uitkwamen, voorzover ze nog leefden. Je hoorde ervan, maar zolang je niet in die barak geplaatst werd... Na de oorlog heb ik met zulke vrouwen gesproken, ja. Over de "Mengele twins" (experimenten door Mengele op tweelingen) heb ik pas later gelezen.'[505]

Weg uit Auschwitz, het 'eindstation van de dood'

In de tweede helft van oktober 1944 was er in de vrouwenbarak van Bloeme weer eens een selectie. Meestal ging het er daarbij om om zieke en vermagerde vrouwen naar de gaskamer te sturen. Maar ditmaal zocht men naar geschikte vrouwelijke arbeidskrachten voor een fabriek in Libau (Lubawka), die onder het concentratiekamp Gross-Rosen viel, al werd dat niet direct verteld:

> 'We hadden tot dusverre alleen een jurk en schoenen. Toen kregen we ondergoed, dat wil zeggen een broekje, een hemd, een jurk en een jas. En toen werden we naar een station gebracht, naar een trein die naar Libau ging. Het ging om vijftig Hollandse vrouwen.
>
> Anne Frank mocht niet mee. Zij had uitslag op de arm. Haar zuster Margot en haar moeder Edith mochten bij haar blijven. Dit is hun dood geworden. In Libau was de kans om te overleven groter. Er waren lange appels, 't was er koud, er was honger, maar er werd weinig geslagen. Vergeleken met Auschwitz was 't daar beter, we hebben 't uitgehouden. Van de vijftig vrouwen uit onze groep is er maar één gestorven. Ik woog aan het eind wel nog maar 33 kilo. En ik was nog de beste!'[506]

Op de vraag of Auschwitz kan worden omschreven als 'eindstation van de dood', antwoordt Bloeme: 'Ja, ja, zonder meer! Natuurlijk! Ik geloof dat maar vijf procent het overleefd heeft.'

Hedendaagse Holocaustontkenners en Marokkaanse jongeren die de Hitlergroet brengen

Op de vraag wat Bloeme vindt van neonazi's en moslims die de Holocaust ontkennen, antwoordt zij:

> 'Daar heb ik geen woorden voor! Hoe kunnen ze 't ontkennen? Er is zo'n overweldigende hoeveelheid getuigen en bewijzen! Nee, daar ga ik niet mee in discus-

sie. Er zijn films, voorwerpen en restanten van de concentratiekampen. Spielberg heeft ook een bijdrage geleverd. Die heeft over de hele wereld interviews over de Holocaust laten houden met overlevenden. Daar heb ik zelf ook aan deelgenomen.'

'Auschwitz was de ten top gedreven waanzin, obsessieve rassenwaan.'[507]

In Amsterdam hebben antisemitische Marokkaanse jongeren meermalen de Hitlergroet gebracht als er Joden of een rabbijn voorbijliepen. Bloeme's zoon rabbijn Raphael Evers deed in februari 2011 aangifte nadat een Marokkaanse jongen de Hitlergroet had gebracht en 'kankerjoden' had geroepen tijdens een dialoogwandeling in Amsterdam-West waaraan de rabbijn zelf deelnam.[508] Bloeme heeft voor dergelijk wangedrag geen goed woord over:

'Ze begrijpen niet wat ze doen. 't Zijn kwajongensstreken. Ze hebben geen notie van wat er gebeurd is. Ik denk ook niet dat ze die notie willen hebben. Of ik er angst voor heb? Ik geloof 't niet. Ik ben waarschijnlijk de angst voorbij. Ik word er alleen maar woedend over.'[509]

B. Ernst Verduin
Al in Nederland gewaarschuwd voor de gaskamers van Auschwitz

De Nederlandse Jood Ernst Verduin werd op 22 juni 1927 in Amsterdam geboren. Zijn ouders waren niet religieus. In 1935 verhuisde het gezin naar Bussum. In de zomer van 1942, twee jaar na de Duitse inval, moest het gezin naar het getto in Amsterdam verhuizen. Op 12 januari 1943 werd het gezin opgepakt en via de Hollandsche Schouwburg te Amsterdam naar Kamp Vught gedeporteerd. Daar zat Ernst Verduin negen maanden. In juni 1943 was er het beruchte kindertransport via Westerbork naar Sobibor. Op 11 juni werden deze 1269 kinderen in de leeftijd van tussen de vier en de zestien jaar vergast. Dit gebeurde direct na hun aankomst. Ernsts zestiende verjaardag was op 22 juni en hij had dus eigenlijk ook gedeporteerd moeten worden. Lang na de oorlog hoorde hij van Lotty Huffener-Veffer, die de Holocaust had overleefd, dat er voor hem een uitzondering was gemaakt omdat hij die maand net zestien zou worden. Hij had dus geluk.

In september 1943 werden Ernst en zijn iets oudere zuster Wanda via Kamp Westerbork, waar ze maar een paar dagen hadden verbleven, naar Auschwitz gedeporteerd. Beiden kwamen in Birkenau (Auschwitz II) aan, waar ook de selectie plaatsvond. Het in 1995 uitgekomen boek *In Memoriam* meldt dat de op 20 augustus 1925 in Amsterdam geboren Wanda Verduin op 15 februari 1944 in Auschwitz is omgekomen.[510] 'Mijn zus werd bij aankomst in Auschwitz meteen geselecteerd om te werken', vertelde Ernst Verduin mij eind februari 2012. 'Zij overleed op 15 februari 1944 nadat ze in het kader van zogenaamde medische experimenten opzettelijk besmet was met tyfus: ze kreeg een injectie met levende tyfusbacillen.'

Ernst Verduin had al in Kamp Vught van een SS'er gehoord dat er in Auschwitz Joden werden vergast:

> 'Ja, we wisten dat vanuit Vught, daar hadden we het exact gehoord dat er een selectie plaatsvond. Waarschijnlijk is het (Franz) Ettlinger geweest die het doorverteld heeft. Hij heeft verteld hoe 't er in Auschwitz precies aan toeging, want hij was (eerder) in Auschwitz geweest en werd later overgeplaatst naar Vught. In de barak van mijn vader in Vught werd er wel eens een gezellige avond georganiseerd. Daarbij was altijd een SS'er aanwezig en aan het eind van zo'n avond had één SS'er precies verteld hoe het eraan toeging in Auschwitz-Birkenau. Als dat niet was gebeurd, had ik me misschien toch naar de gaskamergroep laten sturen en was ik er niet meer geweest.'
>
> 'Toch had je al zoveel gehoord. We wisten al in 1942 van de gaskamer. Tegen mensen die dit ontkennen, zeg ik: Dan moet je gewoon het dagboek van Anne Frank lezen, dan lees je dat zij tijdens de onderduik in oktober '42 ook al over de gaskamers had gehoord. Dat is dus niets nieuws.'[511]

Ernst Verduin was niet van plan om zich te laten vermoorden in de gaskamer van Auschwitz, maar anders dan zijn zuster werd hij wel voor 'de gaskamergroep' geselecteerd:

> 'Mijn zus zei nog: "Ernst, ik hoop dat 't daar niet te lang voor je duurt." Daar bedoelde ze de gaskamer mee.'
>
> 'Dus toen ik in Birkenau gestuurd werd naar de vrouwen, de oudere mannen, kleine kinderen, enz., toen smeekte ik om mijn leven bij de SS'er: "Ik wil niet naar de gaskamer. Ik weet dat 't lang duurt voor je dood bent. Dat wil ik niet." Nou, ik kreeg meteen van hem de wind van voren: "Als je niet heel gauw gehoorzaamt, sla ik je ter plekke dood. Wat klets je nou over gaskamers? En hou gauw je bek!" Maar voordat hij mij kon raken, was ik al van de gaskamergroep naar de groep die moest gaan werken, overgelopen. Ik had het gauw bekeken. Er stonden en paar SS'ers tussenin met bajonetten op het geweer. Liever met de bajonet dood, dat gaat sneller, dan door de gaskamer, dacht ik. Maar ik werd niet

doodgestoken, zoals ik had verwacht, ik werd alleen toegeschreeuwd. Maar van geschreeuw trok ik me niets aan. Dat kende ik al uit Vught.' [512]

Volgens Verduin gebeurde het wel meer dat Joden die voor de gaskamergroep waren geselecteerd, overliepen naar de groep die voor dwangarbeid was geselecteerd:

> *'Mijn vrouw kende behalve mijzelf nog twee anderen die het gedaan hebben. Eén van hen heette Jan Piket. Later heb ik een Duitse tv-uitzending gezien waar een oudere man, die SS'er in Auschwitz was geweest, werd geïnterviewd en die inderdaad bevestigde dat jonge mannen overliepen van de gaskamergroep naar de groep die ging werken en dat dat ook lukte. Deze SS'er vertelde dat men van hogerhand opdracht had gekregen om alles zo rustig mogelijk te laten verlopen. "We moesten alleen maar schreeuwen, een heleboel mensen waren bang voor ons geschreeuw en die gehoorzaamden en liepen terug. Een enkeling trok zich daar niets van aan en liep rustig over naar de andere groep. Zolang die persoon maar geen onrust veroorzaakte. Als hij onrust veroorzaakte, hadden we hem apart moeten nemen en op een andere plaats moeten doodschieten." Dat vertelde die voormalige SS'er op de Duitse tv.'* [513]

Nadat de met de selectie belaste SS'ers onder protest hadden toegelaten dat Verduin zich bij de groep die voor dwangarbeid was bestemd, had gevoegd, ging hij nog diezelfde dag naar het *Stammlager* of Auschwitz I. Daar kreeg hij van de SS het nummer 150811 op zijn arm getatoeëerd. Op mijn vraag wat het ergste was wat hij had gezien, antwoordde Verduin:

> *'Daar, in dat Stammlager, heb ik in september '43 de buitenkant van de gaskamer gezien. Toen ik weggestuurd werd van het Stammlager naar Monowitz, zag ik een klein groepje gevangenen met een SS'er erbij aankomen en die werden de gaskamer ingedreven. Dat heb ik gezien: mensen die vlakbij hun dood waren en die daarheen werden gedreven. Ik heb dat van een afstand gezien. Ik heb het lang verdrongen. Je mocht je blik niet afwenden als er wat ergs gebeurde.'* [514]

Op of omstreeks 26 september werd Ernst per vrachtwagen naar het nabijgelegen kamp Monowitz (Auschwitz III) gebracht. Hij zou er tot medio januari 1945 blijven. Bij aankomst was hij zestien jaar oud.

> *'Monowitz was louter een werkkamp voor de IG-Farbenindustrie. Voor elke gevangene in Monowitz kreeg de SS betaald. Dus ook voor de servicegevangenen,*

> zeg maar voor het ziekenhuis, het keukenpersoneel, e.d. Voor elke gevangene kregen ze een bedrag uitbetaald. Bijgevolg was het eten er beter, je kreeg drie keer per dag eten. Dat wil niet zeggen dat het goed was. Het werk was soms erg, soms niet erg.'[515]

Wat het eten en het werk betreft, had de jonge maar sluwe Ernst meer geluk dan anderen. Toen er gevraagd werd of er 'tuiniers' beschikbaar waren, was hij zo slim om meteen 'ja' te zeggen, hoewel hij dat werk nog nooit gedaan had.

> 'Het bleek dat ik tuinier werd op een kitchen garden van de SS, een soort groente- en fruittuin. Ik kon er natuurlijk niks aan doen dat er wel eens een tomaatje of een komkommer in mijn maag terechtkwam, plus wat andijvie of iets anders. Er waren andere gevangenen die zeiden: "Dat kan je niet maken, Ernst." Ik zei: "Ik wel, hoor! Als jullie 't niet doen, dan moeten jullie dat zelf weten. Ik doe het echt wel zo dat het niet gemerkt wordt."'[516]

Gered door een Roemeense SS'er

Wat de Britse krijgsgevangene Denis Avey in zijn boek *The man who broke into Auschwitz* schrijft, namelijk dat een jonge gevangene in de IG-Farbenfabriek werd doodgeslagen, zoiets heeft Ernst Verduin zelf naar eigen zeggen nooit zien gebeuren. Maar het terrein van IG Farben waar de dwangarbeiders uit Monowitz en de krijgsgevangenen tewerk werden gesteld, was zo groot dat Ernst onmogelijk alles gezien kon hebben.

Zijn leven hing overigens wel meermalen aan een zijden draadje:

> 'Na korte tijd brak bij ons in de groep difterie uit. Dat had ik in Nederland al gehad, dus in Auschwitz kreeg ik het niet. Maar we mochten toen niet meer in die tuin werken. Toen heb ik een heel slecht commando gehad, dat was heel erg. (In Auschwitz bestonden zulke "commando's" uit groepen gevangenen die speciale en onaangename opdrachten kregen, bijvoorbeeld het leeghalen van de gaskamers en het verbranden van de lijken of andere zware slavenarbeid, V.) Toen heb ik opzettelijk m'n duim tussen een kiepende zandwagen gehouden, omdat ik wist dat als je een arbeidsongeluk had gehad, dat je dan werd ontzien, dan kreeg je Schonung, zoals dat heette en kon je bijkomen. Ik dacht: dat is m'n enige kans, want anders is het maandagochtend appel, word je uitgeselecteerd en ga je dinsdag naar de gaskamer.'[517]

Volgens Ernst waren niet alle SS'ers even slecht:

> 'De SS'er die bij ons groepje stond, was een Roemeen die eigenlijk geen Duits sprak, maar ik kon wél met hem communiceren want ik had op school Latijn en Frans gehad. (Roemeens behoort tot de Latijnse taalgroep, V.). Het was een uiterst plezierige kerel die ons absoluut nooit opjoeg, alleen waarschuwde als hij andere SS'ers eraan zag komen. "Nu eventjes sneller!" zei hij dan tegen ons.'
>
> 'Hij zorgde ervoor dat ik verbonden werd. Toen zeiden twee Volksduitsers en twee Polen: "Laat die Jood toch doodbloeden." Toen zei die SS'er in het Roemeens: "Ik word opgehangen als ik niet met al m'n gevangenen terugkom." Een van die Polen kon het verstaan en vertaalde het in het Duits. Dat was natuurlijk niet waar, maar die Roemeense SS'er had het als dreigement gebruikt om mij te redden. Nadat mijn duim verbonden was, ging het geleidelijk aan beter. Ik had het opzettelijk op een zaterdag gedaan. Op maandag naar de poli gegaan, daar zei een van de chirurgen: "Nou, zullen we die duim er even afhalen?" Ik zei: "Nee, 't is net gebeurd." "Oh, mag ik er nog even naar kijken?" vroeg die chirurg. Toen heeft hij die duim nog even bekeken en ook nog geholpen met een extra hechtingkje. Nou, ik kan die duim nog steeds redelijk bewegen. Die Roemeense SS'er heeft m'n leven gered.'[518]

Lengte en dikte van buizen opmeten

In het kampziekenhuis had Verduin enkele kennissen gekregen. Eén van hen was de hoofdadministrateur.

> 'In 1942 heeft de SS, toen de IG-Farbenindustrie dat werkkamp (Monowitz, V.) wilde opzetten, een groep intellectuelen, leidinggevenden, organisatoren en artsen vanuit Buchenwald en bloc naar Monowitz overgeplaatst om 't kamp op te zetten en in te richten. Het ging om politieke gevangenen. Die hielpen waar ze konden. Ze hadden afgesproken dat als ze eens een keer een Joodse jongen zouden treffen die de kans had te overleven, dat ze die dan zouden helpen. Nou, zo werd ik dus geholpen door Leon Staciak, dat was z'n na-oorlogse naam. Het was een Pool die vloeiend Duits sprak. Hij hoorde tot de groep mensen die ze in september 1939 bij de inval in Warschau hadden opgepakt. Die groep werd naar Buchenwald overgebracht. Het ging om Joden en niet-Joden, om echte actieve antifascisten, maar ze waren ook tegen de Sovjet-Unie en Stalin. Het waren intelligente mensen die wisten waar Hitler voor stond. Staciak was een Poolse Jood die me aan een baan hielp bij het laden en lossen van buizen, en wel bij de op-

slagloods. Wat ik moest doen was het meten van de lengte, of die wel klopte. Een luizenbaan in feite!'[519]

Terwijl anderen van het zogenaamde 'buizencommando' met zware buizen moesten sjouwen, hoefde Ernst in het buizenmagazijn alleen maar te checken of die buizen de juiste lengte, dikte en doorsnede hadden en of de aantallen klopten. Wederom had hij voor wat het werk betreft geluk gehad. Regelmatig werden er volgens Verduin buizen gestolen. Hij hielp ook wel eens mee met het opslaan van flesjes met kwik in de kelder. 'Die flesjes waren loodzwaar, maar ik vond het leuk werk.' Deze werkzaamheden verrichtte hij tussen november 1943 en eind maart 1944. Hij kreeg ook van Engelse en Franse krijgsgevangenen en van Leon Staciak af en toe wat eten toegestopt. En als er iemand doodging, werd die een paar dagen later 'afgeboekt' zodat hij zijn portie eten kon krijgen. De barakken in Monowitz waren bovendien goed verwarmd, te goed zelfs:

> 'Het was in de winter vreselijk koud. Maar in het kamp Monowitz sliep ik meestal naakt. Het was namelijk bloedheet in die barakken! We hadden centrale verwarming, want IG Farben had gewoon een omleiding aangelegd door de weg en over de spoorlijn heen: centrale verwarming. Ik probeerde altijd een bovenbed te krijgen zodat ze niet van bovenaf op je konden plassen. Ik heb altijd goed geslapen.'
>
> 'Eén keer werd ik wakker. Toen stonden ze om me heen te lachen. Wat is er aan de hand? dacht ik. Er waren bombardementen geweest en ik was met matras en al van het derde bed op de grond gevallen. Kennelijk had ik me niet bezeerd, want ik had me omgedraaid en was op 't matras gekropen en had verder geslapen en dat zagen al die anderen. Dus die hebben vreselijk gelachen. Maar toen werd 't wel koud. Als er bombardementen waren, werd de stroom even afgesloten. Ondanks de luxe thuis heb ik als kind een tamelijk harde opvoeding gehad: zeilen, schaatsen, enz.'[520]

Tyfus

Op een gegeven moment had Ernst hoge koorts gekregen. Hij werd door een vriend naar de ziekenbarak in Monowitz gebracht. Gevangenen die ernstig of langdurig ziek waren, gingen meestal naar de gaskamer, maar ook ditmaal had hij geluk:

'Ik had duidelijk tyfus, maar die Leon (Staciak) heeft toen zijn urine en misschien ook zijn ontlasting voor onderzoek aan de SS gegeven en niet die van mij. Ik was dus zogenaamd niet ziek. Maar ik bleef wel veel te lang ziek. Toen ben ik toch officieel doodgegaan: "Aan een unbekanntes hohes Fieber ist er doch gestorben" (aan een hoge koorts waarvan de oorzaak onbekend is, is hij toch overleden). Eén van die SS-artsen zei: "Nou ja, hij heeft natuurlijk wél tyfus gehad, alleen is er geknoeid met 't laboratoriumonderzoek." En daarna hebben ze me gewoon in de ziekenbarak gehouden tot ik genezen was.

Ik was in april '44 wel officieel doodverklaard. Dat was bij het Rode Kruis ook bekend. Aan de ene kant was ik dood, aan de andere kant weer niet. Alles was mogelijk en niks was mogelijk. Diezelfde SS-arts heb ik waarschijnlijk later een lege etensschaal naar z'n hoofd gegooid. Toen heeft hij ook gelachen. Nou ja...

Als er een officiële controle was, stopten ze me in een klerenkast of in het medicijnenbunkertje. Daar heb wel claustrofobie van gekregen: want met je hoge koorts denk je dan dat je in een gaskamer vergast wordt...'

'Langzamerhand ben ik bijgekomen in die ziekenbarak. Ik was, geloof ik, niet goed doodverklaard, dus deden ze dat nog een keer. Mijn registratiekaart van de ziekenbarak in Monowitz was spoorloos verdwenen. Leon zal die wel verdonkeremaand hebben, want hij schreef hem zelf uit en hield hem zelf bij. Iemand laten sterven? Nou, dan verdwijnt z'n kaart wel. M'n verjaardag (22 juni) heb ik nog in de ziekenbarak gevierd. Toen ik weer een beetje beter was, heb ik in 't kamp allerlei klusjes gedaan.'[521]

Dit verhaal klinkt onwaarschijnlijk, maar mijn oom ir. Steven van Welie heeft tijdens zijn gevangenschap in een Japans kamp iets soortgelijks meegemaakt. Hij had een Kapo geslagen en werd daarop door de Japanse commandant ter dood veroordeeld. Mijn oom, die heel goed kon schilderen, bood toen aan een prachtig portret van de commandant in zijn mooiste uniform te maken als zijn leven zou worden gespaard. De commandant ging akkoord en toen het portret af was, werd er een schijnexecutie uitgevoerd en werd mijn oom officieel doodverklaard. Hij moest zich daarna wel elders in het kamp ophouden. Tevens werd aan het Rode Kruis doorgegeven dat mijn oom niet meer in leven was, wat na de oorlog dus niet bleek te kloppen.

Getuige van het bezoek van de Palestijnse grootmoefti van Jeruzalem aan Auschwitz-Monowitz

Haj Amin Al-Husseini, de Palestijnse grootmoefti van Jeruzalem, was helemaal op de hand van de nazi's en de beruchte massamoordenaars van de SS. Net als Hitler, Himmler en Eichmann was hij een pleitbezorger van de uitroeiing van alle Joden, de zogenaamde *Endlösing der Judenfrage* (uiteindelijke oplossing van het Joodse vraagstuk). Tussen november 1941 en april 1945 verbleef hij als Arabische balling in Nazi-Duitsland. Op Arabischtalige propagandazenders van de nazi's riep hij meermalen op om alle Joden te doden. Hij was bovendien persoonlijk bevriend met Himmler en Eichmann. Op 2 november 1943 verklaarde hij in een toespraak in Berlijn:

> *'Duitsland strijdt ook tegen de gemeenschappelijke vijand die Arabieren en moslims in hun onderscheidene landen onderdrukte. Zij heeft de Joden heel goed door en heeft besloten voor het Joodse gevaar een definitieve oplossing te vinden waarmee haar onheil voor de wereld wordt afgewend.'* [522]

Op 27 november 1941 had de grootmoefti in Berlijn een gesprek met Hitler waarbij Hitler onder meer verklaarde: 'Duitsland is vastbesloten om de ene na de andere Europese natie te sommeren het Joodse vraagstuk op te lossen.'[523] (Een groot deel van Europa was door de nazi's bezet.) In brieven aan de Hongaarse en Roemeense ministers van Buitenlandse Zaken – beide landen waren bondgenoten van Nazi-Duitsland – raadde de moefti hen in juli 1943 aan om Joodse *kinderen* te laten vertrekken naar 'landen waar zij onder actief toezicht staan, naar Polen bijvoorbeeld, zodat ze geen gevaar vormen en schade kunnen aanrichten.'[524] De moefti wist heel goed dat zich in het door Nazi-Duitsland bezette Polen grote vernietigingskampen als Auschwitz bevonden. 'Onder actief toezicht staan' was duidelijk een codeterm voor massamoord.

Dat de moefti tijdens zijn vierjarig verblijf in Nazi-Duitsland Auschwitz zou bezoeken, behoeft derhalve geen verwondering te wekken. De doorgaans goed geïnformeerde Simon Wiesenthal maakte er al in 1947 melding van en er is geen reden hieraan te twijfelen.[525] Ernst Verduin was in Monowitz getuige van dit bezoek, dat volgens hem op een warme dag in juni of juli 1944 plaatsvond, niet lang nadat hij in de ziekenbarak van de tyfus die hij eerder had opgelopen, genezen was:

> *'Ik werkte in een beerput. Er was iets verstopt en iemand had gezegd: "Jij hebt toch tyfus gehad, jij krijgt het niet opnieuw, dus kan jij wel in die beerput wer-*

ken." Op een bepaald moment ben ik gaan staan, ik weet niet precies waarom, en zie opeens een heel stel toneelspelers aankomen. Die indruk kreeg ik tenminste. Er werd wel eens een toneelstuk opgevoerd. Ik dacht: Nou, dan hebben we vanavond een toneelstuk, een groep uit Auschwitz komt hier langs om toneel te spelen. Ik wilde naar dat groepje toelopen. Ja, dat wilde ik eventjes zien, wat is dat voor grappigs, die lange witte jurken, die gouden schoenen? En ik had de indruk dat het mannen waren. Ze hadden van die gekke hoofddoeken met gouden of goudkleurige banden eromheen.

Ik wilde er dus naartoe lopen, maar werd door een SS'er tegengehouden. Ik kende hem niet en hij kende mij ook niet. Hij vroeg: "Waar wil je heen?" Ik zei: "Ik wil eens kijken wat dat voor een toneelstuk is. Krijgen we vanavond toneel?"

Hij zei: "Dit is geen toneel, het gaat om de grootmoefti van Jeruzalem." Ik vroeg: "Wat doet die hier?" Hij zei: "Hij is op bezoek. Want hij woont in Berlijn, waar hij onder bescherming van Hitler staat. Hij is met zijn gevolg hier in Monowitz om te kijken hoe de Joden zich in de industrie doodwerken. Hij is ook in Auschwitz om de gaskamers te bekijken, want als wij straks de oorlog gewonnen hebben, gaat hij terug naar Palestina. Daar gaat hij gaskamers bouwen om de Joden die daar wonen te doden."

Ik mocht dus niet dichterbij komen, maar zag wel dat de moefti door andere hoge SS-officieren werd vergezeld en met hen sprak. Ze waren ongeveer ter hoogte van de ziekenbarak. De SS-officier die mij over het bezoek van de moefti vertelde, zei ook tegen mij, dat, als ik niet onmiddellijk mijn werk zou hervatten, ik helemaal uit Monowitz weg zou moeten. Ik had natuurlijk geen zin om in de gaskamers van Birkenau te worden vermoord, dus toen ben weer ik weer aan het werk gegaan, maar heb het later in de ziekenbarak wel aan Leon (Staciak) en enkele anderen met wie ik goed contact had, verteld. En toen bleek dat sommigen ervan wisten.'

'Het heeft jaren geduurd voordat men mij heeft willen geloven. Pas toen Philip Mok er in het Nieuw Israëlitisch Weekblad over schreef, geloofde men wat ik over het bezoek van de moefti had verteld.'[526]

Dat de moefti die dag niet alleen Auschwitz III (Monowitz), maar ook Auschwitz II (Birkenau) bezocht, is plausibel. De gaskamers en de crematoria waren op dat moment volop in bedrijf. En dat dat bezoek in de zomer van 1944 plaatsvond, had ongetwijfeld te maken met het feit dat uitgerekend toen de grootste uitroeiingsoperatie van de SS aan de gang was: in korte tijd werden meer dan 400.000 Hongaarse Joden naar Auschwitz gedeporteerd om daar te worden vergast. Er was in het voorjaar zelfs een speciale spoorlijn naar Birkenau aangelegd zodat de gedeporteerde Hongaarse Joden niet al te ver van de ingang van de gaskamers konden worden 'afgeleverd'. Ernst Verduin zat op dat moment in Monowitz, dus hij is daar zelf geen getuige van geweest.

Lukasz Hirszowicz, auteur van het standaardwerk *The Third Reich and the Arab East*, schreef: 'De moefti werkte nauw samen met het nazi-apparaat dat verantwoordelijk was voor de uitroeiing van de Joden.'[527] Net als Hitler en Himmler zag hij de Joden als 'een vuil ras', dat moest worden uitgeroeid.[528]

'Buitencommando': helpen bij (het saboteren van) de luchtafweer

Na juli 1944 werd Ernst Verduin naar een buitencommando van het *Feindliche Luftabwehrkommando* (FLAK, antiluchtdoelgeschut) overgeplaatst. 'Buitencommando' betekent in dit verband deel uitmaken van een groep gevangenen die buiten het kamp dwangarbeid verrichtte. Kennelijk was er tegen de zomer van 1944 groot gebrek aan militairen, zodat gevangenen uit Auschwitz-Monowitz opdracht kregen te helpen bij de luchtafweer. In de zomer en het najaar van 1944 was Auschwitz bereikbaar voor Britse en Amerikaanse bommenwerpers en op 13 september werd de IG-Farbenfabriek gebombardeerd, waarbij ook enkele bommen op het *Stammlager* en Birkenau vielen. Maar de gaskamers en crematoria van Auschwitz I en II waren zelf nimmer doelwit van de geallieerde bommenwerpers. (Zie hierover ook hoofdstuk 2.) Het was dus niet zo vreemd dat Ernst Verduin samen met andere gevangenen uit Auschwitz III bij de luchtafweer werd ingezet. Volgens Verduin ging het om FLAK-commando 99 of 100 omdat het uit 99 of 100 gevangenen bestond.

> *'Bij die FLAK was een groot magazijn. We gingen erheen met een behoorlijk groot commando, het waren veel te veel gevangenen, een kleine honderd man, maar er was werk voor slechts vijftig man. 't Was hard werken daar... (lacht). Daar kreeg ik meteen ook weer een luizenbaan als hulpje van Seppl. Seppl was een politiek gevangene die uit Buchenwald was overgeplaatst. Seppl was z'n voornaam, z'n achternaam ben ik vergeten. Die man was waarschijnlijk in de zestig. Hij was chef van het magazijn en ik was dus z'n hulpje.'*
>
> *'De Obermeister (hogere chef) en de burgers die daar werkten, waren uiterst antisemitisch als er een vervelende SS'er in de buurt was. Dan konden ze verschrikkelijk schelden. Later zei de Obermeister tegen mij: "Sorry Ernst, dat ik zo tegen je schold!" Dan zei ik: "Ja, dat moest toch? Ik gaf daar toch alle aanleiding toe!" Dan zei hij: "Oh ja, dat is waar!"'*[529]

De gevangenen beschikten over een radio waarmee ze naar de BBC konden luisteren. Af en toe waren er ook uitzendingen in het Duits zodat Seppl kon meeluisteren. De bewaking bij het buitencommando stelde volgens Verduin weinig voor. 'Er was één SS'er en voor de rest waren 't oude mannetjes, soldaten van de *Wehrmacht* die nauwelijks meer een geweer konden dragen.' Wederom had Ernst geluk en viel de dwangarbeid die hij verrichtte erg mee. Hij aarzelde niet af en toe van de *Wehrmacht* te stelen, 'organiseren' heette dat.

> *'Ik heb daar kunnen organiseren, van de Wehrmacht kunnen stelen wat nodig was. Er was bijvoorbeeld een klein tankstationnetje waar alleen personen die een vergunning hadden, mochten tanken en dat waren geen SS'ers. Dan leerde ik soms wel een SS'er kennen en als hij dan onvriendelijk was, kreeg hij de wind van voren als hij benzine wilde hebben. En dan waren ze poeslief, hoor! Dan kregen ze benzine en als je dan zo'n SS'er wel eens ergens anders tegenkwam en die weer tegen mij begon te schelden, dan grapte ik: "Diese Saujude heisst zufällig Ernst!" ("Deze vuile Jood heet toevallig Ernst!"). En dan begonnen ze meestal te lachen. Dit had ik in Vught al eens geleerd.'*[530]

Ernst sjoemelde met de benzine en gaf sommige chauffeurs wat extra, in ruil voor brood of andere dingen. Eén chauffeur die zich daarover beklaagde, kreeg van hem nooit meer wat extra. Af en toe kwam Ernst met vrouwen in contact:

> *'Bij 't FLAK-commando in Monowitz was er ook een klein bordeel. Daar zaten soms twee, soms drie vrouwen waar ik goed contact mee had. Ik zei "nee" toen één van hen zich aanbood. Ze zeiden: "Maar je bent zo vriendelijk voor ons, je steekt altijd op tijd de kachel aan in onze kamer." Van die vrouwen kreeg ik ook wel eens wat te eten. Die ene was Duitse, wat die andere twee vrouwen voor nationaliteit hadden, weet ik niet meer.*
>
> *'t Was eigenlijk zo dat die vrouwen mochten kiezen tussen werken in een bordeel of naar de gevangenis gaan.'*[531]

Januari 1945: goederenwagon vol met lijken

Op 18 januari 1945 werd het Monowitzcomplex ontruimd. Het Russische Rode Leger was in aantocht. Verduin moest zich te voet naar Gleiwitz begeven, een afstand van ongeveer 50 kilometer. Dit was onderdeel van de eerdergenoemde 'dodenmarsen' waarbij veel uitgeputte en sterk vermagerde kampgevangenen gedwongen werden in de bittere koude lange voetmarsen af te leggen. Verduin had wederom geluk: hij had hoge leren schoenen die aan een in Auschwitz vermoorde Hongaarse arts hadden toebehoord en die hem precies bleken te passen. Bovendien was zijn fysieke conditie beter dan die van de meeste andere gevangenen. Hij was ook beter bestand tegen de koude.

Op het station van Gleiwitz reed er net een goederentrein weg. Die trein ging helemaal naar het westelijker gelegen concentratiekamp Buchenwald:

> *'Ik sprong op de laatste wagon. Het waren allemaal open wagons. Daarin bleken al een heleboel doden te liggen. Er stonden twee gevangenen op die wagon met lijken. 't Was een oude kolentrein. Om ons tegen de wind te beschutten hadden we enkele lijken opgestapeld. En daar bewoog een lijk. Dus was er iemand, die ze wel voor een lijk hadden aangezien, nog niet dood. We hebben geprobeerd om hem er tussen uit te halen, maar de stapel lijken was zó vastgevroren dat het ons niet is gelukt. Die man hebben we gewoon moeten laten gaan.'*
>
> *'Ja, dat was verschrikkelijk... Ik klom toen over die lijken twee of drie wagons naar voren. Daar bleek al het ziekenhuispersoneel uit Monowitz in te zitten, met apparatuur. Want in Monowitz was ook een operatietafel, röntgenapparaat en chirurgische apparatuur. Dus die trein kwam al uit Monowitz en toen lagen er al lijken op.'*
>
> *'Ergens, ik denk dat het in Tsjechoslowakije was, stopte de trein op een station. Op het perron stond een moeder met twee kleine kinderen. Die luisterde niet naar de SS'ers toen die haar wilden wegjagen. Schieten konden die SS'ers niet want er stonden overal burgers. Die vrouw had een heel groot stuk brood bovenop haar tas liggen. Een ogenblik later was dat brood weg. 't Kan zijn dat ik het gepakt heb of een andere gevangene: we hebben er in ieder geval van gegeten. Dat was ook haar bedoeling.'*[532]

Toen de trein 's nachts in Buchenwald aankwam, was er net een sneeuwstorm aan de gang. Ernst ging naar de 'Jodenbarak' in het zogenaamde *Grosse Lager* (het grote kamp). Hij werd tewerkgesteld in een strook bos tussen het kamp en de SS-barakken. In april 1945 werd Buchenwald bevrijd door de Amerikanen. Zijn moeder overleefde de oorlog, zijn vader en zijn zuster Wanda overleefden helaas niet.

Verduins gesprek met Katrin Himmler: KLM vloog Duitse oorlogsmisdadigers naar Zuid-Amerika

Lang na de oorlog had Ernst Verduin nog een interessant gesprek met Katrin Himmler, de kleindochter van Ernst Himmler. Ernst Himmler, een overtuigde nazi, was de jongere broer van *Reichsführer-SS* Heinrich Himmler. Katrin Himmler schreef in 2007 het boek *Die Brüder Himmler: Eine deutsche Familiengeschichte*.[533] In dat boek distantieerde zij zich krachtig van haar andere familieleden en kwam ze ook met enkele belangwekkende onthullingen. Zij is getrouwd met een Israëlische Jood.

Het gesprek tussen Ernst Verduin en Katrin Himmler ging onder meer over ODESSA – de na-oorlogse *Organisation der ehemaligen SS-Angehörigen*, die opkwam voor de belangen van voormalige leden van de SS – ook oorlogsmisdadigers die in Auschwitz actief waren. Ernst Verduin:

> *'Toen zei ze: "Weet u waar ODESSA voor staat?"*
> *Ik zei: "Ja, natuurlijk! Organisation der ehemaligen SS-Angehörigen."*
> *Toen zei ze: "Weet u wat die organisatie deed?"*
> *Ik zei: "Zo ongeveer."*
>
> *En toen vertelde ze 't volgende: "Vóór 't einde van de oorlog, toen ze zagen dat 't helemaal misging, kregen vooral de hogere SS'ers vaak valse documenten en valse identiteiten inclusief via de jezuïeten kleding, zodat ze vlak voor 't einde van de oorlog konden verdwijnen naar een klooster in de buurt. En via de kloosters zijn ze doorgesmokkeld naar Italië, naar Rome, en vandaar naar Portugal en vervolgens per vliegtuig naar Zuid-Amerika. De luchtvaartmaatschappij die hen naar Zuid-Amerika gevlogen heeft, was de enige luchtvaartmaatschappij die toen ook over de Atlantische Oceaan vloog – de KLM. Die hebben zich daarvoor ook goed laten betalen."*
>
> *Maar toen vroeg ze mij: "Weet u wie dat georganiseerd heeft, die ODESSA?"*
>
> *Ik zei: "Nee."*
>
> *Toen zei ze: "Daar kwam ik eerst niet achter, en dan ga je zoeken en op een gegeven moment stuitte ik op mijn grootmoeder. Dat was geen lief mens, maar een walgelijk loeder. Als kleinkind moet je dan ontdekken dat zíj dat georganiseerd heeft. De twee echtgenotes van de broers van Heinrich Himmler hebben die hele ODESSA-organisatie opgezet. Toen ik haar (mijn grootmoeder) daarop aansprak, bleek ze nog net zo antisemitisch en fascistisch te zijn als ze altijd geweest is. Het was voor mij wel een teleurstellende ervaring te ontdekken dat ik door m'n eigen familie ben misleid."'*[534]

6

Wat was er tijdens de oorlog aan de buitenwereld over Auschwitz en de vergassing van de Joden bekend?

Hitler kondigde zelf publiekelijk en meermalen aan dat de Joden in Europa zouden worden uitgeroeid

Het blijft een raadsel dat het grote en machtige Nazi-Duitsland de ongeveer elf miljoen Joden in Europa wilde uitroeien. Deze doorgaans vreedzame en vaak goed geïntegreerde Joden vormden voor niemand een bedreiging. Nóg opmerkelijker is het dat Hitler en de SS redeneerden dat Duitsland zélf vernietigd zou worden, als men niet de oorlog tegen de Joden zou winnen en hen zou uitroeien. Dit zou men als een collectieve dwangneurose kunnen omschrijven.

Hitlers antisemitisme had het karakter van destructieve haat en dat berust op een persoonlijkheidsstoornis.[535] Hitler had een bijkans ongelimiteerde vernietigingsdrang, een pathologische zucht tot vernietiging van in de eerste plaats de Joden, maar ook van Polen en Russen.[536] Aanvankelijk wilde hij de Joden nog 'verwijderen', later ging het hem om hun fysieke uitroeiing.

De eerste keer dat Hitler voor de verwijdering (*Entfernung*) van de Joden pleitte, was op 16 september 1919, één jaar na de Duitse nederlaag in de Eerste Wereldoorlog. De Joden zijn geen godsdienstige gemeenschap, maar een ras, schreef Hitler in een brief aan Adolf Gemlich. De activiteiten van de Jood leiden tot 'een raciale tuberculose onder de volken'. 'Het uiteindelijke doel moet de compromisloze verwijdering van alle Joden zijn.'[537]

Hitler had zelf in de Eerste Wereldoorlog aan Duitse zijde meegevochten en was tijdens een Britse aanval met gifgas gewond geraakt. Hij moest lange tijd worden gehospitaliseerd. Die ervaring heeft hem zijn leven lang getraumatiseerd. Hij droomde ervan wraak te nemen op zijn vijanden en die vijanden waren in dat geval vooral de Joden – hoewel die niets met de betreffende gifgasaanval te maken hadden en evenmin de Eerste Wereldoorlog hadden veroorzaakt. Rationele overwegingen speelden bij Hitler geen enkele rol, integendeel, hij was een door wraakgevoelens bezeten mens, een man die volledig in de ban van obsessies, hysterische waanvoorstellingen, antisemitische en paranoïde samenzweringstheorieën was. Auschwitz met zijn gaskamers was het uiteindelijke product van Hitlers ongeremde *destructiezucht* en waanvoorstellingen. Hijzelf was het die in 1941 de misdadige clique van de SS opdracht had gegeven om alle Joden in Europa om te brengen. 'Het is goed als wegens ons van tevoren de schrik wordt verbreid dat wij het Jodendom uitroeien', zei Hitler in bijzijn van Himmler op 25 oktober 1941, op een moment dat daarmee in de bezette delen van de Sovjet-Unie al een begin was gemaakt.[538]

In zijn boek *Mein Kampf*, dat zes jaar na de Eerste Wereldoorlog uitkwam, schreef Hitler dat 'twaalf- of vijftienduizend' Joden tijdens die oorlog vergast hadden moeten zijn:

> *'Had men bij het begin van de oorlog en tijdens de oorlog twaalf- of vijftienduizend van deze Hebreeuwse volksverderves net zo onder het gas gehouden als honderdduizenden van onze allerbeste Duitse arbeiders, afkomstig uit alle lagen en beroepen, op het slagveld eronder moesten lijden, dan was het miljoenenoffer aan het front niet tevergeefs geweest. Integendeel, indien men twaalfduizend schurken tijdig had uitgeschakeld, dan had dat misschien het leven gered van één miljoen nette en voor de toekomst waardevolle Duitsers.'*[539]

Op 30 januari 1933 werd Hitler in Duitsland 'rijkskanselier'. Hij trok al snel alle macht naar zich toe en schakelde alle andere politieke partijen uit. Alleen de door hem in de jaren '20 van de vorige eeuw opgerichte totalitaire en gewelddadige *Nationalsozialistische Deutsche Arbeiter Partei* (NSDAP) bleef bestaan. Op de zesde verjaardag van de nationaalsocialistische machtsovername en acht maanden vóór het uitbreken van de Tweede Wereldoorlog kondigde Hitler in de Duitse rijksdag onder luid applaus 'de vernietiging van het Joodse ras in Europa' aan, mocht dat de wereld 'nogmaals' in een oorlog storten:

> *'Ik wil nu weer een profeet zijn: Wanneer het internationale financiële Jodendom in en buiten Europa erin zou slagen de volken nogmaals in een wereldoorlog te storten, dan zal het resultaat niet de bolsjewisering van de aarde en daarmee de overwinning van het wereldjodendom zijn, maar de vernietiging van het Joodse ras in Europa.'*[540]

Let wel, Hitler zag zich als een profeet, iemand die dus op grond van religieuze openbaring voorspellingen doet die uitkomen. En hier voorspelde Hitler in een op film opgenomen toespraak voor het eerst dat de Joden in Europa zouden worden uitgeroeid als zij de wereld wederom (!) in een grote oorlog zouden storten. (In feite was hijzelf de veroorzaker van die oorlog.) Maar hij zou het dreigement om de Joden uit te roeien nog liefst zes keer herhalen, en wel op: 30 januari 1941, 30 januari 1942, 15 februari 1942, 30 september 1942, 8 november 1942 en 24 februari 1943.

Op 1 september 1939, de dag dat Nazi-Duitsland het militair zwakke Polen binnenviel, kondigde Hitler dreigend in de rijksdag aan: 'Wie met gif strijdt, wordt met gifgas bestreden!'[541] Zijn toespraak werd wederom op film opgenomen en kreeg ruime aandacht in de media in en buiten Duitsland. Het ging hier niet zomaar om een los zinnetje in het geheel deze toespraak. Het was een directe aankondiging van de Holocaust, waarover Hitler al in januari van datzelfde jaar had een 'profetische' voorspelling had gedaan. Terecht constateert de Duitse historicus Joachim Riecker in dit verband:

> *'Deze uitspraak van Hitler is er een sterke aanwijzing voor dat hij reeds aan het begin van de Tweede Wereldoorlog de vaste voorstelling koesterde om de Joden bij miljoenen met gifgas om te brengen. Het is uitgesloten dat hij bij deze centrale passage uit zijn rede zijn woorden had gekozen zonder daarover na te denken, vooral omdat hij het woord "gifgas" anders zeer zelden bezigde.'*[542]

Er was een direct verband tussen Hitlers traumatische ervaringen tijdens de Eerste Wereldoorlog, waar hijzelf slachtoffer van een gifgasaanval was geworden (en mogelijk blijvend letsel aan zijn hersenen opliep), en de aankondiging op 1 september 1939 dat hij gifgas zou inzetten tegen hen die 'met gif strijden'. Op 3 september verklaarden Frankrijk en Engeland uit solidariteit met de onder Hitlers invasieleger lijdende Poolse bevolking Duitsland de oorlog en daarmee was de Tweede Wereldoorlog een feit. Maar de fanatieke antisemiet Hitler bleef voortdurend de *Joden* de schuld geven van het uitbreken van die oorlog, zoals ze in zijn visie ook schuld hadden gehad aan het uitbreken van de Eerste Wereldoorlog in 1914 en de Duitse nederlaag in november 1918.

Op 21 september 1939, drie weken na Hitlers inval in Polen, deed Reinhard Heydrich, Himmlers rechterhand, een spoedbrief (*Schnellbrief*) aan de chefs van de *SS-Einsatzgruppen* uitgaan waarin hij hen instrueerde om op het platteland wonende Poolse Joden naar steden met goede spoorverbindingen of waar zich een spoorwegknooppunt bevond, over te brengen. Daar zouden dan getto's moeten worden gevormd. Heydrich maakte nadrukkelijk onderscheid tussen 'het einddoel (dat een langere termijnplanning vergt)' en 'de tussenstadia om het einddoel te bereiken en die op korte termijn gerealiseerd kunnen worden'. 'Ik wijs er nog eens op dat het geplande totaalpakket aan maatregelen (het *einddoel* dus) streng geheim gehouden moet worden.'[543] Volgens Joachim Riecker was dit 'streng geheime einddoel, dat langere termijnen vergt,' mogelijk tóen al – in september 1939 – een verwijzing naar het ombrengen van de Joden.[544] Het op 27 september 1939 gevormde *Reichssicherheitshauptamt* (RSHA), met Heydrich als hoogste man, zou daar een centrale rol in gaan spelen. Dat men de Joden in Polen wilde concentreren op plaatsen waar goede spoorwegverbindingen waren of waar zich een spoorwegknooppunt bevond, is in dit verband veelzeggend. Mogelijk hield de top van de SS reeds in september 1939 rekening met massale evacuatie van Joden uit de rest van het nog te bezetten Europa. De door Hitler aangekondigde 'uitroeiing van het Joodse ras in Europa' was waarschijnlijk het door Heydrich genoemde streng geheime einddoel, dat in tussenfasen moest worden gerealiseerd. Andere Duitse historici bestrijden dit echter. Zo stellen Helmut Krausnick en Hans-Heinrich Wilhelm dat Heydrich hiermede niet had gedoeld op wat in 1941 en daarna de *Endlösung*, de fysieke vernietiging van de Joden, werd genoemd. Volgens hen doelde Heydrich op de geplande vestiging van een 'Joods reservaat' in Polen onder Duits bestuur.[545] Aanvankelijke plannen voor een 'Joods reservaat', waar ook Eichmann bij zou worden betrokken, waren echter helemaal niet zo geheim. Ze mislukten doordat andere Duitse instanties, die er dus ook van wisten, dwarslagen.

Hitlers eigen planning stond al ruim van tevoren vast. Op 30 januari 1941 verwees hij in het Berlijnse Sportpaleis naar zijn eerdere dreigement aan het adres van de Joden:

> *'Als de wereld door het Jodendom in een algemene oorlog wordt gestort, zal de rol van het gehele Jodendom in Europa uitgespeeld zijn! Zij zullen daarover misschien nu nog lachen, precies zoals ze vroeger ook over mijn profetieën hebben gelachen. De komende maanden en jaren zullen bewijzen dat ik het ook hier bij het rechte eind heb gehad.'*[546]

'De komende maanden en jaren' sloeg onder meer op de Duitse inval in de Sovjet-Unie, waartoe Hitler in december 1940 opdracht had gegeven. (De invasie begon in juni 1941.) Daar wilde Hitler niet alleen met het Russische leger afrekenen, maar ook met de vijf miljoen Joden die zich op dat grondgebied bevonden. Op 31 juli 1941, ruim een maand na het begin van de invasie van de Sovjet-Unie, werd bovendien in een door maarschalk Hermann Göring ondertekende brief aan Heydrich de term *Endlösung der Judenfrage* gelanceerd. Het is vrij zeker dat Hitler dat jaar opdracht heeft gegeven om alle Joden die al binnen het Duitse machtsbereik waren of nog zouden komen, 'fysiek te vernietigen', dat wil zeggen: hen uit te roeien.[547]

Dat Hitlers bedoelingen ook ver buiten Berlijn tot het hogere partijkader waren doorgedrongen, bewijst een fragment uit een toespraak die de *Gauleiter* van Keulen-Aken, Joseph Grohé, op 28 september 1941 hield:

> "'Ik verklaar plechtig dat daarmee het Joodse vraagstuk in beginsel en voor één keer wordt opgelost." Laten we weten dat, wanneer de Führer zoiets belooft, dan betekent dit de vernietiging van het Jodendom. En dat willen we en daar gaan we voor!'[548]

Er steeg een hysterisch gejuich op. Deze openbare toespraak was eveneens op film opgenomen.

Propagandaminister Joseph Goebbels juicht Hitlers plan om de Joden uit te roeien toe

Er bestaat weinig twijfel over dat Hitler op 12 december 1941, na zijn oorlogsverklaring aan de Verenigde Staten, in de rijkskanselarij te Berlijn tijdens een geheime bespreking met de *Gauleiter* en andere nazigrootheden zijn reeds eerder dat jaar genomen besluit bekendmaakte om de Joden in Europa uit te roeien.[549] Waarschijnlijk was Grohé er ook bij. Propagandaminister Joseph Goebbels, die als *Gauleiter* van Berlijn er in ieder geval bij was, noteerde op 13 december in zijn dagboek over de bespreking van 'gisteren' (= 12 december) dat Hitler zijn (eerdere) 'profetie' over de vernietiging van het Jodendom aanhaalde:

> 'De Führer benadrukte tegenover de Gauleiter dat zijn nationaalsocialistische overtuiging tijdens de oorlog alleen nog maar gegroeid was. (...). Met betrekking tot het Joodse vraagstuk is de Führer vastbesloten om schoon schip te maken. Hij heeft de Joden geprofeteerd, dat, wanneer zij nog eenmaal een wereldoorlog zouden veroorzaken (of teweegbrengen: herbeiführen), zij daarbij hun vernietiging zouden meemaken. Dat is geen holle frase geweest. De wereldoorlog is er, de vernietiging van het Jodendom moet daar de noodzakelijke consequentie van zijn. Dit vraagstuk moet zonder enige vorm van sentimentaliteit bekeken worden. Wij zijn er niet om medelijden met de Joden maar met ons Duitse volk te hebben. Wanneer het Duitse volk nu wederom in de veldtocht in het oosten tegen de 160.000 doden opgeofferd heeft, dan zullen de veroorzakers van dit bloedige conflict daarvoor met hun leven moeten betalen (...).'[550]

Volgens Goebbels verklaarde Hitler ook nog dat deze oorlog moet worden gewonnen, 'omdat wij anders als individu en als natie gedood zouden worden.'[551]

Andermaal gaf Hitler dus de Joden de schuld van de oorlog die hijzelf nota bene begonnen was. Deze volstrekt ongefundeerde beschuldiging was voor hem een rechtvaardiging om zijn eerdere dreigement uit januari 1939 om de Joden in Europa uit te roeien, waar te maken. Hij was op dit punt keihard: als de Joden niet zouden worden uitgeroeid zou Nazi-Duitsland zelf ten onder gaan.

Op 17 december had Goebbels nog een afzonderlijk gesprek met Hitler. Volgens Goebbels was Hitler nu vastbesloten om met betrekking tot het 'Joodse vraagstuk' consequent door te pakken en zich niet door 'burgerlijke sentimentaliteiten' te laten afleiden.

> 'Het is dus noodzakelijk dat wij dit probleem oplossen, aangezien het, als het niet opgelost blijft, na onze dood de meest verwoestende gevolgen zal hebben. De Joden moeten allen naar het oosten worden afgevoerd. Wat er daar van hen wordt, kan ons niet bijzonder interesseren.'[552]

Op 18 december 1941 had *Reichsführer-SS* Heinrich Himmler om vier uur 's middags in het *Führerhauptquartier Wolfsschanze* een bespreking met Hitler over het 'Joodse vraagstuk' en de *Waffen-SS*. Himmler was er op 12 december niet bij geweest en is hoogstwaarschijnlijk via zijn naaste medewerker en vertrouweling Karl Wolff bijgepraat door Goebbels. Daar verwijst een aantekening 's ochtends (dus nog vóór de ontmoeting met Hitler) in zijn dienstagenda op: *SS Gr. F. (Gruppenführer) Wolff – Rückfr(age) n. (nach) Dr. Goebbels*. Met betrekking tot het 'Joodse vraagstuk', gaf Hitler aan Himmler het bevel de Joden 'als partizanen uit te roeien' (*als Partisanen auszurotten*).[553]

Dit was een rechtstreekse machtiging om door te gaan met de massa-executies door de *SS-Einsatzgruppen* en verdere voorbereidingen te treffen om de 'uitroeiing van het Joodse ras in Europa' te realiseren. Men denke aan de Wannseeconferentie, die oorspronkelijk voor december 1941 gepland stond maar werd uitgesteld tot januari 1942, alsmede aan de eerste experimenten om Joden te vergassen die al op 7 december 1941 waren begonnen. Dat was nota bene de dag waarop Japan de Amerikaanse marinebasis Pearl Harbor aanviel.[554]

Himmler en zijn tweede man Heydrich zouden zich daarna meermalen op een nadrukkelijk bevel van Hitler beroepen. Zo schreef Himmler op 28 juli 1942 in een brief aan *SS-Gruppenführer* Gottlob Berger, de chef van het *SS-Hauptamt*: 'De uitvoering van dit zeer moeilijke bevel heeft de *Führer* op mijn schouders gelegd.'[555]

Op 30 januari 1942 kondigde Hitler wederom de uitroeiing der Joden in Europa aan toen hij zei:

> *'Voor ons bestaat er geen misverstand over dat de oorlog alleen daarop kan uitlopen dat óf de Arische volken worden uitgeroeid óf het Jodendom uit Europa verdwijnt. Ik heb reeds eerder in de rijksdag daarover gezegd (...) dat deze oorlog niet zo zal zijn als de Joden zich dat voorstellen, namelijk dat de Europees-Arische volken worden uitgeroeid, maar dat het eindresultaat van deze oorlog de vernietiging van het Jodendom zal zijn. Voor het eerst wordt de aloude Joodse wet toegepast: "Oog om oog, tand om tand."'*[556]

Let wel, dit was tien dagen ná de belangrijke Wannseeconferentie in Berlijn waar Heydrich de plannen voor de uitroeiing der Joden doorsprak met hoge functionarissen van diverse ministeries en het *Generalgouvernement* in het bezette Polen en waar Eichmann met bijzondere volmachten werd uitgerust.

Op 27 maart 1942, twee maanden na de Wannseeconferentie, schreef Goebbels in zijn dagboek over het lot van de Joden in het *Generalgouvernement*, waarover hij duidelijk zeer goed geïnformeerd was. (Daar werden volgens het eerdergenoemde 'Höfletelegram' aan Eichmann tussen begin januari en eind december 1942 bijna 1,3 miljoen Joden omgebracht, deels ook door 'vergassing'.) Ook herinnerde Goebbels in dit verband nogmaals aan Hitlers 'profetie':

> *'Er wordt een tamelijk barbaarse en niet nader te omschrijven methode toegepast en van de Joden blijft er niet veel meer over. In het algemeen kan men wel vaststellen dat 60 procent van hen gedood moet worden, terwijl alleen nog 40 procent voor arbeid kan worden gebruikt. (...)*
> *De Joden ondergaan een straf die weliswaar barbaars is, maar die zij volledig verdiend hebben. De profetie die de Führer hen voor het veroorzaken van een nieuwe wereldoorlog heeft meegegeven, begint nu op de vreselijkste wijze in vervulling te gaan. Men mag met betrekking tot zulke dingen zich niet door sentimentaliteit laten leiden. De Joden zullen, als wij ons niet tegen hen teweerstellen, ons vernietigen. Het is een strijd op leven en dood tussen het Arische ras en*

> *de Joodse bacil. Geen andere regering en geen ander regime zou de kracht kunnen opbrengen dit vraagstuk volledig op te lossen. Ook hier is de Führer de vastberaden strijder en woordvoerder van een radicale oplossing, die naar de aard der dingen noodzakelijk is en derhalve niet uit de weg gegaan blijkt te kunnen. Godzijdank hebben wij thans tijdens de oorlog een heel scala aan mogelijkheden waar het ons in vredestijd aan zou ontbreken. Die moeten we benutten. (...) Het Jodendom heeft niets om te lachen en dat diens vertegenwoordigers nu in Engeland en Amerika de oorlog tegen Duitsland organiseren en propageren, daar moeten diens vertegenwoordigers in Europa een zeer hoge prijs voor betalen, wat ook als gerechtvaardigd moet worden gezien.'[557]*

Interessant is dat Goebbels hier schrijft dat er in oorlogstijd met betrekking tot de door Hitler gepropageerde 'radicale oplossing' (van het Joodse vraagstuk) mogelijkheden zijn die er in vredestijd niet zouden zijn. Dit is waarschijnlijk de reden dat Auschwitz in 1942 tot een echt vernietigingskamp werd uitgebouwd.

Goebbels beperkte zich niet tot privéaantekeningen in zijn dagboek, maar schreef op 14 juni 1942 ook nog een hoofdartikel in het weekblad *Das Reich* (oplage: 1,4 miljoen) waarin hij, net als Hitler dat eerder had gedaan, de Joden de schuld van de oorlog gaf. 'Zij zullen dat met de uitroeiing (*Ausrottung*) van hun ras in Europa en misschien nog ver daarbuiten moeten betalen.'[558] Ook instrueerde hij de pers om antisemitische thema's aan te snijden. Volgens Longerich doorbrak Goebbels hiermee bewust de algemene regel dat er met betrekking tot de vernietiging van de Joden geheimhouding in acht moest worden genomen, nu men in het derde oorlogsjaar de bruggen achter zich had verbrand.[559]

Een half jaar later repte Hitlers propagandaminister tegenover een vijftigtal hoge medewerkers van zijn ministerie openlijk van de massamoorden op de Joden.[560]

Op 30 september 1942 – toen de gaskamers van Auschwitz en andere vernietigingskampen al volop in bedrijf waren – herhaalde Hitler zijn dreigement over de uitroeiing der Joden en voegde er veelbetekenend aan toe:

> *'De Joden hebben in Duitsland ooit over mijn profetieën gelachen. Ik weet niet of ze nu nog lachen of dat hen het lachen al is vergaan. Ik kan ook nu slechts de verzekering geven: het lachen zal hen overal vergaan. En ik zal ook met deze profetieën gelijk krijgen.'[561]*

Zo ook op 8 november 1942:

> *'Men heeft mij steeds als profeet uitgelachen. Van degenen die destijds lachten, lachen er heden ten dage ontelbaren niet meer en zij die nu nog lachen, zullen het waarschijnlijk over enige tijd ook niet meer doen.'*[562]

Hieruit blijkt dat Hitler precies wist dat in de vernietigingskampen en in de bezette delen van de Sovjet-Unie al 'ontelbaren' waren omgebracht. Himmler moest hierover regelmatig aan hem rapporteren en in zijn rapporten ook cijfers verstrekken. Op 24 februari 1943 herhaalde Hitler voor de laatste keer dat 'deze strijd niet (...) met de vernietiging van de Arische mensheid, maar met de uitroeiing (*Ausrottung*) van het Jodendom in Europa beëindigd wordt'.[563]

Het dagboek van Anne Frank: 'De Engelse radio spreekt van vergassing'

Hoewel Hitler en Goebbels in openbare toespraken of artikelen benadrukten dat de uitroeiing van de Joden voor hen heel belangrijk was, was de feitelijke *uitvoering* van die politiek strikt geheim. Alle stukken die met de uitroeiing van de Joden, de Holocaust, te maken hadden, waren als *Geheime Reichssache* (staatsgeheim) of 'streng geheim' geklassificeerd. Bovendien werd er welbewust een terminologie gebruikt waarmee de massamoorden zoveel mogelijk werden gecamoufleerd: *Umsiedlung, Endlösung, Sonderbehandlung, Arbeitseinsatz im Osten*, enz. De nazi's probeerden tijdens de oorlog zoveel mogelijk sporen van hun misdaden uit te wissen. Dat lukte niet gezien de enorme omvang van die misdaden, die na de oorlog terecht als *oorlogsmisdaden* (*war crimes*) en 'misdaden tegen de menselijkheid' (*crimes against humanity*) werden getypeerd. Een programma dat erop gericht was zes miljoen (oorspronkelijk wilde men in Europa zelfs elf miljoen Joden ombrengen) Joden om te brengen, ofwel 'fysiek te vernietigen', kon natuurlijk niet geheim bijven, ook al repten de nazi's voortdurend van 'arbeidsinzet' in het oosten.

In Amsterdam had Anne Frank al in de zomer van 1942, aan het begin van haar onderduik dus, over de vergassing van Joden gehoord. Zo schreef zij op 9 oktober 1942 in haar dagboek:

> *'Vluchten is onmogelijk; de meeste mensen uit het kamp (Westerbork, V.) zijn*

allen gebrandmerkt door kaalgeschoren hoofden en velen ook door hun Joodse uiterlijk.

Als het in Holland al zo erg is, hoe zullen ze in dan in de verre en barbaarse streken leven, waar ze heengezonden worden? Wij nemen aan dat de meesten vermoord worden. De Engelse radio spreekt van vergassing: misschien is dat wel de vlugste sterfmethode.'[564]

De Engelse radio-uitzending waar Anne Frank hier naar verwijst, is hoogstwaarschijnlijk een nieuwsbulletin van de BBC geweest, dat gedateerd was 9 juli (1942) om zes uur 's avonds. Daarin heette het onder meer: 'Joden worden regelmatig gedood met salvo's uit machinegeweren, handgranaten en zelfs vergiftigd door gas.' De Engelse pers en de BBC besteedden al vanaf juni 1942 aandacht aan de vergassingen in Polen.[565]

H.M. van Randwijk, *Vrij Nederland* en de eerste berichten over 'vergassing' van Joden (1942/43)

Emanuel Ringelblum was een in Oost-Galicië geboren Jood die in het bezette Polen een uniek dagboek bijhield en gegevens verzamelde over de talrijke misdaden van de bezetter. Vóór de bezetting was hij docent aan de universiteit van Warschau geweest. In 1942 had hij via het Poolse verzet informatie naar de Poolse-regering-in-ballingschap in Londen doorgespeeld. Op 26 juni 1942 noteerde hij, zo schrijft Laqueur, tot zijn genoegen in zijn dagboek dat de BBC belangrijke informatie in een radio-uitzending had gebruikt. Die uitzending vond volgens De Jong inderdaad op 26 juni plaats, een dag later, op 27 juni, kwam Radio Oranje met dezelfde informatie. In beide uitzendingen werd er voor het eerst melding van gemaakt dat er in Polen al meer dan 700.000 Joden waren omgebracht, iets wat de nazi's hoe dan ook geheim hadden willen houden. Ringelblum werd in maart 1944 door de *Geheime Staatspolizei* (Gestapo) opgepakt, gemarteld en doodgeschoten.[566] Deze informatie was afkomstig van de *Bund*, de Joodse Socialistische Partij in Polen. Op Auschwitz werd in dit rapport echter niet ingegaan. De *Bund* werd bij de Poolse Nationale Raad ('parlement') in Londen vertegenwoordigd door Szmul Zygielbojm, die dit betreffende rapport direct onder ogen kreeg en deze informatie doorgaf aan de Poolse regering-in-ballingschap, de Britse autoriteiten, de BBC en de Londense krant *Daily Telegraph*.[567]

In dit verband moet nogmaals worden herinnerd aan de in januari 1943 aan Eichmann persoonlijk vertrekte hoogst geheime informatie, dat er in 1942 in de in het bezette Polen liggende vernietigingskampen Lublin-Majdanek, Belzec, Sobibor en Treblinka al bijna 1,3 miljoen Joden waren omgebracht. Het aantal vermoorde Joden in Auschwitz en bij massa-executies in de bezette delen van de Sovjet-Unie was daarbij nog niet inbegrepen.[568]

De alarmerende berichten uit Polen drongen dankzij de uitzendingen op de BBC en Radio Oranje ook tot het Nederlandse verzet door. Het illegale blad *De Vonk*, orgaan van de Internationaal-Socialistische Beweging (ISB), gaf in juli 1942 een manifest uit waarin onder meer werd gemeld dat alle Nederlandse Joden als beesten dreigden te worden afgeslacht:

> '*In voorbereiding is de evacuatie van alle Joden naar Polen of Silezië, om daar het lot te ondergaan van hun 700.000 "rasgenoten", die als beesten afgeslacht zijn. Wij weten dat sinds kort in Groningen en Amsterdam een begin gemaakt is met de verbanning van duizenden Joden, waaronder vrouwen met zuigelingen die niet bij hun familie mogen worden achtergelaten, naar Duitsland en verder.*'[569]

In een ander illegaal manifest getiteld *Landgenooten! De slag is gevallen!* uit juli 1942 werd geprotesteerd tegen de toenemende deportaties van Nederlandse Joden naar het oosten waar hen slechts dood en verderf wachtte:

> '*Officiële Poolse berichten noemen het getal van 700.000 Joden, die reeds in de klauwen van deze Germanen stierven. Onze Joodse medeburgers zal het even slecht vergaan. Het lot van de niet-Joodse Nederlandse arbeiders is hard, maar als het om de Joden gaat, dan gaat het om de verwezenlijking van de bedreigingen, die de nazi's telkens weer naar de Joden hebben geslingerd, dan gaat het om hun vernietiging en uitroeiing.*'[570]

Het manifest maakte melding van de eerste groep Amsterdamse Joden die in de nacht van 14 op 15 juli werden afgevoerd. Deze Joden gingen toen naar Auschwitz, waar zij na aankomst direct werden vergast, maar dat wisten de opstellers van het manifest destijds nog niet. Wél wisten zij toen al heel zeker dat de bezetter het gemunt had op álle Joden in Nederland. 'In totaal', aldus het manifest, 'zullen op deze wijze ongeveer 120.000 Joodse Nederlanders verwijderd worden'.

Het manifest was geschreven door de sociaaldemocratische leider Koos Vorrink en H.M. van Randwijk, hoofdredacteur van het illegale blad *Vrij Nederland*.

Helaas negeerden Van Randwijk en *Vrij Nederland* ook wel eens uiterst betrouwbare informatie over wat er met de naar het oosten gedeporteerde Joden gebeurde. Volgens L. de Jong kreeg de redactie van *Vrij Nederland* 'begin '43 tamelijk nauwkeurige inlichtingen over hetgeen in Auschwitz geschiedde':

> *"'We wilden het niet geloven", vertelde Van Randwijk ons in '58. "We hebben ze in elk geval niet gepubliceerd. We redeneerden: we zijn er niet zeker van dat ze juist zijn. Zijn de berichten onjuist, dan wekken we een enorme ontsteltenis bij de Joden die hier ondergedoken zijn. Het was een heel moeilijk punt voor ons."'*[571]

Niettemin meldde *Vrij Nederland* op 21 februari 1943 in een klein bericht dat er 'in Duitsland' Nederlandse Joden waren 'gegast' (= vergast). Het betrof psychiatrische patiënten en verplegend personeel uit het 'Joodsch Krankzinnigengesticht "Het Apeldoornsche Bosch"', dat op 21 januari was ontruimd:

> *'Alle verpleegden, gevaarlijken en ongevaarlijken door elkaar, werden in 5 extratreinen weggevoerd, grotendeels in beestenwagens; 80 mensen per wagon. Een deel van het personeel moest mee. Voordat de Nederlandse grens was bereikt, waren er reeds veel doden. De vreselijkste tonelen moeten zich hebben afgespeeld. De overblijvenden zijn in Duitsland gegast...'*[572]

Deze weerloze slachtoffers werden in Auschwitz, dat formeel in het Duitse Rijk lag, vergast. (Volgens andere bronnen werden betrokkenen niet vergast, maar levend in een kuil gegooid en daar verbrand.) Voor het transport – een trein met liefst 24 of 25 wagons – had Eichmann zelf gezorgd.[573] Hoogst opmerkelijk is dat de redactie van *Vrij Nederland* tóen al wist, of in elk geval *als feit* meldde, dat deze psychiatrische patiënten 'in Duitsland' waren vergast. Helaas heeft De Jong Van Randwijk nooit met dit citaat geconfronteerd. Het zou heel goed kunnen dat De Jong dit kleine bericht op pagina 6 niet heeft gezien en dat Van Randwijk het zich niet heeft kunnen herinneren.

De eerste keer dat Radio Oranje melding maakte van gaskamers, was op 29 juli 1942:

> *'Maar welk Duits oorlogsbelang is ermee gemoeid, dat duizenden weerloze Joodse Polen, bij grote groepen tegelijk, in gaskamers afgemaakt zijn geworden? Welk oorlogsbelang, dat duizenden Joodse Nederlanders thans worden weggevoerd?'*[574]

Een dag later, op 30 juli, repte Radio Oranje van 'een bewuste poging tot uitroeiing':

> 'Maar wat nu gebeurt, is geen roof en plundering meer, het is niet meer uitsluitend wegvoering om ruimte voor Duitsers in Nederland te maken; het is zelfs geen gedwongen opeenhoping van Joden in Oost-Europa. Het is een bewuste poging tot uitroeiing; het is een bewuste poging tot moord op weerlozen.'[575]

Eerder noemden we reeds de BBC-uitzending (*Home Service*) van 9 juli 1942 over massamoorden op Joden in Polen, waarover ook Anne Frank had gehoord (of die ze zelf had beluisterd): 'De Gestapo doodt regelmatig hun slachtoffers in grote aantallen met machinegeweervuur en handgranaten – en vergiftigt hen zelfs in mobiele gaskamers.'[576] Dit was de eerste keer dat er in een uitzending van de *Home Service* van de BBC van (mobiele) gaskamers werd gerept. Deze informatie was correct. Er waren inderdaad afgesloten en rondrijdende vrachtwagens of bussen waarin uitlaatgassen, die koolmonoxide bevatten, werden geleid waarmede de zich daarin bevindende Joden werden vermoord. Ook hadden de beruchte *SS-Einsatzgruppen* (mobiele moordcommando's) reeds vanaf het begin van de bezetting van Polen grote aantallen Joden met machinegeweren neergemaaid – iets wat na de inval in de Sovjet-Unie in juni 1941 op nog veel grotere schaal zou gebeuren. (Delen van oostelijk Polen die in september 1939 eerst door de Sovjet-Unie waren bezet, kwamen nu in Duitse handen.)

In september 1942 deed de Britse diplomaat Sir Robert Vansittart op de *Home Service* van de BBC een boekje open over de massamoorden in Polen. 'Hij vertelde', zo schrijft Jeremy D. Harris, 'hoe er dagelijks duizenden Joden, kinderen daarbij inbegrepen, met gifgas werden vermoord'. Volgens de leiding van de BBC overdreef Vansittart schromelijk. Hij kwam niet met bewijzen en werd niet serieus genomen, noch werd hij geloofd.[577] Bovendien stond hij bekend als een rabiate hater van Duitsland, een soort 'Germanofoob'. Jeremy Harris stelt dat vooral de *Home Service* van de BBC grote moeite had om nieuwsberichten inzake de Jodenvervolging door Nazi-Duitsland uit te zenden. Men hanteerde bijvoorbeeld het idiote argument dat anders antisemieten zouden eisen dat ook zíj hun zegje op de radio konden doen en dat zulke wensen dan maar moeilijk geweigerd konden worden. Dus werd de berichtgeving over de Holocaust meestal overgelaten aan de zogenaamde *European Services*, de BBC-uitzendingen gericht op Europa en vaak in de taal van het betreffende land.[578]

Ook enkele illegale kranten in het bezette Nederland berichtten al vroeg over de Holocaust. De Jong noemt in dit verband het illegale communistische blad *De Waarheid*. Dit blad had 'al in juni, nog vóór de eerste mededelingen uit Londen, vermoedelijk op grond van de uitzendingen van Radio Moskou, gepubliceerd dat in gebieden als de Oekraïne, waar een jaar tevoren nog miljoenen Joden woonden, "thans geen enkele Jood meer overgebleven (is). Mannen, vrouwen, kinderen, grijsaards zijn letterlijk uitgeroeid."' Het werd, schrijft De Jong nog, door de leiders van de Joodse Raad als overdrijving, als oorlogspropaganda, beschouwd.[579]

Op 25 juni (1942) publiceerde de eerdergenoemde Zygielbojm een artikel in de Londense *Daily Telegraph*. Dit artikel was gebaseerd op de gegevens van het uit mei daterende rapport van de *Bund*. Behalve dat er in het artikel melding werd gemaakt van 700.000 in Polen vermoorde Joden, werd er ook geschreven over 'mobiele gaskamers' (*travelling gas chambers*) en 'de meest afschuwelijke details van massale moordpartijen, zelfs het gebruik van gifgas'. De massamoorden in het oosten van Galicië, Litouwen en het vernietigingskamp Chelmno werden eveneens genoemd. De Poolse regering-in-ballingschap had deze informatie al aan de Britse regering en de geallieerde regeringen doorgegeven.[580]

Op 30 juni verscheen er in de *Daily Telegraph* een vervolgartikel met als kop: *'More than 1,000,000 Jews killed in Europe'* ('Meer dan 1000.000 Joden gedood in Europa'). Laqueur schrijft hierover:

> *'Het was gebaseerd op nader onderzoek, niet alleen op het rapport van de Bund, en deed één belangrijke constatering welke nog niet eerder duidelijk was gedaan: dat het het doel van de nazi's was "om het Joodse ras van het Europese continent weg te vagen". De uitroeiing van de Joden moest ook in het Westen plaatsvinden. In Frankrijk, Holland en België waren er veel executies geweest en nu vonden er massale deportaties naar Oost-Europa plaats. In Roemenië zijn er 120.000 Joden gedood; twee treinladingen met Joden met bestemming Polen verlaten Praag elke week.'*[581]

Dit tweede artikel verscheen daags na de persconferentie die het *World Jewish Congress* in Londen had belegd, waar onder meer Ignacy Schwarzbart, evenals Zygielbojm vertegenwoordiger bij of lid van de Poolse Nationale Raad, en het Britse parlementslid Sidney S. Silverman (*Labour Party*) het woord voerden.[582] Enkele andere Britse kranten alsmede de *New York Times* gingen nu ook aandacht aan dit thema besteden. Het artikel in de *New York Times* verscheen op 2 juli en werd afgedrukt op pagina 6, terwijl er op de voorpagina méér aandacht werd besteed aan de tennisschoen van gouverneur Herbert Lehman die deze had afgestaan om het rubber ervan te laten verwijderen – 'om zo de civiele bijdrage aan de oorlogsinzet aan te moedigen'.[583] Diezelfde Lehman nam het vóór en tijdens de oorlog overigens wel nadrukkelijk voor de vervolgde Joden op; zo pleitte hij ervoor om meer in Europa in het nauw gedreven Joden tot Palestina toe te laten.[584] Maar Laqueur tekent terecht aan dat de redacteuren van de *New York Times* het bericht over de moord op één miljoen Joden op de voorpagina hadden moeten plaatsen. Zoiets gebeurt immers niet elke dag. Nu werd de indruk gewekt dat men twijfels had omtrent de juistheid van zulke berichten, dat ze wellicht overdreven waren.[585] Van overdrijving was echter geen sprake: in feite waren er tegen september 1942 al minstens anderhalf miljoen Joden in Polen vermoord.[586]

Op 9 juli vond er in Londen een persconferentie van de Poolse Nationale Raad plaats waar de Poolse minister van Binnenlandse Zaken, Stanislaw Mikolajczyk, de Britse minister van Informatie, Brendan Bracken, alsmede Zygielbojm en Schwarzbart bij aanwezig waren. De *Daily Telegraph* rapporteerde er op 9 en 10 juli over. Bracken verklaarde dat de Duitse 'gangsters' hun straf niet zouden ontlopen. Zygielbojm ging in op het leven in het getto van Warschau. De Duitsers 'waren doelbewust bezig met de verwezenlijking van hun monsterlijke plan om de Joden uit te roeien'. In sommige Poolse steden 'was er niet één Jood levend achtergelaten'. Mikolajczyk verstrekte details over de wijze waarop Joden in Lublin in de nacht van 23 maart uit hun huizen waren gedreven en ter plekke waren gedood. Liefst 108 Joodse wezen werden uit het weeshuis gehaald en samen met hun verpleegsters vermoord. 'In totaal werden er in die ene nacht 2500 mensen vermoord.'[587]

Toch waren er ook in Engeland velen die het niet konden geloven; zelfs veel Joden in het bezette Europa lieten zich in slaap wiegen door misleidende Duitse beloften dat het in het oosten slechts om tewerkstelling, *Arbeitseinsatz*, ging. De SS dwong gedeporteerde Joden, kort voordat zij werden vergast, zelfs om briefkaarten aan familieleden te sturen waarin stond dat ze heelhuids waren aangekomen en het hen goed ging.

In mei 1943 zou een wanhopige Zygielbojm zelfmoord plegen omdat hij de indruk had dat zijn informatie door de geallieerde regeringen onvoldoende serieus werd genomen. Zijn vrouw Manya en zijn 16-jaar oude zoon Tuvia waren tijdens het neerslaan van de opstand in het getto van Warschau gedood. 'Het was mij niet toegestaan samen met hen te sneuvelen, ik hoor bij hen in hun massagraf', schreef hij aan de Poolse president-in-ballingschap, Wladyslaw Raczkiewicz en Wladyslaw Sikorski, de premier-in-ballingschap.[588]

Een openlijke en 'heilige oorlog' tegen het Jodendom en de Joden

Af en toe praatten ook kennelijk goed geïnformeerde nazi's hun mond voorbij. Sijes citeert in dit verband dr. F.P. Reible, een hoge partijfunctionaris van Hitlers NSDAP in het bezette Nederland. Deze sprak op 11 september 1942 in Deventer de plaatselijke partij-afdeling toe. Onder zijn gehoor bevonden zich onder meer de kringleider van de NSB te Deventer, leden van het Politie-Opleidings-Bataljon te Schalkhaar en Duitse militairen. Het *Deventer Dagblad* van 12 september 1942 citeerde Reible als volgt:

> *'In ieder geval: wie deze oorlog militair wint, blijft de Europese grootmacht en dat zijn wij (applaus). Wij weten, dat wij winnen door ons volk, ons nationaal-socialistisch volk, dat de overwinning zal beërven. Wij strijden voort, in blind geloof vechten wij voor en met de Führer.*
>
> *Wij doen dat als vrije, bewuste mensen, niet als slaven. Wij hebben naar Germaanse aard het zwaard getrokken en heffen op ons schild de vrijheid (applaus). Geen compromis is denkbaar. De Joden hebben in Rusland en overal kostbaar Germanenbloed doen vloeien. Dat is de schuld van de Joden overal ter wereld, ook van die te Amsterdam.*
>
> *Wij zijn niet sadistisch, zo betoogde sprk. Wij hebben altijd de verslagen tegenstander geacht, maar gif laten wij niet voortbestaan. Wij weten, hoe de Joden in het oosten gedaan hebben met ons. Wraak en haat zijn hun eigenschappen. Zou men de Jood het leven laten, dan zal hij zich wreken. Laat men de Jood in eigen land, dan zal hij daarin tegen ons samenspannen. Deze oorlog is een vernietigingsoorlog en daarom moet in godsnaam de Jood vernietigd worden en niet wij. Wij lossen, aldus spr. het Jodenprobleem geheel op.*
>
> *In de natuur leeft elk leven van dat van anderen. De mens slacht daarvoor kalveren, konijnen en kippen. De sterke vernietigt het zwakke en het sterke plant zich voort. Zo wil het de schepping. En in het leven der volkeren is het niet anders.*
>
> *Zegt men nu, dat die Joden toch ook mensen zijn, dan kan men antwoorden, dat het lot der Joden tragisch is, doch men bedenke, dat als de Joden zouden winnen, een algehele vernietiging het gevolg zou zijn.'*[589]

Het *Deventer Dagblad* was een krant die in ieder geval een flink deel van de plaatselijke bevolking las en daarin werd in de nazomer van 1942 een verslag van een openbare bijeenkomst weergegeven waarin een direct verband werd gelegd tussen de 'oplossing van het Joodse vraagstuk' en de 'vernietiging van de Jood' – 'in godsnaam'. Tegen álle Joden moest een *heilige oorlog* worden gevoerd, die moest leiden tot hun uitroeiing en vernietiging. Als díe oorlog niet gewonnen zou worden, zou 'algehele vernietiging' het gevolg zijn.

Reible's chef was Fritz Schmidt, die tot zijn plotselinge dood in juni 1943 in bezet Nederland zowel de hoogste vertegenwoordiger van de NSDAP als *Generalkommissar zur besonderen Verwendung* (algemeen commissaris voor bijzondere opdrachten) was. Op zijn beurt viel hij weer onder dr. Arthur Seyss-Inquart, Hitlers 'rijkscommissaris voor de bezette Nederlandse gebieden'. In juni 1942 verklaarde Schmidt onder daverend applaus dat men niet zou rusten 'voor de laatste Jood uit Nederland verdwenen was'. Deze uitspraak werd geciteerd in een kort na de oorlog uitgegeven studie over het verzet van de Nederlands-hervormde kerk en moet de kerkleiding derhalve bekend geweest zijn.[590]

Hanns Albin Rauter, de *Höhere SS- und Polizeiführer* (HSSPF) en als zodanig Himmlers hoogste vertegenwoordiger in bezet Nederland, verklaarde op 22 maart 1943 in een toespraak voor het kader van de Nederlandse SS dat het gehele Jodendom voor deportatie in aanmerking kwam.

> 'Ik kan u in deze kring meedelen – en ik verzoek u dit niet naar buiten te brengen – dat wij tot nu toe reeds 55.000 Joden naar het oosten hebben afgevoerd en dat nog 12.000 Joden in het kamp (= Westerbork) zijn. (...) Wij hopen vanaf 1 april een groter tempo bij de evacuatie van Joden te bereiken, in die zin dat wij dan in plaats van één, tweemaal per week een trein laten vertrekken, zodat we dan elke maand 12.000 Joden kunnen afvoeren.'[591]

Dat Rauter niet wist, dat 'evacuatie naar het oosten' in verreweg de meeste gevallen neerkwam op vergassing in de gaskamers van Auschwitz en Sobibor, is hoogst onaannemelijk. Waarom zou hij er anders op hebben aangedrongen om 'dit niet naar buiten te brengen'? 'Evacuatie' was sinds de Wannseeconferentie van januari 1942 een codewoord voor de Holocaust en Rauter wist dat zeer wel. Hij wist óók dat hierover in Nederland tal van geruchten circuleerden, die men officieel zoveel mogelijk de kop probeerde in te drukken.

In zijn toespraak had Rauter het over 'het verwijderen van 120.000 Joden uit een volkslichaam', waarbij er geen ruimte bestaat voor 'persoonlijk medelijden' en 'zwakte'. 'Wij willen nu genezen worden van deze ziekte en het Joodse vraagstuk moet definitief en zonder voorbehoud worden opgelost.' Hij citeerde Hitler die meermalen het einde van het Jodendom in Europa had aangekondigd. 'En zo zal het ook gebeuren. Er moet in Europa geen Jood meer overblijven.'[592]

Dat zulke toespraken helemaal geheim konden blijven, was onwaarschijnlijk. Volgens De Jong moesten twee stenografen van het ANP een woordelijk verslag maken en waren er vele tientallen Nederlandse SS'ers, alsmede de voornaamste leden van Rauters staf, aanwezig bij die toespraak. Het orgaan van de Nederlandse SS, *Storm-SS*, drukte een belangrijke, zij het verzachte versie van de meest opmerkelijke passage uit de toespraak af. 'Men realiseerde zich', aldus De Jong, 'dat de *Höhere SS- und Polizeiführer* met een duidelijkheid gesproken had die jegens de publieke opinie niet wenselijk was'.[593]

Na de oorlog erkende Rauter dat er tijdens de Duitse bezetting van mei 1940 tot mei 1945 plusminus 110.000 'personen van Joodse afkomst' waren afgevoerd, maar dat hij niet wist dat zij vermoord waren. Die ontkenning is, zoals uit bovenstaande citaten blijkt, volstrekt ongeloofwaardig.[594]

De Jong citeert uit een verslag van een gesprek dat Sijes had met de goed geïnformeerde Duitse industrieel dr. Günther Prey, die tijdens de Duitse bezetting van Nederland in hetzelfde huis woonde als Hans Calmeyer (Calmeyer had tijdens de bezettingstijd tal van Joden weten te redden):

> *'Volgens de heer Prey was het, aldus het verslag van Sijes, in de Duitse kringen waarin hij in Nederland verkeerde (en daarin bewoog zich ook Calmeyer), algemeen bekend en er werd ook openlijk over gesproken ("frei gesprochen") dat de Joden in Auschwitz en andere kampen bij massa's (de heer Prey sprak in dit verband van "Grossbetrieb") werden vermoord.'*[595]

Hitler, Himmler en Goebbels zagen de uitroeiing van de Joden als een heilige missie die hoe dan ook moest worden uitgevoerd. Zij voerden niet alleen oorlog tegen de geallieerden, maar ook tegen de Joden. Terecht constateert de Britse historicus Ian Kershaw dat dit laatste de centrale ideologische drijfkracht achter het nationaalsocialisme was.[596] De oorlog tegen de Joden was voor hen mogelijk nog belangrijker dan de andere oorlog. Goldhagen schrijft in dit verband: 'De vernietiging van de Joden, toen dit eenmaal bereikbaar was geworden, kreeg zelfs prioriteit over het voortbestaan van het nazisme zelf.' Terwijl Hitlers legers op alle fronten aan het terugwijken waren en de nazi's onmiskenbaar aan de verliezende hand waren, werden er nog eens 437.000 Hongaarse Joden naar Auschwitz gedeporteerd.[597] Zoals de hierboven genoemde Reible in 1942 in Deventer bedoelde te zeggen: 'Als wij de Joden niet eerst vernietigen, dan vernietigen zij ons.'

In november/december 1942 werd er door de propaganda-afdeling van de nazipartij een poster uitgebracht waarin werd herinnerd aan Hitlers toespraak van 30 september 1942 in het stampvolle Berlijnse Sportpaleis. Hitler herhaalde toen wat hij eerder had verklaard, namelijk dat 'wanneer het Joodse volk samenspant om wellicht de Arische volken in een internationale wereldoorlog uit te roeien', dat 'dan niet de Arische volken zullen worden uitgeroeid (*ausgerottet werden*), maar het Jodendom!' 'Het lachen zal hen overal vergaan!! En ik (= Hitler) zal ook met deze profetieën gelijk krijgen.'[598] Deze propagandaposter, die door miljoenen mensen is gezien, liet er in het najaar van 1942 geen enkel misverstand over bestaan dat Hitler en de nazi's wensten dat álle Joden werden uitgeroeid, zogenaamd als straf voor het veroorzaken van de Tweede Wereldoorlog.

Kershaw: 'Een wijdverbreide kennis omtrent het lot van de Joden'

Deze *core business* van het nazidom kon derhalve zeer velen in Duitsland tussen 1939 en 1945 nauwelijks zijn ontgaan. Bovendien waren er tal van ooggetuigen en niet zelden ook daders van de massamoorden die daarover na terugkeer of tijdens verloven in Duitsland aan familieleden, vrienden of bekenden vertelden, ook al was dat officieel verboden. Recent onderzoek door de Duitse historicus Bernward Dörner toont aan dat de meeste Duitsers in ieder geval vanaf de zomer van 1943 wisten of beseften dat alle Joden die zich binnen het machtsbereik van de nazi's bevonden, zouden worden omgebracht.[599] En volgens Kershaw (2008) was er een wijdverbreide kennis omtrent het lot van de Joden.[600]

Niet zo weinig Duitsers, die zelf overigens geen daderkennis hadden, wisten dit reeds in 1942. (De daders, zoals de leden van de *SS-Einzatzgruppen*, wisten het natuurlijk al veel eerder.) Frank Bajohr en Dieter Pohl noemen het voorbeeld van de Duitse technicus Karl Dürkefälden, die als constructeur in een machinefabriek in Celle werkte en een soort dagboek van zijn gesprekken en ervaringen bijhield. Hij behoorde zeker niet tot de dadercategorie. In februari 1942 las Dürkefälden in een Nedersaksische krant een recente boodschap van Hitler aan zijn partijgenoten, waarin deze wederom aankondigde dat 'door deze oorlog niet de Arische mensheid, maar de Jood zal worden uitgeroeid'. Als tussenkop stond boven dit fragment: 'De Jood wordt uitgeroeid.' Enkele dagen eerder had Dürkefälden tijdens een gesprek met een Duitse soldaat in de trein gehoord dat 'massale uitroeiingen op een dergelijke schaal in de Eerste Wereldoorlog niet zouden zijn voorgekomen'. In juni 1942 hoorde hij van zijn zwager, die een leidinggevende functie bij een bouwproject in de Oekraïne had, dat de Duitse politie massa-executies van Joden uitvoerde waar die zwager zelf ook ooggetuige van was. Dürkefälden noteerde de opmerking: 'In de Oekraïne zijn er geen Joden meer, wie niet gevlucht is, wordt doodgeschoten.' Enkele dagen later hoorde hij hoe soldaten hem meermaals over het doodschieten van duizenden Joden tijdens de vorige herfst in Polen vertelden. Op 20 juni hoorde hij van zijn werkgever, wiens zoon in de buurt van Bialystok was ingezet, dat hele dorpen zouden zijn uitgemoord en alle vrouwen en kinderen zouden zijn gedood. Eind augustus vertelde zijn schoonmoeder, die aan gewonde soldaten koeken had gegeven, dat één soldaat haar had verteld: 'Wij hebben in Rusland tienduizend Joden omgebracht.' In oktober 1942 hoorde hij van een collega op zijn werk de volgende opmerking: 'Die arme Joden, mijn zwager was op vakantie na een verblijf in de Kaukasus. Alle Joden werden daar neergemaaid, ongeacht of het om vrouwen, kinderen of zuigelingen gaat.' Tijdens een uitzending van de Duitstalige BBC hoorde hij in de herfst van 1942 nieuwsberichten over de deportaties van Joden uit Frankrijk, alsmede over 'de vernietiging van Joden' die 'in Warschau in goederenwagons werden ingeladen die werden afgesloten, naar het platteland werden gereden en werden vergast terwijl ze hartverscheurende gebeden opzegden'. In december 1942 hoorde hij tijdens een andere BBC-uitzending dat er in Servië 75.000 of 85.000 Joden waren vermoord en dat Polen 'een groot slachthuis' was. In januari 1943 vertelde een vroegere medewerker van zijn bedrijf, die als soldaat in de omgeving van Vilnius was ingezet, dat er van de 70.000 tot 80.000 Joden die er eens in Vilnius waren, nog slechts 8000 tot 10.0000 in leven waren. 'De soldaat voegde hieraan toe, dat de Joden uit Frankrijk en andere landen naar Polen werden overgebracht en daar voor een deel werden doodgeschoten, voor een deel vergast.'[601]

Bajohr en Pohl constateren in dit verband:

'In een jaar tijd had "volksgenoot" Karl Dürkefälden, zonder ook maar in de buurt van moord- of executielocaties geweest te zijn, een flinke hoeveelheid mondelinge informatie over massamoorden op Joden ontvangen, waarover hij zich met officiële persberichten en heimelijk beluisterde nieuwsuitzendingen van de BBC een totaalbeeld kon vormen dat over de systematische massamoord op de Joden in Europa geen twijfel liet bestaan. De toegang tot de betreffende informatie was niet afhankelijk van exclusieve contacten en bronnen, maar stamde in het geval van Dürkefälden uit de familie, de kring van bekenden, collega's op het werk en onbekenden met wie hij een gesprek had aangeknoopt.'[602]

Kershaw schrijft dat Dürkefälden geen sympathisant van het nazibewind was. Hij sympathiseerde waarschijnlijk met de door de nazi's verboden Sociaal-Democratische Partij van Duitsland (SPD). Tegelijk deed hij met de waardevolle en betrouwbare informatie die hij uit meerdere bronnen had ontvangen, weinig of niets. In elk geval stak hij niet openlijk zijn nek uit en veroordeelde hij de massamoorden niet publiekelijk.[603] Voor zover wij weten gaf hij deze informatie evenmin door aan oppositionele kringen die het weer aan de westerse geallieerden of Joodse organisaties in het buitenland hadden kunnen doorgeven. Er was in Nazi-Duitsland één belangrijke industrieeel die dat wél deed: Eduard Schulte. Ook hij behoorde zeker niet tot de eerdergenoemde dadercategorie.

Het Riegnertelegram over het gebruik van 'blauwzuur(gas)' (Zyklon B) door de nazi's: Amerikanen sceptisch (1942)

Dr. Eduard Schulte was de hoogste baas van Giesche, een grote Duitse mijnbouwonderneming in Breslau (Opper-Silezië) die vooral zink produceerde. Hij genoot het vertrouwen van veel nazi's en hoge Duitse officieren, maar moest zelf niets van Hitler en diens nazipartij hebben, hoewel hij daar niet al te veel ruchtbaarheid aan gaf. Liever werkte hij de nazi's in het geheim tegen. Hij maakte vaak zakenreizen naar Zwitserland waar hij zijn contacten trof. Hij stond daar onder meer in contact met de Poolse en Zwitserse inlichtingendiensten, die op hun beurt weer in contact met de geallieerde inlichtingendiensten stonden. Sinds mei 1943 onderhield Schulte contact met Allen Dulles, de vertegenwoordiger van het *Office of Strategic Services* (OSS), de voorloper van de CIA. Bovendien was Schulte bevriend met Isidor Koppelmann, een Joodse zakenrelatie in Zwitserland die op zijn beurt belangrijke contacten in de Joodse gemeenschap had.

Op de ochtend van de 17e juli 1942 hoorde Schulte van zijn plaatsvervanger Otto Fitzner, die als vooraanstaand NSDAP-lid over een netwerk van invloedrijke contacten beschikte, dat *Reichsführer-SS* Himmler die dag een bezoek aan het niet ver afgelegen concentratiekamp Auschwitz zou brengen. Het ging niet om een routinebezoek, maar om een uitgebreid tweedaags inspectiebezoek. Op de middag van de 17e juli had Himmler in Auschwitz-Birkenau gezien hoe er in Bunker 2 449 Joden, die net uit Nederland waren gearriveerd, werden vergast met Zyklon B. 's Avonds was Himmler de gast van de plaatselijke *Gauleiter* Fritz Bracht in diens privévilla in een bos bij Kattowitz. Daar werd alcohol geschonken en Himmler begon loslippig te worden. De betreffende villa was eigendom van de firma van Schulte, maar de *Gauleiter* mocht erin wonen. Schulte kreeg al spoedig te horen wat er die avond allemaal was besproken. In de kern kwam het neer op een plan van de nazi's om alle Joden die zich binnen hun machtsbereik bevonden, uit te roeien en dat daarbij onder meer blauwzuur(gas) zou worden gebruikt. Hij besloot die informatie niet voor zich te houden, maar met de buitenwereld te delen en reisde op 29 juli naar Zürich.[604]

In Zürich lichtte hij zijn Joodse vriend Isidor Koppelmann in. Daarna keerde hij naar Duitsland terug. Koppelmann lichtte de Joods-Russische immigrant Benjamin Sagalowitz in, die de informatie weer doorgaf aan dr. Gerhart Riegner, secretaris van het Joods Wereldcongres in Genève. Op 3 augustus had Koppelmann in Zürich een ontmoeting Riegner en Sagalowitz. Koppelmann zei dat zijn bron in Duitsland op 'onmiddellijke tegenmaatregelen' had aangedrongen, zoals 'de arrestatie van honderden Duitsers in Amerika' omdat de nazi's anders niet onder de indruk zouden zijn. Hij wilde ook dat deze informatie publiek zou worden gemaakt 'door de aartsbisschop van Canterbury en niet door een of andere politicus'. De naam van de informant kon niet worden genoemd, wel dat het om een belangrijke industrieel uit Duitsland ging. (Koppelman onthulde de identiteit van zijn informant ook niet aan Riegner.) Koppelmann gaf aan dat de informatie van deze industrieel al bij minstens twee eerdere gelegenheden juist was gebleken. Na het bezoek van de Russische minister van Buitenlandse Zaken Molotov aan Berlijn in november 1940 had zijn bron onmiddellijk gemeld dat er geen overeenstemming was bereikt, terwijl de officiële communiqués het tegendeel beweerden. En in april 1941 had hij de datum van de Duitse inval in de Sovjet-Unie juist voorspeld. Riegner vroeg de bekende Joods-Zwitserse jurist Paul Guggenheim om advies en deze raadde hem aan om voorzichtigheidshalve een voorbehoud in de tekst te maken. Er was geen immers bewijs dat de informatie op juistheid berustte.[605]

Riegner besloot zijn informatie zo spoedig mogelijk door te geven aan de Britse en Amerikaanse consuls in Genève. Die waren beiden op vakantie, dus moest hij het met hun plaatsvervangers doen. Op 10 augustus ging er via het Britse consulaat een telegram uit naar het Britse parlementslid Sidney S. Silverman (Labourpartij), tevens voorzitter van de Britse sectie van het Joods Wereldcongres:

'In het hoofdkwartier van de Führer is over een plan gesproken, dat nu in overweging wordt genomen, om alle Joden in de door Duitsland bezette of gecontroleerde landen, het gaat om drieënhalf tot vier miljoen Joden, na hun deportatie naar

het oosten in één klap uit te roeien om zo het Joodse vraagstuk eens en voor altijd op te lossen. De methoden zijn nog onderwerp van discussie, één van de middelen die men denkt te gebruiken, is blauwzuur(gas) (prussic acid).

Wij sturen deze informatie met de nodige voorbehouden, omdat de juistheid ervan niet door ons kan worden bevestigd. Van onze informant wordt gezegd dat hij nauwe banden heeft met de hoogste Duitse autoriteiten en zijn rapporten zijn over het algemeen betrouwbaar. Licht a.u.b. New York in en vraag om advies.'[606]

Niet alle informatie klopte. Zo waren de beslissingen om alle Joden in Europa uit te roeien en daarbij onder andere blauwzuurgas, met name in Auschwitz, te gebruiken, al eerder genomen. Ook was er geen sprake van een plan om 'in één klap' de Joden uit te roeien. Daar was méér tijd voor nodig, al waren er tegen het midden van 1942 reeds grote aantallen Joden vermoord. Niettemin was het wél erg belangrijk dat er nu voor het eerst uiterst geheime informatie was uitgelekt over het gebruik van Zyklon B en over een concreet plan van Hitler om de Joden in Europa uit te roeien. Hoewel er in het telegram niet direct naar Auschwitz werd verwezen, waren Auschwitz en Lublin-Majdanek wel de enige twee vernietigingskampen waar Zyklon B werd gebruikt.

Silverman nam het telegram van Riegner onmiddellijk serieus en deed zijn uiterste best om deze kwestie bij de Britse regering aan te kaarten. Maar op het Britse *Foreign Office* (ministerie van Buitenlandse Zaken) kon men het aanvankelijk niet geloven. Silverman vroeg minister Anthony Eden nog in augustus of hij de informatie van Riegner in het parlement aan de orde wilde stellen, maar Eden vond een dergelijk debat toen niet nodig.[607] In november 1942 overhandigde Silverman aan plaatsvervangend minister van Buitenlandse Zaken Richard Law een dossier van twintig pagina's met verslagen over massamoorden in het getto van Warschau en de vernietigingskampen Auschwitz, Chelmno, Belzec en Treblinka. Hij drong er bij de Britse regering op aan om namens Groot-Brittannië, de Verenigde Staten en de Sovjet-Unie een gezamenlijke verklaring over de naziwandaden uit te geven. Hoewel Law zelf niet tegen een dergelijke verklaring was gekant, hield hij vooralsnog de boot af. Hij wist dat Eden er weinig voor voelde. Silverman had ook contact opgenomen met de Russische ambassadeur in Londen, Ivan Maiski, die daarop Eden onder druk zette om alsnog met het idee akkoord te gaan. De aarzelende Eden moest daarop dus wel toegeven.

Het Amerikaanse *State Department* in Washington was nog sceptischer dan de Britten. Riegner wilde namelijk ook dat de invloedrijke Newyorkse rabbijn Stephen Wise in augustus 1942 op de hoogte werd gebracht. Deze speelde een belangrijke rol in het Joods Wereldcongres en het Amerikaans-Joodse congres en stond bovendien in contact met adviseurs van president Franklin Delano Roosevelt. Hoewel Howard Elting Jr., de Amerikaanse vice-consul in Genève, het telegram van Riegner met een persoonlijke aanbeveling had doorgegeven aan de Amerikaanse ambassade in Bern en het telegram via Bern op het *State Department* belandde, besloot men daar de tekst van het telegram niet aan rabbijn Wise door te geven. Men wilde niet als 'postbode' fungeren. Riegners informatie werd als 'een wild gerucht geïnspireerd door Joodse angsten' afgedaan, zo schrijven Walter Laqueur en Richard Breitman. Uiteindelijk kreeg Wise het telegram pas op 28 augustus onder ogen nadat Silverman het via *Western Union* aan hem had doorgestuurd. Er was nogal wat vertraging opgetreden omdat privételegrammen in oorlogstijd minder prioriteit kregen.[608] (Inmiddels waren er in Auschwitz en andere vernietigingskampen weer enkele tienduizenden Joden, onder meer uit Nederland, België en Frankrijk, vermoord.)

Begin september nam Wise contact op met de onderminister van Buitenlandse Zaken, Benjamin Sumner Welles, een man die het vertrouwen van Roosevelt genoot. Maar diens adviseurs op het *State Department* bleven sceptisch en stelden dat de Joden niet werden vermoord, maar als (dwang)arbeiders werden ingezet ten dienste van de Duitse oorlogsinspanning.[609] Kennelijk hechtten de ambtenaren in het verre Washington meer geloof aan nazi-propaganda dan aan wat iemand als Riegner te melden had.

Wise gaf zich niet zo maar gewonnen. Hij had inmiddels nog meer alarmerende informatie uit Europa ontvangen waarmee hij niet alleen sceptische ambtenaren, maar ook vice-president Henry Wallace confronteerde. Op 7 oktober (1942) deed het Witte Huis een persbericht uitgaan waarin de oorlogsmisdaden van de nazi's werden veroordeeld. De president verklaarde dat de (Duitse) oorlogsmisdadigers aan het eind van de oorlog zouden worden gestraft.[610]

Op 22 oktober gaven Riegner en Richard Lichtheim, de zionistische vertegenwoordiger in Genève, een aantal belangrijke documenten aan Leland Harrison, de Amerikaanse ambassadeur in Bern. Lichtheim had aanvullende informatie uit Polen ontvangen. Vier miljoen Joden werden nu direct met de dood bedreigd, onder meer 'door het gettosysteem van slavenarbeid, deportatie onder onmenselijke omstandigheden en georganiseerde massamoorden door middel van executies, vergiftiging en andere methoden'. 'Deze politiek van totale vernietiging is herhaaldelijk door Hitler aangekondigd en wordt nu gerealiseerd.' Harrison stuurde de informatie door aan Sumner Welles.[611]

Niettemin zag het *State Department*, evenals het Britse *Foreign Office*, aanvankelijk weinig heil in een gezamenlijke verklaring door de geallieerden. Een kwalijke rol daarbij speelde Robert Borden Reams, die op het *State Department* onder meer belast was met 'Joodse aangelegenheden'. Toen het hem niet lukte die verklaring geheel te torpederen, deed hij alle mogelijke moeite om de Britse ontwerpverklaring zoveel mogelijk af te zwakken. Zo had die ontwerpverklaring het over 'rapporten uit Europa waarover geen marge van twijfel bestond'. De Amerikaanse minister van Buitenlandse Zaken Cordell Hull zwakte deze passage – mogelijk op advies van Reams – af tot 'talloze rapporten uit Europa'. Voor het overige bevatte de gezamenlijke verklaring van de geallieerden die op 17 december 1942 namens de regeringen van Groot-Brittannië, de Verenigde Staten, de Sovjet-Unie, Nederland, België, Luxemburg, Noorwegen, Tsjechoslowakije, Griekenland, Polen, Joegoslavië en het Franse *Comité National* werd uitgegeven, een scherpe veroordeling van 'Hitlers herhaaldelijk uitgesproken intentie om het Joodse volk in Europa uit te roeien'.[612] 'Deze bestiale politiek van koudbloedige vernietiging', werd in de meest krachtige bewoordingen veroordeeld:

> *'Vanuit de bezette landen worden Joden naar Oost-Europa vervoerd, onder omstandigheden die afzichtelijk, afschuwwekkend en wreed zijn. In Polen, dat al sinds lange tijd het belangrijkste nazislachthuis is, worden de getto's die door de Duitse invallers zijn ingericht, systematisch van alle Joden ontdaan, op een paar geschoolde arbeiders die voor de oorlogsindustrie nodig zijn, na. Over geen van hen die zijn weggehaald, is ooit meer iets vernomen.'*[613]

Nazi's beschuldigd van oorlogsmisdaden en diverse publikaties daarover in de media

Anders dan Eden en Reams hadden verwacht, sloeg de verklaring in als een bom en kreeg brede aandacht in de media. In het Britse Lagerhuis vroeg Sidney Silverman of het klopte dat de Duitsers alle Joden naar Oost-Europa deporteerden om hen daar te doden. Eden antwoordde daarop bevestigend en sprak over 'de barbaarse en inhumane behandeling waaraan Joden in het door Duitsland bezette Europa worden onderworpen'. Hij las vervolgens de verklaring van de geallieerden voor. Een ander parlementslid stelde toen voor om met twee minuten stilte staand de slachtoffers te gedenken. Zoiets was nog niet eerder voorgekomen. In het Hogerhuis werd door Sir Herbert Samuel herinnerd aan de massamoord op de Armeniërs dertig jaar eerder, 'die algemene verontwaardiging had opgeroepen en die één van de oorzaken van de ondergang van het Turkse rijk werd'. In beide gevallen gaat hier niet om onvermijdbare natuurcatastrofes, maar om welbewuste en geplande menselijke wreedheden.[614]

Zelfs de nazi's schrokken van de aandacht die de geallieerde verklaring kreeg. In het gebied van het *Generalgouvernement* zei gouverneur Hans Frank, een jurist, op 25 januari 1943: 'Wij staan op Roosevelts lijst van oorlogsmisdadigers. Ik heb de eer helemaal bovenaan op de lijst te staan.'[615] Topnazi's als Frank beseften, dat, mocht Nazi-Duitsland de oorlog verliezen, zij voor hun oorlogsmisdaden ter verantwoording zouden worden geroepen. Frank zou later in Neurenberg de doodstraf krijgen.

Tegen 1944 waren er veel meer details over Auschwitz bekend. Op 15 juni 1944 werd in alle op Europa gerichte uitzendingen van de BBC ingegaan op de vergassing van Joden in Auschwitz-Birkenau en de daders aangezegd dat zij ter verantwoording zouden worden geroepen:

> *'Hier is een belangrijke aankondiging. Het nieuws heeft Londen bereikt dat de Duitse autoriteiten in Tsjechoslowakije op of omstreeks 20 juni de moord van 3000 Tsjechische Joden in de gaskamers van Birkenau hebben bevolen. Deze Joden werden afgelopen december vanuit het concentratiekamp Theresiënstadt aan de Elbe naar Birkenau getransporteerd. 4000 Tsjechische Joden die in september 1943 van Theresiënstadt naar Birkenau werden getransporteerd, werden op 7 maart in de gaskamers vermoord. De Duitse autoriteiten in Tsjechoslowakije en hun ondergeschikten moeten weten dat er in Londen volledige informatie over de moordpartijen in Birkenau is ontvangen. Allen die van hoog tot laag voor zulke moordpartijen verantwoordelijk zijn, zullen ter verantwoording worden geroepen.'*[616]

Deze uitzending trok zeker de aandacht van de Duitse afluisterdiensten die deze tekst woordelijk in het Duits vertaalden en erover rapporteerden. Zulke radio-uitzendingen hadden, zo stellen Frank Bajohr en Dieter Pohl, uiteindelijk ook effect op de SS'ers in het kamp Auschwitz. Toen in een andere BBC-uitzending de namen van de belangrijkste functionarissen van het kamp werden voorgelezen, 'veroorzaakte dit bij de SS'ers in het kamp gedurende korte tijd een lichte opwinding'.

'Een SS-getuige rapporteerde over een collega: "Bij deze gelegenheid vertelde

> *hij me dat zijn naam en nog vijf andere namen in verband met misdaden in Auschwitz op de Engelse radio zouden zijn genoemd. Tegelijk vertelde hij dat hij om deze reden weg zou gaan uit Auschwitz en een nieuw soldatenzakboekje met een nieuwe naam zou krijgen.'"* [617]

Het ging hier ongetwijfeld om de BBC-uitzending waarin werd gemeld dat vijftien SS'ers in Auschwitz na de oorlog ter dood zouden worden veroordeeld.

Niet lang daarna, op 28 juli, werd er in een andere BBC-uitzending gezegd dat 'geallieerde commissies' nauwkeurige lijsten van Duitse oorlogsmisdadigers opstellen.[618]

Er is geen twijfel aan dat ook Himmler zich er in de loop van 1944 meer en meer van bewust was dat ook en vooral hij binnen afzienbare tijd ter verantwoording zou worden geroepen. Hij probeerde dan ook de bewijzen van zijn misdaden zoveel mogelijk uit te wissen, maar dat bleek gezien de enorme omvang daarvan praktisch onmogelijk.

De nazi's en de SS wisten dat er over hun misdaden in het buitenland steeds meer berichten in de media circuleerden. Niet alleen de BBC, maar ook grote kranten in Engeland en Amerika berichtten daarover, zij het dat het totaal aantal berichten en artikelen enigszins tegenviel. Het ging om voorpaginanieuws, maar vaak werden deze artikelen elders in de krant afgedrukt of ging het om veel te kleine artikelen. Kennelijk twijfelden sommige redacteuren nog steeds aan het waarheidsgehalte van de rapporten en berichten en wilden zij niet teveel risico's lopen. De massamoorden in Auschwitz werden pas relatief laat genoemd. Hierna zullen wij op enkele van de belangrijkste artikelen ingaan.

Eind juni 1942 meldde de Londense *Times* in een klein artikel met een vette kop: 'Massamoord op de Joden – Meer dan 1.000.000 doden sinds de oorlog uitbrak'. Het artikel – van nog geen halve kolom – meldde dat het parlementslid S.S. Silverman voor de Britse sectie van het Joods Wereldcongres had verklaard dat de Duitsers er geen geheim van maakten dat zij de bedoeling hadden 'het Joodse ras' uit te roeien.

> 'Reeds hebben in de door Duitsland overheerste landen 1.000.000 Joden het leven verloren, hetzij doordat zij werden doodgeschoten, hetzij doordat zij onder omstandigheden moesten leven als gevolg waarvan zij stierven aan epidemieën en honger. Duitsland zag de uitroeiing van de Joden klaarblijkelijk als goede propaganda, want Duitse leiders en met name dr. Goebbels, hielden nooit op om op dit doel van de Duitse oorlogsinspanning te attenderen. (...)

> Dr. I. Schwarzbart, lid van de Poolse Nationale Raad, verstrekte cijfers inzake de massale slachting en de doden veroorzaakt door slechte behandeling of uithongering van Joden in Polen door de Duitsers.'[619]

Een groter artikel van twee kolommen verscheen op 4 december 1942 in de *New York Times* met als vette kop: 'Oorlog van de nazi's tegen de Joden – doelbewust plan ter uitroeiing'. Dit artikel ging met name in op het lot van de Joden in Polen. Op grond van recent bewijs uit Polen en Berlijn heeft men nu in Londen erkend dat de Poolse Joden met uitroeiing worden bedreigd. Een Zweedse correspondent in Berlijn meldde dat volgens een recent Duits bevel het gehele *Generalgouvernement* op 1 december vrij van Joden moet zijn. Alleen het getto van Warschau zou blijven bestaan. De overige Joden in het *Generalgouvernement*, zo'n 1,7 miljoen, zouden gedood moeten worden. De Berlijnse correspondent van de *Svenska Dagbladet* werd geciteerd, die onder meer meldde dat het district Lublin, waar 313.000 Joden woonden, op de kortst mogelijke termijn van Joden moest worden gezuiverd. Dit alles 'had te maken met Hitlers recente en ogenschijnlijk ongefundeerde woede-uitbarstingen tegen de Joden – bijvoorbeeld in zijn brief aan Pétain en in zijn recente toespraken.'[620] Pétain was een Franse maarschalk die met de nazi's collaboreerde.

Op 27 augustus 1943 meldde de *New York Times* in een iets groter artikel dat er door de nazi's in Europa al meer dan 3.000.000 Joden waren gedood. Dit bleek uit het onderzoek *Hitler's Ten Year War on the Jews* ('Hitlers tienjarige oorlog tegen de Joden') van het *Institute of Jewish Affairs* van het Amerikaans Joodse Congres. Auschwitz werd daarin niet met name genoemd, wel was er sprake van Duitse 'vernietigingscentra in Oost-Europa':

> 'Volgens het rapport zijn meer dan 3.000.000 Joden vernietigd door geplande uithongering, dwangarbeid, deportaties, pogroms en methodisch opgezette moordpartijen in door Duitsers geleide vernietigingscentra in Oost-Europa sinds de oorlog in 1939 uitbrak. (...) In vierentwintig landen van continentaal Europa die nu onder controle van de Asmogendheden staan, zijn er volgens het onderzoek nu slechts 3.000.000 Joden in leven.'[621]

Het artikel bevatte een overzicht van het aantal vermoorde Joden in zestien landen (omstreeks augustus 1943). Zo waren er in Polen al 1,6 miljoen Joden vermoord, in België bedroeg dit aantal 30.000 en in Nederland bedroeg het 45.000. In de bezette delen van de Sovjet-Unie ging het om 650.000 vermoorde Joden – een cijfer waarvan later bleek dat het om een veel te lage schatting ging.

Jan Karski's onthullingen over de Holocaust in Polen (1942)

Eén van de eersten die in Polen ooggetuige was van de Holocaust en daarover in Engeland berichtte, was Jan Kozielewski (beter bekend onder de naam 'Karski'). Hij had rechten gestudeerd aan de universiteit van Lwow. Toen de Tweede Wereldoorlog begin september 1939 uitbrak, was hij officier in het Poolse leger. Nadat de Duitsers steeds verder in Polen waren opgerukt, week een groot deel van het slecht bewapende Poolse leger uit naar het oosten van het land waar deze troepen evenmin veilig waren: de Russen bezetten conform de geheime afspraken bij het Ribbentrop-Molotovpact van 23 augustus 1939 dit deel van Polen. Karski werd krijgsgevangen gemaakt en ging naar een soort werkkamp in de Oekraïne. Hij had zich niet voor officier uitgegeven. Dat werd zijn redding want de meeste Poolse officieren werden later door de Russen in opdracht van de Russische dictator Stalin in het bos van Katyn vermoord. Hij werd naar het door Duitsland bezette Polen gerepatrieerd waar de Duitsers hem naar een dwangarbeiderskamp wilden overbrengen. Onderweg sprong hij uit de trein en wist Warschau te bereiken waar hij zich aansloot bij de ondergrondse.

Anders dan in Nederland, België en Noorwegen, waren er in Polen nauwelijks collaborateurs te vinden. Vrijwel de gehele Poolse bevolking was namelijk tegen de nazi's. Karski werd ingezet als koerier tussen het verzet in Polen en de Poolse regering-in-ballingschap. Zijn eerste reis ging in januari/februari 1940 via Hongarije, Slovenië en Noord-Italië naar het Franse Angers, zo'n 300 km ten zuidwesten van Parijs, waar toen de zetel van de Poolse Nationale Raad, een adviesorgaan van de regering-in-ballingschap, gevestigd was. Frankrijk was toen nog niet door de nazi's bezet. Hij keerde in april/mei naar Polen terug. Hij nam blauwdrukken mee voor de schepping van een geheime ondergrondse staat. In juni 1940, toen de Duitse legers snel in Frankrijk oprukten, probeerde hij opnieuw naar dat land te reizen, maar werd in het noordoosten van Slowakije door de Gestapo gearresteerd en gevangengezet. Na een mislukte zelfmoordpoging werd hij in een ziekenhuis opgenomen waar de ondergrondse hem wist te bevrijden. Hij zette zijn ondergrondse activiteiten onder de naam 'Witold' voort en was vooral in Warschau actief. De Poolse regering-in-ballingschap was naar Londen uitgeweken.

In augustus 1942 kwam er in opdracht van de gevolmachtigde van de regering-in-ballingschap en het ondergrondse leger (AK) een gesprek tot stand tussen Karski en een tweetal prominente Joden. Eén heette Leon Feiner ('Mikolaj') en was leider van de bij de Poolse ondergrondse aangesloten Joodse *Bund*. De andere Jood was voorzitter van diverse zionistische organisaties.

Beiden wilden dat Karski het getto van Warschau zou bezoeken om daarna de buitenwereld te vertellen wat er met de Joden in Polen gebeurde. Als eerste sprak Feiner. Karski gaf het gesprek als volgt weer:

> *"'Wij willen dat u de Poolse regering in Londen en de regeringen van de geallieerden alsmede leidende vertegenwoordigers van de geallieerden meedeelt, dat wij tegenover de Duitse misdadigers hulpeloos zijn. De vernietiging is een feit. Niemand kan ons beschermen. De Poolse ondergrondse autoriteiten kunnen misschien een paar van ons redden, maar geen grote aantallen. De Duitsers proberen ons niet tot slaven te maken zoals ze dat bij andere volken doen, maar wij worden op systematische wijze uitgemoord. Dat is het verschil."*
>
> *"Dat is het wat de mensen niet begrijpen", voegde de zionist er nerveus aan toe. "Het lukt ons niet dit duidelijk te maken. In Londen, Washington en New York gelooft men ongetwijfeld dat de Joden overdrijven, dat ze hysterisch zijn."*
> *Ik knikte instemmend en de leider van de Bund betoogde verder:*
>
> *"Ons gehele volk wordt vernietigd. Mogelijkerwijze zullen enkelen overleven, maar drie miljoen Joden zijn gedoemd ten onder te gaan. En daarbij komen nog veel andere (Joden), die uit heel Europa hier naartoe worden gebracht. Dat kan geen macht in Polen verhinderen, noch de Poolse, noch de Joodse ondergrondse. Deze verantwoording ligt bij de geallieerden. Effectieve hulp kan alleen van buiten komen. Geen leidinggevende vertegenwoordiger van de Verenigde Naties zal kunnen zeggen dat hij er niets van geweten heeft dat wij in Polen worden vermoord.'"* [622]

In de derde week van augustus 1942 werd Karski door Leon Feiner en de zionist David Landau ('Dudek') via een geheime ingang het getto van Warschau binnengesmokkeld.[623] Hij zag daar uitgemergelde mensen die veel weg hadden van levende lijken:

> *'Overal heerste honger en ellende, het stonk er vreselijk naar rottende lijken; men hoorde het klagend gekerm van stervende kinderen en de wanhopige kreten en het naar adem snakken van een volk dat in een hopeloze strijd om te overleven was gewikkeld.'* [624]

Hij zag hoe uitgemergelde kinderen ergens aan het spelen waren. Alle botten van hun skelet waren door de strakgespannen huid zichtbaar. 'Ze spelen voordat ze doodgaan', zei een van van zijn begeleiders. 'Deze kinderen spelen niet! Ze doen maar alsof!' zei Karski.[625] Op straat lagen overal naakte lijken. Wanhopige familieleden stalen de kleding van degenen die niet langer in leven waren en lieten de lijken op straat liggen om een door de Duitsers ingevoerde 'begrafenisbelasting' niet te hoeven te betalen. Karski zag een honderdtal naar het getto teruggekeerde dwangarbeiders dat zich bijna als robotten voortbewoog. Hun gezichtsuitdrukking was als versteend.[626] Joden die als slavenarbeiders konden worden ingezet, werden vooralsnog gespaard, zo liet een oudere man hem weten:

> 'De anderen worden volgens vastgestelde quota gedood. Eerst komen de ouderen en zieken aan de beurt, dan de werklozen, dan degenen die geen voor de oorlogsinzet belangrijke arbeid verrichten en tenslotte diegenen die bij de aanleg van wegen, sporen of in fabrieken werkzaam zijn. Uiteindelijk zullen ze ons allemaal ombrengen.'[627]

Zijn begeleiders wilden hem een tafereel laten zien dat ze 'de jacht' noemden en brachten hem in een huis vanwaar hij door een spleet naar buiten kon kijken. Hij zag twee blonde Duitse jochies in het uniform van de *Hitlerjugend*. Eén van hen haalde een pistool uit zijn broekzak, zocht een doelwit uit en schoot. Karski hoorde glas rinkelen en de doodskreet van een man.

> 'De jongen die schoot, jubelde van vreugde. De andere jongen klopte hem op zijn schouder en zei iets tegen hem waaruit kennelijk waardering bleek. Ze grijnsden naar elkaar, bleven nog een tijdje brutaalweg staan en hadden schik in wat er was gebeurd, als waren ze zich maar al te zeer bewust van hun onzichtbare publiek. Daarna begaven ze zich gearmd en doodgemoedereerd naar de uitgang van het getto, terwijl ze op vreugdevolle wijze met elkaar praatten, als waren ze net van een sportwedstrijd gekomen.'[628]

Nadat hij dit gezien had, wilde hij zo snel mogelijk weg uit het getto – deze 'dodenstad', waar alles doortrokken was van de dood. Maar twee dagen later bracht hij een tweede bezoek aan het getto om alles nog eens goed in zich op te nemen. Opnieuw was hij ooggetuige van de vreselijkste taferelen.[629] Feiner en de Joodse ondergrondse wilden echter dat Karski nog meer te zien kreeg. Het plan was om hem voor korte tijd in een vernietigingskamp van de SS te smokkelen zodat hij daar met eigen ogen kon zien hoe 'de oplossing van het Joodse probleem' door de nazi's werd gerealiseerd. Ook dit moest hij na aankomst in Engeland aan de buitenwereld bekendmaken. Karski was immers een van de belangrijkste koeriers van de Poolse ondergrondse. Deze hoogst geheime operatie vond enkele dagen na zijn tweede bezoek aan het getto van Warschau plaats. Karksi zelf schrijft dat het om het vernietigingskamp Belzec ging. In dit kamp waren er volgens de cijfers van de SS in 1942 liefst 434.508 Joden vermoord.[630] Volgens Karskibiografen E. Thomas Wood en Stanislaw M. Jankowski werd Karski niet Belzec binnengesmokkeld, maar het tussen Belzec en Lublin gelegen kamp Izbica Lubelska (op ongeveer vijftig kilometer van Belzec). Hier werden Joden uit heel Europa naartoe gebracht, maar de meeste Joden kwamen uit Tsjechoslowakije.[631]

De Joodse ondergrondse kocht een tweetal Oekraïense bewakers om en Karski kon het uniform van de ene bewaker gebruiken terwijl de andere, die een beetje Duits sprak, hem het kamp zou binnensmokkelen. (In de Engelse versie van zijn boek staat dat het om Estse bewakers ging, maar dit klopte niet; in Belzec en andere kampen in de buurt waren er alleen Oekraïense bewakers.[632])

In de omgeving van het kamp aangekomen, hoorde Karski geschreeuw en schoten. 'Het is afgelopen met wie daar aankomt', zei zijn Oekraïense begeleider. Er waren maar enkele barakken, de rest van het kleine kamp was volgestouwd met hongerige, dorstige, stinkende en uitgeputte mensenmassa's, afgeschermd door prikkeldraad. De meesten kwamen uit getto's in Slowakije en het bezette Tsjechië. Ze hadden al drie of vier dagen geen eten of drinken gehad.[633]

Het lukte inderdaad om het kamp binnen te komen. De Duitsers hadden ook Karski voor een Oekraïense bewaker aangezien en hem niet eens naar zijn papieren gevraagd. De echte Oekraïense bewaker bracht hem naar een poort van waaruit hij een even buiten het kamp gereedstaande goederentrein en een perron kon zien. Er verschenen twee Duitse politiemannen en een SS'er. De poort ging open. Voor de ingang versperden twee goederenwagons de weg. De SS'er brulde dat alle Joden in de trein moesten om naar een plek te worden gebracht waar 'arbeid' op hen wachtte. Met zijn pistool schoot hij drie keer in de opeengedrongen massa. Met nog meer schoten werd de massa in de reeds gereedstaande goederenwagons gedreven. Per wagon liefst 120 tot 130 Joden. De deuren van de afgeladen wagons werden dichtgesmeten. Op de bodem lag ongebluste kalk, dat, zodra het met vocht in aanraking komt, een sterke hitte ontwikkelt. De bezwete lichamen van de slachtoffers die helemaal onderaan lagen, kwamen in aanraking met de ongebluste kalk waardoor zij levend verbrandden. Er waren volgens Karski in totaal liefst 46 wagons en het duurde drie uur voordat zij allemaal vol waren.[634]

'Op deze wijze moesten de Joden op pijnlijke wijze sterven, zoals Himmler het in 1942 in Warschau, "in overeenstemming met de wil van de *Führer*", had verzekerd.' Het was een 'effectieve en goedkope werkzame stof, alsof die speciaal voor dit doel gemaakt was'.[635]

Achterblijvers in het kamp werden alsnog doodgeschoten. Volgens Karski's informanten reed de trein ongeveer 130 km naar een afgelegen veld om daar drie of vier dagen te wachten todat iedereen dood was. Daarna werden de lijken uit de trein gehaald, verbrand en de laatste resten in een massagraf begraven. Dat nam ongeveer twee dagen in beslag. Daarna begon alles weer opnieuw, want in het kamp was weer een grote groep Joden gearriveerd.[636]

Zonder problemen wisten Karski en zijn begeleider uit het kamp weg te komen. Hij kreeg van het Poolse en Joodse verzet een groot aantal documenten op microfilm mee. Via Duitsland, Nederland, België, Frankrijk, Spanje en Gibraltar kwam hij in november 1942 in Londen aan. De microfilms, die hij in Frankrijk nog bij zich had, werden met hulp van de Poolse ondergrondse in Parijs via de diplomatieke post van een neutraal land naar Londen verstuurd waar ze nog eerder arriveerden dan Karski zelf.[637]

Van het materiaal werd op 25 november een eerste korte samenvatting verspreid die was bestemd voor verschillende geallieerde regeringen en vertegenwoordigers van Joodse organisaties. Ook schreef Karski voor de Poolse regering-in-ballingschap een uitgebreid rapport over wat hij in Polen had gezien. Deze regering zette daarop de geallieerden, vooral de Britten en de Amerikanen, onder druk. De beide Joodse leden van de Poolse Nationale Raad, Zygielbojm en Schwarzbart, lichtte Karski eind november/begin december in. Het is zeker dat Karski's rapport ertoe heeft bijgedragen dat de geallieerden in december kwamen met een gezamenlijke verklaring over de wijze waarop de nazi's de Joden in Europa probeerden uit te roeien.

In Londen had Karski begin februari 1943 twee ontmoetingen met de Britse minister van Buitenlandse Zaken Anthony Eden, maar deze stond niet toe dat de koerier uit Polen door Churchill werd ontvangen.[638] Later dat jaar had Karski in Washington wel een gesprek met president Roosevelt. In 1944 verscheen zijn geruchtmakende boek *Story of a secret state*. Daarnaast gaf hij tal van interviews aan de media. Niettemin waren er in Engeland en Amerika nog velen, zelfs op hoog niveau, die de berichten over de massale 'vergassing' van Joden niet serieus namen. Zo schrijft Laqueur dat het Britse ministerie van Buitenlandse Zaken in het najaar van 1943 besloot om in een gezamenlijke verklaring van Stalin, Roosevelt en Churchill elke verwijzing naar het gebruik van gaskamers achterwege te laten omdat men het bewijs niet betrouwbaar achtte. Zo waren er ook Joodse leiders die het niet konden of wilden geloven.[639]

En dat terwijl de redelijk betrouwbare informatie van Karski al eind 1942 tot de buitenwereld was doorgedrongen. Op 17 december 1942 ging de Poolse minister van Buitenlandse Zaken, Edward Raczynski, op de BBC in op rapporten uit Polen waarin 'een verdere intensivering van de Duitse terreur' werd beschreven:

> *'In het bijzonder heeft de Poolse regering aan de regeringen van de Verenigde Naties authentieke informatie doorgegeven over de massaslachting niet alleen onder die Joden die de Duitsers in Polen hebben overmeesterd, maar ook over de honderdduizenden van diegenen die zij uit andere landen hebben overgebracht en in getto's die zij in ons land hebben opgericht, hebben gevangengezet.'*[640]

Volgens Raczynski was er in het kader van 'deze Duitse uitroeiingspolitiek' al meer dan ééénderde van de 3.130000 Poolse Joden vermoord, dus meer dan één miljoen Joden. Dit cijfer, dat volgens Raczynski gebaseerd was op 'de rapporten uit Polen waarover de Poolse regering beschikte', was eind 1942 inderdaad redelijk nauwkeurig. Dit bleek onder meer uit het eerdergenoemde Höfletelegram aan Eichmann, dat men toen echter niet kende.

Een Poolse koerier die in 1942 verslag uitbrengt over wat er in Auschwitz gebeurt

Hoewel Karski's rapporten niet direct over Auschwitz gingen, waren ze wel van groot belang omdat ze gedetailleerd beschreven hoe de nazi's er bewust naar streefden om álle Joden in Europa uit te roeien. Auschwitz was een belangrijk onderdeel van een veel groter uitroeiingsprogramma. Heel het bezette Polen was in een echt 'slachthuis' veranderd en Auschwitz maakte deel uit van dat slachthuis. De op 25 november 1942 verspreide samenvatting van Karski's (eerste) rapport vormde een bevestiging van de informatie die Gerhart Riegner al in augustus had doorgegeven.[641]

Maar behalve Karski was er in 1942 nog een koerier uit Polen die belangrijke informatie over de Holocaust had. En zijn informatie ging wél over Auschwitz. Omtrent zijn identiteit bestaat geen zekerheid. Het ging waarschijnlijk om Jerzy Salski. Deze was in november 1941 vanuit Londen naar Polen gestuurd waar hij tot begin oktober 1942 bleef.[642] Volgens Martin Gilbert, die de naam van de koerier niet noemt, nam hij in Warschau contact op met de Poolse ondergrondse die hem naar de stad Auschwitz, vlakbij het kamp zelf, stuurde om uit te zoeken wat er in dat kamp gebeurde.[643] Niet alles in zijn rapport stemde overeen met de feiten, maar er stonden andere interessante details in die wel degelijk klopten. Hij woonde daar een aantal weken en kreeg zijn informatie van Poolse gevangenen die vrijgelaten werden:

> 'Toen ik Auschwitz eind september (1942) verliet, bedroeg het aantal geregistreerde gevangenen meer dan 95.000. (...) Onder de (niet-geregistreerden bevonden zich) 20.000 Russische krijgsgevangenen die daar in de zomer van 1940 (1941) naartoe werden gebracht, samen met grote aantallen Joden uit andere landen. De krijgsgevangenen stierven van honger. Joden werden massaal omgebracht.
> Op grond van informatie die ik verzamelde en ter plaatse kreeg, kan ik bevestigen dat de Duitsers de volgende methoden gebruikten om mensen te doden: a) gaskamers: de slachtoffers werden uitgekleed en in die kamers gebracht waar zij stikten; b) elektrische kamers: die kamers hadden metalen muren. De slachtoffers werden naar binnen gebracht en daarna aan een elektrische stroom met een hoog voltage blootgesteld; c) het zogenaamde Hammerluftsysteem. Dit is een hamer van lucht (mogelijk een methode om iemand te doden door middel van hoge luchtdruk); d) doodschieten, vaak werd iedere tiende persoon zo gedood.'[644]

De informatie over de 'elektrische kamers' en het Hammerluftsysteem klopte niet, wel die over gaskamers en de executie van gevangenen. In zijn rapport ging de koerier gedetailleerder in op de gaskamers in Birkenau, waar grote aantallen Joden werden vergast:

> 'Mannen van de Gestapo hadden zich zo opgesteld dat zij met gasmakers het sterven van massale aantallen slachtoffers konden zien. Met grote schoppen werden de lijken door de Duitsers opgepakt en buiten Auschwitz gebracht. Ze maakten kuilen waar de doden werden begraven en vervolgens bedekten ze de kuilen met kalk. Het verbranden van slachtoffers door middel van elektrische ovens gebeurde (in deze periode) zelden. Dit omdat er in zulke ovens alleen maar ongeveer 250 mensen binnen vierentwintig uur konden worden verbrand.'[645]

In Londen rapporteerde de koerier onder meer aan Ignace Schwarzbart die het weer doorgaf aan de vertegenwoordiging van de Poolse Joden binnen het Joods Wereldcongres.[646] Anders dan met Karski's informatie en rapporten het geval was, gebeurde er met dit rapport, dat gedateerd was 18 april 1943 en dat onder meer de grootschalige moorden in Auschwitz beschreef, helemaal niets. Mogelijk, zo stelt Gilbert, had men deze informatie over Auschwitz over het hoofd gezien omdat het rapport eerst uitvoerig inging op het getto van Warschau en die feiten waren al grotendeels bekend.[647] Breitman stelt dat zowel de Amerikaanse als de Britse regering ervan op de hoogte waren. Volgens Breitman kwam de Poolse militaire inlichtingendienst op 18 mei 1943 met een nieuw rapport over de situatie in Polen. Dit rapport werd per diplomatieke post naar Washington gestuurd, in juni kreeg de Amerikaanse *Joint Chiefs of Staff* er een kopie van. Het rapport meldde dat er in Auschwitz-Birkenau 640.000 mensen waren vermoord – 65.000 Polen, 20.000 Russische krijgsgevangenen en 520.000 Joden.[648]

De Pool Witold Pilecki rapporteerde al in 1942/43 over de gaskamers in Auschwitz, maar werd toen niet geloofd

Terwijl Jerzy Salski alleen maar in het stadje Auschwitz verbleef om daar alles te noteren wat hem ter ore kwam, lukte het een andere Poolse officier wel om tot het kamp zelf door te dringen en daarover te rapporteren. Het ging om Witold Pilecki, die zich na de Duitse inval in Polen in 1939 bij het *Tanja Armia Polska* (TAP, Geheime Poolse leger) en het *Armia Krajowa* (AK, Binnenlands leger) aansloot. Zijn nieuwsgierigheid werd al vroeg gewekt door het in 1940 opgerichte kamp Auschwitz. Hij wilde weten wat er daar gebeurde. Hij stelde aan hogere officieren een plan voor om zich te laten arresteren om dan vervolgens naar het concentratiekamp te worden gestuurd. Over wat hij daar zou meemaken zou hij regelmatig rapporteren. Hij kreeg inderdaad toestemming en liet zich op 19 september 1940 tijdens een razzia in Warschau oppakken. Hij werd vervolgens naar Auschwitz gestuurd waar hij het nummer 4859 kreeg. In Auschwitz organiseerde hij het ondergrondse verzet, de zogenaamde *Zwiazek Organizacji Wojskowej* (ZOW, de Unie van militaire organisaties), die aan de Poolse ondergrondse buiten het kamp waardevolle inlichtingen over het kamp doorgaf. Begin maart 1941 werden Pilecki's rapporten via het ondergrondse verzet doorgestuurd naar de Britse regering in Londen. In 1942 wist de groep rond Pilecki in het kamp een geheime radiozender te bouwen die tot de herfst rapporteerde over het aantal gevangenen dat tot het kamp werd toegelaten, het aantal doden en de toestand waarin de gevangenen zich bevonden. De rapporten van Wiltold waren een belangrijke bron van inlichtingen voor de geallieerden. Op 10 december 1942 publiceerde de Poolse regering-in-ballingschap het rapport *The Mass Extermination of Jews in German occupied Poland*.[649]

Eén van de gruwelijke zaken waarover Pilecki rapporteerde, was het nieuwe begrip 'moslim'. Met zogenaamde 'moslims', of in het Duits *Muselman(n)*, duidden de nazi's sinds begin april 1941 volstrekt uitgehongerde en sterk vermagerde gevangenen aan. (Zie hierover ook de hoofdstukken 2 en 5.) 'Het ging', aldus Pilecki, 'om een schepsel dat op de grens van leven en crematorium balanceerde'. De Duitsers lieten deze uitgeputte gevangenen in het ziekenhuis of het *Schönungsblock* vaak in rijen staan, maar die marteling verkortte hun leven nog meer. Pilecki typeerde het jaar 1942 als 'het meest afschuwelijke jaar'.[650]

Dat jaar ontdekte Pilecki dat er nieuwe betonnen hutten zonder ramen en met sproeiers of douchekoppen aan het plafond werden gebouwd. Hij ontdekte ook dat Joodse gevangenen deze nieuwe hutten werden binnengedreven waar er uit de sproeiers geen water maar cyanidegas stroomde.[651] Tevoren hadden deze Joden zich helemaal uit moeten kleden, zo rapporteerde Pilecki in 1943:

> *'Daarna gingen ze met honderden tegelijk, mannen met kinderen afzonderlijk, de hutten in die zogenaamd badruimtes waren (terwijl het om gaskamers ging!). Voor de schijn waren er aan de buitenkant ramen te zien, maar aan de binnenkant was er alleen een muur. Nadat de verzegelde deur was dichtgedaan, vond er binnen de massamoord plaats.*
>
> *Vanaf een balkon of gallerij wierp een SS-man met gasmasker op gas op de hoofden van de menigte onder hem. (...) Het duurde verscheidene minuten. Ze wachtten tien minuten. Daarna werd er gelucht, werden de deuren tegenover het balkon geopend en brachten uit Joden bestaande commando's de nog warme lichamen met kruiwagens en karren naar het nabijgelegen crematorium waar de lijken snel werden verbrand.'*[652]

Niet alle details klopten. Er was in de gaskamer geen balkon of gallerij waar een SS'er met een gasmaker op 'gas op de hoofden van de menigte onder hem wierp'. Dat gebeurde door een opening in het dak. (Zyklon B had namelijk de vorm van blauw-grijze 'brokken', die in een blik zaten en die pas in de gaskamer in gas overgingen.) Pilecki typeerde Auschwitz wel terecht als 'dat slachthuis voor mensen'.

In september 1942 werd de Poolse communist Jozef Cyrankiewicz vanuit de gevangenis van Montelupich naar Auschwitz gestuurd. Hij kreeg het gevangenennummer 62933 en sloot zich in het kamp onmiddellijk bij het Poolse verzet aan.[653] Hij werkte nauw met Pilecki samen.

Eind 1942 wisten vier gevangenen uit Auschwitz te ontsnappen. Eén van hen werd door de Gestapo opgepakt en verhoord. Hij behoorde bij de groep van Pilecki die nu vreesde dat zijn activiteiten zouden worden ontdekt. In april 1943 wist hij zelf uit Auschwitz te ontsnappen en gestolen documenten mee te nemen. Hij slaagde erin Warschau te bereiken waar hij zich aansloot bij de inlichtingenafdeling van het AK. Een uitvoerig rapport, het zogenaamde 'Witoldrapport', ging in augustus 1943 naar Londen en andere geallieerde regeringen. Maar het werd niet door iedereen serieus genomen. Zo schatte Pilecki dat er gedurende de eerste drie jaar in Auschwitz al twee miljoen mensen waren omgekomen. Dat cijfer werd terecht veel te hoog geacht.[654] Hij noemde echter wel min of meer juiste cijfers over de aantallen Joden die tussen september 1942 en begin juni 1943 naar Auschwitz waren gedeporteerd: ongeveer 60.000 Joden uit Griekenland, 50.000 uit Slowakije en het Protektoraat Böhmen und Mähren (bezet Tsjechië), 60.000 uit Nederland, België en Frankrijk alsmede 16.000 uit Poolse steden. Van hen zou twee procent nog in leven zijn. Volgens Raul Hilberg werd het rapport door het Amerikaanse *Office of Strategic Studies* (OSS), de voorloper van de CIA, die het stuk in augustus 1943 had ontvangen, als dossierstuk opgeborgen, voorzien van een aantekening dat er geen aanwijzing was die erop wees dat de bron betrouwbaar was. Deze opmerkelijke notitie uit april 1944 was afkomstig van OSS-functionaris Ferdinand Lammot Belin, die in 1932/33 ambassadeur in Polen was geweest.[655]

In 1944 nam Pilecki deel aan de opstand in Warschau. In 1948 werd hij door de nieuwe communistische machthebbers na een showproces in Warschau geëxecuteerd. De ondankbare communist Cyrankiewicz, die in 1947 premier was geworden, getuigde tegen hem. Pilecki werd echter in oktober 1990 gerehabiliteerd. De staat Israël eerde hem posthuum als een van de meer dan 6200 Poolse 'rechtvaardigen onder de volken'.

SS-officier Kurt Gerstein lekt informatie over de gaskamers uit

Er is een Nederlander die in februari 1943 betrouwbare informatie over de gaskamers van Auschwitz ontving. Het ging om de uit het Gelderse Doesburg afkomstige Johan Herman Ubbink, bij wie tijdens de bezettingstijd ook enkele Joden konden onderduiken. Yad Vashem verklaarde in 1974 dat Ubbink en zijn vrouw Anna tot de 'rechtvaardigen onder de volken' behoorden.[656] Als jongeman was Ubbink lid van de *Deutsche Christliche Studentenverein* waar hij de Duitse student Kurt Gerstein leerde kennen en met hem een hechte vriendschap sloot. Gerstein studeerde af als ingenieur in de mijnbouw, maar maakte zijn daaropvolgende medicijnenstudie niet geheel af. Hij was, evenals zijn Nederlandse vriend Ubbink, een zeer gelovig man. In de jaren dertig van de vorige eeuw sympathiseerde hij met de zogenaamde 'Belijdende Kerk', een vleugel binnen de lutherse (evangelische) staatskerk die botste met de ideologie van de nazi's. Aan de andere kant voelde Gerstein, die uit een conservatief milieu stamde, zich juist tot diezelfde nazi's aangetrokken. Hij werd lid van de nazipartij, de NSDAP, maar werd in 1936 weer uit de partij gegooid. Hij wist echter weer het vertrouwen van de nazi's te winnen en trad in maart 1941 tot de SS toe. Volgens zijn eigen verklaring wilde hij weten hoe het er bij de SS intern aan toeging. Een schoonzuster van hem, Bertha Ebeling, was namelijk in het kader van Hitlers zogenaamde 'euthanasieprogramma' ('T4') in de euthanasie-inrichting Hadamar door middel van vergassing gedood en daarna gecremeerd.[657]

Hitler had in 1939 persoonlijk opdracht gegeven om lichamelijk en geestelijk gehandicapten en demente bejaarden een zogenaamde 'zachte dood' ('euthanasie') te doen sterven. In feite gebeurde dit vaak door middel van vergassing. SS-officieren waren verantwoordelijk voor de uitvoering en een aantal van hen zou later ook een belangrijke rol spelen bij de vergassing van Joden. Eén van hen was *SS-Sturmbannführer* (later: *Obersturmbannführer*) Christian Wirth, die tussen 1939 en 1941 een leidende rol in het 'euthanasieprogramma' speelde en daarna ongeveer acht maanden commandant van het vernietigingskamp Belzec was. Daarna werd hij in het kader van *Aktion Reinhar(d)t* 'inspecteur' van de vernietigingskampen Sobibor, Belzec, Majdanek en Treblinka. Een ander voorbeeld was *SS-Hauptsturmführer* Franz Stangl, die via het 'euthanasieprogramma' promoveerde tot commandant van Sobibor en later van Treblinka. (Hij was toen *Obersturmbannführer*.) Stangl zou na de oorlog eerst naar Syrië en daarna naar Brazilië uitwijken, maar dankzij de inspanningen van Simon Wiesenthal werd hij aan Duitsland uitgeleverd waar hij in 1971 in gevangenschap stierf.

Gerstein wilde over de kwalijke rol van de SS zoveel mogelijk informatie verzamelen om de buitenwereld daarover in te lichten. Hij kon worden gezien als een spion of infiltrant die maar één bedoeling had: de buitenwereld waarschuwen voor de misdaden van de SS. In een artikel in *Der Spiegel* noemde Saul Friedländer hem *Spion im Lager der Mörder* (Spion in het kamp van de moordenaars).[658]

Misschien was Gerstein enigszins te vergelijken met Hans Oster, een hoge officier van de Duitse *Abwehr* (militaire inlichtingendienst) die aan zijn vriend Bert Sas, de Nederlandse militair attaché in Berlijn, tevoren de data van Hitlers invasieplannen van Denemarken, Noorwegen, Polen, Nederland,

België en Frankrijk doorgaf. Helaas werd de informant van Sas in Den Haag niet geloofd, totdat het te laat was. Met name de toenmalige minister van Buitenlandse Zaken, mr. Eelco van Kleffens, die hoe dan ook Hitler niet voor het hoofd wilde stoten, speelde hierbij een bijzonder kwalijke rol. Ook de rol van de Britse premier Sir Neville Chamberlain, die veel te lang dacht dat Hitlers beloftes en handtekening serieus konden worden genomen, was niet bijzonder fraai.

Oster was al vanaf 1938 nauw betrokken bij concrete plannen om een staatsgreep tegen Hitler te plegen. Die plannen waren redelijk ver gevorderd – Oster had zelfs enkele belangrijke generaals voor zijn plannen weten te strikken –, totdat Chamberlain in september 1938 een spaak in het wiel stak door terwille van de lieve vrede – *'Peace in our time!'* – aan Hitler belangrijke concessies te doen waardoor de populariteit van de genadeloze Duitse dictator in eigen land ineens tot ongekend grote hoogte steeg en de betreffende generaals zo'n staatsgreep niet meer aandurfden. Tenslotte was Oster hoogst verontwaardigd over de talloze misdaden van de SS in het bezette Polen waar zogenaamde *Einsatzgruppen* per dag 200 executies voltrokken, onder hen ook vrouwen en kinderen. De Nederlandse journalist Bert Tigchelaar publiceerde over dit alles in 2004 het onthullende boek *De gemiste kans*.[659]

Ongetwijfeld speelde hun christelijk geweten zowel in het geval van Gerstein als Oster een belangrijke rol.

Eerst moest Gerstein in Hamburg-Lagenhorn, Arnhem (in het bezette Nederland) en Oranienburg een speciale opleiding bij de *Waffen-SS* volgen. In Arnhem, waar hij in de lente van 1941 verbleef, nam hij direct contact op met zijn Nederlandse vriend Ubbink, die inmiddels als ingenieur was afgestudeerd.[660] Volgens De Jong onthulde Gerstein Ubbink waarom hij tot de SS was toegetreden. Na de oorlog, in september 1949, verklaarde Ubbink dat Gerstein tegen hem had gezegd dat hij *'endlich einmal bei Hitler und seiner Bande in den Topf gucken wollte um ganz genau zu sehen was sie eigentlich kochten'* ('dat hij eindelijk eens bij Hitler en diens bende in de kookpot wilde kijken om te zien wat zij eigenlijk bekokstoofden').[661]

Gerstein kwam bij de afdeling 'hygiëne' van de 'gezondheidsdienst' van de *Waffen-SS* terecht (*Amtsgruppe D*). Hij moest toezien op hygiëne en ontsmetting in onder meer de concentratiekampen en boekte groot succes bij het bestrijden van een tyfusepidemie in die kampen.

In januari 1942 kreeg Gerstein een leidinggevende functie in het zogenaamde 'desinfectie'-programma van de SS. Daar viel ook 'ontsmetting' door middel van zeer gevaarlijke gifgassen onder. Zo had hij bijvoorbeeld direct te maken met het bestellen van Zyklon B voor de SS. Dit gas werd niet alleen in Auschwitz, maar ook in het vernietigingskamp Majdanek gebruikt, maar niet in de andere vernietigingskampen in het bezette Polen. In die andere kampen werden Joden wel met koolmonoxide of uitlaatgassen uit motoren om het leven gebracht. In juni 1942 kreeg Gerstein bezoek van *SS-Sturmbannführer* Rolf Günther, plaatsvervanger van Eichmann in het in 1939 opgerichte RSHA. Hij moest met 100 kilo blauwzuur (Zyklon B) naar een geheime locatie rijden. Vergezeld door een hoge SS-medicus genaamd Wilhelm Pfannenstiel reisde Gerstein in augustus naar Lublin voor een bespreking met Odilo Globocnik, de chef van *Aktion Reinhart*. In bijzijn van Christian Wirth bezocht hij Belzec en Treblinka. Globocnik wilde, zo schreef Gerstein in mei 1945, dat er overgeschakeld werd naar het veel snellere gifgas Zyklon B. Het gesprek verliep daarna volgens Gerstein als volgt:

> *'Eergisteren en gisteren waren de Führer (Hitler) en Himmler hier. Op hun bevel moet ik u persoonlijk daarheen brengen. Het is niet mijn gewoonte om aan willekeurige personen toegangskaarten te verstrekken!"*
> *Toen vroeg Pfannenstiel: "Wat heeft de Führer gezegd?" Glob (Globocnik): "Sneller, voer de hele aktie sneller uit."'* [662]

Volgens Himmlers *Dienstkalender* voerde Himmler in augustus 1942 inderdaad meerdere gesprekken met Globocnik, en wel op 17 augustus in Lemberg en op 21 augustus in Lublin.[663] Dat Hitler die maand gelijktijdig met Himmler Globocnik zou hebben bezocht, blijkt hier echter niet uit. Op 21 augustus was Hitler in elk geval niet in Lublin, want toen hield hij zowel 's middags als 's avonds in het Oost-Pruisische *Führerhauptquartier* saaie tafelredes.[664] Er is dus geen bewijs dat Hitler Globocnik ter plaatse heeft gemaand om het vergassingsproces te versnellen. Integendeel, Hitler heeft in de zomer van 1942 zijn *Führerhauptquartier* nooit verlaten.[665] Als Globocnik inderdaad het tegendeel heeft beweerd, moet het opschepperij zijn geweest.

Gerstein was er in ieder geval wél en wat hij op 18 augustus in Belzec en op 19 augustus in Treblinka zag, de wijze waarop de Joden daar in kleine ruimtes werden samengedreven om te worden vergast, schokte hem zozeer dat hij meer dan ooit vastbesloten was om zijn kennis van deze misdaden met anderen te delen. In zijn rapport uit mei 1945 ging hij hier uitvoerig op in.

Op 18 augustus arriveerde er in Belzec een trein met 6700 Joden van wie er al 1450 bij aankomst dood waren. Tweehonderd Oekraïense collaborateurs openden de deuren en sloegen de mensen met zwepen uit de wagon. Die moesten al hun kostbaarheden afgeven en zich volledig uitkleden. Bij vrouwen werden de haren afgeknipt. Gerstein en Wirth stonden vlakbij de gaskamers. Mannen, vrouwen, kinderen en moeders met baby's liepen de gaskamer binnen en kregen van een SS'er te horen dat hen niets zou overkomen. Ze moesten binnen alleen diep ademhalen, daardoor zouden de longen groter worden en zo zouden ziektes en epidemieën worden bestreden. Als ze vroegen wat er met hen ging gebeuren, werd gezegd dat de mannen tewerkgesteld zouden worden en dat de vrouwen niet hoefden te werken, hooguit helpen in de huishouding of in de keuken.[666]

> *'Dit gaf enkele van deze arme mensen een sprankje hoop, genoeg om zonder zich te verzetten de weinige stappen naar de (gas)kamers te zetten. De meerderheid is zich bewust van het lot dat hen wacht, de stank zegt hen daarover genoeg! Aldus beklimmen zij de kleine trap en daarna zien ze alles. Moeders met kleine kinderen aan de borst, kleine naakte kinderen, volwassenen, mannen, vrouwen, allen naakt – zij aarzelen, maar zij betreden de kamers des doods, naar voren geduwd door hen die achter hen zijn of gedreven door de lederen zwepen van de SS.*
>
> *De meerderheid (doet dit) zonder een woord te zeggen. Een Jodin van ongeveer veertig jaar oud roept met vlammende ogen de wraak af over de hoofden van de moordenaars vanwege het bloed dat hier vergoten wordt. Zij krijgt vijf of zes zweepslagen in haar gezicht van Hauptmann Wirth persoonlijk met zijn paardenzweep, daarna verdwijnt zij ook in de (gas)kamer. Velen bidden. Ik bid met hen, ik druk me in een hoekje en roep luid mijn en hun God aan. Hoe blij zou ik zijn als ik samen met hen de (gas)kamer zou zijn binnengegaan. Hoe blij zou ik zijn als ik dezelfde dood als zij gestorven zou zijn. Dan zouden ze een geuniformeerde SS-man in hun (gas)kamers hebben aangetroffen – dat zouden ze dan als ongeluk hebben afgedaan, één man die stilletjes vermist was. Niettemin is het mij niet toegestaan dit te doen. Allereerst moet ik vertellen wat ik hier meemaak!'*[667]

Dit citaat schept een goed, feitelijk juist en dramatisch beeld van de wijze waarop de Joden de gaskamers werden binnengedreven of geduwd, niet alleen in Belzec, maar ook in Auschwitz. Het enige wat niet kán kloppen, is de bewering van Gerstein dat 700 tot 800 mensen in ruimtes (gaskamers) van 45 kubieke meter werden gepropt.[668]

Een SS'er vertelde Gerstein dat de slachtoffers ook tijdens de koude winters naakt buiten moesten wachten tot ze de gaskamer in konden. 'Ze kunnen zo van de koude doodgaan', zei hij tegen die SS'er. 'Ja, dat is precies waarom ze hier zijn!' antwoordde hij.[669]

Volgens Gerstein werden er bij de vergassing uitlaatgassen van een machine die op dieselolie liep, gebruikt. Die machine werd bediend door *SS-Unterscharführer* Lorenz Hackenholt. (Die zat eerst bij Hitlers 'T4'-euthanasieprogramma.) Er waren vier gaskamers waar de slachtoffers in werden gedreven totdat er niemand meer bij kon. Toen Gerstein ooggetuige van dit alles was, sloeg de dieselmotor niet aan, zodat degenen die zich in de stampvolle gaskamer bevonden, twee uur en 49 minuten moesten wachten. Gerstein had die tijd met zijn stopwatch opgenomen. Na ruim een half uur was iedereen in de gaskamer dood, werden de lijken eruit gehaald en uit de monden gouden tanden en kiezen verwijderd.

> *'Bij dit alles loopt Hauptmann Wirth druk in 't rond. Hij is in zijn element. Sommige arbeiders (Gerstein bedoelt hier de dwangarbeiders van het Sonderkommando, V.) zoeken in de genitaliën en de anus van de lijken naar goud, diamanten en kostbaarheden. Wirth roept mij bij zich. "Til deze kan vol met gouden tanden eens op, dat is alleen al de opbrengst van gisteren en eergisteren." Zijn taalgebruik is ongelooflijk vulgair en onjuist als hij tegen mij zegt: "Je zult niet geloven wat wij dagelijks aan goud en diamanten en dollars vinden! Kijk zelf maar!"'*[670]

De volgende dag – 19 augustus – bezocht Gerstein het grotere vernietigingskamp Treblinka, ten noordoosten van Warschau. Hier waren er liefst acht gaskamers. Er lagen bergen met lege koffers en kleding.

> *'Te onzer ere werd er in de gemeenschapsruimte een feestmaal in oude Duitse stijl georganiseerd. De maaltijd was eenvoudig, maar alles was in voldoende mate voorhanden. Himmler had zelf bevel gegeven dat de mannen van deze commando's zoveel vlees, boter en andere zaken, vooral alcohol, konden krijgen als zij maar wensten.'*[671]

Dit alles schokte Gerstein zozeer dat hij meer dan ooit vastbesloten was zijn kennis van deze misdaden met zoveel mogelijk anderen te delen. Hij had nu inderdaad *'bei Hitler und seiner Bande in den Topf geguckt'* en gezien *'was sie eigentlich kochten'.* De eerste met wie hij sprak, was de Zweedse baron Göran von Otter, die hij op 20 augustus 1942 in de trein van Warschau naar Berlijn toevallig had ontmoet. Hij beschreef de 'lichamenfabriek' Belzec en toonde documenten over de aanschaf van cyanidegas (Zyklon B). Een half jaar later sprak Gerstein opnieuw met von Otter, die diens informatie inderdaad aan het ministerie van Buitenlandse Zaken in Stockholm had doorgegeven. De Zweedse regering had er vervolgens niets mee gedaan. Ook had Gerstein zich tot bisschop Otto Dibelius, één van de leidinggevende figuren binnen de Belijdende Kerk, gewend. Deze markante kerkleider was geheel op zijn hand, maar tot een openlijk protest kwam het niet. De pauselijke nuntius in Berlijn, mgr. Cesare Orsenigo, wees hem zelfs de deur. Orsenigo, zo stelt Laqueur, was er zeer op tegen om Hitler voor het hoofd te stoten.[672] Gerstein zelf schreef in mei 1945 dat de pauselijke nuntius hem de deur wees nadat hem gevraagd was of hij een soldaat was. (Mogelijk droeg hij het uniform van een SS-officier.) Toch gaf hij de moed niet op en wendde zich tot een zekere dr. Winter, de syndicus van de Berlijnse bisschop Konrad von Preysing. Deze katholieke bisschop stond als een overtuigd tegenstander van de nazi's bekend. Ook de familie Niemöller (ds. Martin Niemöller, een van de oprichters van de Berlijdende Kerk, zat zelf in het concentratiekamp Dachau) en de persattaché van de Zwitserse ambassade in Berlijn, dr. Oscar Hochstrasser, werden ingelicht.[673] Maar de Zwitsers deden weinig met deze informatie en de Zwitserse grens bleef voor de meeste Joden die naar Zwitserland wilden vluchten, gesloten. En dat terwijl de Zwitserse regering al in maart 1942 uit betrouwbare bron informatie over de uitroeiing van de Joden had ontvangen en in augustus nog meer informatie, die ontleend was aan het Joods Wereldcongres in Genève, ontving.[674]

'Tötungsanstalten in Polen': het illegale blad Trouw publiceert er niets over (1943)

Tenslotte nodigde Gerstein zijn Nederlandse vriend Ubbink in februari 1943 uit om naar Berlijn te komen. Hij vertelde hem alles wat hij in Belzec en Treblinka had gezien. Twintig jaar later, op 7 november 1963, schreef Ubbink aan De Jong, dat de verhalen die Gerstein hem vertelde, 'volledig ongelofelijk' waren. 'Zo gruwelijk dat ik er niet over spreken vermocht.' Hij sprak er in 1943 wel met Cornelis van der Hooft over. Die was medewerker van de Landelijke Organisatie voor Hulp aan Onderduikers – Ubbink had zelf onderduikers in huis, dus hij kende Van der Hooft. Bovendien was betrokkene medewerker van het pas opgerichte illegale blad *Trouw*. Het kostte Ubbink moeite om Van der Hooft te overtuigen van de juistheid van zijn berichten. Niettemin schreef Van der Hooft op 25 maart met de hand een verslag van Gersteins waarnemingen. Deze samenvatting, *Tötungsanstalten in Polen*, was inderdaad een juiste weergave van wat Gerstein aan Ubbink had verteld.[675]

Toch had hij de nodige twijfels, want, zo stelt De Jong, hij gaf dit verslag, 'na overleg met twee illegale relaties', *niet* door aan de redactie van *Trouw*.

Anderen stellen dat Van der Hooft dit besloot 'na overleg met collega's van *Trouw*'.[676] Het ging om Jo Slatter en diens vader, die inderdaad met *Trouw* te maken hadden, maar niet tot de vaste redactie behoorden.

Het met de hand geschreven document werd door Jo Slatter onder een dakpan van een kippenhok opgeborgen en pas na de oorlog door hem weer teruggevonden. Van der Hooft overleefde de oorlog niet. In november 1966 stuurde Slatter een kopie van het document naar dr. L. de Jong, directeur van het toenmalige Rijksinstituut voor Oorlogsdocumentatie (RIOD), die het een jaar later zou gebruiken in zijn inaugurale rede als buitengewoon hoogleraar aan de Economische Hogeschool te Rotterdam. De Jong stelde toen: 'Drie Nederlanders, drie moedige illegale werkers, hebben het onder ogen gehad. De feiten zelf laten geen andere conclusie toe dan dat geen van drieën het ten volle geloofd heeft.'[677] Jo Slatter stelde na de oorlog echter dat niet ongeloof, maar een ander motief een rol speelde: het drietal vond publikatie zonder meer levensgevaarlijk, primair voor de betrokken bron.

> *'Voor de SD was het anders een peuleschil de SS-officier op te sporen, die voldeed aan de in het stuk prijsgegeven kenmerken. Wilde men hem (en zijn gezin) nog enige levenskans gunnen, dan moest deze eerst onderduiken. Wilde de man dat niet, dan zat er duidelijk een luchtje aan de zaak, zo was de redenering.'*[678]

Hoe het ook zij, *Trouw* had wél een belangrijke primeur kunnen hebben. In september 1943 zou Frans Goedhart de weerstand van zijn redactie overwinnen en in het *Parool* wel een uitgebreid artikel over de Duitse concentratiekampen en hun gaskamers schrijven. Hier komen we straks nog op terug.

'Tötungsanstalten in Polen': de Nederlandse regering al in het voorjaar van 1943 op de hoogte

Hoewel het document *Tötungsanstalten in Polen* niet primair over Auschwitz ging, is het wel ter zake relevant omdat daar dezelfde misdaden werden gepleegd. Oók Auschwitz was een *Tötungsanstalt*, een oord waar het massaal ombrengen van weerloze slachtoffers centraal stond.

Gerstein vertelde Ubbink dat hij van Duitse officieren die in Polen en Rusland dienden, 'de meest fantastische gruwelverhalen' hoorde. Nadat zijn 'krankzinnige schoonzusje' plotseling overleden was, besloot hij niet eerder te rusten voordat hij 'ontdekt had wat er van de gruwelverhalen en het doden van krankzinnigen waar was'. Na maanden lukte het hem om toestemming te krijgen om een bezoek te brengen aan een tweetal zogenaamde *Tötungsanstalten*, te weten Belzec (verkeerd gespeld als 'Belsjek') en Treblinka. Hij wilde nog twee andere *Tötungsanstalten* in Polen bezoeken, maar dat was hem nog niet gelukt.

> 'De twee voornoemde Anstalten liggen in eenzame bos- en heidestreken. Zij onderscheiden zich van buiten gezien niet van gewone concentratiekampen. Een houten poort, met een of ander opschrift eindigend op 'Heim', doet de voorbijganger geen moordhok vermoeden.
>
> Uit alle bezette gebieden van Europa komen de treinen met slachtoffers binnen. Zij bestaan uit beestenwagens (met "wagens" zijn "wagons" bedoeld, V.), waarvan de raampjes met prikkeldraad zijn afgezet, in iedere wagen bevinden zich 120 personen. Bij normale weersgesteldheid komt ongeveer 90% levend aan, ofschoon het één keer voorgekomen is, dat vorige zomer bij gebrek aan water 50% gestorven was. Indien de wagens in het kamp zijn aangekomen, worden de mensen er met de zweep uitgeranseld en worden dan in de omliggende barakken geranseld en daarin opgesloten. De andere dag of enkele dagen later, al na dat de toevoer is geweest, worden er 700-800 mensen op een binnenplaats samengedreven. Men wordt dan bevolen zich geheel uit te kleden, kleren moeten netjes op een hoop gelegd worden, terwijl de schoenen op een rij naast elkaar gezet moeten worden. Geheel naakt worden nu mannen, vrouwen en kinderen in een lange door prikkeldraad afgezette doorgang gedreven. Oekraïense misdadigers beginnen nu de vrouwen en mannen de haren af te knippen en te scheren, het haar wordt zorgvuldig verzameld en doet later dienst voor "Dichtungen" van U-boten. Vele uren moeten de ongelukkigen op deze manier in de bitterste koude of de brandende zon staan. Wanneer sommigen uitgeput door felle koude of verzengende warmte ineenzijgen, striemen de beulen met hun zwepen de naakte lichamen dier stumpers. Het leed en de ellende, hetwelk zich in deze gangen afspeelt, tart iedere beschrijving. Moeders trachten hun naakte zuigelingen aan haar naakte lichaam te verwarmen. Gesproken wordt er hoegenaamd niet, alleen de ogen der ongelukkigen spreken een naamloze smart en doffe berusting. De corridor loopt uit op een ijzeren deur van een stenen gebouw. De deur wordt geopend en de 700 – 800 ten dode gedoemden worden met de zweep naar binnen geranseld tot ze als haringen in een ton gepakt zich niet meer kunnen bewegen. Een jongetje van drie jaar, dat weer naar buiten vluchtte, werd met zweepslagen opgevangen en teruggedreven. Daarop werden de deuren hermetisch gesloten. Buiten het gebouw wordt nu een grote tractor in werking gesteld, waarvan de uitlaat in het gebouw uitkomt, door een glazen ruitje mocht ik nu van buitenaf de uitwerking in de binnenzijde op de slachtoffers waarnemen. Opeengehoopt

stonden de stakkers hun laatste ogenblik af te wachten, er was geen paniek, geen gekrijs, doch slechts een zwak gemurmel klonk naar buiten door, alsof er een gezamenlijk gebed tot de hemel opsteeg. Binnen het uur waren allen dood. Schuiframen werden van buitenaf opengetrokken zodat het aanwezige koolmonoxide kon ontsnappen. Na een half uur kwam een aantal Joden – zij hebben aan het nu aanvangend lugubere werk hun leven te danken – zij openen een achterdeur en moeten lijken der vergasten eruit nemen, alvorens deze nu naar de klaargemaakte kalkputten te brengen, moeten zij de ringen van de vingers nemen en de monden openen en indien gouden tanden aanwezig zijn deze eruit breken. In iedere Anstalt wordt het aantal Tötungen statistisch bijgehouden. Per dag, dit is per 24 uur, worden 3 tot 4 Tötungen doorgevoerd. Dit bedraagt dus voor de 4 Anstalstalten gezamenlijk per dag 8-9000 doden. In totaal zijn op deze wijze reeds 6 ½ miljoen mensen omgebracht, waarvan 4 miljoen Joden en 2 ½ miljoen krankzinnigen en zgn. Deutschfeindlichen. Het programma omvat 16 ½ miljoen mensen, dat zijn alle Joden uit de bezette gebieden en alle Poolse en Tsjechische intellectuelen. Van hogerhand wordt momenteel op spoed aangedrongen en de mogelijkheid onder het oog gezien een meer efficiënte wijze van doden te vinden. Cyaangas is voorgesteld geworden, doch schijnt tot heden nog niet toegepast te zijn, zodat nog steeds op de reeds omschreven cynische wijze gedood wordt.'[679]

Dit laatste zou kunnen kloppen. Inderdaad waren Himmler en Höss overtuigd van de efficiënte en snelle werking van Zyklon B (cyaangas), zoals met name bleek uit de toepassing daarvan in Auschwitz. Toch bleef men in Belzec en Treblinka vasthouden aan het 'vertrouwde' gebruik van koolmonoxide.

Ubbink verklaarde na de oorlog dat Gerstein hem had gevraagd om de informatie die deze hem had verstrekt, ook aan Londen door te geven.

> *'Hij vroeg me of ik in verbinding kon komen met mensen die in radio-verbinding stonden met Engeland. Op mijn bevestigend antwoord vroeg, nee veeleer bezwoer hij mij de geschiedenis naar Engeland door te geven, opdat zij wereldkundig gemaakt zou kunnen worden en opdat ook het Duitse volk voorgelicht zou worden. Ik beloofde hem dat.'*[680]

Naar eigen zeggen had hij zich aan die belofte gehouden, maar werd 'een dergelijk vreselijk verhaal' niet geloofd.

Feit is dat de Nederlandse-regering-in-ballingschap in elk geval al eind april of begin mei 1943 op de hoogte was van wat er met de Joden in Polen gebeurde. In ieder geval één minister van de Nederlandse regering geloofde het naar alle waarschijnlijkheid wel en sprak er tijdens één gelegenheid in het openbaar zelfs over. De Jong citeert het dagboek van de Nederlandse minister van Oorlog, jhr. Otto Cornelis Adriaan van Lidth de Jeude, die op 8 mei een opmerkelijke toespraak hield voor de afdeling Manchester van de vereniging *Pro Patria*. Blijkens diens dagboek gaf hij een beeld 'van de *Tötungsanstalten* in Polen, waar dagelijks duizenden slachtoffers (Joden, zwakzinnigen en anderen) ver-"gast" worden met koolmonoxide'.

> *'Naakt uitgekleed, in de bittere kou, in beestenwagens aangevoerd, met zwepen in bedwang gehouden, tussen prikkeldraad een gebouw ingeranseld, waar zevenhonderd personen, mannen, vrouwen en kinderen worden opeengehoopt, deur dicht, na drie kwartier zevenhonderd lijken. De haren der vrouwen worden afgeknipt om te dienen voor het dichten van dekken van U-Boote. Gouden tanden en ringen worden van de lijken afgenomen, die daarna in kalkputten worden geworpen. Miljoenen slachtoffers worden zodoende vermoord en Hitler en de zijnen dringen aan op een sneller tempo!'*[681]

Dit was een bijna woordelijke samenvatting van Van der Hoofts *'Tötungsanstalten in Polen'*, dat ook nog eens nadrukkelijk werd genoemd. Het was Van der Hooft kennelijk gelukt om, waarschijnlijk in overleg met Ubbink, het document naar Londen door te seinen. Volgens de historicus Jim van der Hoeven zou er nog een tweede, een getypte, versie van het document bestaan en als datum hebben: 24 april 1943. Na aankomst in Londen werd dit document aangeduid als 'Rappt. Nr. 61'. Dit document zou inhoudelijk vrijwel identiek aan het eerdere zijn geweest.[682] Het rapport *Tötungsanstalten in Polen* is minder gedetailleerd, maar wel nauwkeuriger dan het rapport uit mei 1945. Zeker is dat Gerstein in 1943 nog vers uit zijn geheugen kon putten, twee jaar later slopen er enkele onjuistheden in zoals de bewering dat er in Belzec 700 tot 800 mensen in gaskamers van 45 kubieke meter werden gepropt.

In Kamp Vught in 1943 vernomen dat de naar het oosten gedeporteerde Joden worden vergast

Kamp Vught werd in januari 1943 ingericht. Het viel rechtsstreeks onder de SS. Omdat het ook dicht bij 's-Hertogenbosch lag, duidden de Duitsers het kamp doorgaans aan als *Konzentrationslager Herzogenbusch*.

In hoofdstuk 5 is beschreven hoe de Nederlandse Jood Ernst Verduin al in Kamp Vught had gehoord dat er in Auschwitz-Birkenau Joden werden vergast. Een SS'er genaamd Franz Ettlinger, die eerder in Auschwitz was geweest, had hem dit verteld. Die mededeling zou hem het leven redden. Ettlinger was eerder ook in Mauthausen geweest waar hij onder kampgevangenen een beruchte reputatie had.[683]

Er waren in Kamp Vught wel meer gevangenen die wisten wat er in Auschwitz gebeurde. Eén van hen was de uit Polen afkomstige Leo Laptos, die begin 1943 uit Auschwitz naar Vught was overgeplaatst. Laptos was in Birkenau apotheker geweest en was goed op de hoogte van de wijze waarop er daar massaal Joden werden vergast. Hij vertelde het door aan de Nederlands-Joodse arts Ies van der Hal, die het in maart 1944 weer aan collega-medici in Westerbork, waarnaar hij toen was overgeplaatst, doorvertelde. Van der Hal kreeg echter de indruk dat ze hem niet geloofden. Waarschijnlijk vertelde Laptos het in '43 in Vught ook aan zijn Poolse landgenoot Zygmund Zakrzewski, die die informatie weer doorgaf aan Frans Goedhart, oprichter en redacteur van de illegale krant *Het Parool* (oplage destijds 40.000). Frans Goedhart zat toen als politiek gevangene in Vught, maar wist begin augustus 1943 tijdens een transport te ontsnappen.[684]

Goedhart, wiens pseudoniem Pieter 't Hoen was, nam deze informatie serieus en wilde er zo snel mogelijk in *Het Parool* over schrijven. Maar de andere redactieleden twijfelden of het wel verantwoord was deze informatie nu naar buiten te brengen. 'De een vreesde', zo schrijft Frans Goedhartbiografe Madelon de Keizer, 'dat het de nog in Nederland verblijvende Joden te zeer zou aangrijpen; de ander twijfelde aan het waarheidsgehalte van het verhaal. Uiteindelijk sprak men zich toch voor publicatie uit.'[685] De Keizer schrijft ten onrechte dat het artikel op 27 november 1943 verscheen, het verscheen evenwel op 27 september. De kop boven het lange artikel luidde: 'Concentratiekampen: Waar de nazi's hun idealen in praktijk brengen.' Nadat eerst was ingegaan op de beruchte ochtendappels, de dwangarbeid ('commando's'), de slechte sanitaire voorzieningen en het doodslaan van gevangenen, ging Goedhart in op het slechte eten:

> *'In sommige kampen is de voeding niet bijzonder slecht. In de meeste kampen wordt echter honger geleden. Wie het zware werk, het gebrek aan slaap, de mishandelingen en het tekort aan voedsel drie maanden uithoudt, valt toch in zo'n geval 20 tot 40 kilo af. In de meeste kampen sterft de gehele kampbevolking vier maal per jaar uit. In één der Duitse kampen heeft men dan ook een crematorium, dat dag en nacht met vier ovens op volle stoom werkt.'*[686]

In Auschwitz waren er meerdere crematoria, maar Goedharts informatie over Auschwitz was uit de tweede hand (Zakrzewski had het van Laptos gehoord), dus sommige details klopten niet helemaal. Dat gold bijvoorbeeld ook voor de aantallen slachtoffers in de gaskamers:

> 'In de loop van de oorlog heeft men de liquidatie van gevangen tegenstanders en vijanden nog belangrijk gerationaliseerd. Het "umlegen", zoals de technische term luidt, geschiedt thans reeds geruime tijd in de gaskamer, die in alle kampen gebouwd is. Zo'n gaskamer maakt de indruk een badlokaal te zijn. Een groot aantal mensen wordt er naakt in gebracht, dat heeft het voordeel, dat men de lijken naderhand meteen verassen kan, zonder dat men eerst nog kleren behoeft uit te trekken. Het procédé is eenvoudig. De deuren gaan dicht en de kranen gaan open. Een kwartier later komt het lijkencommando om de slachtoffers weg te halen. In het kamp Auschwitz zijn op deze wijze vele tienduizenden Polen, Joden en Russen gedood. Een half jaar geleden heeft men hier de gaskamer, die een capaciteit had van 200 personen, belangrijk vergroot, zodat er thans 1000 man tegelijk in kan.'[687]

De genoemde aantallen van 'vele tienduizenden Polen, Joden en Russen' waren veel te laag, maar voor het overige waren de details schokkend, details die voor het eerst in een in Nederland redelijk goed gelezen illegale krant openbaar werden gemaakt.

Over Auschwitz lekt in 1943 steeds meer informatie uit

Over Auschwitz werd in het voorjaar en de zomer van 1943 steeds meer bekend, en niet alleen in Nederland. Op 11 april 1943 zonden alle *European Services* (de op Europa gerichte uitzendingen) van de BBC het volgende alarmerende bericht uit over inwoners van getto's die naar 'dodenkampen' werden gestuurd:

> 'Uit Polen is meer nieuws binnengekomen over nieuwe barbaarse Duitse vervolgingen gericht op de uitroeiing van de Joden. Op de 13e, 14e en 15e maart kwamen de Duitsers in actie om het getto van Krakau te vernietigen, net zoals ze geprobeerd hebben het getto van Warschau te vernietigen. De inwoners werden naar zogenaamde "dodenkampen" gestuurd waar zij werden vermoord. Tijdens de vernietiging (van het getto), doodden de Duitsers ter plekke meer dan honderdduizend Joden. De overigen werden per vrachtwagen naar het concentratiekamp Oswiecim gestuurd, dat, zoals bekend is, over speciale installaties voor

massamoorden beschikt, namelijk gaskamers en ijzeren vloeren waardoor een elektrische stroom wordt geleid.'[688]

Op 1 juli 1943 kwam, zo schrijft Martin Gilbert, het Poolse ministerie van Informatie in Londen in het eigen persbulletin *Polish Fortnightly Review* met nog meer informatie over de Holocaust en Auschwitz. Dit artikel noemde bovendien de massamoorden in Sobibor en de vroegere provincies in het oosten van Polen, waaronder 'meerdere duizenden kinderen' die in de herfst van 1941 in Pinsk waren vermoord alsmede ongeveer 12.000 Duitse Joden die uit het Duitse Rijk waren gedeporteerd 'enkel en alleen om te worden afgeslacht zodra zij Polen hadden bereikt'.[689]

Het verslag ging ook in op de barbaarse praktijken in Auschwitz, zonder daarbij evenwel de Joden te noemen. Wel werden de eerste experimentele vergassingen van september 1941 genoemd, waarbij Russische krijgsgevangenen en Poolse gevangenen waren vermoord. Gifgas werd ook daarna gebruikt om met gevangenen te experimenteren. Behalve het hoofdkamp is er, aldus het verslag, vlakbij Auschwitz nog een ander kamp 'waar de wreedheden zo vreselijk zijn dat mensen daar sneller sterven dan ze in het hoofdkamp zouden doen'. (Dit heeft betrekking op Birkenau.)

'De gevangenen noemen dit aanvullende kamp "paradijselijk" (waarschijnlijk omdat er van daaruit maar één weg is en die leidt naar het paradijs). Het crematorium hier is vijf keer groter dan het crematorium in het hoofdkamp. De gevangenen van beide kampen worden op drie manieren afgemaakt: door buitensporig harde arbeid, door marteling en langs medische weg.

Vooral de gevangenen van het "paradijselijke" kamp moeten heel zwaar werk verrichten, met name bij de bouw van een nabijgelegen fabriek voor de productie van kunstrubber.'[690]

Op 20 december 1943 gaf de Poolse Nationale Raad in Londen een 'verklaring over de uitroeiing van de Joden in Polen' uit:

'Op grond van officiële documenten en talloze ooggetuigeverslagen maakt de Nationale Raad wederom gebruik van zijn gezag om de wereld te informeren over de door de Duitsers gepleegde massamoorden op burgers en ook over het feit dat daarbij de meest afschuwelijke methoden van marteling en het toebrengen van leed worden toegepast en ook over gaskamers, kamers voor het toedienen van elektrische schokken, massa-executies met machinegeweren en de sadistische behandeling van vrouwen en kinderen.'

'De Nationale Raad beklemtoont in het bijzonder de grote schaal waarop het vermoorden en de uitroeiing van de Joodse bevolking plaatsvindt.'[691]

Geheim telegram van Eichmanns plaatsvervanger Rolf Günther om te zwijgen over de eindbestemming Auschwitz

Het behoeft geen verbazing te wekken dat men in Auschwitz en in het Berlijnse RSHA, waar Adolf Eichmann en zijn afdeling de deportaties van de Europese Joden coördineerde, hoogst ongerust was over wat er intussen over de massamoorden in dit grootste vernietigingskamp van de nazi's bekend was geworden. Op 29 april 1943 stuurde Eichmanns plaatsvervanger *SS-Sturmbannführer* Rolf Günther een telegram aan *SS-Sturmbannführer* Wilhelm Zöpf, de *Befehlshaber der Sipo* (= *Sicherheitspolizei*) *und des SD* (BdS) in Den Haag, *SS-Standartenführer* Helmut Knochen, BdS te Parijs en *SS-Sturmbannführer* Ernst Ehlers, *Beauftragter des Chefs der Sipo und des SD* (gevolmachtigde van RSHA- en Sipo/SD-chef Ernst Kaltenbrunner) te Brussel. Het telegram ging over de 'evacuatie van Joden' (naar Auschwitz). Er stond in dat het kamp Auschwitz 'wederom' heeft verzocht 'om aan de te evacueren Joden, voordat ze op transport worden gesteld, op geen enkele wijze verontrustende mededelingen te doen omtrent de plaats (van bestemming) en de wijze waarop die ze daar zullen worden tewerkgesteld' (*ueber den Ort und die Art ihrer bevorstehenden Verwendung*):

> 'Ik verzoek u hiervan kennis te nemen en hiermede rekening te houden. In het bijzonder verzoek ik u om ervoor te zorgen dat de Begleitkommando's (SS'ers die de transporten moesten begeleiden en bewaken, V.) doorlopend worden geïnstrueerd om tijdens het transport geen zinspelingen te maken die bij de Joden tot verzet kunnen leiden, bijvoorbeeld vermoedens over de wijze waarop zij zullen worden ondergebracht, enz. Auschwitz hecht er waarde dat de transporten met zo min mogelijk wrijvingen verlopen.'[692]

Men wilde dus voorkomen dat er onder de naar Auschwitz te deporteren Joden paniek zou uitbreken als zij door mededelingen van SS'ers die de transporten begeleidden, van tevoren zouden weten dat zij naar Auschwitz zouden gaan en wat de aard van hun 'werkzaamheden' daar zou zijn. Alles moest zo gladjes mogelijk verlopen, Joden mochten niet kort vóór of tijdens het transport in verzet komen. Een aantal te deporteren Joden in Westerbork moet hebben voorvoeld dat de transporten naar het oosten in feite transporten des doods waren. Etty Hillesum, die zelf niet wist dat de meeste Joden daar na aankomst zouden worden vergast en dacht dat ze 'waarschijnlijk weer in doorgangskampen' zouden komen, meldde op 29 juni 1943 vanuit Westerbork: 'Verschillende zelfmoorden vannacht vóór het transport, met scheermesjes en zo.'[693] En op 24 augustus 1943 schreef ze: 'Reeds honderdduizenden zwoegen onder een onbekende hemel of liggen te rotten in een onbekende aarde. Wij weten niets van hun lot.'[694] Over het 'groengeüniformeerde, gewapende begeleidingspeleton' schreef ze dat ze schrok van hun gezichten. 'Bij vorige transporten waren er dikwijls nog onbedorven, goedmoedige typen bij, die met verbaasde ogen een pijpje leken te roken door het kamp', maar nu zag zij 'botte honende koppen, die men tevergeefs afzoekt om er nog een laatste restje van menselijkheid op te ontdekken'.[695] Deze mannen, die de gedeporteerde Joden in Auschwitz aan SS-officieren overdroegen, kregen daar van de SS te horen dat de meesten van die Joden al na enkele uren niet meer in leven waren.[696] Zowel Auschwitz als Eichmann en Günther wilden nadrukkelijk niet dat deze goedgeïnformeerde mannen tegenover te deporteren Joden iets te loslippig werden. Dat Auschwitz in het overgrote deel van de gevallen het eindstation van de dood was, moest natuurlijk (staats)geheim blijven.

Een Joodse jongen moet óók hebben voorvoeld wat hem in het oosten te wachten stond, want hij probeerde te vluchten. Hij werd, zo beschrijft Etty Hillesum in haar brief van 24 augustus 1943, door andere Joden gepakt nadat de commandant van Westerbork, *SS-Obersturmbannführer* Albert Konrad Gemmecke, had gedreigd dat er nog twintig Joden méér op transport zouden worden gesteld als Joodse kampgevangenen hem zelf niet zouden vinden. Maar toen die jongen eenmaal gevonden was, moesten die twintig extra Joden niettemin alsnog op transport.[697] Op dramatische wijze beschrijft Etty Hillesum in dezelfde brief het vertrek van de betreffende deportatietrein, volgepropt met 1020 Joden en de hoogst kwalijke rol van de commandant:

> *'Mijn hemel, gaan die deuren werkelijk allemaal dicht? Ja, dat gaan ze. De deuren worden gesloten over de opeengeperste, achteruitgedrongen mensenmassa's in de goederenwagons. Door de smalle openingen aan de bovenkant ziet men hoofden en handen, die later wuiven, wanneer de trein vertrekt. De commandant rijdt nog een keer op de fiets de hele trein langs. Dan maakt hij een kort gebaar met de hand, als een vorst uit een operette en een klein ordonnansje komt aangevlogen om hem eerbiedig de fiets af te nemen. De fluit slaakt een doordringende kreet, een trein met 1020 Joden verlaat Holland. De eis was dit keer niet eens groot: duizend Joden, maar die twintig zijn reserve voor onderweg, het is toch*

altijd mogelijk, dat er een paar sterven of doodgedrukt worden en zeker wel dit keer, nu er zoveel zieken meegaan zonder een enkele verpleegster.'[698]

Dit transport, een trein met 27 wagons, ging inderdaad naar Auschwitz. Na aankomst werden er 721 gedeporteerden in de gaskamers vermoord. Liefst 44 vrouwen werden in Block 10 van het *Stammlager* (Auschwitz I) onder verantwoordelijkheid van de gevreesde SS-arts prof. dr. Carl Clauberg aan wrede 'medische' experimenten onderworpen. Slechts 28 personen overleefden de oorlog, twaalf mannen en zestien vrouwen.[699]

In het Herinneringscentrum Kamp Westerbork is een ijzeren treinbord te zien met daarop de tekst *'Westerbork-Auschwitz Auschwitz-Westerbork Keine Wagen abhängen Zug muss geschlossen nach Westerbork zurück'* (*'Westerbork-Auschwitz Auschwitz-Westerbork Geen wagon loskoppelen Trein moet met dichte deuren naar Westerbork terug'*). Of dit bord ook is gebruikt na april 1943, toen er vanuit Berlijn bevolen werd om over de eindbestemming Auschwitz het absolute stilzwijgen te bewaren, is mij niet bekend. Veel kampgevangenen moeten dit bord in elk geval hebben gezien en zullen zich ongetwijfeld hebben afgevraagd wat 'Auschwitz' precies te betekenen had. De SS-leiding schilderde het af als werkkamp waar niemand voor zijn leven hoefde te vrezen. Maar waarom werden er dan óók zoveel baby's, zieken en bejaarden naar dit zogenaamde 'werkkamp' gestuurd?

De vlucht van Rudolf Vrba en Alfred Wetzler uit Auschwitz (april 1944)

Walter Rosenberg, een Slowaakse Jood die na zijn vlucht uit Auschwitz in april 1944 tot Rudolf Vrba werd omgedoopt, werd in 1924 in Topolcany in Tsjechoslowakije geboren en groeide in Bratislawa op. In maart 1939 riep de priester-politicus Jozef Tiso de Slowaakse republiek uit, die onder bescherming van Nazi-Duitsland stond. Het Tsjechische deel van Tsjechoslowakije werd door Nazi-Duitsland bezet en tot *Protektorat Böhmen und Mähren'* (Protectoraat Bohemen en Moravië) geproclameerd. Later zou RSHA-chef Reinhard Heydrich daar als plaatsvervangend *Reichsprotektor* de scepter over gaan zwaaien (tot er op 27 mei 1942 een aanslag op hem werd gepleegd).

In juli 1940 werd Slowakije een nationaalsocialistische staat en daarmee een vazalstaat van Nazi-Duitsland. Voor de Joden betekende dit alles niet veel goeds. In augustus kwam Eichmanns naaste medewerker Dieter Wisliceny in

Bratislawa (omgedoopt tot 'Pressburg') aan – als 'adviseur voor Joodse aangelegenheden'. Vrba moest het gymnasium verlaten. In maart 1942 begonnen de deportaties van Slowaakse Joden naar Polen, zogenaamd voor de *Arbeitseinsatz*. Vrba vluchtte naar Hongarije en wist Boedapest te bereiken, maar werd daar door de Hongaarse gendarmerie opgepakt en aan Slowakije uitgeleverd. Hongarije was een bondgenoot van Nazi-Duitsland. In juni 1942 werd hij eerst naar het concentratiekamp Majdanek bij Lublin gebracht – hij was toen 18 jaar – en eind die maand naar Auschwitz. Daar kreeg hij het gevangenennummer 44070. Vrba meldde zich aan voor het zogenaamde 'landbouwcommando'.

In juli was hij getuige van het bezoek van *Reichsführer-SS* Heinrich Himmler aan het kamp, dat elders in dit boek wordt beschreven. Eerst moest Vrba zware handarbeid verrichten, maar werd dankzij een Poolse Kapo op het nippertje van de gaskamer gered. In augustus kwam hij bij het *Kanada-Kommando* terecht waar hij op het aankomstperron tussen het *Stammlager* en het al maar uitdijende kamp Birkenau koffers, kleding en schoenen van aangekomen Joden moest uitladen en naar een grote opslagplaats, die 'Kanada I' heette, brengen. Hij zag hoe er op datzelfde aankomstperron (*die Judenrampe*) zogenaamde 'selecties' plaatsvonden, waarbij de SS de per trein aangekomen Joden selecteerde: de ene en doorgaans grootste groep ging naar de gaskamer, de andere groep mocht nog even blijven leven om als slavenarbeiders te worden ingezet. Hij kreeg dus bij benadering een juist overzicht van het aantal mensen dat werd omgebracht. Hij bleef dat werk doen tot juni 1943.[700]

Tijdens het Auschwitzproces in 1964 in Frankfurt verklaarde hij over die periode onder meer:

> 'Wij zijn vaak op het perron gebleven als er nog meer transporten werden verwacht. Er waren soms nachten waarin er vijf tot zes transporten arriveerden. (...) Ik heb gezien dat de SS er veel zin in had om op het perron werkzaam te zijn, omdat er daar veel te bemachtigen was: dameshorloges, Sliwowitz, flessen wijn en alles wat je je maar kon voorstellen.'[701]

Bij het selectieproces wisten de SS'ers dat ze de zojuist aangekomen gedeporteerde Joden gerust moesten stellen. Alles moest zoveel mogelijk zonder wrijvingen verlopen. Moeders werden doorgaans niet van hun kinderen gescheiden, maar werden wél en vaak zonder dat ze zich daar bewust van waren, bij de gaskamergroep ingedeeld. Vrba:

> 'Elke vrouw die een kind had en dat met haar ogen had gezocht en gevonden,

> werd automatisch ingedeeld bij diegenen die naar de gaskamer konden gaan. Want de SS wist immers al dat er kabaal wordt gemaakt als men een klein kind van een vrouw, van een moeder, wil scheiden. En dus werden zij daar direct uitgeselecteerd. (...)
> Ja, er vonden daar kleine incidenten plaats. Dit hele perron was, om het zo uit te drukken, het hart van Auschwitz. Als het daar niet goed ging, ging het nergens goed. Men moest de mensen immers vrijwillig binnen in de gaskamers brengen zonder dat ze dit wisten, met list.'[702]

Vrba verklaarde verder dat er daar een absoluut spreekverbod gold, omdat men hoe dan ook wilde voorkomen dat enkele mannen zouden zien dat er iets niet klopte en tot verzet zouden oproepen. Als gevangenen, leden van het *Kanada-Kommando* dus, zouden proberen enkelen van degenen die waren aangekomen, te waarschuwen, dan 'werd dat met nietsontziende hardheid met de dood bestraft'. 'En dat', zo verklaarde Vrba, 'heb ik vaak gezien'. SS'ers droegen geen knuppels maar wandelstokken. (Dit is ook te zien op foto's die de SS in 1944 van Auschwitz maakte en die later werden gevonden en gepubliceerd.) Bij knuppels zou te snel duidelijk worden wat de bedoeling was. Er waren bij de selectie meerdere incidenten. Een vrouw die weigerde zich van haar man te laten scheiden of iemand anders die bij zijn of haar moeder wilde blijven:

> 'Op zo'n moment werd er direct van de stok gebruikgemaakt, en wel meedogenloos. Dat wil zeggen, er werd erop losgeslagen, op het hoofd, of waar men ook maar kon slaan. Ja, de anderen hebben het gezien en dat was een verrassing. Dat was dus de eerste verrassing in Auschwitz. En de kinderen begonnen te huilen als dit gebeurde. En dat had weer effect op de volwassenen. De volwassenen hebben zich beziggehouden met het kalmeren van de kinderen. En dat alles voltrok zich snel. Snel, snel, snel. Niet spreken, want wie sprak werd neergeslagen.'[703]

Tussen maart en juni 1943 werden er in Auschwitz-Birkenau de grote Crematoria II, III, IV en V in gebruik genomen. In augustus kwam Vrba in het *Quarantainelager BIIa* (Birkenau II) en werd in Block 15 'blokschrijver'. Begin 1944 kreeg hij de eerste aanwijzingen dat de SS de komst van zeer grote aantallen Joden voorbereidde. Er werd dag en nacht gewerkt aan de aanleg van nieuwe spoorrails rechtstreeks naar een nieuw perron, de *Neue Rampe*, in het kamp Birkenau. De capaciteit van dit toch al immense kamp werd nog verder vergroot.

Vrba had in Auschwitz enkele goede vrienden die hij volledig vertrouwde. Eén van hen was Filip Müller, een Slowaakse Jood die in april 1942 naar Auschwitz was gedeporteerd en in het *Sonderkommando* zat. Müller was ooggetuige van de vergassing van talloze Joden. Hij en Vrba kwamen omstreeks maart 1944 tot de conclusie dat de nazi's het nu gemunt hadden op de Hongaarse Joden die tot dusverre buiten schot waren gebleven. In hoofdstuk 2 is ingegaan op de Hongaarse leider Miklos Horthy, een vrome katholiek die herhaaldelijk had geweigerd de Hongaarse Joden aan de SS uit te leveren. Hitler, Himmler en Eichmann waren woedend. In maart lazen Vrba en Müller in Duitse kranten, die zij heimelijk hadden weten te bemachtigen, dat de Duitsers Hongarije hadden bezet en dat er daar een nieuwe regering was gevormd. Horthy was formeel nog staatshoofd, maar moest nu aan Hitlers wens gehoor geven om de ongeveer 800.000 Hongaarse Joden alsnog uit te leveren. (Meer dan de helft zou naar Auschwitz worden gedeporteerd.) Wat Vrba en Müller toen nog niet wisten, was dat Eichmann persoonlijk naar Hongarije was gestuurd om deze klus alsnog te klaren. Wel waren beiden in Auschwitz getuige van de voorbereidingen. Vrba schreef later:

> *'Wij in Auschwitz, misschien wel de meest geïsoleerde plek in Europa, kwamen dus achter een geheim waarvan alleen de hoogste nazi's in Berlijn afwisten. Natuurlijk duurde het enige tijd tot de waarheid langzaam tot ons doordrong, maar uiteindelijk werd alle twijfel die wij misschien nog mochten hebben, door de SS-mannen, die nauw met de Sonderkommando's in de gaskamers en crematoria samenwerkten, weggenomen. De bevestiging die ons nog ontbrak, kregen wij door grapjes die zij maakten, dat zij spoedig tonnen Hongaarse salami zouden krijgen.'*[704]

Vrba dacht nu nog maar aan één ding: vluchten en de Hongaarse Joden waarschuwen voor wat hen te wachten stond. 'Ik wilde niet meer alleen een misdaad aanklagen, maar er één verhinderen!'[705]

Behalve Müller had hij nog een vriend in Auschwitz: Alfred (Fred) Wetzler, een Slowaakse Jood die al in april 1942 naar Auschwitz was gedeporteerd en die het gevangenennummer 29162 kreeg. Hij wilde eveneens vluchten. Op 7 april 1944 hielden Vrba en Wetzler zich schuil op een terrein van het nieuwe nog niet voltooide kamp *Birkenau III*, 300 meter ten oosten van Crematorium V. Ze werden toen al vermist. Een zoekactie leverde die dag niets op. De Gestapo in Litzmannstadt (Lodz) stuurde diezelfde dag een telegram aan het RSHA in Berlijn en alle andere Gestapo-afdelingen in het oosten waarin op de vermissing van de beide '*Schutzhaftjuden*, Rosenberg, Walter Israel (= Vrba) en Wetzler, Alfred Israel', werd gewezen en werd verzocht om hen bij aanhouding aan het concentratiekamp Auschwitz uit te leveren.[706] Op 10 april wisten Vrba en Wetzler definitief uit het kamp te ontsnappen.

Later, tijdens het Auschwitzproces, verklaarde Vrba:

> 'Wij hadden ons voorgenomen de wereld te waarschuwen voor wat er in Auschwitz gebeurde en vóór alles te verhinderen, dat de Hongaarse Joden zich zonder verzet te bieden naar Auschwitz lieten afvoeren. Want op dat moment wisten wij in Auschwitz reeds dat grote transporten uit Hongarije in voorbereiding waren. Samen met Wetzler heb ik een volledig statistisch overzicht van de massamoorden opgesteld.'[707]

Vrba en Wetzler schatten dat er in Auschwitz 1,75 miljoen Joden waren vergast. 'Ik heb een goed geheugen om getallen te onthouden en probeerde bij elk transport het aantal overlevenden waar te nemen', zo verklaarde Vrba later in Frankfurt.[708]

Op 21 april overschreden Vrba en Wetzler de Pools-Slowaakse grens. In de Slowaakse stad Zilina lichtten beiden nog diezelfde dag de Joodse Raad gedetailleerd in over de massamoorden in Auschwitz, maar men kon het aanvankelijk niet geloven. De uitspraken van Vrba en Wetzler werden in een rapport op schrift gesteld en op 27 april bestonden er van dit *Vrba-Wetzler Bericht* (Vrba-Wetzlerrapport) meerdere exemplaren. In het rapport werd onder meer beschreven hoe de transporten arriveerden, met Joden die al dagen geen water hadden gehad. Van de mannen werd tien procent en van de vrouwen vijf procent geselecteerd om naar het kamp te gaan, de rest werd vergast.[709] Eind februari 1943 was er in Birkenau een nieuw crematorium gebouwd. Niet langer werden vergaste lijken buiten verbrand, maar nu gebeurde dit in de vier beschikbare crematoria. Om de slachtoffers te misleiden, waren de gaskamers gecamoufleerd als doucheruimtes. Van boven waren er drie kleppen die hermetisch konden worden afgesloten:

> 'De ongelukkige slachtoffers worden in een ruimte gebracht waar hen wordt verteld dat ze zich moeten uitkleden. Om de fictie dat zij zich zullen gaan baden, te versterken, krijgt iedereen van twee mannen in witte jassen een handdoek en een stukje zeep. Ze worden dan met zulke grote aantallen de gaskamer ingestouwd dat er vanzelfsprekend alleen ruimte is om te staan. (...) Als iedereen binnen is, worden de zware deuren gesloten. Dan is er een korte pauze, waarschijnlijk om de temperatuur in de ruimte tot een bepaalde hoogte te laten stijgen, waarna 55 mannen met gasmaskers op het dak klimmen, de kleppen openmaken en een stof in poedervorm, afkomstig uit tinnen blikjes met een etiket waarop "Cyclone. Voor

gebruik tegen ongedierte" staat, dat door een bedrijf in Hamburg is gemaakt. Aangenomen wordt dat dit een of ander cyanidemengsel is dat bij een bepaalde temperatuur in gas verandert. Na drie minuten is iedereen in de ruimte dood.'[710]

In werkelijkheid duurde het iets langer voordat iedereen dood was, maar binnen twintig tot dertig minuten was dat zeker het geval. Vrba en Wetzler beschrijven vervolgens dat de gaskamer werd geopend en gelucht en de lijken door een 'speciale ploeg' (= *Sonderkommando*) naar de crematoria werden gebracht. De totale capaciteit van de gaskamers en crematoria in Birkenau was volgens hen ongeveer 6000 per dag. 'In principe worden alleen Joden vergast, Ariërs hoogst zelden aangezien zij een "bijzondere behandeling" krijgen door middel van executies.'[711] Er werd dag en nacht doorgewerkt. Vrba beschrijft hoe hij 's nachts een transport van Poolse Joden zag arriveren:

'Ze hadden dagen geen water gehad en toen de deuren van de goederenwagons open waren werd ons bevolen om hen met luide kreten naar buiten te jagen. Ze waren volledig uitgeput en ongeveer honderd van hen waren tijdens de reis gestorven. De levenden werden in rijen van vijf opgesteld. Onze taak was om de doden en de stervenden en de bagage uit de wagons te verwijderen. De doden, waaronder ook een ieder die niet kon staan, werden op één stapel gelegd. Bagage en pakjes werden verzameld en op elkaar gestapeld.'[712]

Met valse papieren van de Joodse Raad in Zilina (Walter Rosenberg heette vanaf nu Rudolf Vrba en Alfred Wetzlers naam was veranderd in Jozko Lanik) doken beiden eind april in het stadje Liptovsky Mikulas in het Hoge Tatragebergte onder.

De Gestapo was toen al drie weken naar hen op zoek. Men wist dat beiden over gevoelige informatie beschikten. De actie tegen de ca. 800.000 Hongaarse Joden stond op het punt om te beginnen. De SS wilde natuurlijk niet dat die Joden te weten zouden komen wat er in Auschwitz allemaal gebeurde.

Op 28 april ontving de Hongaars-Joodse leider Reszö Kasztner tijdens een bezoek aan Bratislawa het Vrba-Wetzlerrapport. Kasztner was plaatsvervangend voorzitter van *Va'adat Ha-Ezra, ve-ha-Hatzala* of *Vaada*, een Joodse hulporganisatie in Boedapest. Kasztner zou het rapport, dat in het Hongaars werd vertaald, hebben meegenomen naar Boedapest, maar gaf er geen ruchtbaarheid aan. Hij wilde waarschijnlijk zijn geheime onderhandelingen met Eichmann en andere Duitse gezagsdragers niet in gevaar brengen. Vrba verweet Kasztner later dat deze de Hongaarse Joden niet voor de dood in de gaskamers had gewaarschuwd.[713]

De nu vanuit Boedapest opererende Eichmann wist dat de omvangrijke operatie om alle Hongaarse Joden naar Auschwitz te deporteren, gevaar liep als er over de massamoorden in dat vernietigingskamp nog veel meer details zouden uitlekken en met name in Hongarije bekend zouden worden. Vrba hoorde lang na de oorlog dat Kasztner het rapport over Auschwitz, dat hij samen met Wetzler nog in april 1944 had opgesteld, aan Eichmann had getoond.[714] Als dit inderdaad het geval was, moet de laatste enorm zijn geschrokken. Misschien had hij Kasztner wel onder grote druk gezet om erover te zwijgen.

Eichmann kon echter niet voorkomen dat delen van dit rapport naar de buitenlandse media uitlekten. Op 18 juni 1944 werden fragmenten uit het rapport geciteerd in een BBC-uitzending en twee dagen later stond er in de *New York Times* een klein artikel met als kop *Czechs report massacre* waarop twee weken later een groter artikel volgde. De *New York Times* meldde dat er gaskamers bestonden 'in het beruchte concentratiekamp bij Birkenau en Auschwitz'.[715]

Op 6 juli rapporteerde Edmund Veesenmayer, Hitlers speciale gevolmachtigde in Boedapest, dat de Hongaarse militaire inlichtingendienst geheime telegrammen had ontcijferd van de Britse en Amerikaanse ambassadeurs in Bern. Die telegrammen waren gericht aan hun regeringen. Nauwkeurig werd daarin omschreven wat er met de uit Hongarije gedeporteerde Joden gebeurde. Er waren volgens die telegrammen reeds anderhalf miljoen Joden omgebracht (in feite waren het er veel meer) en thans zou het grootste deel van de Hongaarse Joden eenzelfde lot wachten.[716]

De pauselijke zaakgelastigde in Bratislawa, Giuseppe Borzio, kreeg het rapport eveneens in handen en stuurde het op 22 mei naar Rome, maar het arriveerde daar pas in de tweede helft van oktober.[717] Het Hongaarse staatshoofd Miklos Horthy, die wilde breken met het nazibewind, zou het rapport eveneens hebben ontvangen.[718] Tijdens het Eichmannproces in Jeruzalem verklaarde Fülöp Freudiger (Pinhas), een Joodse leider uit Boedapest, dat hij dit rapport aan Horthy had doen toekomen. Ook meldde hij dat de Amerikaanse president Roosevelt en de Zweedse koning Gustav V 'mogelijk op 26 juni' Horthy hadden geconfronteerd met 'een zeer streng ultimatum' om de deportaties onmiddellijk te stoppen.[719] Op 25 juni deed paus Pius XII een beroep op Horthy om rekening te houden met het leed dat velen werd aangedaan vanwege hun nationaliteit of ras.[720] Toen had het Vrba-Wetzlerrapport het Vaticaan echter nog niet bereikt, dus daarop was de waarschuwing van de paus niet gebaseerd. Het was de nazi's niet ontgaan dat er van meerdere kanten grote druk op Horthy werd uitgeoefend. Op 6 juli maakte Edmund

Veesenmayer aan minister Joachim von Ribbentrop van Buitenlandse Zaken melding van de interventies ten gunste van de Joden door de paus en de koning van Zweden.[721] Drie dagen later, op 9 juli, bepaalde Horthy dat er vanuit Hongarije geen Joden meer mochten worden gedeporteerd, maar het ergste kwaad was toen al geschied. Eichmann was woedend op Horthy.

7

Antisemitische Holocaustontkenners en radicale moslims die een 'tweede Holocaust' willen

Ruim zes miljoen Joden omgebracht of omgekomen tijdens de Holocaust

Tijdens het proces tegen Duitse oorlogsmisdadigers in Neurenberg verklaarde de vroegere *SS-Obersturmbannführer* Wilhelm Höttl onder ede dat Eichmann hem eind augustus 1944 had verteld dat hij onlangs aan Himmler had moeten rapporteren hoeveel Joden er inmiddels waren gedood. Eichmann vertelde dat er op grond van zijn gegevens ongeveer vier miljoen Joden in de vernietigingskampen waren gedood en nog eens twee miljoen op andere wijze de dood hadden gevonden, het grootste deel van die laatste categorie door executies uitgevoerd door de *Einsatzkommandos* tijdens de veldtocht tegen Rusland.[722]

Er is geen reden om aan de verklaring van Höttl te twijfelen. Zowel Eichmann als Höttl bevonden zich eind augustus 1944 inderdaad in Boedapest en kenden elkaar goed. De massale deportaties van Hongaarse Joden waren inmiddels ten einde. De vergassing van Joden in Auschwitz zou begin november in opdracht van Himmler worden gestopt. Het is plausibel dat Himmler nu wilde weten hoeveel Joden er bij benadering waren omgebracht of omgekomen. Dit zou hij dan aan Hitler als een triomf van zijn SS kunnen melden. Eichmann was een van de weinigen die een redelijk betrouwbare schatting kon maken omdat hij op zijn kantoor de statistieken des doods nauwkeurig bijhield.

In 2000 werd er uit in Engeland gedeclassifeerde documenten over de Tweede Wereldoorlog een document opgediept dat daarna bekend werd onder de naam het 'Höfletelegram'. Dit belangrijke telegram is in dit boek al meermalen genoemd. Uit het aan Eichmann persoonlijk gerichte telegram blijkt dat de chef van RSHA-afdeling 'IVB4' (Joodse kwesties) *periodiek* op de hoogte werd gehouden van de aantallen Joden die in de vernietigingskampen Lublin, Belzec, Sobibor en Treblinka, die alle in het bezette Polen lagen, waren vermoord. Alleen al in 1942 bedroeg het totaal aantal in die kampen omgebrachte Joden liefst 1.274.166. Het telegram was verstuurd door *SS-*

Sturmbannführer Herman Höfle (Hoefle).[723] Er is geen twijfel aan dat Eichmann ook over cijfers uit bijvoorbeeld Auschwitz beschikte.

Recentelijk zijn er meer gegevens bekend geworden omtrent het aantal Joden dat door de *SS-Einsatzgruppen/kommandos* en de *Ordnungspolizei* in de bezette delen van de Sovjet-Unie is vermoord. Daaruit blijkt dat het cijfer van twee miljoen zeker niet overdreven is. Na gedegen onderzoek concludeerde de Duitse jurist Wolfgang Curilla dat het aantal Joden dat in de Sovjet-Unie binnen de grenzen van 1945 door de SS is vermoord, ongeveer 2,1 miljoen bedroeg, waarbij de *Ordnungspolizei*, die eveneens onder Himmler viel, verantwoordelijk was voor bijna de helft van het aantal slachtoffers. In het bezette Polen was alleen al de *Ordnungspolizei* verantwoordelijk voor de dood van meer dan 555.000 Joden.[724]

Volgens de Duitse historicus Wolfgang Benz zijn er tijdens de Holocaust in totaal 6,261.185 Joden, dus iets meer dan zes miljoen, omgekomen. Per land komt hij met de volgende aantallen[725]:

Duitse Rijk	165.000
Oostenrijk	65.000
Frankrijk/België	32.000
Nederland	102.000
Luxemburg	1200
Italië	7600
Griekenland	60.000
Joegoslavië	55.000-60.000
Tsjechoslowakije	143.000
Bulgarije	11.000
Albanië	600
Noorwegen	735
Denemarken	50
Hongarije	502.000
Roemenië	211.000
Polen	2.700.000
Sovjet-Unie	2.100.000-2.200.000
Totaal:	**6.261.185 (6.156.185)**

In Polen zijn ongeveer 3.000.000 Joden vermoord. Volgens Franciszek Piper werden er in Auschwitz tussen 1940 en 1945 één miljoen Joden vermoord.[726] Anderen komen met hogere schattingen (tot ongeveer 2,1 miljoen[727]). Het cijfer van twee miljoen is echter te hoog. De werkelijkheid ligt tussen de één en de anderhalf miljoen.

Veel Holocaustontkenners zijn neonazi's of moslims

Holocaustontkenners stellen dat het cijfer van zes miljoen niet klopt. Zij beweren dat er veel minder Joden zijn omgekomen en dat deze Joden zeker niet in 'gaskamers' (dit woord wordt door hen vaak tussen aanhalingstekens geplaatst) zijn vermoord. Zo publiceerde de Amerikaanse wetenschapper Arthur R. Butz in 1976/77 het boek *The Hoax of the Twentieth Century* waarin hij beweert dat er niet meer dan 350.000 Joden waren 'verdwenen'. Hij schrijft doelbewust over 'de vermeende uitroeiing van het Europese Jodendom'. De verklaring van de vroegere SS-officier Wilhelm Höttl volgens welke er zes miljoen Joden waren omgekomen, zou op 'propaganda' berusten.[728] Butz is geassocieerd hoogleraar in de elektronica en computerwetenschap aan Northwestern University in Illinois, waar men zich nadrukkelijk van zijn opvattingen over de Holocaust heeft gedistantieerd.

Volgens de Holocaustontkenners is de Holocaust een 'legende', een 'mythe' en zelfs een 'leugen', die na de oorlog door de Joden is verspreid om het bestaan van de staat Israël te rechtvaardigen. Naar mijn mening zijn alle Holocaustontkenners antisemieten, in elk geval zijn ze verklaarde tegenstanders van de staat Israël. Dit verbindt hen met radicale moslims en relatief veel moslimimmigranten die eveneens de Holocaust ontkennen of vinden dat Hitler 'het karwei' niet heeft afgemaakt. Veel Holocaustontkenners, zeker die zich in Europa, Noord-Amerika en Australië bevinden, zijn neonazi's. Men vindt zulke dubieuze figuren in alle continenten. Ze duiden zichzelf eufemistisch en pseudowetenschappelijk aan als 'historische revisionisten', maar in feite gaat het om onverzoenlijke en fanatieke ontkenners van de Holocaust die men met leden van een dweepzieke secte kan vergelijken.

Enkele van de bekendste Holocaustontkenners zijn: Horst Mahler (een voormalige marxist in Duitsland die later neonazi werd), Franz Schönhuber (een in 2005 overleden neonazi in Duitsland), Otto Ernst Remer (een vroegere officier van de *Wehrmacht* die zich later als Holocaustontkenner ontpopte en adviseur van de Egyptische president Gamal Abdel Nasser werd, hij stierf uiteindelijk in Spanje), Ernst Zündel (een Duitse neonazi die naar Canada emigreerde), Germar Rudolf (een Duitse chemicus die in een eigen rapport beweerde dat er in de gaskamers van Auschwitz geen mensen met Zyklon B werden vermoord), Mark Weber (directeur van het in 1978 in de Verenigde

Staten opgerichte *Institute for Historical Review*, IHR), Bradley R. Smith (oprichter van het *Committee for Open Debate on the Holocaust*, CODOH), Fred Leuchter (een Amerikaan die zich ten onrechte voor 'ingenieur' uitgaf en die in een dubieus 'rapport' beweerde dat er in de gaskamers van Auschwitz en Majdanek geen mensen met Zyklon B werden vermoord), de Belg Siegfried Verbeke die beweert dat het dagboek van Anne Frank een vervalsing is, David Irving (een Britse bewonderaar van Hitler, maar géén historicus), Frederick Töben (directeur van het *Adelaide Institute* in Australië), de eerdergenoemde Arthur Butz, David Duke (een beruchte Amerikaanse neonazi die eerder de hoge rang van *Grand Wizard*, leider, in de anti-zwarte en anti-Joodse *Ku Klux Klan*, de 'KKK', bekleedde, maar tussen 1990 en 1992 ook lid van het *Louisiana House of Representatives* is geweest), Robert Faurisson (een Fransman die beweert dat er geen gaskamers waren en die ook twijfel zaaide over het dagboek van Anne Frank), Roger Garaudy (een in 2012 overleden Franse neonazi, tevens een prominente ex-communist die zich in 1982 tot de islam bekeerde en over uitstekende contacten in Iran en het Midden-Oosten beschikte en tevens een bewonderaar was van de Libische dictator Khadaffi), Jürgen Graf (een in Zwitserland veroordeelde Holocaustontkenner die eerst in Iran en later in Wit-Rusland en in Rusland zelf asiel zocht), Ahmed Rami (een Marokkaan in Zweden die nauw met Jürgen Graf samenwerkt), Mahmoud Ahmadinejad (president van Iran), Mahmoud Abbas (president van de Palestijnse Autoriteit), Hassan Nasrallah (leider van de sjiitische beweging Hezbollah in Libanon en een bewonderaar van Roger Garaudy).

Geen Zyklon B gebruikt in de gaskamers van Auschwitz-Birkenau?

In 1988 publiceerde de Amerikaan Fred Leuchter het zogenaamde *Leuchter Report* over de 'vermeende' gaskamers in Auschwitz-Birkenau en Majdanek. De ondertitel luidde: *Engineering report on the alleged execution chambers at Auschwitz, Birkenau, Majdanek, Poland*. Reeds in die ondertitel stonden twee fouten: Leuchter was helemaal geen ingenieur of toxicoloog en de gaskamers of 'executieruimtes' waren niet vermeend, maar echt. Toch werd dit pseudowetenschappelijke rapport in veel talen vertaald, óók in het Arabisch. Leuchter schreef zijn 'rapport' in opdracht van de Duitse Hitlerbewonderaar en Holocaustontkenner Ernst Zündel die naar Canada emigreerde, waar hij in 1988 terechtstond. Leuchter moest tijdens dit proces als getuige optreden, maar zijn 'rapport' werd door de rechtbank niet serieus genomen omdat hij niet een ter zake kundige ingenieur was. Volgens Jean-Claude Pressac was

Leuchter ook in financieel opzicht met Zündel verbonden.[729] Zündel werd eerst tot gevangenisstraf veroordeeld, maar in 1992 door het Canadese Hogegerechtshof vrijgesproken. In 2005 werd hij echter naar Duitsland gedeporteerd waar hij in februari 2007 tot vijf jaar gevangenisstraf werd veroordeeld. In 2010 kwam hij weer vrij.

In Auschwitz heeft Leuchter zich illegaal en zonder dat daar getuigen bij waren, toegang verschaft tot de ruïnes en restanten van de gaskamers en van ruimtes waar luizen die in kleding zaten, werden gedood. Zonder toestemming van de leiding van het staatsmuseum van Auschwitz heeft hij zich bakstenen en cement toegeëigend om die in een Amerikaans laboratorium te laten onderzoeken op sporen van Zyklon B.[730] Het ging in feite dus om diefstal. Op grond van dit onderzoek beweerde Leuchter dat hij in die gaskamers geen of nauwelijks waarneembare sporen van Zyklon B had aangetroffen. Daar kunnen dus niet op grote schaal mensen zijn vermoord. Van gaskamers als executieruimtes was dan ook geen sprake.[731] Een soortgelijke mening werd in 1990 verkondigd in een pseudowetenschappelijk rapport van de Duitse chemicus Germar Rudolf. Dit rapport had als titel *Gutachten über die Bildung und Nachweisbarkeit von Cyanidverbindungen in den Gaskammern von Auschwitz* (Rapport over de vorming en het aantonen van cyanideverbindingen in de gaskamers van Auschwitz).[732] Ook beweerde Leuchter dat er in de gaskamers geen ventilatoren voor ontluchting waren, iets wat absoluut nodig is als men Zyklon B gebruikt. Maar de Franse toxicoloog/farmacoloog Jean-Claude Pressac, die een gezaghebbende studie over de technische installaties van de gaskamers van Auschwitz schreef, vond tijdens zijn onderzoek documenten waarin dergelijke ontluchtingsventilatoren voor Auschwitz werden besteld, alsmede rapporten over de installatie daarvan.[733]

En wat de sporen van het gifgas Zyklon B en het grootschalige gebruik daarvan in de gaskamers betreft, kan worden verwezen naar gedegen Poolse onderzoekingen. Jan Markiewicz, directeur van het Instituut voor Forensisch Onderzoek (IFRC) in Krakau, kon in 1994 met behulp van speciale technieken wel degelijk dergelijke sporen aantonen, hoewel de muren van de gaskamers al sinds 1945 aan water en de elementen van de natuur zijn blootgesteld. Hij en zijn mede-onderzoekers, die overigens wel legaal toegang tot het onderzoeksmateriaal hadden, concludeerden dat er in de muren van de gaskamers die in aanraking met Zyklon B waren gekomen, nog sporen (*vestigal amounts*) van dit gifgas bewaard waren gebleven.[734]

Reeds in december 1945 kwamen Poolse forensische onderzoekers van de rechtbank in Krakau met een toxicologisch rapport over de afsluitkleppen van de ventilatoren van Crematorium II alsmede over een papieren zak met 25,5 kg vrouwenhaar en in het haar aangetroffen voorwerpen van metaal, zink of messing (onder meer haarspeldjes en een metalen brillenarm uit Birkenau). De haren van vrouwen die direct na aankomst werden vergast, werden pas afgeknipt nadat deze vrouwen in de gaskamer waren vermoord, maar nog vóórdat hun lijken in de crematoria werden verbrand. Zowel in de afsluitkleppen van de ventilatoren als in het vrouwenhaar en de daarin aangetroffen haarspeldjes en de brillenarm werd de aanwezigheid van blauwzuurverbindingen aangetoond (in de haarspeldjes en de brillenarm zelfs een behoorlijk hoge concentratie).[735] Dit bevestigt in ieder geval wat Rudolf Höss, de vroegere kampcommandant van Auschwitz, in 1946 en 1947 verklaarde en schreef over het grootschalige gebruik van Zyklon B in de gaskamers.

Er waren in Auschwitz ook ruimtes waar Zyklon B werd gebruikt om luizen in kleding te doden. Aangezien luizen en insecten een hogere weerstand tegen dit gifgas hebben dan mensen, moest in die ruimtes gedurende langere tijd een hogere dosis worden gebruikt. Zo werden in de zogenaamde ontluizingsruimtes op de muren blauwe vlekken, veroorzaakt door de inwerking van Zyklon B, aangetroffen, maar niet in de gaskamers. Het gaat dan vooral om een ijzerverbinding die 'Pruisisch blauw' wordt genoemd.[736] Volgens Leuchter, Rudolf en Faurisson toonde dit aan dat er in die gaskamers geen Zyklon B was gebruikt. En in zijn *The Hoax of the Twentieth Century* stelt Arthur Butz dat Zyklon B uitsluitend werd gebruikt om luizen en insecten te doden (luizen droegen tyfus over). Het gebruik in de gaskamers berust volgens hem op een 'legende', 'bedrog' (een *hoax*).[737]

De Amerikaanse chemicus Richard J. Green, een deskundige op dit terrein, heeft dit argument weerlegd. Hij stelt vast dat er zich omstandigheden kunnen voordoen waarin de aanwezigheid van Pruisisch blauw wordt gereduceerd. In de gaskamers heersten heel andere omstandigheden dan in de ruimtes die voor de ontluizing van kleding werden gebruikt. De gaskamers werden na elke vergassingsoperatie met water doorgespoeld om bloed, urine en ontlasting te verwijderen. Verder wordt de vorming van Pruisisch blauw negatief beïnvloed door de pH (zuurtegraad) en de aanwezigheid van door mensen uitgeademde kooldioxide. Aangezien de gaskamers letterlijk volgepropt werden met mensen was er daar ook een hoge concentratie aan kooldioxide. De pH was aan de lage kant. Dit alles deed zich niet voor in de ontluizingsruimtes.[738]

We benadrukken nogmaals dat de volledig verwoeste gaskamers in Auschwitz – het gaat om puin en ruïnes – sinds 1945 aan de elementen van de natuur – regen en sneeuw – waren blootgesteld. Op de bakstenen *buiten*muur van de gaskamer in Majdanek waren ook tot Zyklon B herleidbare blauwe vlekken te zien, zij het in minimale vorm. Tegen die muur klopten de nazi's destijds kleding en lakens uit om ze zo van restanten van het gifgas te ontdoen. Maar diezelfde muur werd door een overhangend dak tegen regen en sneeuw beschermd.[739]

Holocaustontkenners die beweren dat Zyklon B alleen voor 'desinfectie' van kleding en ruimtes werd gebruikt en niet voor het doden van mensen, zitten er volledig naast. In hoofdstuk 4 is vermeld hoe tijdens het Auschwitzproces naar voren kwam dat de kampleiding voor de gaskamers gasdichte deuren *met een kijkgat* had besteld.[740] Voor het doden van luizen of ander ongedierte is geen kijkgat nodig, wél als de SS wil zien of de personen die zich binnen in de gaskamer bevinden, geen tekenen van leven meer vertonen. Bovendien werd er door Auschwitz veel meer Zyklon B besteld dan voor de ontluizing van kleding of het desinfecteren van ruimtes nodig was. Tussen 1942 en medio 1944 ging het om 22.550 kg.[741]

Na de oorlog werden er documenten uit 1942 en 1943 gevonden waarin toestemming werd gegeven voor het ophalen in Dessau van *Materialien für die Judenumsiedlung* (materiaal voor de evacuatie van Joden) of *Material für Sonderb* (materiaal voor bijzondere b). In Dessau was de fabriek van Zyklon B gevestigd. Eerder beschreven we reeds hoe Robert Mulka, de vroegere adjudant van Rudolf Höss, tijdens het Auschwitzproces in Frankfurt moest toegeven dat met 'materiaal' Zyklon B was bedoeld. *Sonderb* is een afkorting van *Sonderbehandlung* (bijzondere behandeling) en daarmee werd moord bedoeld. Dat was ook het geval met de uitdrukking *Judenumsiedlung*, zoals Mulka in Frankfurt eveneens moest toegeven.[742] Allemaal codetermen die moesten verbloemen wat er werkelijk aan de hand was.

Maar soms werden dergelijke door Himmler voorgeschreven codetermen door zijn ondergeschikten niet gebruikt. Dit gebeurde bijvoorbeeld op 29 januari 1943 toen de leider van de *Zentralbauleitung der Waffen-SS und Polizei Auschwitz* een brief schreef aan *SS-Brigadeführer* Hans Kammler, een hoge SS'er in Berlijn. In die brief was letterlijk sprake van een *Vergasungskeller* (een kelder waar vergassingen plaatsvonden), die zich bij het in gebruik te nemen Crematorium II bevond.[743] Beweringen dat het om 'vervalste' documenten zou gaan, slaan nergens op.

Het Institute for Historical Review (IHR): 'Joseph Goebbels, misschien de meest fascinerende figuur uit het Derde Rijk'

Het pseudowetenschappelijke en in de Verenigde Staten gevestigde *Institute for Historical Review* (Instituut voor historisch revisionistisch onderzoek, IHR) werd in 1978 door David McCalden en Willis Carto opgericht. Tussen 1980 en 2002 werd een eigen tijdschrift uitgegeven, *The Journal of Historical Review*. Wegens geldgebrek werd de uitgave van het tijdschrift in de loop van 2002 stopgezet. Eindredacteur Mark Weber, een Amerikaan die geschiedenis had gestudeerd, werd in 1995 directeur van het IHR. Hieraan waren de nodige interne conflicten voorafgegaan. Op de website van het instituut worden diverse Holocaustontkenners aanbevolen. Onder hen bevinden zich Mark Weber zelf, daarnaast Arthur R. Butz, Robert Faurisson, Fred Leuchter, David Irving en Walter Lüftli. Over Leuchter wordt gemeld: 'Joodse groepen lanceerden snel furieuze pogingen om hem te kleineren en zijn bevindingen te discrediteren.'[744]

Op diezelfde website is ook de tekst van een toespraak die Mark Weber op 23 april 2011 in Californië heeft gehouden, te vinden. Daarin wordt het opgenomen voor Joseph Goebbels, Hitlers minister van Propaganda. Volgens Weber is deze Goebbels 'misschien de meest fascinerende figuur uit het Derde Rijk'.

> *'Hij wordt wijd en zijd afgeschilderd als een meester in leugen en misleidende propaganda. Maar deze welbekende voorstelling van zaken, die met name in de Verenigde Staten diep geworteld is, is op zichzelf een propagandistische leugen.'*[745]

Let wel, we hebben het hier over een buitengewoon militante Jodenhater, die blijkens zijn dagboeken gedetailleerd op de hoogte was van de massamoord op de Joden in de vernietigingskampen.[746] In de tiende druk van het boek *The Hoax of the Twentieth Century* zaait Arthur Butz dan ook twijfel over de autenticiteit van deze dagboeken; de tekst zou deels zijn gemanipuleerd.[747] Erg geloofwaardig is dit niet. Want hoe zit het dan bijvoorbeeld met de door het 'Rijks Propaganda Directoraat' van de nazipartij in november/december 1942 uitgegeven poster waarin met grote letters uit een toespraak van Hitler wordt geciteerd, die verklaart dat het Jodendom zal worden uitgeroeid? Met als veelzeggend opschrift boven dit citaat: 'Het lachen zal hen vergaan!!!' (*'Das Lachen wird ihnen vergehen!!!'*) Dit directoraat viel onder Goebbels en die poster werd gedrukt en verspreid op een moment dat de Holocaust in volle gang was.⁷⁴⁸ Deze poster komt ook in hoofdstuk 6 ter sprake. Bovendien is er een artikel van Goebbels zelf geweest waarin hij schrijft dat het Joodse ras in Europa 'en misschien nog ver daarbuiten' zal worden uitgeroeid. Dit hoofdartikel verscheen op 14 juni 1942 in het weekblad *Das Reich*. Goebbels haalde er de geallieerde bombardementen bij, die hij als 'terreur' aanduidde, en schreef dat dit de Joden betaald gezet zal worden.⁷⁴⁹

Michael Shermer, mede-auteur van *Denying history* (een voor Holocaustontkenners vernietigend boek), was op 17 april 2005 aanwezig op een door het IHR gesponsorde bijeenkomst in Orange County, USA. Hoofdthema was *Hitler's place in history* (De plaats van Hitler in de geschiedenis). De Britse Holocaustontkenner David Irving sprak daar over *The faking of Adolf Hitler for history* (vrij vertaald: Geschiedvervalsing rond Adolf Hitler). De hoofdspreker werd ingeleid door Mark Weber. Deze noemde Hitler een staatsman die net als Napoleon fouten had gemaakt. Het was niet Hitler die de wereld wilde beheersen, maar Roosevelt, Churchill en Stalin. Er moet een meer 'evenwichtige' visie op Hitler komen. 'Joodse en zionistische organisaties hebben Hitler doelbewust afgebeeld als een satanische kracht van het zuivere kwaad, waardoor we Hitler niet kunnen zien als de man die hij werkelijk was: een groot staatsman die enkele fouten heeft gemaakt.' Weber toonde zich verheugd over het feit dat Hitlers boek *Mein Kampf* nu in Turkije een bestseller is. Weber kreeg volgens Shermer na afloop van zijn inleidende woorden van bijna een uur een enthousiast applaus. Een samenvatting staat overigens ook op de IHR-website.⁷⁵⁰

Shermer maakte een foto van de boekentafel waar behalve *Mein Kampf* nog andere apert antisemitische boeken lagen, zoals de *Protocols of the Learned Elders of Zion* en Henry Fords *The International Jew*.⁷⁵¹

De tweede spreker, David Irving, begon met op te merken dat hij geen Holocaustontkenner, maar een 'overlever van de Holocaust' was. De Joden waren niet de enigen die een Holocaust hadden meegemaakt, de Duitse burgers in Hamburg en Dresden hadden dat ook. Irving zei dat hijzelf tijdens de oorlog in Engeland als jonge jongen van tal van essentiële dingen verstoken was geweest. Wie het heeft over het doden van grote aantallen onschuldige mensen, moet ook de slachtoffers van het bombardement in Dresden erbij betrekken. Een Duitse rechter heeft onlangs bepaald dat wat de geallieerden de Duitsers in die stad hebben aangedaan, een Holocaust genoemd zou kunnen worden, zo stelde Irving.⁷⁵²

Pleidooien voor een 'tweede Holocaust': oproepen van Iran en Hamas om Israël van de kaart te vegen en de Joden te doden

Antisemitisme heeft in Iran (Perzië) een lange traditie. Tijdens de Tweede Wereldoorlog koos de sjah partij voor Nazi-Duitsland waarna er een Brits-Russische interventie volgde. Al in de negentiende eeuw werden Joden in Iran gedemoniseerd. Tijdens het bewind van de sjah werden in de twintigste eeuw de zeer antisemitische 'Protocollen van de Wijzen van Zion' verspreid.[753] Na de oorlog was de sjah overigens wel op de hand van Israël en de Verenigde Staten, hij wilde zelfs dat Iran ook zou 'verwestersen'. Dit alles werd hem door conservatieve en radicale Iraanse geestelijken zeer kwalijk genomen. Die grepen in 1979 de macht.

In bovengenoemde 'Protocollen' wordt gesteld dat de Joden een gevaar vormen omdat zij naar de wereldheerschappij streven. De nazi's gaven deze tekst eveneens in boekvorm uit en gebruikten het in hun propaganda. Het bleek echter om een beruchte vervalsing van de tsaristische geheime dienst (*Oechrana*) te gaan.[754] In 1985 gaven de nieuwe machthebbers in Iran een nieuwe en in het Perzisch vertaalde editie van de 'Protocollen' uit. In oktober 2005 bezocht de Duitse auteur Matthias Küntzel de Iraanse uitgeversstand op de boekenbeurs in Frankfurt. Daar trof hij een Engelse vertaling van de 'Protocollen' aan, die was uitgegeven door de Islamitische Propaganda Organisatie in Teheran. 'Wij bieden u dit boek aan, om het ware gezicht van deze satanische vijand te ontmaskeren', zo stond er in het voorwoord.[755] (Goebbels noemde de Joden eveneens 'satanisch'.)

Niet alleen in Iran, maar ook in Egypte werd deze antisemitische samenzweringstheorie uit de omstreden 'Protocollen' serieus genomen, vooral door de Moslimbroederschap, die in 1928 in Egypte was opgericht en via moslimimmigranten ook naar Europa en Noord-Amerika uitwaaierde. De Moslimbroederschap heeft daarenboven veel invloed in onder meer de Palestijnse gebieden (in Gaza is Hamas de Palestijnse tak), Jordanië, Syrië en Turkije.

Nadat de Iraanse ajatollah Ruhollah Khomeini in 1979 de sjah van Iran had verdreven en zelf aan de macht kwam, werden direct de betrekkingen met Israël verbroken. De Israëlische ambassade werd aan Arafats PLO overgedragen. Khomeini had in 1970 het boek *Hukumat-i-Islami* (Islamitisch bestuur) geschreven waarin hij het over 'ellendige Joden' had en Allah vroeg om hen te vervloeken. Khomeini stelde dat de Joden uit waren op de wereldheerschappij. Na 1979 verving hij het woord 'Jood' vaak door 'zionist', maar dat was slechts een kunstmatig onderscheid.[756]

Khomeini's opvolger ajatollah Ali Khamenei noemde Israël in december 2000 'een kankergezwel' dat uit de regio moet worden verwijderd. In januari 2001 verklaarde hij dat het de missie van de Islamitische Republiek Iran is om Israël van de kaart van de regio te doen verdwijnen. De vroegere Iraanse president Ali Akhbar Rafsanjani verklaarde in december 2001 dat één atoombom voldoende was om Israël van de aardbodem te doen verdwijnen. De in 2005 aangetreden Iraanse president Mahmoud Ahmadinejad repte ook herhaaldelijk van de vernietiging van de staat Israël en beriep zich daarbij op zijn geestelijke vader ajatollah Khomeini. 'Onze dierbare Imam (Khomeini) heeft bevolen dat dit regime, dat Jeruzalem bezet houdt, uit de bladzijde van de geschiedenis moet verdwijnen', verklaarde hij in oktober 2005. In april 2006 zei hij: 'Israël is op weg naar de vernietiging.' Tenslotte nog een typerend citaat van hem uit april 2008: 'De regio en de wereld staan klaar voor grote veranderingen en om gereinigd te worden van satanische vijanden.' Israël wordt al jaren aangeduid als de 'Kleine Satan', de Verenigde Staten als de 'Grote Satan'.[757] De leus 'dood aan Israël, dood aan Amerika' is geen loze kreet, maar een reële bedreiging.

Uitspraken van Iraanse leiders om de staat Israël van de kaart te vegen, komen neer op een oproep tot genocide, want dat kan alleen door daar alle Joden te vermoorden. Het is in feite een pleidooi voor een tweede Holocaust, ook al ziet men de eerste Holocaust dan als 'mythe'.

In februari 2012 werd er op de met de Iraanse geestelijke leider Ali Khamenei verbonden website *Alef* opgeroepen om alle Joden te doden en Israël te vernietigen. Daar is een juridische rechtvaardiging voor en Iran moet daarbij een leidende rol spelen. Er is maar negen minuten nodig om Israël met raketten te vernietigen, zo wordt gesteld. De auteur van het artikel op die website is Alireza Forghani, een belangrijk adviseur van Khamenei.[758]

Iraanse oproepen om Israël te vernietigen hebben instemming ontmoet bij andere radicale moslims. Hamas bijvoorbeeld, wil heel Israël veroveren, een totalitaire staat vestigen en daar alle Joden uitmoorden. Het antisemitische handvest van Hamas is hier heel duidelijk over. Dit handvest komt in artikel 7 met een citaat dat aan de moslimprofeet Mohammed wordt toegeschreven:

> *'De laatste ure zal niet aanbreken totdat de moslims strijden tegen de Joden en de moslims hen doden en totdat de Joden zich achter bomen en rotsen verschuilen en een rots of boom zal zeggen: "Oh moslim, dienaar van Allah, er is een Jood die zich achter mij verschuilt, kom hier en dood hem."'*[759]

Het is dus volgens Hamas een religieuze plicht om alle Joden te doden. Geheel in de geest van dit handvest bepleitte de invloedrijke Hamasideoloog sjeik Yunus Al-Astal in maart 2008 een 'nieuwe Holocaust' voor de Joden. In het Palestijnse blad *Al-Risala* schreef hij op 13 maart 2008 dat 'het lijden door het vuur het lot van de Joden is in deze wereld en de volgende'. In Auschwitz en andere vernietigingskampen werden de lijken van vermoorde Joden massaal verbrand, maar verbranding door vuur is volgens deze kwalijke Hamassjeik ook het lot van de Joden 'in de hel':

> *'De reden voor de straf van verbranding is dat het een geschikte vergelding is voor wat ze hebben gedaan. Maar de dringende vraag is deze: Is het mogelijk dat zij de straf van verbranding in deze wereld ondergaan, nog vóór de grote straf van de hel?'*[760]

De Hamassjeik stelde daarna dat 'veel religieuze leiders' menen dat dit het geval is. 'Daarom zijn wij er zeker van dat de Holocaust nog over de Joden komt.' Op de festiviteiten ter gelegenheid van de vijfentwintigste verjaardag van Hamas in december 2012 verklaarde Hamasleider Khaled Meshaal in Gaza dat heel Palestina zou worden bevrijd. Bij die manifestatie waren er op tv-journaals in militair uniform gestoken kindsoldaten, die een echte of een namaakraket droegen, te zien, terwijl de Hamasleiders glimlachend en trots toekeken. Hamas is lid van de Moslimbroederschap, die tussen 1933 en 1945 partij voor de nazi's koos. De in Nederland en België vaak gehoorde antisemitische leus 'Hamas, Hamas, alle Joden aan het gas' is in feite een oproep tot een nieuwe Holocaust, maar nu met hulp van Hamas.

Op vrijdag 30 november 2012 bad een hysterische Tunesische sjeik genaamd Ahmad Al-Suhayli in de moskee tot Allah om 'de vervloekte Joden' vernietigen. 'O Heer,' laat er op aarde niet één van hen overblijven.' 'O Allah, maak de baarmoeders van hun vrouwen onvruchtbaar...' 'Sla hen met uw haat en toorn...' Deze oproep tot een nieuwe Holocaust, want dat was het zonder meer, werd door de plaatselijke tv live uitgezonden.[761]

Hitler had in 1941/42 gehoopt dat zijn legers niet alleen Egypte, maar ook heel Palestina, destijds een Brits mandaatgebied, zouden veroveren. Bijna was hem dit gelukt. Het leger van de Duitse veldmaarschalk Erwin Rommel was in 1942 op nog maar 100 km van de Egyptische havenstad Alexandrië verwijderd. De Palestijnse grootmoefti van Jeruzalem, Haj Amin Al-Husseini, woonde tijdens de oorlog als balling in Berlijn. Hij werkte nauw met Eichmann en Himmler samen en bezocht ook het concentratiekamp Auschwitz.

De Nederlandse Jood Ernst Verduin was getuige van dit bezoek. (Zie hierover ook hoofdstuk 5). De moefti was gedetailleerd op de hoogte van wat er in de vernietigingskampen in het bezette Polen gebeurde. In brieven aan enkele ministers van met Duitsland verbonden landen pleitte hij er zelfs voor om Joodse kinderen *naar Polen* te sturen, 'waar zij onder actief toezicht staan'. Eichmanns naaste medewerker Dieter Wisliceny verklaarde na de oorlog dat Haj Amin Al-Husseini naar Palestina wilde terugkeren zodra de nazi's dit gebied hadden 'bevrijd'. Dan zou de moefti met hulp van de SS alle Joden uitmoorden die zich daar inmiddels hadden gevestigd. Met andere woorden, de moefti en Eichmann planden een nieuwe Holocaust, maar nu in Palestina. Hitler had zelf de moefti, tijdens een onderhoud in november 1941, al toegezegd dat hij hem tot 'spreekbuis van de Arabische wereld' zou uitroepen als de tijd daar rijp voor zou zijn.[762] De moefti was ook bevriend met Hassan Al-Banna, de oprichter van de Moslimbroederschap, die hij meermalen prees voor diens steun.[763]

In 1956 wilde de toenmalige Egyptische president Gamal Abdel Nasser alle Joden in Israël de zee indrijven. In december 1956 verklaarde Golda Meir, de toenmalige Israëlische ambassadeur bij de Verenigde Naties: 'Het idee om Israël te vernietigen is een erfenis van Hitlers oorlog tegen de Joden en het is geen toeval dat Nassers soldaten een Arabische vertaling van *Mein Kampf* in hun rugzakken hadden.'[764]

Roger Garaudy en andere Holocaustontkenners verwelkomd in Iran

In 1998 reisde de Franse Holocaustontkenner en filosoof Roger Garaudy naar Iran waar hij deelnam aan een seminar van het Iraanse ministerie van Buitenlandse Zaken. Hij werd vervolgens ontboden bij ajatollah Khamenei, de hoogste geestelijk leider, waarna beiden zich door de Iraanse televisie lieten interviewen. Khamenei verklaarde toen dat het 'historisch perspectief' van Garaudy juist was.[765] Ik herinner me nog de tijd dat Garaudy een 'verlichte' Franse communist was die brak met het starre en dogmatische Russische communisme. In 1970 werd hij uit de partij gezet vanwege zijn kritiek op de Russische invasie van Tsjechoslowakije twee jaar daarvoor. Hij brak in 1969 een lans voor de dialoog met het christendom. Maar in 1982 trouwde hij met een Palestijnse vrouw en bekeerde zich tot de islam. In 1996 publiceerde hij een boek waarin hij de 'mythes' op grond waarvan het bestaan van de staat Israël werd gerechtvaardigd, aan de kaak stelde. Eén van die 'mythes' was de 'mythe van zes miljoen' (Joden die tijdens de Holocaust zijn omgekomen). Er was een zionistisch complot dat de Holocaust (shoah) heeft bedacht om het bestaan en de expansie van de staat Israël te rechtvaardigen.[766] De Engelse versie van Garaudy's boek werd in 2000 door het Institute for Historical Review uitgegeven. Het boek werd ook in het Perzisch (Farsi) en Arabisch vertaald. In de Arabische wereld kreeg Garaudy over het algemeen instemming, maar er waren ook enkele kritische commentaren. In Egypte had Garaudy ontmoetingen met sjeik Al-Azhar Muhammad Al-Tantawi en moefti Nasr Farid Wasil, de hoogste geestelijke leiders van het land die aan hem hun steun betuigden. Ook waren er positieve reacties van de toenmalige Hamasleider sjeik Ahmad Yasin en de Syrische grootmoefti sjeik Ahmad Kuftaro.[767] In Frankrijk was het boek inmiddels verboden en moest Garaudy een flinke boete betalen. Ook kreeg hij een voorwaardelijke gevangenisstraf. Dit alles zorgde ervoor dat de prominente Franse ex-communist de held van vrij veel moslims alsmede van dictators in Iran en de Arabische wereld werd. De Libische leider Khadaffi prees hem aan als 'de grootste filosoof in Europa sinds Plato' en Hezbollahleider Hassan Nasrallah omschreef hem als 'een grote Franse filosoof', die 'bewees dat deze Holocaust een mythe is'.[768] De vrouw van de president van de Verenigde Arabische Emiraten, sjeik Zayed Sultan Al-Nahayn, schonk hem 50.000 dollar voor juridische bijstand.[769] Garaudy ('Ragaa') overleed in juni 2012.

Enkele in Europa veroordeelde Holocaustontkenners hebben in Iran een veilig heenkomen gezocht. De Zwitser Jürgen Graf, die in juli 1998 tot vijftien maanden gevangenisstraf was veroordeeld, ging eerst naar Polen, Rusland, Oekraïne en Turkije, maar kwam in november 2000 in Teheran aan. Daar werd hij door een aantal met zijn ideeën sympathiserende hoogleraren verwelkomd. In 2001 keerde hij naar Moskou terug.[770] Begin mei 2000 verleende de Iraanse ambassade in Wenen asiel aan de Oostenrijkse Holocaustontkenner Wolfgang Fröhlich. Hij vluchtte naar Iran om later weer naar Europa terug te keren. Fröhlich, een ingenieur, was tijdens het proces tegen Jürgen Graf als getuige opgetreden en had daar verklaard dat er geen massale vergassingen met Zyklon B hadden plaatsgevonden.[771] In 2001 publiceerde hij een lijvig boek getiteld *Die Gaskammerschwindel* (De zwendel met de gaskamers), dat over 'het bedrog van de eeuw' ging.

Een hoogst omstreden conferentie van Holocaustontkenners in Teheran (december 2006)

In december 2005 hield de nieuwe Iraanse president Mahmoud Ahmadinejad een toespraak in de zuidwestelijke stad Zahedan waarin hij het had over 'de mythe van de genocide op de Joden', die de Europeanen hebben verzonnen en die ze als Holocaust hebben aangeduid. Zijn toespraak werd ook op de Iraanse televisie uitgezonden.[772] Deze zienswijze op de Holocaust werd in de moslimwereld ondermeer verwelkomd door Hamas en Hisham Abd-Al-Rauf, een columnist van de Egyptische regeringskrant *Al-Ahram Al-Massai*. Hij beweerde dat de 'executiekamers', slechts kamers voor het ontsmetten van kleding waren. Hij prees Ahmadinejad voor het weerleggen van 'de leugen'.[773] In Amerika feliciteerde Arthur Butz de Iraanse president met zijn opmerkingen: hij was het eerste staatshoofd dat zulke kwesties aanroerde.[774] In Duitsland reageerde Horst Mahler, een prominente neonazi die vroeger bij de marxistische terreurorganisatie *Rote Armee Fraktion* (RAF) had gezeten, eveneens positief op wat Ahmadinejad had verklaard. De internetuitgave van de *Tehran Times* citeerde Mahler op 25 december 2005 als volgt: 'Ahmadinejad heeft ons zeer geholpen, de Holocaust heeft nooit plaatsgevonden. Het is de grootste leugen van de geschiedenis.'[775] In 2003 had de vroegere RAF-advocaat Mahler een vereniging opgericht die ten doel had slachtoffers te rehabiliteren die vanwege hun standpunt over de Holocaust 'vervolgd' werden. In de zomer van 2006 drukte het Duitse rechts-extremistische blad *Nation & Europa* op de omslag een foto van Ahmadinejad af met daaronder de tekst: 'Dank u, meneer de president.'[776]

Waarschijnlijk heeft Ahmadinejad zich laten inspireren door Garaudy of door geestelijk leider Ali Khamenei die al in 1998 helemaal op de hand van Garaudy was en in april 2001 de nodige twijfels over de Holocaust had geuit.[777] Het ontkennen van de Holocaust, vaak gekoppeld aan andere opmerkingen om het huidige Israël volledig te vernietigen, werd een centraal thema in het beleid van Ahmadinejad, een godsdienstfanaticus die niets van economie en Europese geschiedenis afweet.

Al in 2005 had Mahler opgeroepen om een 'Holocaustconferentie', dat wil zeggen een conferentie van Holocaustontkenners, te organiseren.

Oorspronkelijk wilden de Iraniërs die conferentie in het voorjaar van 2006 in Teheran beleggen, maar de *International Conference to Review the Global Vision of the Holocaust* (Internationale conferentie om de wereldwijde zienswijze op de Holocaust te herzien) werd uiteindelijk verschoven naar 11 en 12 december. Men had uitnodigingen gestuurd naar Duitse Holocaustontkenners van de *Nationaldemokratische Partei Deutschlands* (NPD), de grootste en gevaarlijkste partij van neonazi's in Duitsland. Maar de autoriteiten in Berlijn hadden hun komst naar Teheran weten te verhinderen.[778] Horst Mahler was ook enige tijd lid van deze partij geweest, maar trad in 2003 uit. Mahler had men eveneens naar Teheran willen uitnodigen, maar dat mislukte omdat Duitse gemeentelijke autoriteiten zo alert waren om zijn paspoort tijdelijk in te trekken.[779] Garaudy was om gezondheidsredenen verhinderd, maar hij stuurde wel een videoboodschap op.

Formeel werd de conferentie georganiseerd door het *Institute for Political and International Studies*, dat gelieerd was aan het Iraanse ministerie van Buitenlandse Zaken. De conferentie werd dan ook geopend door de Iraanse minister van Buitenlandse Zaken, Manouchehr Mottaki. Deze had eerder verklaard dat Ahmadinejad met zijn opmerkingen over de Holocaust het standpunt van de Iraanse regering vertolkte. Nu benadrukte hij dat Iran een conferentie organiseerde die een 'open debat' over de Holocaust mogelijk maakte, iets wat in veel landen verboden was. Hij legde ook het doel van de conferentie uit: 'Als er over de officiële zienswijze op de Holocaust twijfels zouden kunnen worden gezaaid, dan zou ook de aard en de identiteit van Israël in twijfel worden getrokken.'[780] Ahmadinejad zelf voerde aan het eind van de conferentie het woord. Ook hij legde uit dat het eigenlijke doel van de conferentie de vernietiging van het 'zionistische regime' (Israël) was: 'De dagen van het zionistische regime zijn geteld. Net als de Sovjet-Unie werd weggevaagd en nu niet meer bestaat, zo zal ook het zionistische regime spoedig worden weggevaagd, dan zal de mensheid bevrijd zijn.' Hij zei dat dit een 'goddelijke belofte' en de 'openbare eis van alle naties van de wereld' is.[781] Er volgde een luid applaus.

Ahmadinejad werd door het dubieuze en bonte gezelschap van neonazi's, Holocaustontkenners en fanatieke sjiitische moslims op handen gedragen. 'Dr. Ahmadinejad, u heeft ons van het dogma van de Holocaust bevrijd', had Frederick Töben eerder tegen de Iraanse president gezegd.[782] De in Duitsland geboren Australiër Töben leidt het in Australië gevestigde *Adelaide Institute*, waar ook onder meer Arthur Butz, Robert Faurisson, Jürgen Graf, Germar Rudolf en Mark Weber als *associates* bij betrokken zijn. Töben hield in Teheran een lange toespraak over *The alleged murder weapon: Homicidal gas chambers* (Het zogenaamde moordwapen: moorddadige gaskamers). Hij beweerde dat er in de crematoria van Auschwitz onvoldoende capaciteit was en dat er maar 135.000 personen in het kamp waren gestorven en wel 'door natuurlijke doodsoorzaken' en die zouden in de crematoria zijn gecremeerd. Eén oven in de Crematoria II en III kon slechts 135 lijken per dag verwerken. In maart 2006 was Töben eveneens in Iran geweest. Hij toonde toen een model van Crematorium II.[783] Nu was er weer een model van Auschwitz te zien dat moest 'aantonen' dat er in de gaskamers veel minder mensen konden zijn omgebracht dan werd beweerd.[784]

De cijfers van Töben kloppen niet. Volgens een betrouwbare schatting van de Poolse historicus Franciszek Piper zijn er tussen 1940 en 1945 in Auschwitz ongeveer 1,1 miljoen mensen gedood of gestorven, Joden zowel als niet-Joden.[785] Andere schattingen liggen zelfs nog iets hoger. En wat de capaciteit van de crematoria betreft, staat vast dat die in 24 uur tenminste 4756 lichamen konden verwerken. Dat blijkt uit een autentiek SS-document, namelijk een op 28 juni 1943 gedateerde brief van *SS-Sturmbannführer* Karl Bischoff, die belast was met alle bouwwerkzaamheden in Auschwitz, aan *SS-Brigadeführer* Hans Kammler, chef van afdeling C in het Berlijnse WVHA.[786] Als alles optimaal functioneerde, konden in tweehonderd dagen bijna één miljoen lijken worden gecremeerd. Zelfs met de nodige tegenslag (één crematorium viel in 1943 uit) kon dit aantal in een tijdsbestek van een jaar zeker worden gehaald. Daarnaast werden er, als de capaciteit van de crematoria kennelijk tekortschoot, grote aantallen lijken in de open lucht verbrand.

Töben citeerde verder het onderzoek van Holocaustontkenner Germar Rudolf die had geconcludeerd dat er in de gaskamers van Crematorium II geen sporen van Zyklon B (blauwzuur of waterstofcyanide, HCN) waren aangetroffen, maar wel in de ruimtes die voor desinfectie werden gebruikt.[787] Hierboven gingen we reeds in op serieuze Poolse onderzoekers die in de restanten van de gaskamers van Birkenau wel degelijk dergelijke sporen konden aantonen.

Töben brengt regelmatig bezoeken aan Iran waar hij lezingen houdt en interviews geeft. Zijn geestverwant Mohammed Hegazi, die eveneens op de Holocaustconferentie aanwezig was, prijst moslimzelfmoordterroristen de hemel in. Volgens hem wordt Australië overheerst door 'Joden uit New York die de suprematie nastreven'. Een andere geestverwant van Töben, Richard Krege, bezocht Iran eveneens meermalen.[788] Op de conferentie in Teheran beweerde hij dat er in Treblinka slechts 10.000 mensen zijn gestorven, maar niet door uitroeiing. 'Er is geen aanwijzing dat dit een vernietigingskamp was', zo verklaarde hij. 'Alles wat er is zijn de uitspraken van enkele mensen.'[789] Maar volgens het in dit boek meermalen genoemde geheime telegram van *SS-Sturmbannführer* Hermann Höfle aan Eichmann waren er alleen al in 1942 in Treblinka liefst 713.555 personen gedood.[790]

Er waren in Teheran ook enkele zeer beruchte Amerikaanse neonazi's. David Duke, een vroegere *Grand Wizard* van de racistische KKK, dankte Ahmadinejad dat deze 'de moed had gehad een dergelijke conferentie te organiseren'. Duke's vriend en geestverwant George Kadar, een Amerikaan van Hongaarse origine, was eveneens in Teheran. Hij schreef eerder artikelen voor de antisemitische krant *American Free Press* en nam, net als David Duke, ook deel aan het internetforum van *Stormfront* (logo: een Keltisch kruis met de woorden *White Pride World Wide*).[791] Een derde Amerikaanse neonazi in Teheran was Hitlervereerster Veronica Clark van de *Adolph Hitler Research Society*. Op de website van deze openlijke bewonderaars van Hitler kan men doorklikken naar *Adolf the great* waar onder meer de boeken van David Irving worden aanbevolen.[792] Zij beweerde in Teheran dat de Joden in Auschwitz geld hadden verdiend en dat Hitler zich juist zeer mild jegens de Joden had opgesteld.[793]

Dan was er de Amerikaanse antisemiet Michael Collins Piper die in 2003 in de Verenigde Arabische Emiraten lezingen had gehouden over onder meer de Protocollen van de Wijzen van Zion en schrijft voor de neonazistische *American Free Press*. Hij propageert allerlei wilde samenzweringstheorieën. Tenslotte was er nog de Amerikaanse Holocaustontkenner Bradley Smith die in 2004 sprak op een conferentie die was georganiseerd door het *Institute for Historical Review* en de *National Alliance*, een antisemitische organisatie van neonazi's in Amerika die Hitler als een groot leider zien.[794]

Uit Engeland was het voormalige model Michelle Renouf overgekomen, een volgelinge van David Irving die het in Teheran voor haar op dat moment in Oostenrijk gevangenzittende idool opnam. (Irving kwam op 20 december 2006 weer vrij, waarna hij naar Engeland terugkeerde.) In 2003 noemde Renouf het judaïsme 'een geloof dat op dominantie en raciale superioriteit berust' en niet met het christendom en de islam vergeleken kan worden. In Teheran voer ze wederom tegen de Joden uit.[795] Irving kon zelf de conferentie in Teheran niet bijwonen omdat hij toen nog in de gevangenis zat.

Een adviseur van Ahmadinejad, 'professor' Mohammed Ali Ramin, betoogde in Teheran dat er in de 'eindtijd' een onvermijdelijke strijd tussen Joden en moslims zal uitbreken die door de getalsmatig in de minderheid zijnde Joden zal worden verloren. 'Dan hebben de Europeanen datgene bereikt wat de nazi's niet voor elkaar gekregen hebben: de ondergang van de Joden.'[796] Een duidelijker oproep voor een 'tweede Holocaust', terwijl men in deze absurde logica de eerste Holocaust een mythe noemt, is niet denkbaar. Ramin kent Europa goed: hij studeerde en woonde lange tijd in Duitsland en spreekt vloeiend Duits. Volgens deze antisemiet zijn de Joden zelfs voor de verspreiding van pest en tyfus verantwoordelijk geweest, 'want Joden zijn zeer vieze mensen'.[797] Aan het eind van de conferentie kwamen de deelnemers overeen om een 'Wereldwijde Stichting voor Holocaust Studies' op te richten met Ramin als algemeen secretaris. Deze zou eerst vanuit Teheran moeten opereren, en later, als de tijd daar rijp voor is, vanuit Berlijn.[798]

De Zweeds-Marokkaanse antisemiet en Hitlerbewonderaar Ahmed Rami was in Teheran eveneens een opmerkelijke gast. Deze man had in 1973 in Zweden asiel gekregen nadat hij Marokko was ontvlucht waar hij van een couppoging tegen koning Hassan II werd verdacht. In Zweden richtte hij het radiostation 'Radio Islam' op. Antisemitische uitzendingen leidden ertoe dat hij in 1990 en 2000 werd veroordeeld wegens het aanzetten tot rassenhaat. Op zijn website waren onder meer de *Protocollen van de Wijzen van Zion* en Hitlers *Mein Kampf* te lezen.[799] Een andere Holocaustontkenner uit Zweden was de computerdeskundige Jan Bernhoff. Hij hield een betoog waarin hij twijfel zaaide over 'de traditie van de zes miljoen', Wilhelm Höttl, de gaskamers en het had over 'goed georganiseerde Joodse belangengroepen'.[800]

De Oostenrijkse neonazi en ingenieur Wolfgang Fröhlich, auteur van een controversieel boek over de gaskamers, was in Teheran ook van de partij. Op advies van zijn advocaat hield hij geen toespraak.[801] De Franse oud-hoogleraar in de literatuur Robert Faurisson was in Teheran de nestor van de Holocaustontkenners. Hij betoogde dat hij niet geloofde dat er in de concentratiekampen van de nazi's gaskamers waren en dat hij al 32 jaar wachtte totdat iemand hem een van die gaskamers zou tonen. Op de Iraanse tv verklaarde hij dat 'al die miljoenen toeristen die Auschwitz bezoeken, een leugen aanschouwen'. Eerder had hij een boek geschreven waarin het dagboek van Anne Frank als een vervalsing werd omschreven.[802] In 2001 poneerde hij de stelling dat de 'imaginaire (denkbeeldige) Holocaust' kan leiden tot een 'echte Holocaust'.[803] (Dit lijkt erg op wat Hamassjeik Yunus Al-Astal in 2008 schreef.)

Een andere Fransman in Teheran was Georges Thiel. Thiel beweerde in 2002 dat de nazi's nooit de genocide van de Joden hadden gepland. De onderdrukking van de Joden door de nazi's was volgens hem slechts een reactie op de Joden die de Duitse economie na de Eerste Wereldoorlog hadden overgenomen en op 'een Joodse oorlogsverklaring' aan Duitsland.[804] Een overbekende antisemitische samenzweringstheorie die ook door Hitler zelf werd gepropageerd. In Teheran noemde Thiel de Holocaust 'een enorme leugen, een compleet verzinsel'. Hij hoopte op financiële steun door de Iraanse overheid omdat een Franse rechter hem tot meer dan 100.000 dollar boete had veroordeeld.[805]

De antisemiet Patrick McNally kwam uit Tokio, Japan. Ook hij gelooft in een 'wereldwijde Joodse samenzwering'. 'Verraderlijke Joden op hoge posities in de blanke wereld' provoceerden in 2005 het conflict rond de Deense cartoons.[806] Hij verklaarde in Teheran dat de Holocaust 'een gemene leugen' is.' Tijdens de Tweede Wereldoorlog hebben Joodse bolsjewisten in Polen en de Sovjet-Unie de Holocaust verzonnen om aan te zetten tot anti-Duitse haat.' Het waren de Joden die Duitsland de oorlog verklaarden.[807] In Teheran maakte McNally zich blijkens een uitgebreid (foto)verslag van het *Adelaide Institute* nog verdienstelijk door de in het Duits gehouden toespraak van dr. Herbert Schaller te vertalen.[808] Schaller was advocaat van de Oostenrijkse neonazi Gerd Honsik, die niet over een geldig paspoort beschikte en dus niet naar Teheran kon komen. Schaller is bovendien een Duitse officier aan het Russische oostfront geweest die met het IJzeren Kruis werd onderscheiden. Tenslotte behoort hij zelf tot de kring van de Holocaustrevisionisten.[809] In december 2005 had Honsik de Iraanse ambassadeur in Duitsland benaderd om steun te verkrijgen voor Ernst Zündel, die toen wegens het ontkennen van de Holocaust was aangeklaagd. Honsik is een neef van *SS-Hauptsturmführer* Amon Göth, de vroegere commandant van het concentratiekamp Plaszow bij Krakau.[810] Göth schiep er een sadistisch genoegen in zijn slachtoffers te martelen en te vermoorden. Dit deed hij vrijwel dagelijks. Hij werd in 1946 in Krakau berecht en vervolgens opgehangen. Hij wordt redelijk waarheidsgetrouw uitgebeeld in de latere film *Schindler's List*.

Er was in Teheran ook een zestal buitenlandse orthodoxe Joden die het bestaan van de staat Israël afwijzen, maar de Holocaust niet als een mythe zien. Zij behoren tot een secte die *Neturei Karta* heet. Eén van hen was de bejaarde rabbi Arnold Cohen. Hij liep aan het eind van de conferentie naar de microfoon, keek de Iraanse president Ahmadinejad aan, en zei:

> *'Ik ben geen historicus, maar ik weet uit eigen droeve ervaring van mensen die door de nazi's zijn omgebracht. Miljoenen Joden zijn verdwenen, uit Polen, Hongarije, uit geheel Europa. Ik begrijp niets van gaskamers, maar één ding staat toch vast: deze mensen zijn niet meer onder ons.'*[811]

Na de conferentie stak Erich Gliebe, voorzitter van *National Alliance*, de belangrijkste organisatie van neonazi's in de Verenigde Staten, de loftrempet op 'het lef' van Ahmadinejad. Hij kondigde aan dat zijn organisatie een soortgelijke conferentie zou houden in het eigen hoofdkwartier in Hillsboro, West Virginia.[812]

Mark Weber, de directeur van het *Institute for Historical Review*, woonde de conferentie in Teheran niet bij. Maar net als Töben behoort hij tot de regelmatige bezoekers van en gastsprekers in de Islamitische Republiek Iran, een totalitaire staat die trekjes vertoont van Nazi-Duitsland. Zo was hij tussen 31 augustus en 9 september 2012 op kosten van het Iraanse bewind in Iran. Hij sprak onder meer met Ahmadinejad, trad op in een tv-show en gaf een lezing over 'De zionistische lobby in Amerika' voor studenten aan de universiteit van Teheran. Men kan zulke figuren heel goed als *fellow-travellers* die een abject standpunt huldigen, aanduiden.

Eind augustus 2012 sprak Ban Ki-moon, de secretaris-generaal van de Verenigde Naties, de topconferentie van niet-gebonden landen, die ditmaal in Teheran werd gehouden, toe. In bijzijn van een onaangenaam verraste Ahmadinejad, die naast hem zat, liet de Koreaan zich ongewoon kritisch uit over de politiek van de Iraanse leiders, zonder hun land bij name te noemen:

> *'Ik veroordeel ten stelligste oproepen van welke lidstaat ook om een andere lidstaat te vernietigen of schandelijke pogingen om historische feiten zoals de Holocaust te ontkennen. Te beweren dat Israël niet het recht heeft om te bestaan of het te aan te duiden in termen van racisme, is niet alleen verkeerd, maar het ondermijnt juist dat beginsel dat wij allen beloofd hebben te zullen eerbiedigen.'*[813]

Press TV, de spreekbuis van de Iraanse regering, noemde Ban Ki-moon daarop een 'onderdanige lakei van het Amerikaanse imperialisme'.[814]

Auschwitz bezocht door een christelijke adviseur van de Palestijnse president Abbas en door moslims

Op 1 augustus 2012 leverde Hamas kritiek op een bezoek dat een adviseur van de Palestijnse president Mahmoud Abbas aan Auschwitz bracht. Het ging om Ziad Al-Bandak, een christen die fungeert als Abbas' adviseur inzake religieuze zaken. Hij legde op 26 juli 2012 een krans neer bij de zogenaamde 'muur des doods' en stak een kaarsje aan ter nagedachtenis aan de slachtoffers van de Holocaust. Dit alles viel bij Hamas niet in goede aarde. Fawzi Barhoun, woordvoerder van Hamas, verklaarde begin augustus dat de Holocaust een leugen was:

> *'Het bezoek hielp Israël om de leugen van de Holocaust te verspreiden en doet de Palestijnse zaak geen goed. Het is duidelijk bewezen dat het Israëlische relaas*

> *(over de Holocaust) op bedrog is gebaseerd. (De Israëli's) overdrijven inzake wat er gebeurd is om internationale sympathie op te wekken en dat is jarenlang ten koste gegaan van de Palestijnen.'*[815]

De met Hamas verbonden columnist Issam Shaur had het over een 'misplaatst bezoek dat de Joden en hun misdaden steunt'. 'Wie onder ons gelooft dat Hitler zes miljoen Joden verbrandde?' Ook stelde hij dat het bezoek niet de Palestijnse gevoelens weergaf, maar alleen die van Ziad Al-Bandak zelf.[816]

In mei 2008 brachten ruim dertig Marokkaanse ouderen uit Amsterdam-West, in samenwerking met het Nederlands Auschwitz Comité en de Werkgroep Ouderen uit Slotervaart, een bezoek aan Auschwitz-Birkenau. Er waren ook enkele imams bij. Eerder had een groep Amsterdamse scholieren, onder wie veel Marokkaanse jongeren, eveneens een bezoek aan dit voormalige vernietigingskamp gebracht. Amerikaanse moslims bezochten in augustus 2010 Auschwitz en in november 2011 deden moslimjongeren uit Duitsland hetzelfde. Johanna Pasztuska verklaarde in 2011 dat zij al drie jaar groepen uit Duitsland in Auschwitz rondleidt. 'Daar zijn ook altijd weer jonge moslims bij.'[817] Er zijn nog meer voorbeelden van dergelijke bezoeken te geven. Hieruit blijkt in ieder geval dat niet alle moslims zich door antisemitische propaganda om de tuin laten leiden. Zulke bezoeken door moslims zijn zeer lovenswaardig en moeten nog meer worden aangemoedigd. De vraag is echter wel of die bezoeken representatief voor de houding van de meeste moslims.

Over de Holocaust was er in het bezette Nederland méér bekend dan sommigen aannemen

Er zijn auteurs die menen dat gewone Nederlanders niet verweten kan worden dat ze hun Joodse medeburgers tijdens de bezettingstijd niet genoeg hebben geholpen. Over hun lot, zo stellen zij, was weinig of niets bekend. 'Wij weten niets van hun lot', zo luidt de veelzeggende titel van een recente studie van Bart van der Boom over 'gewone Nederlanders en de Holocaust'. De titel is afkomstig uit het dagboek van Etty Hillesum, die, toen zij dit schreef, in Kamp Westerbork zat. Evelien Gans (NIOD/UvA) en Remco Ensel (Radboud Universiteit) stellen daarentegen in *de Groene Amsterdammer* van 13 december 2012 dat er wel degelijk 'iets' bekend was over het lot van de uit Nederland gedeporteerde Joden. In dit boek hebben wij in hoofdstuk 6 gewezen op wat Frans Goedhart in 1943 in *Het Parool* over de gaskamers schreef, op het dagboek van Anne Frank, op Ernst Verduin, die al in Kamp Vught had gehoord dat er in Auschwitz Joden werden vergast. Bovendien verscheen er op 21 februari 1943 in *Vrij Nederland* een klein en feitelijk juist artikel waarin gemeld werd dat Joodse 'krankzinnigen' uit Apeldoorn in Duitsland 'zijn gegast' (vergast). Auschwitz lag toen formeel op Duits grondgebied.

Tijdschema

1 juni 1935: De *Inspektion der Konzentrationslager* (Inspectie van de concentratiekampen) wordt ingesteld.

30 jan. 1939: Hitler kondigt voor het eerst in de rijksdag 'de uitroeiing van het Joodse ras in Europa' aan, een dreigement dat hij daarna nog zes keer zal herhalen.

27 sept. 1939: Oprichting van het *Reichssicherheitshauptamt* (RSHA).

21 febr. 1940: Richard Glücks, inspecteur van de concentratiekampen, rapporteert aan Himmler dat de voormalige Poolse legerbarakken bij Auschwitz geschikt zijn om als 'quarantainekamp' in te richten.

4 mei 1940: Rudolf Höss officieel benoemd tot commandant van Auschwitz.

20 mei 1940: Aankomst van dertig Duitse gevangenen, zogenaamde 'gewone misdadigers' uit het kamp Sachsenhausen, die van de SS een bevoorrechte positie krijgen en medegevangenen mogen terroriseren.

14 juli 1940: Aankomst van het eerste transport met gevangenen: 728 Poolse gevangenen uit de gevangenis van Tarnow in Galicië.

25 juli 1940: Bouw eerste crematorium in Auschwitz voltooid: vorming van een speciaal 'crematoriumcommando', aanvankelijk vooral bestaande uit Poolse stokers. De firma Topf uit Erfurt is ingeschakeld bij de bouw.

Eind nov. 1940: Höss heeft in Berlijn een gesprek met *Reichsführer-SS* Heinrich Himmler die wil dat de omgeving van Auschwitz in een groot agrarisch laboratorium verandert.

1 maart 1941: Eerste bezoek van Himmler aan Auschwitz.

23 april 1941: In opdracht van kampcommandant Rudolf Höss worden tien Poolse gevangenen in een cel in de kelder van het beruchte Block 11 overgebracht en vervolgens uitgehongerd. Dit uit vergelding voor de ontsnapping van een Poolse gevangene.

18 juli 1941: Enkele honderden Russische krijgsgevangenen naar Auschwitz overgebracht om een paar dagen later te worden vermoord. Het betreft de eerste groep Russische krijgsgevangenen die in Auschwitz wordt omgebracht.

29 juli 1941: De Poolse pater Maximiliaan Kolbe, die eerder vervolgde Joden en Polen had geholpen, neemt de plaats in van zijn tot de hongerdood veroordeelde landgenoot Franciszek Gajowniczek, die een vrouw en vier kinderen heeft. Kolbe, 'de heilige van Auschwitz', sterft op 14 augustus, maar Gajowniczek en zijn gezin overleven de oorlog en zijn in 1982 op het St. Pietersplein in Rome aanwezig als de Poolse paus Johannes Paulus II Maximiliaan Kolbe heilig verklaart.

29 juli 1941(?): Bespreking tussen kampcommandant Rudolf Höss en Himmler in Berlijn over een geheim bevel van Hitler om de Joden in Europa uit te roeien en de rol die Auschwitz daarbij moet gaan spelen. (Volgens sommige auteurs vond dit geheime overleg later plaats.)

Aug. 1941(?): Adolf Eichmann overlegt in Auschwitz met Höss om Himmlers bevel uit te werken. Höss toont Eichmann een locatie voor een toekomstige gaskamer in Birkenau.

Eind aug. 1941(?): Höss overlegt in Berlijn met Eichmanns afdeling in het RSHA over de plannen voor de massamoord op de Joden en de rol die Auschwitz daarbij moet spelen.

3 en 16 sept. 1941: Eerste experimenten met het gifgas Zyklon B in Auschwitz. Vooral Russische krijgsgevangenen komen daarbij om. Höss licht vervolgens Eichmann in en beiden kiezen ervoor om dit gifgas in het vervolg te blijven gebruiken. Volgens Danuta Czechs *Auschwitz Chronicle* werden er eind augustus óók Russische krijgsgevangenen met Zyklon B gedood.

Oktober 1941:	10.000 Russische krijgsgevangenen arriveren in Auschwitz, een deel wordt ingezet als dwangarbeiders bij de bouw van een tweede kamp genaamd 'Birkenau'. Duizenden krijgsgevangenen komen tussen begin oktober en eind december om of worden vermoord.
Begin nov. 1941:	Een speciale commissie van de Gestapo komt naar Auschwitz om het aantal Russische krijgsgevangenen verder te reduceren. (Alleen al in november sterven er meer dan 3700.) De leiding is in handen van *SS-Standartenführer* dr. Rudolf Mildner, de alom gevreesde Gestapochef van Kattowitz. Diezelfde Mildner is voorzitter van een snelrechtbank die in Auschwitz aan de lopende band doodvonnissen uitspreekt.
11 nov. 1941:	Op de Poolse nationale feestdag worden in bijzijn van kampcommandant Höss 151 gevangenen doodgeschoten, 80 van hen zijn Polen.
28 nov. 1941:	De eerste Nederlanders arriveren in Auschwitz. Het gaat om twee politieke gevangenen die door de *Sicherheitspolizei und des SD* in Den Haag naar Auschwitz zijn gestuurd.
12 dec. 1941:	Daags na zijn oorlogsverklaring aan de Verenigde Staten maakt Hitler in de rijkskanselarij te Berlijn tijdens een geheime bespreking met partijleiders en andere nazigrootheden (onder meer Propagandaminister Joseph Goebbels) zijn reeds in het voorjaar of de zomer van 1941 genomen besluit bekend om de Joden in Europa uit te roeien.
18 dec. 1941:	Als vervolg op de bespreking van 12 december had SS-leider Himmler in het *Führerhauptquartier Wolfsschanze* een bespreking over het 'Joodse vraagstuk'. Daar krijgt hij het bevel de Joden 'als partizanen uit te roeien'.
20 jan. 1942:	Wannseeconferentie in Berlijn waar de uitroeiing van de Joden in Europa 'ambtelijk' wordt voorbereid en SS-officier Adolf Eichmann alle daartoe benodigde volmachten krijgt.
1 febr. 1942:	Vorming van het *SS-Wirtschafts- und Verwaltungshauptamt* (WVHA) geleid door Oswald Pohl. Deze belangrijke instantie, voortgekomen uit het *Hauptamt Verwaltung und Wirtschaft* en het *Hauptamt Haushalt und Bauten*, moet er onder meer voor zorgen dat de concentratiekampen economisch rendabel worden. In feite was Pohl aldus

	verantwoordelijk voor slavenarbeid en wat de SS *Vernichtung durch Arbeit* (doodgaan door slavenarbeid) noemde.
15 febr. 1942:	Eerste transport naar Auschwitz met Joden uit Beuthen (het Poolse 'Bytom'), die allen met Zyklon B worden vergast.
26 maart 1942:	999 Slowaakse Joden, allen vrouwen, worden naar Auschwitz gedeporteerd. Het was het eerste transport dat door Eichmanns afdeling 'IVB4' was georganiseerd.
26 maart 1942:	999 Duitse vrouwen uit het concentratiekamp Ravensbrück naar Auschwitz overgebracht. Daar wordt een speciaal kamp voor vrouwen, het FKL, ingericht, dat later naar Birkenau zal worden verplaatst.
30 maart 1942:	Eerste transport naar Auschwitz met Joden uit Frankrijk.
5 mei 1942:	Eerste transport naar Auschwitz met Joden uit Polen.
12 mei 1942:	RSHA-chef Reinhard Heydrich bezoekt Nederland en geeft de laatste bevelen om alle Joden uit Nederland te deporteren. Heydrich overlijdt enkele weken later in Praag aan de gevolgen van een aanslag.
11 juni 1942:	Overleg op het hoofdkantoor van Eichmann in Berlijn over de uit Nederland, België en Frankrijk te deporteren Joden naar Auschwitz.
Juni 1942:	Uitbraak van de eerste tyfusepidemie in Auschwitz. Enkele honderden zieke gevangenen worden met fenolinjecties gedood.
17 juli 1942:	Eerste transport naar Auschwitz met Joden uit Nederland.
17 en 18 juli 1942:	Tweede inspectiebezoek van Himmler aan Auschwitz, tevens gesprekken met leidingevende ingenieurs van IG Farben.
17 juli 1942:	Eerste transport met Joden uit Nederland arriveert in Auschwitz-Birkenau. Himmler is er persoonlijk getuige van hoe 449 van hen worden vergast.

18 juli 1942:	Rudolf Höss, commandant van Auschwitz, door Himmler tot *SS-Obersturmbannführer* bevorderd, als blijk van waardering voor zijn 'prestaties'.
28 juli 1942:	Himmler schrijft aan zijn vertrouweling Gottlob Berger dat Hitler het 'zeer moeilijke bevel' op zijn schouders heeft gelegd om de bezette gebieden in het oosten 'vrij van Joden' te maken.
29 juli 1942:	De Duitse industrieel Eduard Schulte reist naar Zürich om Joodse contacten in Zwitserland in te lichten over een plan van Hitler om alle Joden binnen zijn machtsbereik uit te roeien, onder meer met blauwzuurgas (Zyklon B).
4 aug. 1942:	Eerste transport met bijna duizend Joden uit België arriveert in Auschwitz.
6 aug. 1942:	Bevel aan de commandanten van de concentratiekampen om mensenhaar te hergebruiken, onder meer voor het maken van sokken.
10 aug. 1942:	Gerhart Riegner, secretaris van het Joods Wereldcongres in Genève, stuurt een telegram naar het Britse parlementslid S.S. Silverman waarin de informatie van Eduard Schulte is samengevat, zonder dat diens naam wordt genoemd.
18 aug. 1942:	Eerste transport naar Auschwitz met Joden uit Joegoslavië.
Augustus 1942:	Robert Mulka benoemd tot adjudant van kampcommandant Rudolf Höss. Hij was mede betrokken bij de aanschaf van Zyklon B, het gifgas voor de gaskamers.
10 aug. 1942:	Begin bouw Crematorium II in Birkenau.
30 aug. 1942:	*SS-Obersturmbannführer* Johann Paul Kremer wordt SS-arts in Auschwitz. Hij blijft daar tot 17 november en houdt een dagboek bij waarin Auschwitz als 'het inferno van Dante' en 'vernietigingskamp' wordt omschreven. Hij was ooggetuige van meerdere 'vergassingen' en nam ook deel aan ten minste één 'medisch' experiment.
Begin sept. 1942:	Begin bouw Crematorium III in Birkenau.

5 sept. 1942:	800 Joodse vrouwen uit het vrouwenkamp worden vergast.
6 sept. 1942:	*SS-Obersturmbannführer* Eduard Wirths wordt de nieuwe *Standortartzt* in Auschwitz. Deze geeft leiding aan alle andere (kamp)artsen en gezondheidswerkers.
28 okt. 1942:	Eerste transport naar Auschwitz met Joden uit het getto of kamp Theresiënstadt in het bezette Tsjechië.
Eind okt. 1942:	Opening van het kamp Monowitz naast de in aanbouw zijnde fabriek van IG Farben.
November 1942:	Begin bouw Crematorium IV en V in Birkenau.
20 nov. 1942:	Eerste transport met Joden uit Noorwegen naar Auschwitz. Op 1 december volgt een tweede transport.
1 dec. 1942:	*SS-Oberscharführer* Wilhelm Boger, bijgenaamd 'het beest', komt naar Auschwitz waar hij een nieuwe marteltechniek introduceert en gevangenen doodslaat of doodschiet.
8 dec. 1942:	Eerste transport met Joden uit het getto van Grodno in het bezette Polen.
13 dec. 1942:	Eerste transport met Joden uit Zamosc in het bezette Polen.
December 1942:	De vrouwenarts prof. dr. Carl Clauberg begint in Auschwitz met 'medische' experimenten om vrouwen te steriliseren. In november was SS-arts Horst Schumann daar al mee begonnen.
19 jan. 1943:	Eerste transport met Joden uit Krakau (bezet Polen).
10 febr. 1943:	Gerhard Maurer van het WVHA bezoekt Auschwitz en zegt toe dat er meer gevangenen voor de fabriek van IG Farben beschikbaar komen. Daarbij wordt onder meer gedacht aan Joden uit Berlijn die dat jaar naar Auschwitz zullen worden gedeporteerd.
26 febr. 1943:	Eerste transport met zigeuners (Roma en Sinti), die in Birkenau in een 'zigeunerkamp' worden ondergebracht. Bijna alle zigeuners zullen

worden omgebracht of omkomen. Ook worden ze aan 'medische' experimenten onderworpen.

9 maart 1943: Robert Mulka wordt als adjudant van Höss ontslagen nadat hij propagandaminister Joseph Goebbels als 'een idioot en een rokkenjager' had betiteld.

13 maart 1943: Om het ontluchtingssteem in de gaskamer van het gloednieuwe Crematorium II te testen worden er 1492 Joden uit het getto van Krakau vergast.

15 maart 1943: *SS-Obersturmführer* Ludwig Baumgartner wordt, tot 22 november 1943, de nieuwe adjudant van kampcommandant Höss.

20 maart 1943: Eerste transport naar Auschwitz met bijna 2200 Joden uit Griekenland die allen in Crematorium II in Birkenau worden vergast en verbrand. Daarna treden er door brand technische problemen op.

22 maart 1943: Crematorium IV in Birkenau officieel opgeleverd.

23 maart 1943: 1700 zigeuners worden in de gaskamer vermoord.

31 maart 1943: Na herstel van de schade in Crematorium II wordt dit opnieuw in gebruik genomen.

4 april 1943: Crematorium V in Birkenau wordt officieel opgeleverd.

22 april 1943: Transport nummer XX uit België komt in Auschwitz aan. Bij aankomst spelen zich hartverscheurende taferelen af.

Nacht van 4 op 5 mei 1943: Het IG-Farbencomplex bij Auschwitz-Monowitz is voor het eerst doelwit van een beperkte geallieerde luchtaanval; er wordt geen schade aangericht.

30 mei 1943: De SS-arts Josef Mengele komt in Auschwitz aan en wordt arts in het zigeunerkamp waar hij 'medische' experimenten zal uitvoeren. Hij neemt ook vaak deel aan de 'selectie' van Joden die aankomen.

25 juni 1943: Crematorium III in Birkenau gereed.

8 sept. 1943:	5006 Joden uit Theresiënstadt arriveren in Auschwitz. Voor hen komt er in Birkenau in het nieuw ingerichte kamp B-IIb een zogenaamd 'gezinskamp'.
23 okt. 1943:	Eerste transport naar Auschwitz met Joden uit Italië (Rome).
23 okt. 1943:	Een jonge Joodse vrouw grijpt vlakbij de gaskamer de revolver van een SS'er en schiet hem dood.
10 nov. 1943:	Kampcommandant Rudolf Höss weg uit Auschwitz. Hij wordt benoemd tot chef van afdeling DI van de *Inspektion der Konzentrationslager* in Berlijn. Hij wordt in Auschwitz opgevolgd door *SS-Obersturmbannführer* Arthur Liebehenschel.
22 nov. 1943:	Auschwitz officieel onderverdeeld in drie kampen: Auschwitz I (het *Stammlager*), Auschwitz II (Birkenau) en Auschwitz III (Monowitz).
Januari 1944:	351 zigeuners worden uit België naar Auschwitz gedeporteerd, slechts twaalf overleven.
24 febr. 1944:	200 leden van het *Sonderkommando* worden naar Majdanek gedeporteerd waar ze worden doodgeschoten, dit uit vergelding voor mislukte ontsnappingspogingen.
29 febr. 1944:	Eichmann brengt in Birkenau een inspectiebezoek aan het gezinskamp B-IIb voor Joden uit Theresiënstadt. Besloten wordt dit kamp op te heffen.
8 maart 1944:	Liquidatie van het in Birkenau aanwezige gezinskamp voor Joden uit Theresiënstadt: 3791 Joodse gevangenen uit dat kamp worden in de gaskamers vermoord.
Maart/april 1944:	Er wordt een rechtstreekse spoorlijn tot ver binnen het kamp Birkenau aangelegd die bijna tot de crematoria II en III doorloopt. Halverwege in het kamp komt er een nieuw aankomstperron, de zogenaamde *neue Rampe*. Dit ter voorbereiding van de komst van honderdduizenden Hongaarse Joden.
2 mei 1944:	Eerste transport naar Auschwitz met Joden uit Hongarije.

Mei-juli 1944: Deportatie van 438.000 Hongaarse Joden naar Auschwitz met hulp van een speciaal *Sonderkommando* onder leiding van Adolf Eichmann. Höss keert naar Auschwitz terug om deze vernietigingsoperatie te leiden, zij het niet als de officiële kampcommandant.

1 aug. 1944: Begin van de liquidatie van Bendin en Sosnowitz, de laatste twee getto's in Silezië. Binnen tijdsbestek van twaalf dagen worden er 32.000 Joden naar Auschwitz gedeporteerd. Van hen wordt ongeveer driekwart in de gaskamers vermoord.

2 en 3 aug. 1944: Liquidatie van het zigeunerkamp in Birkenau.

20 aug. 1944: Nadat er eerder diverse luchtopnamen zijn gemaakt, wordt het IG-Farbencomplex (Monowitz) en enkele andere doelen door Amerikaanse bommenwerpers gebombardeerd. Dit is het eerste grote bombardement.

13 aug. 1944: Opnieuw een bombardement van het IG-Farbencomplex. Er vallen ook enkele bommen op Auschwitz I (*Stammlager*) en II (Birkenau).

5 sept. 1944: Anne Frank, haar zuster Margot, haar moeder Edith en haar vader Otto komen met een RSHA-transport vanuit kamp Westerbork in Birkenau aan.

13 sept. 1944: Het IG-Farbencomplex in Monowitz (Auschwitz III) wederom door geallieerden gebombardeerd; enkele bommen valen ook op het *Stammlager* (Auschwitz I) en Birkenau (Auschwitz II).

7 okt. 1944: Opstand van het *Sonderkommando* in Birkenau bloedig door de SS onderdrukt. Crematorium IV wordt door de opstandelingen in brand gestoken en onbruikbaar gemaakt. Meer dan 400 leden van het *Sonderkommando* worden gedood. De Poolse Jood Zalmen (Zalman) Gradowski, die aan de opstand deelnam, wordt daags daarna opgehangen. Hij laat twee belangrijke manuscripten na die in 1945 worden gevonden.

2 nov. 1944: Bevel van Himmler om met het vergassen van Joden te stoppen (het *Stoppbefehl*).

26 nov. 1944:	Bevel van Himmler om de gaskamers en crematoria te vernietigen.
21 dec. 1944:	Fritz Bracht, *Gauleiter* van Opper-Silezië geeft bevel om alle krijgs- en concentratiekampgevangenen in zijn gebied te evacueren.
12 jan. 1945:	Russische Rode Leger begint aan een groot winteroffensief dat ook ten doel had Opper-Silezië, waar Auschwitz lag, te veroveren.
17 jan. 1945:	Mengele ruimt in kamp B-IIf (ziekenhuis in Birkenau voor gevangenen) de plaats op waar hij zijn experimenten verrichtte en brengt de documenten inzake zijn experimenten op tweelingen, dwergen en gehandicapten in veiligheid. Mengele begeeft zich eerst naar het concentratiekamp Gross-Rosen. Hij weet na de oorlog naar Zuid-Amerika te ontkomen.
18 jan. 1945:	Begin van de 'dodenmarsen' uit Auschwitz, Birkenau en Monowitz. Twee of drie dagen later, als het kamp al grotendeels ontruimd is, geeft de *Höhere SS- und Polizeiführer* (HSSPF) van Breslau, *SS-Obergruppenführer* Heinrich Schmauser bevel om zieke gevangenen dood te schieten. Bij de dodenmarsen uit Auschwitz komen tussen de 9000 à 15.000 gevangenen om of worden onderweg doodgeschoten.
19 jan. 1945:	SS blaast de Crematoria II en II en hun ondergrondse gaskamers op om sporen uit te wissen.
25 jan. 1945:	SS/SD schiet 300 zieke Joodse gevangenen dood. Dit is de laatste groep Joden die in Auschwitz wordt vermoord.
26 jan. 1945:	SS blaast om één uur 's morgens Crematorium V op.
27 jan. 1945:	Auschwitz door het Russische Rode Leger bevrijd.
Mei 1947-juli 1948:	IG-Farbenproces in Neurenberg.
Dec. 1963-aug. 1965:	Auschwitzproces in Frankfurt.

11 en 12 dec. 2004: Conferentie van Holocaustontkenners in de Iraanse hoofdstad Teheran. Eén van de sprekers is de Iraanse president Mahmoud Ahmadinejad, die de Holocaust een jaar eerder 'een mythe' heeft genoemd.

13 maart 2008: De invloedrijke Palestijnse Hamasideoloog sjeik Yunus Al-Astal, tevens 'parlementslid' voor Hamas, verklaart dat de Joden nog een nieuwe Holocaust te wachten staat en dat het hun lot is om in dit en het toekomende leven te lijden door te verbranden.

Literatuur

Aly, Götz, Angelika Ebbinghaus, Matthias Harmann, e.a. (Hrsg.), *Aussonderung und Tod. Die klinische Hinrichtung der Unbrauchbaren* (Berlijn: Rotbuch Verlag, 1985).

Atkins, Stephen E., *Holocaust denial as an international movement* (Westport, Connecticut: Praeger Publishers, 2009).

Auschwitz-Prozess 4 Ks/63 Frankfurt am Main (Frankfurt am Main/Keulen: Fritz Bauer Institut/ Snoeck Verlagsgesellschaft, 2004).

Avey, Denis, *The man who broke into Auschwitz* (Londen: Hodder & Stoughton, 2011).

Bailer-Galanda, Brigitte, Wolfgang Benz en Wolfgang Neugebauer (Hrsg.), *Die Auschwitz-leugner. 'Revisionistische' Geschichtslüge und historische Wahrheit* (Berlijn: Elefanten Press, 1996).

Bajohr, Frank, en Dieter Pohl, *Der Holocaust als offenes Geheimnis. Die Deutschen, die NS-Führung und die Allierten* (München: C.H. Beck, 2006).

Barnouw, David, en Gerrold van der Stroom (red.), *De Dagboeken van Anne Frank* (Amsterdam: Uitgeverij Bert Bakker, 2001).

Barth, Christian T., *Goebbels und die Juden* (Paderborn: Ferdinand Schöningh, 2003).

Bartoszewski, Wladyslaw, en Zofia Lewin (Eds.), *Righteous among Nations. How Poles helped the Jews 1939-1945* (Londen: Earlscourt Publications Limited, 1969).

Bastian, Till *Auschwitz und die 'Auschwitz Lüge'. Massenmord und geschichtsfälschung* (München: Verlag C.H. Beck, 1995).

Benz, Wolfgang, *Dimension des Völkermords. Die Zahl der Öpfer des Nationalsozialismus* (München: R. Oldenbourg, 1991).

Blatman, Daniel, *Die Todesmärsche 1944/45. Das letzte Kapitel des nationalsozialistischen Massenmords* (Reinbek bei Hamburg: Rowohlt Verlag, 2011).

Blits, Mirjam, *Auschwitz 13917. Hoe ik de Duitse concentratiekampen overleefde* (Meppel: Just Publishers, 2012; eerste uitgave in 1961).

Bower, Tom, *Blind eye to murder. Britain, America and the purging of Nazi Germany – a pledge betrayed* (Londen/New York: Granada, 1983).

Brackman, Harold, en Aaron Breitbart, *Holocaust denial's aussault on memory: Precursor to Twenty-First Century Genocide?* (Los Angeles: A Simon Wiesenthal Center Report, April 2007).

Braham, Randolph L., *The destruction of Hungarian Jewry. A documentary account* (New York: Pro Arte for the World Federation of Hungarian Jews, 1963).

Breitman, Richard, *Official secrets. What the Nazis planned, what the British and Americans knew* (New York: Hill and Wang, 1998).

Boom, Bart van der, *Wij weten niets van hun lot. Gewone Nederlanders en de Holocaust* (Amsterdam: Uitgeverij Boom, 2012).

Butler, Rupert, *The Gestapo. A history of Hitler's secret police 1933-45* (Barnsley, South Yorkshire: Pen & Sword Books, Ltd).

Butz, Arthur R., *The Hoax of the Twentieth Century. The case against the presumed extermination of European Jewry* (Torrance, Cal.: Institute for Historical Review, 1983; eerste Engelse uitgave in 1976, eerste Amerikaanse uitgave in 1977).

Arthur D. Butz, Arthur, *The Hoax of the Twentieth Century. The case against the presumed exterminination of European Jewry* (Newport Beach, Cal., 2002; 10e druk, deze is veel uitgebreider).

Citroen, Hans, en Barbara Starzynska, *Auschwitz-Oswiecim* (Rotterdam: post editions, 2011).

Curilla, Wolfgang, *Die deutsche Ordnungspolizei und der Holocaust im Baltikum und in Weissrussland 1941-1944* (Paderborn: Ferdinand Schöningh, 2006).

Czech, Danuta, *Auschwitz Chonicle. From the archives of the Auschwitz Memorial and the German Federal archives* (New York: An Owl Book/Henry Holt and Company, Inc., 1997).

Der Dienstkalender Heinrich Himmlers 1941/42 (Hamburg: Hans Christians Verlag, 1999).

Documenten van de Jodenvervolging in Nederland 1940-1945 (Amsterdam: Joods Historisch Museum/Polak en Van Gennep, 1965).

Domarus, Max, *Hitler. Reden und Proklamationen* (Wiesbaden: R. Löwit, 1973; meerdelig).

Donati, Giulana, *Ebrei in Italia, Deportazione, Resistenze* (Florence: La Giuntina, 1975).

Dörner, Bernward, *Die Deutschen und der Holocaust* (Berlijn: Propyläen Verlag, 2007).

Dumoulin, Michel, Emmanuel Gerard, Mark van den Wijngaert en Vincent Dujardin, *Nieuwe geschiedenis van België*, deel II, 1905/1950 (Tielt: Terra Lannoo, 2006), p. 1199.

Engel, David, *Facing a Holocaust. The Polish-government-in-Exile and the Jews, 1943-1945* (Chapel Hill: The University of North Carolina Press, 1993).

Enzyklopädie des Holocaust (Frankfurt am Main: Piper Verlag, 1995; drie delen).

Enzyklopädie des Holocaust, Band III (München: Piper, 1995).

Faschismus, Getto, Massenmord. Dokumentation über die Ausrottung und Widerstand der Juden in Polen während des zweiten Weltkrieges (Berlijn: Rütten & Loening, 1960).

Fest, Joachim C., *Das Gesicht des Dritten Reiches. Profile einer totalitären Herrschaft* (München/Zürich: Piper, 2010; 1e druk 1963).

Frank, Anne, *Het Achterhuis. Dagboekbrieven van 14 juni 1942-1 augustus 1944* (Amsterdam: Uitgeverij Contact., 1949; 5de druk).

Fröhlich, Elke (Hrsg.), *Die Tagebücher von Joseph Goebbels*, Teil II, Band 2, oktober-december 1941 (München: K.G. Sauer, 1987-2004; meerdelig).

Friedländer, Saul, *Kurt Gerstein: The ambiguity of good* (New York: Alfred A. Knopf, 1969).

Friedländer, Saul, *Nazi Germany and the Jews 1939-1945: The years of extermination* (New York: Harper Perennial, 2008).

Frank, Anne, *Het Achterhuis. Dagboekbrieven van 14 juni 1942-1 augustus 1944* (Amsterdam: Uitgeverij Contact., 1949; 5de druk).

Fromm, Erich, *The anatomy of human destructiveness* (New York: Holt, Rinehart and Winston, 1979).

Garaudy, Roger, *Les Mythes fondateurs de la politique israélienne* (Samiszdat Roger Garaudy, 1996).

Gawel, Lukasz, *Auschwitz-Birkenau. A German Nazi concentration and extermination camp (1940-1945)*.

Gerwarth, Robert, *Hitler's hangman. The life of Heydrich* (New Haven/Londen: Yale University Press, 2011).

Gilbert, Martin, *Auschwitz and the Allies* (Londen: Michael Joseph/Rainbird, 1981).

Gilbert, Martin, *Descent into Barbarism. A history of the 20th century 1933-1951* (Londen: Harper Collins Publishers, 1999).

Gilbert, Martin, *The Routledge Atlas of the Holocaust* (Londen: Routledge, 2009, Fourth Edition).

Goldhagen, Daniel Jonah, *Hitler's willing executioners. Ordinary Germans and the Holocaust* (New York: Little, Brown and Company, 1996).

Gradowski, Zalmen, *In het hart van de hel. Sonderkommando in de gaskamers en crematoria van Auschwitz* (Laren, NH: Uitgeverij Verbum, 2008).

Gutman, Yisrael, en Michael Berenbaum (Eds.), *Anatomy of the Auschwitz death camp* (Washington/Bloomington: United States Holocaust Memorial Museum/Indiana University Press, 1998).

Gutman, Israel, en Bella Gutterman (red.), *Het Auschwitz Album. Reportage van een tranport* (Laren, N.H.: Uitgeverij Verbum, 2005).

Hausner, Gideon, *Justice in Jerusalem. The trial of Adolf Eichmann* (Londen: Thomas Nelson and Sons Ltd, 1967).

Heiber, Helmut (Hrsg.), *Reichsführer! Briefe an und von Himmler* (München: Deutscher Taschenbuch Verlag, 1972).

Herf, Jeffrey, *The Jewish enemy. Nazi propaganda during World War II and the Holocaust* (Cambridge, Mass.: Harvard University Press, 2006).

Herf, Jeffrey, *Nazi propaganda for the Arab world* (New Haven/Londen: Yale University Press, 2009).

Herbert, Ulrich, Karin Orth en Christoph Dieckmann (Hrsg.), *Die nationalsozialistischen Konzentrationslager* (Frankfurt am Main: Fischer Taschenbuch Verlag, 2002; twee delen).

Herf, Jeffrey, *The Jewish enemy. Nazi propaganda during World War II and the Holocaust* (Cambridge, Mass./Londen: Harvard University Press, 2006).

Hilberg (Ed.), Raul, *Documents of destruction. Germany and Jewry 1933-1945* (Chicago: Quadrangle Books, 1971).

Hilberg, Raul, *The destruction of the European Jews*, vol. I-III (New Haven/Londen: Yale University Press, 2003; 3e editie).

Hilberg, Raul, *Die Vernichtung der europäischen Juden*, Band I-III (Frankfurt am Main: Fischer Taschenbuch Verlag, 2007; 10e druk).

Hillgruber, Andreas, *Hitlers Strategie. Politik und Kriegführung 1940-1941* (München: Bernard & Graefe Verlag, 1982).

Himmler, Katrin, *Die Brüder Himmler: Eine deutsche Familiengeschichte* (Franfkurt am Main: Fischer Taschenbuch Verlag, 2007).

Hirszowicz, Lukasz, *The Third Reich and the Arab East* (London/Toronto: Routledge & Kegan Paul/University of Toronto Press, 1966).

Hitler, Adolf, *Mein Kampf* (München: Franz Eher Verlag, 1939; eerste deel verschenen in 1925, tweede deel in 1927, niet veel later tot één deel samengevoegd).

Höhne, Heinz, *Der Orden unter dem Totenkopf. Die Geschichte der SS* (Essen: Magnus Verlag, 1967). *Der Holocaust Chronik* (Potsdam: H.F. Ullmann, 2010).

Höpp, Gerhard (Hrsg.), *Mufti-Papiere. Briefe, Memoranden, Reden und Aufrufe Amin al-Hussainis aus dem Exil, 1940-1945* (Berlijn: Klaus-Schwarz Verlag, 2004).

Höss, Rudolf *Kommandant in Auschwitz. Autobiographische Aufzeichnungen des Rudolf Höss herausgegeben von Martin Boszat* (München: Deutscher Taschenbuch Verlag, 2011; 1e druk 1963).

Höss, Rudolf, Pery Broad, Johann Paul Kremer, *Auschwitz in den Augen der SS* (Warschau/Oswiecim: Verlag Interpress/Staatliches Auschwitz Museum, 1992).

Hroub, Khaled, *Hamas. Political thought and practice* (Washington: Institute for Palestine Studies, 2000).

In Memoriam ('s-Gravenhage: Sdu Uitgeverij, 1995).

Ioanid, Radu, *The Holocaust in Rumania. The destruction of the Jews and gypsies under the Antonescu regime, 1940-1944* (Chicago/Washington: Ivan R. Dee/United States Holocaust Memorial Museum, 2000).

Jäckel, Eberhard (Hrsg.), *Hitler. Sämtliche Aufzeichnungen 1905-1924* (Stuttgart: Deutsche Verlags-Anstalt, 1980).

Jacobs, Luise, *De gaskamer van Schloss Hartheim. Op zondag gesloten* (Soesterberg: Uitgeverij Aspekt, 2011).

Jochmann, Werner (Hrsg.), *Adolf Hitler. Monologe im Führerhauptquartier 1941-1944*, (Hamburg: (Albrecht Kraus, 1980).

De Jong, L. de, *'Een sterfgeval te Auswitz.' Rede uitgesproken bij de aanvaarding van het buitengewoon hoogleraarschap in de geschiedenis van de jongste tijd aan de Nederlandse*

Economische Hogeschool te Rotterdam, op 21 september 1967 (Amsterdam: Em. Querido's Uitgeverij/Wetenschappelijke Uitgeverij, 1967). 'Auswitz' is met opzet gespeld zonder 'ch', omdat het om een geciteerd bericht aan de Joodse Raad gaat.

Jong, L. de, *The Netherlands and Auschwitz*, in: Yisrael Gutman en Livia Rothkirchen, *The catastrophe of European Jewry* (Jeruzalem: Yad Vashem, 1976).

Jong, L. de, *Het Koninkrijk der Nederlanden in de Tweede* Wereldoorlog ('s-Gravenhage: Martinus Nijhoff, 1969-1994; meerdelig).

Karski, Jan, *Mein Bericht an die Welt. Geschichte eines Staates im Untergrund* (München: Verlag Antje Kunstmann, 2011).

Karski, Jan, *Story of a secret state. My report to the world* (Londen/New York: Penguin Books, 2011; 1e uitgave in 1944 in New York).

Kater, Michael H., *Ärzte als Hitlers Helfer* (Hamburg: Europa Verlag, 2000).

Kershaw, Ian, *Hitler, the Germans and the Final Solution* (New Haven/Londen: Yale University Press, 2008).

Klarsfeld, Serge, *Le Mémorial de la déportation de Juifs de France* (Parijs: Fayard, 1994/2001).

Klarsfeld, Serge, *Le Mémorial des enfants juifs déportés de France* (Parijs: The Beate Klarsfeld Foundation, 1994).

Klarsfeld, Serge, *Vichy-Auschwitz. Die 'Endlösung der Judenfrage' in Frankreich* (Darmstadt: Wissenschaftliche Buchgesellschaft, 2007).

Klee, Ernst, *Deutsche Medizin im Dritten Reich. Karrieren vor und nach 1945* (Frankfurt am Main: S. Fischer Verlag, 2001).

Klee, Ernst, *Auschwitz, die NS-Medizin und ihre Opfer* (Frankfurt am Main: Fischer Taschenbuch Verlag, 2008).

Knopp, Guido, *Die SS. Eine Warnung der Geschichte* (München: Wilhelm Goldmann Verlag, 2003).

Kogon, Eugen, Hermann Langbein en Adalbert Rückerl (Hrsg.), *Nationalsozialistische Massentötungen durch Giftgas. Eine Dokumentation* (Frankfurt am Main: Fischer Taschenbuch Verlag, 1983).

Kok, René, en Erik Somers, *Het grote 40-45 boek. Een visuele geschiedenis van de Tweede Wereldoorlog* (Zwolle/Amsterdam: Uitgeverij Waanders/NIOD, 2011).

Koren, Yehuda, en Eilat Negev, *In our hearts we were giants: The remarkable story of the Lilliput troupe – a dwarf family's survival of the Holocaust* (New York: Carroll & Graf Publishers, 2004).

Krausnick, Helmut, en Hans-Heinrich Wilhelm, *Die Truppe des Weltanschauungskrieges. Die Einsatzgruppen der Sicherheitspolizei und des SD 1938-1942* (Stuttgart: Deutsche Verlags-Anstalt, 1981).

Lang, Jochen von (Hrsg.), *Das Eichmann-Protokoll. Tonbandaufzeichnungen der israelischen Verhöre* (Berlijn: Severin und Siedler, 1982).

Lang, Hans-Joachim, *Die Frauen von Block 10. Medizinische Versuche in Auschwitz* (Hamburg: Hoffmann und Campe, 2011).

Langbein, Hermann, *Der Auschwitz-Prozess. Eine Dokumentation* (Frankfurt am Main: Europäische Verlagsanstalt, 1965; twee delen).

Langbein, Hermann, *People in Auschwitz* (Chapel Hill: University of North Carolina Press, 2004).

Laqueur, Walter, *The terrible secret. The first, disturbing account of how the news of Hitler's 'Final Solution' was suppressed and how it was eventually revealed* (Londen: Weidenfeld and Nicolson, 1980).

Laqueur, Walter, en Richard Breitman, *Breaking the silence. The secret mission of Eduard Schulte who brought the world news of the Final Solution* (Londen: The Bodley Head, 1986).

Lebert, Stephan en Norbert, *My father's keeper. Children of Nazi leaders: An intimate history of damage and denial* (Boston: Little Brown and Company, 2001).

Lee, Carol Ann, *Anne Frank and the children of the Holocaust* (New York: Viking, 2006).

Less, Avner W. (Hrsg.), *Schuldig. Das Urteil gegen Adolf Eichmann* (Frankfurt am Main: Athenäum Verlag, 1987).

Lévai, Jenö (Hrsg.), *Eichmann in Ungarn. Dokumente* (Budapest: Pannoia Verlag, 1961).

Lichtenstein, Heiner, *Mit der Reichsbahn in den Tod. Massentransporte in den Holocaust 1941 bis 1945* (Keulen: Bund-Verlag, 1985).

Lifton, Robert Jay, *Ärzte im Dritten Reich* (Berlijn: Ullstein Verlag, 1998).

Lipstadt, Deborah, *Beyond belief. The American press and the coming of the Holocaust, 1933-1985* (New York: Free Press, 1986).

Lipstadt. Deborah, *Denying the Holocaust. The growing assault on memory and truth* (New York: Plume, 1993).

Lipstadt, Deborah, *History on trial. My day in court with David Irving* (New York: ECCO, 2005).

Lipstadt, Deborah, *The Eichmann Trial* (New York: Schocken, 2011).

Litvak, Meir, en Esther Webman, *Empathy to denial. Arab responses to the Holocaust* (Londen: Hurst & Company, 2009).

Longerich, *The unwritten order. Hitler's role in the Final Solution* (Stroud, Gloucestershire: Tempus Publishing Limited, 2003).

Longerich, Peter, *'Davon haben wir nichts gewusst!' Die Deutschen und die Judenverfolgung 1933-1945* (München: Pantheon Verlag/Random House, 2007).

Longerich, Peter, *Heinrich Himmler. Biographie* (München: Siedler Verlag, 2008).

Longerich, Peter, *Goebbels. Biographie* (München: Siedler Verlag, 2010).

Luijters, Guus, *In Memoriam. De gedeporteerde en vermoorde Joodse, Roma en Sinti kinderen 1942-1945* (Amsterdam: Nieuw Amsterdam Uitgevers, 2012).

Longerich, Peter, *Holocaust. The Nazi persecution and murder of the Jews* (Oxford: Oxford University Press, 2010).

Mayer, Ahlrich, *Das Wissen um Auschwitz. Täter und Opfer der 'Endlösung' in Westeuropa* (Paderborn: Ferdinand Schöningh, 2010).

Mazower, Mark, *Inside Hitler's Greece. The experience of occupation, 1941-44* (New Haven/ Londen: Yale University Press, 2001).

Meinen, Insa, *Die Shoah in Belgien* (Darmstadt: Wissenschaftliche Buchgesellschaft, 2009).

Meir, Golda, *My life* (New York: G.P. Putnam's Sons, 1975).

Michaelis, Meir, *Mussolini and the Jews. German-Italian relations and the Jewish Question in Italy 1922-1945* (Oxford: Oxford University Press, 1978).

Michiels, Marc, en Mark van den Wijngaert, *Het XXste transport naar Auschwitz. De ongelijke strijd op leven en dood* (Antwerpen: Standaard Uitgeverij, 2012).

Michman, Jozeph, en Bert Jan Flim (red.), *The encyclopedia of the Righteous among the Nations. Recuers of Jews during the Holocaust: The Netherlands* (Jeruzalem: Yad Vashem, 2004). Editor-in-chief: Israel Gutman.

Morsch, Günter, en Bertrand Perz (Hrsg.), *Neue Studien zu nationalsozialistischen Massentötungen durch Giftgas* (Berlijn: Metropol Verlag, 2011).

Morse, Arthur D., *While six million died. A chronicle of American apathy* (New York: Hart Publishing Company, Inc., 1968).

Naji, Kasra, *Ahmadinejad. The secret histroy of Iran's radical leader* (Londen/New York: I.B. Tauris, 2008).

Obenaus, Herbert en Sibylle (Hrsg.), *'Schreiben, wie es wirklich war!' Aufzeichnungen Karl Dürkefäldens aus den Jaren 1933-1945* (Hannover: Niedersächsische Zentrale für Politische Bildung, 1985).

Patai, Raphael, *The Jews of Hungary. History, culture, psychology* (Detroit: Wayne State University Press, 1996).

Pelt, Robert Jan van, en Debórah Dwork, *Auschwitz. Van 1270 tot heden* (Amsterdam: Uitgeverij Boom, 1997).

Pierik, Perry, *Hongarije 1944-1945. De vergeten tragedie* (Nieuwegein/Soesterberg: Uitgeverij Aspekt, 1995).

Pierik, Perry, *Hitlers Lebensraum. De geestelijke wortels van de veroveringsveldtocht naar het Oosten* (Soesterberg: Uitgeverij Aspekt, 1999).

Pierik, Perry, *Van Leningrad tot Berlijn. Nederlandse vrijwilligers in dienst van de Duitse Waffen-SS 1941-1945* (Soesterberg: Uitgeverij Aspekt, 2006).

Pierik, Perry, *Friedrich Knolle. Bekentenissen van een SD-officier* (Soesterbeg: Uitgeverij Aspekt, 2011).

Piper, Franciszek, *Die Zahl der Opfer von Auschwitz* (Oswiecim/Auschwitz: Verlag Staatliches Museum in Oswiecim, 1993).

Piper, Franciszek, *Arbeitseinsatz der Häftlinge aus dem KL Auschwitz* (Oswiecim/Auschwitz: Verlag Staatliches Museum, 1995).

Praag, H.M. van, *Joden-haat en Zions-haat. Een drama in vijf bedrijven* (Soesterberg: Uitgeverij Aspekt, 2009).

Pressac, Jean-Claude, *Die Krematorien von Auschwitz. Die Technik des Massenmordes* (München: Verlag Piper, 1994).

Het proces Rauter ('s-Gravenhage: Martinus Nijhoff, 1952).

Rees, Laurence, *Auschwitz. The Nazis and 'the Final Solution'* (Londen: BBC Books, 2005).

Riecker, Joachim, *Hitlers 9.November. Wie der Erste Weltkrieg zum Holocaust führte* (Berlijn: Wolf Jobst Siedler jr., 2009).

Römer, Felix, *Der Kommissarbefehl. Wehrmacht und NS-Verbrechen an der Ostfront 1941/42* (Paderborn: Ferdinand Schöningh, 2008).

Safrian, Hans, *Eichmann und seine Gehilfen* (Frankfurt am Main: Fischer Taschenbuch Verlag, 1995).

Schelvis, Jules, *Vernietigingskamp Sobibor* (Amsterdam: De Bataafsche Leeuw, 1993).

Segev, Tom, *Soldiers of evil. The commandants of the Nazi concentration camps* (New York: McGraw-Hill, 1988).

Shermer, Michael, en Alex Grobman, *Denying history. Who says the Holocaust never happened and why do they say it?* (Berkeley/Londen: University of California Press, 2009).

Schmaltz, Florian, *The Buna/Monowitz concentration camp* (Frankfurt: J.W. Goethe Universität/Fritz Bauer Institut, 2010).

Smelik, Klaas A.D. (red.), *Etty. De nagelaten geschriften van Etty Hillesum 1941-1943* (Amsterdam: Uitgeverij Balans, 2008; 5e herziene en aangevulde druk).

Smelser, Ronald, en Enrico Syring (Hrsg.), *Die SS. Elite unter dem Totenkopf* (Paderborn: Ferdinand Schöningh, 2000).

Sofsky, Wolfgang, *Die Ordnung des Terrors: Das Konzentrationslager* (Frankfurt am Main: Fischer Taschenbuch Verlag, 1997).

Sommer, Robert, *Das KZ Bordell. Sexuelle Zwangsarbeit in nationalsozialistischen Konzentrationslager* (Paderborn: Ferdinand Schöningh, 2009).

Speer, Albert, *Erinnerungen* (Frankfurt am Main: Ullstein Verlag, 1999; 1e druk 1969).

Speer, Albert, *Der Sklavenstaat. Meine Auseinandersetzung mit der SS* (Stuttgart: Deutsche Verlags-Anstalt, 1981).

Staatliches Museum Auschwitz-Birkenau (Hrsg.), *Sterbebücher von Auschwitz. Fragmente*, Band 1 (München: K.G. Saur Verlag, 1995).

Steur, Claudia, *Theodor Dannecker. Ein Funktionär der Endlösung* (Essen: Klartext Verlag, 1997).

Swiebocka, Teresa, *Auschwitz. A history in photographs* (Bloomington, Ind.: Indiana University Press, 1993).

Swiebocki, Teresa en Henryk (Ed.), *Auschwitz. The residence of death* (Oswiecim: Auschwitz-Birkenau State Museum, 2007).

Swiebocki, Henryk, *London würde informiert. Berichte von Auschwitz-Flüchtlingen* (Oswiecim: Staatliches Museum Auschwitz-Birkenau, 1997).

Sijes, B.A., *Studies over Joden vervolging* (Assen: Van Gorcum & Comp., 1974).

Sijes, B.A., *Vervolging van zigeuners in Nederland 1940-1945* ('s-Gravenhage: Martinus Nijhoff, 1979).

Touw, H.C., *Het verzet der Hervormde Kerk* ('s-Gravenhage: Boekencentrum, 1946; tweedelig).

Trevor-Roper (Ed.), H.R., *Hitler's table talk 1941-1944* (New York: Enigma Books, 200; 1e uitgave in 1953).

The Trial of Adolf Eichmann (Jeruzalem: State of Israel/Ministry of Justice, 1992; meerdelig).

Vanermen, Stijn, *De ontkenning van de Jodenuitroeiing. Het negationisme en de invloed ervan op extreem-rechts in België* (Brussel: VUB Press, 1996).

Vermaat, Emerson *Nazi's, communisten en islamisten. Opmerkelijke allianties tussen extremisten* (Soesterberg: Uitgeverij Aspekt, 2008).

Vermaat, Emerson, *Heinrich Himmler en de cultus van de dood* (Soesterberg:

Vermaat, Emerson, *Anton Mussert en zijn conflict met de SS* (Soesterberg: Uitgeverij Aspekt, 2011).

Vermaat, Emerson, *Adolf Eichmann. Technocraat van de Holocaust* (Soesterberg: Uitgeverij Aspekt, 2012).

Völklein, Ulrich, *Josef Mengele. Der Arzt von Auschwitz* (Göttingen: Steidl Verlag, 2000).

Vrba, Rudolf, *Ich kann nicht vergeben. Meine Flucht aus Auschwitz* (Frankfurt am Main, Schöffling & Co., 2010; 1e druk Duitse uitgave in 1964).

Die Wannsee-Konferenz und der Völkermord an den Europäischen Juden (Berlijn: Gedenk- und Bildungsstätte Haus der Wannsee-Konferenz, 2008).

Weale, Adrian, *The SS. A new history* (Londen: Little, Brown Book Group, 2010).

Wood, E. Thomas, en Stanislaw M. Jankowski, *Jan Karski – Einer gegen den Holocaust. Als Kurier in geheimer Mission* (Gerlingen: Bleicher Verlag, 1997).

De ingang van het hoofdkamp van Auschwitz. Boven het toegangshek de cynische tekst *Arbeit macht frei* ('arbeid maakt vrij'). Foto: Emerson Vermaat.

De zogenaamde 'poort des doods', de ingang van Auschwitz-Birkenau. Foto: Emerson Vermaat.

Het aankomstperron in Auschwitz-Birkenau: eindstation van de dood. Foto: Emerson Vermaat.

Aankomst van een groep Hongaarse Joden in Auschwitz-Birkenau in mei 1944. Op de achtergrond is de karakteristieke toegangspoort van Birkenau te zien. Zie hoofdstuk 2.

Bij de eerste selectie worden de mannen van de vrouwen gescheiden. De SS-officier met een wandelstok en met de rug naar de fotograaf toegekeerd, is Karl Höcker. Zie hoofdstuk 2.

Op deze foto uit mei 1944 is de SS-arts Horst Thilo te zien. Hij wijst met zijn wijsvinger naar links. 'Links' betekende in dit geval dat de persoon die voor hem stond, zich moest voegen bij de groep die voor de gaskamer was bestemd. Zie hoofdstuk 2.

Aankomst in Birkenau, mei 1944. Op de achtergrond zijn de Crematoria II en III met hun hoge schoorstenen te zien. Op de voorgrond praat een gevangene van het 'Canada commando', die gestreepte gevangeniskleding draagt, met een Joodse vrouw. Dit was streng verboden.

Op deze galg in het hoofdkamp werd Rudolf Höss, de vroegere kampcommandant van Auschwitz, na de oorlog opgehangen. Foto: Emerson Vermaat.

Het beruchte 'Block 10' waar de vrouwenarts prof. dr. Carl Clauberg wrede 'medische' experimenten op vrouwen uitvoerde. Zie de hoofdstukken 2 en 4. Beide foto's: Emerson Vermaat.

Prof. dr. Carl Clauberg.

De ramen van Block 10 waren dichtgetimmerd zodat de vrouwen in dat Block niet konden zien hoe op de binnenplaats tussen Block 10 en Block 11 talloze gevangenen werden geëxecuteerd. Zie de hoofdstukken 2, 3, 4 en 5. Foto: Emerson Vermaat.

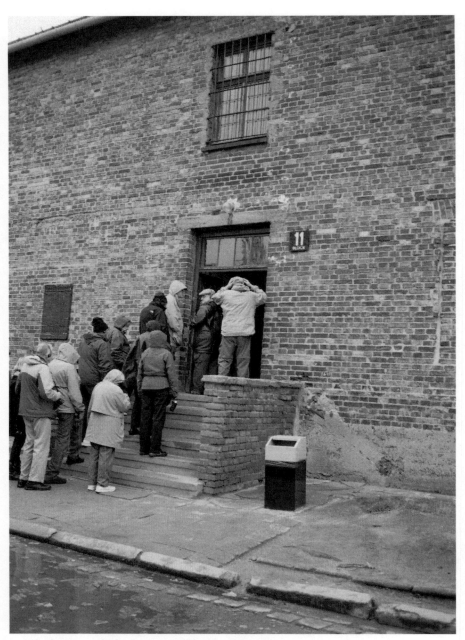

In 'Block 11' sprak de Gestapo talloze doodvonnissen uit en werden gevangenen zwaar mishandeld en gemarteld. Tussen Block 10 en 11 werden ter dood veroordeelde gevangenen geëxecuteerd. In een afgesloten ruimte in de kelder van Block 11 vonden eind augustus en begin september 1941 de eerste vergassingen met Zyklon B plaats. Het ging toen vooral om Russische krijgsgevangenen. Zie de hoofdstukken 1, 2 en 4. Foto: Emerson Vermaat.

'De zogenaamde 'zwarte muur des doods', tussen Block 10 en Block 11, waar talloze veelal niet-Joodse gevangenen werden geëxecuteerd. Zie de hoofdstukken 1, 2 en 4. Foto's: Emerson Vermaat.

De barakken van het vrouwenkamp in Auschwitz-Birkenau. Zie de hoofdstukken 2 en 5.
Foto's: Emerson Vermaat.

Bakstenen barak in het vrouwenkamp in Birkenau.

De 'bedden' waren uiterst primitief. Zie de hoofdstukken 2 en 5. Foto's: Emerson Vermaat.

Model van een goederenwagon waarin gedeporteerde Joden in Birkenau aankwamen. Naast de wagon het aankomstperron. Foto: Emerson Vermaat.

Het prikkeldraad in Auschwitz stond onder hoogspanning. Wie het aanraakte stierf ter plekke. Foto: Emerson Vermaat.

De buitenkant van de gaskamer in het hoofdkamp.

Het verwoeste Crematorium II in Auschwitz-Birkenau. Zie de hoofdstukken 2, 4 en 7. Foto's: Emerson Vermaat.

De ondergrondse ruimte in Crematorium II waar men zich moest uitkleden en die naar de gaskamer leidde. Zie de hoofdstukken 2, 4 en 7. Foto: Emerson Vermaat.

Wachttorens en prikkeldraad. Foto: Emerson Vermaat.

Heinrich Himmler (vooraan links) in juli 1942 op inspectiebezoek in Auschwitz. Vooraan rechts: kampcommandant Rudolf Höss. In civiele kleding tussen Himmler en Höss in: een ingenieur van IG Farben. Zie de hoofdstukken 2 en 3.

In het midden een zeldzame foto van kamparts Josef Mengele (1944). Zie de hoofdstukken 2 en 4.

Dr. Bloeme Evers-Emden. Ernst Verduin. Zie hoofdstuk 5.
Foto: Emerson Vermaat.

Het Auschwitz monument in Amsterdam.

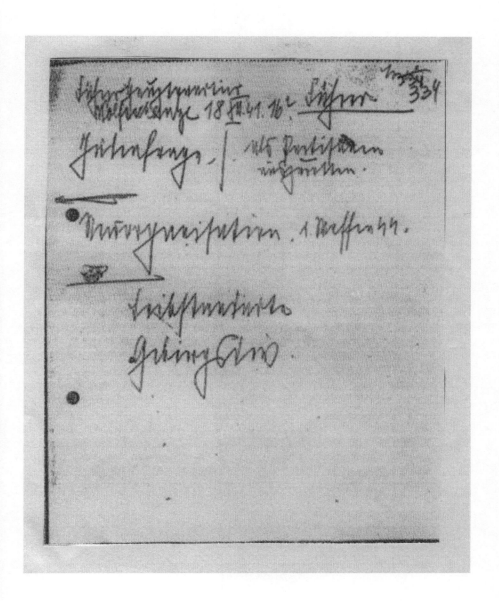

Kantooragenda van Heinrich Himmler: 18 december 1941. Bespreking met Hitler in diens hoofdkwartier 'de Wolfsschanze': 'Joodse vraagstuk: als partizanen uitroeien'. Zie de hoofdstukken 2 en 6.

DR. OTTO AMBROS
I.G. FARBENINDUSTRIE AKTIENGESELLSCHAFT   LUDWIGSHAFEN A.RH. 12. April 1941/Si
Fernsprecher 6498

An die Herren
Direktor Dr. ter Meer
Direktor Dr. Struß

I.G. - F r a n k f u r t

Sehr geehrte Herren!

In Anlage übersende ich Ihnen die Berichte über unsere Baubesprechungen, die regelmäßig wöchentlich einmal unter meiner Leitung stattfinden.

Sie entnehmen daraus die organisatorische Regelung und vor allem den Beginn unserer Tätigkeit im Osten.

Inzwischen fand auch am 7.4. die konstituierende Gründungssitzung in Kattowitz statt, die im großen und ganzen befriedigend verlief. Gewisse Widerstände von kleinen Amtsschimmeln konnten schnell beseitigt werden.

Dr. Eckell hat sich dabei sehr bewährt und außerdem wirkt sich unsere neue Freundschaft mit der SS sehr segensreich aus.

Anläßlich eines Abendessens, das uns die Leitung des Konzentrationslagers gab, haben wir weiterhin alle Maßnahmen festgelegt, welche die Einschaltung des wirklich hervorragenden Betriebes des KZ-Lagers zugunsten der Buna-Werke betreffen.

Ich verbleibe mit besten Grüßen
Ihr

[handtekening]

Anlage

Brief van dr. Otto Ambros van IG Farben die 'het werkelijke voortreffelijke bedrijf' van het concentratiekamp Auschwitz aanprijst. De kampleiding had toegezegd dat Auschwitz (dwang)arbeiders voor de nog te bouwen nieuwe 'bunafabriek' van IG Farben zou leveren. Zie hoofdstuk 3.

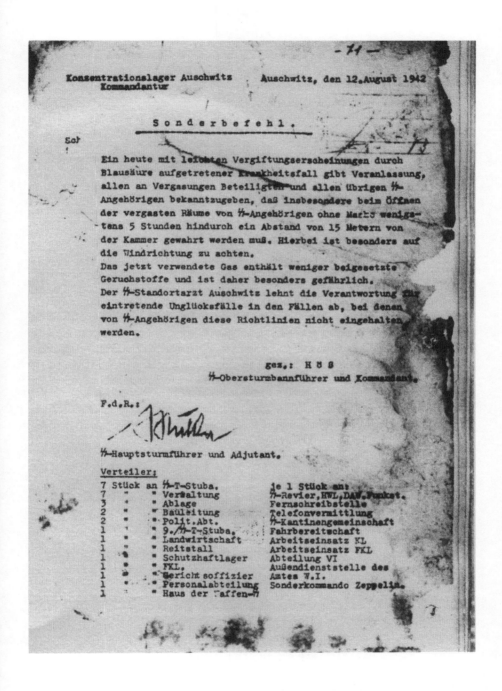

Bevel van kampcommandant Rudolf Höss, mede-ondertekend door diens adjudant Robert Mulka, om voorzichtiger met het gifgas Zyklon B om te gaan, nadat een SS'er lichte vergiftigingsverschijnselen had opgelopen. Zie de hoofdstukken 2 en 4.

H. Kinf (F) Kirschneck B.v. 31

Abschrift

29. Januar 1943

BftgB.Nr.12225e/43/Bi/L.

Betr.: Krematorium II. Bauzustand.
Bezug: Fernschreiben des H-WVHA Nr. 2648 vom 28.1.43.
Anlg.: 1 Prüfbericht

An
Amtsgruppenchef C,
H-Brigadeführer und Generalmajor
der Waffen-H Dr. Ing. Kammler,
Berlin-Lichterfelde-West
Unter den Eichen 126-135

Das Krematorium II wurde unter Einsatz aller verfügbaren Kräfte trotz unsagbarer Schwierigkeiten und Frostwetter bei Tag- und Nachtbetrieb bis auf bauliche Kleinigkeiten fertiggestellt. Die Öfen wurden im Beisein des Herrn Oberingenieur Prüfer der ausführenden Firma, Firma Topf u. Söhne, Erfurt, angefeuert und funktionieren tadellos. Die Eisenbetondecke des Leichenkellers konnte infolge Frosteinwirkung noch nicht ausgeschalt werden. Dies ist jedoch unbedeutend, da der Vergasungskeller hierfür benützt werden kann.

Die Firma Topf u. Söhne konnte infolge Waggonsperre die Be- und Entlüftungsanlage nicht wie von der Zentralbauleitung gefordert rechtzeitig anliefern. Nach Eintreffen der Be- und Entlüftungsanlage wird jedoch mit dem Einbau sofort begonnen, sodass voraussichtlich am 20.2.43 die Anlage vollständig betriebsfertig ist.

Ein Bericht des Prüfingenieurs der Firma Topf u. Söhne, Erfurt, wird beigelegt.

Der Leiter der Zentralbauleitung
der Waffen-H und Polizei Auschwitz

H-Hauptsturmführer

Verteiler:
1 H-Ustuf Janisch u. Kirschneck
1 Registratur (Akt Krematorium)

F.d.R.d.A.:
[signature] 25
H-Ustuf.(F)

Brief van een hoge SS'er uit Auschwitz die belast is met bouwprojecten en die schrijft over de bij Crematorium II behorende kelderruimte welke bestemd is voor vergassingen (*Vergasungskeller*). Zie hoofdstuk 7.

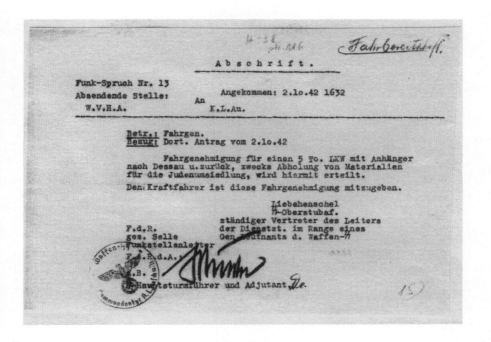

Regelmatig moest er bij een fabriek in Dessau met een vrachtwagen Zyklon B worden opgehaald. In één document werd dit omschreven als 'materiaal voor de evacuatie van Joden', in een ander document gewoon als 'Zyklon'. Zie de hoofdstukken 2, 4 en 7.

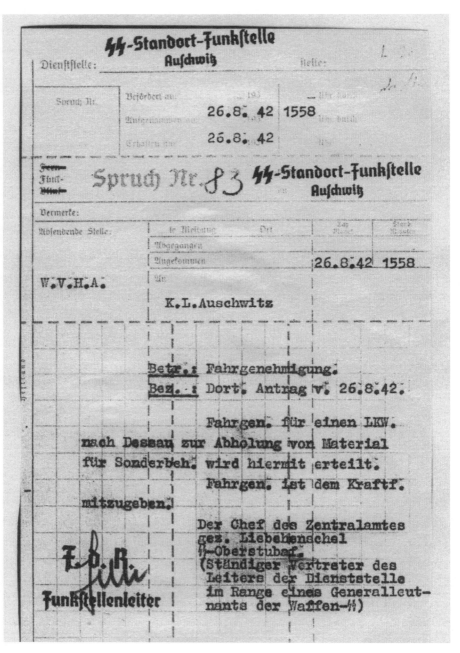

In dit document uit Auschwitz werd Zyklon B omschreven als 'materiaal voor bijzondere beh.' (behandeling). 'Bijzondere behandeling' was een codeterm voor de vergassing van Joden. Dit alles ontkracht de beweringen van Holocaustontkenners die stellen dat Zyklon B in Auschwitz alleen werd gebruikt als middel om ruimtes en kleding te desinfecteren.

DEGESCH
DEUTSCHE GESELLSCHAFT FÜR
SCHÄDLINGSBEKÄMPFUNG MBH
FRANKFURT/M.

Herrn Obersturmführer
Kurt Gerstein
(1) B e r l i n
Leipzigerstrasse 31/32

RECHNUNG

Frankfurt a. M., den 13.März 1944

001	Wir sandten am 6 März ab Dessau mit einem Wehrmachtfrachtbrief der Heeresstandart-Verwaltung Dessau an das Konzentrationslager Auschwitz, Abt. Entwesung und Entseuchung, Station: A u s c h w i t z als Frachtgut folgende Sendung:		
	Z Y K L O N B Blausäure ohne Reizstoff		
50079/52	14 Kisten, enthaltend je 30 = 420 Büchsen à 500 g = 210 kg CE	5.-	1.050.-
	Brutto: 896.- kg Tara: 297,5 " Netto: 598,5 "		
	Die Etiketten tragen den Vermerk: " Vorsicht, ohne Warnstoff ! "		

Voor Kurt Gerstein bestemde rekening van de firma Degesch over de levering van 14 kisten met Zyklon B aan Auschwitz. De rekening was gedateerd 13 maart 1944. Twee maanden later begon de deportatie en vergassing van meer dan 400.000 Hongaarse Joden. Zie de hoofdstukken 2, 6 en 7.

JOODSCH KRANKZINNIGENGESTICHT „HET APELDOORN-SCHE BOSCH".

Op 21 Januari j.l. vervoegden zich in het gesticht van de Joodsche Gemeenschap te Apeldoorn Duitschers met de mededeeling, dat het gesticht moest worden ontruimd. Alle verpleegden, gevaarlijken en ongevaarlijken door elkaar, werden in 5 extratreinen weggevoerd, grootendeels in beestenwagens,' 80 menschen per wagon. Een deel van het personeel moest mee. Voordat de Nederlandsche grens was bereikt, waren er reeds veel dooden. De vreeselijkste tooneelen moeten zich hebben afgespeeld. De overblijvenden zijn in Duitschland gegast......

Te Amsterdam zijn de laatste weken Joodsche rusthuizen, tehuizen voor ouden van dagen, blindeninrichtingen enz. leeggehaald. Op de Rietlanden staan de treinen klaar, waarmee de rampzaligen naar Duitschland worden vervoerd.

Klein artikel uit *Vrij Nederland* van 21 februari 1943 waarin gemeld wordt dat Joodse 'krankzinnigen' uit Apeldoorn in Duitsland zijn 'gegast' (vergast). Auschwitz was destijds formeel Duits grondgebied. Zie de hoofdstukken 6 en 7.

hun idealen in praktijk brengen.

Artikel van Frans Goedhart in *Het Parool* van 27 september 1943 die onder meer ingaat op de gaskamers in Auschwitz. De kop boven het artikel luidt: 'Concentratiekampen: waar de Nazi's hun idealen in praktijk brengen'. Zie de hoofdstukken 6 en 7

```
                        Abschrift.                           F.B.

Funk-Spruch Nr. 98
Absendende Stelle:                 Angekommen: 3o.9.42  1o55
   W.V.H.A.             An        K.L. Auschwitz
_____

                    An Lagerkom.

   Betr.: Besichtigung des Haarverwertungsbetriebes Fa. H e l d
          in Friedland, Bez. Breslau.
   Bezu : Dort. Fs. vom 29.9.
          Ich genehmige hiermit die Fahrt mit einem PKW. des
          ##-Oberstuf.  S c h w a r z  von Auschwitz nach Friedland
          zur Besichtigung des Haarverwertungsbetr. Held in Fried-
          land, Bez. Breslau.
                                  gez.  G l ü c k s
                           ##-Brigadeführer und Generalmajor
                             der Waffen-## in der Dienststellung
                                  eine Generalleutnants.
          F.d.R.
          gez. Selle
          Funkstellenleiter
          F.d.R.d.A.:
          ##-Hauptsturmführer und Adjutant.
```

Document over het opnieuw gebruiken van mensenhaar dat in Auschwitz op grote schaal beschikbaar is gekomen. Zie hoofdstuk 2.

SS-arts Josef Mengele stuurt een kinderhoofd op voor nader 'wetenschappelijk' onderzoek. Zie hoofdstuk 4.

Brief van prof. dr. Carl Clauberg aan Himmler waarin hij meldt in Auschwitz grote vooruitgang te hebben geboekt bij zijn experimenten om vrouwen door middel van injecties in de baarmoeder te steriliseren. Zie hoofdstuk 4.

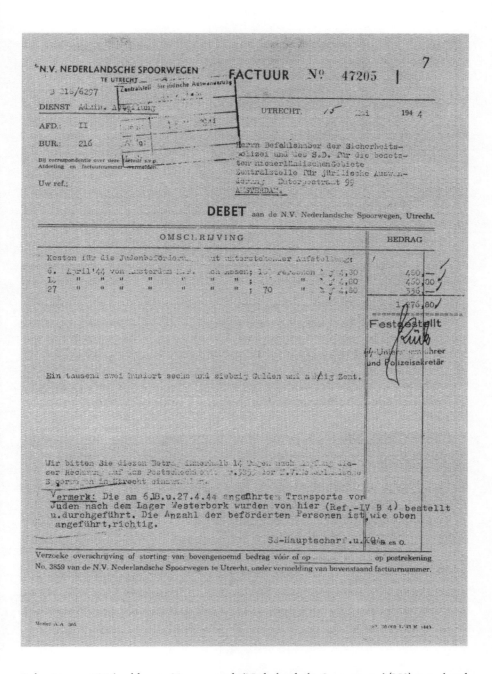

Rekening van 1276 gulden en 80 cent van de 'Nederlandsche Spoorwegen' (NS) in verband met het transport van 270 Joden vanuit Amsterdam naar het doorgangskamp Westerbork in april 1944. De omschrijving luidt: *Kosten für die Judenbeförderung*. Net als de *Reichsbahn* in Duitsland heeft ook de NS tijdens de bezettingstijd meegewerkt aan de Holocaust.

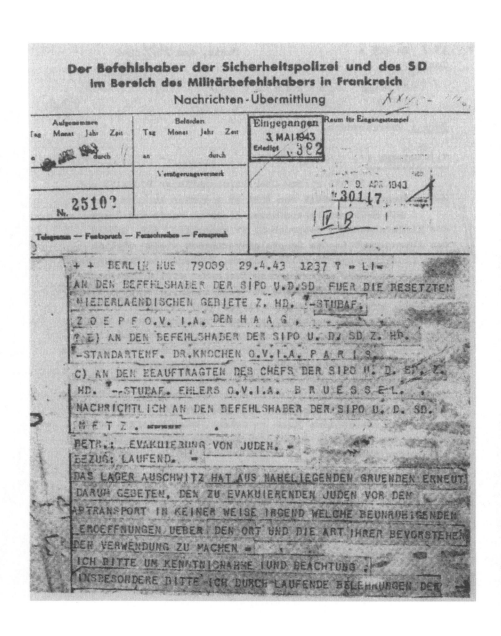

Instructie van Eichmanns plaatsvervanger Rolf Günther om aan uit Nederland, België en Frankrijk te deporteren Joden niet mede te delen dat zij naar Auschwitz zouden worden gedeporteerd, dit om onrust te voorkomen. Kennelijk was er in april 1943 in deze drie landen al veel bekend over de moordpraktijken in dit vernietigingskamp. Zie hoofdstuk 6.

BEGLEITKOMMANDOS BEMUEHT ZU SEIN, DASS AUCH WAEHREND DER
FAHRT DEN JUDEN GEGENUEBER NICHT IRGEND WELCHE BESONDEREN
WIDERSTAND AUSLOESENDE ANDEUTUNGEN GEMACHT BEZW.
VERMUTUNGEN UEBER DIE ART IHRER UNTERBRINGUNG USW. AUSGESPROCHEN
WERDEN. — AUSCHWITZ MUSS MIT RUECKSICHT AUF DIE DURCHFUEHRUNG
DRINGENDSTER ARBEITSVORHABEN DARAUF WERT LEGEN, DIE UEBERNAHME
DER TRANSPORTE UND IHRER WEITERE EINTEILUNG MOEGLICHST
REIBUNGSLOS DURCHFUEHREN ZU KOENNEN.

RSHA. ROEM 4 D 4 A – 2093/42 (391) I. A. GEZ.:
G U E N T H E R —STUBAF.+

Telegram van de Gestapo inzake de ontsnapping van twee belangrijke gevangenen uit Auschwitz: Walter Rosenberg (Rudolf Vrba) en Alfred Wetzler. Zie de hoofdstukken 2 en 6.

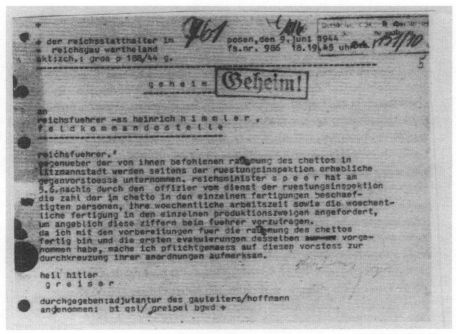

Binnen de SS beklaagde men zich meermalen over Albert Speer, Hitlers minister van Bewapening, die bijvoorbeeld dwarslag toen Himmler het getto van Lodz wilde ontruimen. Daar was een hele industrie ontstaan die in de ogen van Speer niet gemist kon worden voor de Duitse oorlogsinzet. Zie hoofdstuk 2.

Geheim telegram van SS'er Hermann Höfle aan Adolf Eichmann in Berlijn over de in 1942 omgebrachte Joden in de vernietigingskampen Lublin-Majdanek, Belzec, Sobibor en Treblinka. In totaal bijna 1,3 miljoen. Bij Treblinka ('T') staat het cijfer 71355, dit is een typefout, het moet 713555 zijn. Zie de hoofdstukken 2, 6 en 7.

Voetnoten

1 Robert Gerwarth, *Hitler's hangman. The life of Heydrich* (New Haven/Londen: Yale University Press, 2011), p. 170, 326, voetnoot 113.
2 Heinz Höhne, *Der Orden unter dem Totenkopf. Die Geschichte der SS* (Essen: Magnus Verlag, 1967), p. 237.
3 Adrian Weale, *The SS. A new history* (Londen: Little, Brown Book Group, 2010), p. 141.
4 *Ibid.*, p. 132, 133.
5 Emerson Vermaat, *Adolf Eichmann. Technocraat van de Holocaust* (Soesterberg: Uitgeverij Aspekt, 2012), p. 186.
6 Adrian Weale, *op. cit.*, p. 163-165.
7 Rudolf Höss, *Kommandant in Auschwitz. Autobiographische Aufzeichnungen des Rudolf Höss* (München: Deutscher Taschenbuch Verlag, 2011, 1e druk 1963), p. 143, 144.
8 Danuta Czech, *Auschwitz Chronicle* (New York: An Owl Book/Henry Holt and Company, 1997; 1e druk 1989), p. 7, 8.
9 *Ibid.*, p. 812.
10 *Ibid.*, p. 6-9.
11 *Ibid.*, p. 816; *Josef Kramer (1906-1945)*, http://www.go2war2.nl/artikel/1345/Kramer–Josef.htm.
12 *Ibid.*, p. 82; http://nl.wikipedia.org/wiki/Merktekens_in_Duitse_concentratiekampen.
13 *Ibid.*, p. 335.
14 Yisrael Gutman, *Auschwitz – an overview*, in: Yisrael Gutman en Michael Berenbaum (Eds.), *Anatomy of the Auschwitz death camp* (Washington/Bloomington: United States Holocaust Memorial Museum/Indiana University Press, 1998), p. 10; Danuta Czech, *Auschwitz Chronicle, op. cit.*, p. 10, 13.
15 Danuta Czech, *The Auschwitz prisoner administration*, in: Yisrael Gutman en Michael Berenbaum (Eds.), *op cit.*, p. 365.
16 Franciszek Piper, *Die Rolle des Lagers Auschwitz bei der Verwirklichung der nationalsozialistischen Ausrottungspolitik*, in: Ulrich Herbert, Karin Orth en Christoph Dieckmann (Hrsg.), *Die nationalsozialistischen Konzentrationslager*, Band 1 (Frankfurt am Main: Fischer Taschenbuch Verlag, 1998), p. 394; Danuta Czech, *Auschwitz Chronicle, op. cit.*, p. 148.

17 Zalmen Gradowski, *In het hart van de hel. Sonderkommando in de gaskamers en crematoria van Auschwitz* (Laren: Uitgeverij Verbum, 2008), p. 212, 213; Danuta Czech, *op. cit.*, p. 12.
18 Danuta Czech, *Auschwitz Chronicle, op. cit.*, p. 17, 26 (voetnoot).
19 *Ibid.*, p. 17, 24-26, 31.
20 Robert Jan van Pelt en Debórah Dwork, *Auschwitz van 1270 tot heden* (Amsterdam: Uitgeverij Boom,1997), p. 169, 171.
21 Danuta Czech, *Auschwitz Chronicle, op. cit.*, p. 29.
22 *Ibid.*, p. 33-37.
23 Rudolf Höss, *Kommandant in Auschwitz, op. cit.*, p. 142, 268, alsmede voetnoot 1, p. 269.
24 *Ibid.*, p. 269, alsmede voetnoot 1 (Weichseldamm), p. 270.
25 Laurence Rees, *Auschwitz. The Nazis and 'the Final Solution'* (Londen: BBC Books, 2005), p. 54.
26 Danuta Czech, *Auschwitz Chronicle, op. cit.*, p. 38.
27 Rudolf Höss, *Kommandant in Auschwitz, op. cit.*, p. 175, voetnoot 1.
28 Danuta Czech, *Auschwitz Chronicle, op. cit.*, p. 40.
29 *Ibid.*, p. 65; http://nl.wikipedia.org/wiki/Maximiliaan_Kolbe. (*'Na de Duitse inval herbergde het klooster zo'n 3000 vluchtelingen van wie tweederde Joods was.'*)
30 *Maximiliaan Kolbe. De heilige van Auschwitz*, http://www.marypages.com/Kolbe.htm; Danuta Czech, *Auschwitz Chronicle, op. cit.*, p. 76 (Karl Fritsch; hier worden vijftien gijzelaars genoemd), p. 80 (fenolinjectie).
31 Danuta Czech, *Auschwitz Chronicle, op. cit.*, p. 80.
32 Danuta Czech, *Auschwitz Chronicle, op. cit.*, p. 59, 67, 69.
33 *Ibid.*, p. 621.
34 *Ibid.*, p. 43, 44.
35 Rudolf Höss, *Komandant in Auschwitz, op. cit.*, p. 270, 271.
36 Florian Schmaltz, *The Buna/Monowitz concentration camp* (Frankfurt: J.W. Goethe Universität/Fritz Bauer Institut, 2010), p. 8, 9; *Der Dienstkalender Heinrich Himmlers 1941/42* (Hamburg: Christians Verlag, 1999), p. 123, voetnoot 2.
37 Rudolf Höss, *Kommandant in Auschwitz, op. cit.*, p. 271.
38 *Ibid.*, p. 272.
39 Andreas Hillgruber, *Hitlers Strategie. Politik und Kriegführung 1940-1941* (München: Bernard & Graefe Verlag, 1982), p. 526, almede de voetnoten 44 en 47. (Hitler op 30 maart 1941: *'Es handelt sich um einen Vernichtungskampf.'*)
40 Felix Römer, *Der Kommissarbefehl. Wehrmacht und NS-Verbrechen an der Ostfront 1941/42* (Paderborn: Ferdinand Schöningh Verlag, 2008).
41 Danuta Czech, *Auschwitz Chronicle, op. cit.*, p. 73.
42 *Ibid.*, p. 74.

43 Der Befehlshaber der Sicherheitspolizei und des SD, Einsatzkommando 3, *Gesamtaufstellung der im Bereich des EK 3 bis zum 1.Dezember 1941 durchgeführten Exekutionen*, Kauen (Kaunas), 1 december 1941, p. 1-6. *Geheime Reichssache!*

44 *Der Dienstkalender Heinrich Himmlers 1941/42* (Hamburg: Hans Christians Verlag, 1999), p. 195, alsmede voetnoten 14 en 15; Angelika Ebbinghaus en Gerd Preisler, *Die Ermordung psychisch kranker Menschen in der Sowjetunion. Dokumentation*, in: Götz Aly, Angelika Ebbinghaus, Matthias Harmann, e.a. (Hrsg.), *Aussonderung und Tod. Die klinische Hinrichtung der Unbrauchbaren* (Berlijn: Rotbuch Verlag, 1985), p. 88 vv.

45 Danuta Czech, *Auschwitz Chronicle, op. cit.*, p. 75; http://de.wikipedia.org/wiki/Franz_Hössler.

46 Luise Jacobs, *De gaskamer van Schloss Hartheim. Op zondag gesloten* (Soesterberg: Uitgeverij Aspekt, 2011), p. 13.

47 *Ibid.*, p. 188.

48 http://de.wikipedia.org/wiki/Horst_Schumann; Danuta Czech, *Auschwitz Chronicle, op. cit.*, p. 75.

49 Rudolf Höss, Pery Broad, Johann Paul Kremer, *Auschwitz in den Augen der SS* (Warschau/Oswiecim: Verlag Interpress/Staatliches Auschwitz Museum, 1992), p. 241, 242.

50 https://sites/google.com/site/euthanasiestiftung/-euthanasie-aktion-14f13 (tekst decreet van Glücks); Danuta Czech, *Auschwitz Chronicle, op. cit.*, p. 384.

51 Danuta Czech, *Auschwitz Chronicle, op. cit.*, p. 83.

52 Rudolf Höss, *Kommandant in Auschwitz, op. cit.*, p. 240.

53 Danuta Czech, *Auschwitz Chronicle, op. cit.*, p. 84, alsmede de voetnoot *.

54 Rudolf Höss, *Kommandant in Auschwitz, op. cit.*, p. 188, 240.

55 *Ibid.*, p. 188, 189.

56 Danuta Czech, *Auschwitz Chronicle, op. cit.*, p. 85, 86; Laurence Rees, *op. cit.*, p. 90.

57 *Ibid.*, p. 86; Laurence Rees, *op. cit.*, p. 90 ('...*many of the inmates were still alive the next day...*')

58 *Ibid.*, p. 87, voetnoot **.

59 Rudolf Höss, *Kommandant in Auschwitz, op. cit.*, p. 240, 241.

60 *Ibid.*, p. 189.

61 Danuta Czech, *Auschwitz Chronicle, op. cit.*, p. 89, 90.

62 Rudolf Höss, *Kommandant in Auschwitz, op. cit.*, p. 189.

63 *Ibid.*, p. 189, 190.

64 Franciszek Piper, *Die Zahl der Opfer von Auschwitz* (Oswiecim/Auschwitz: Verlag Staatliches Museum in Oswiecim, 1993), p. 23.

65 Matthias Beer, *Die Entwicklung der Gaswagen beim Mord an den Juden*, in: *Vierteljahreshefte für Zeitgeschichte*, 1987 (35), p. 403-417; Martin Gilbert, *The Holocaust. A history of the Jews of Europe during the Second World War* (New York: Henry Holt and Company, 1987), p. 240, 250, 251 (Chelmno).

66 Emerson Vermaat, *Adolf Eichmann. Technocraat van de Holocaust, op. cit.*, p. 47-49 ('Ik heb deze brief gedicteerd, het zijn mijn woorden...'); B.A. Sijes, *Studies over Jodenvervolging* (Assen: Van Gorcum, 1974), p. 59.
67 B.A. Sijes, *Studies over Jodenvervolging, op. cit.*, p. 58, 59.
68 Rudolf Höss, *Kommandant in Auschwitz, op. cit.*, p. 237, 238.
69 Rudolf Franz Ferdinand Hoess, *Affidavit*, 5 april 1946, International Military Tribunal (*IMT*), Neurenberg, vol. XXXIII, p. 275, 276 (Document 3868PS).
70 Franciszek Piper, *Die Rolle des Lagers Auschwitz bei der Verwirklichung der nationalsozialistischen Ausrottungspolitik, op. cit.*, p. 393.
71 Robert Jan van Pelt en Debórah Dwork, *op. cit.*, p. 279, 280.
72 Laurence Rees, *op. cit.*, p. 89.
73 Danuta Czech, *Holocaust Chronicle, op. cit.*, p. 76, voetnoot **.
74 *Ibid.*, p. 78; Rudolf Höss, *Kommandant in Auschwitz, op. cit.*, p. 238.
75 *IMT*, vol. XI, p. 398.
76 Rudolf Höss, *Kommandant in Auschwitz, op. cit.*, p. 239.
77 Danuta Czech, *Auschwitz Chronicle, op. cit.*, p. 83, alsmede voetnoot *; Rudolf Höss, *Kommandant in Auschwitz, op. cit.*, p. 239.
78 Rudolf Höss, *Kommandant in Auschwitz, op. cit.*, p. 240, 241.
79 Op de band opgenomen gesprekken tussen Adolf Eichmann en Willem Sassen in Buenos Aires, Argentinië, uitgetypte en door Eichmann gecorrigeerde transcriptie, 1956/57, Band 17, p. 5-7. (Archief NIOD, Amsterdam, 414A/B, Doc. I.) Hierna geciteerd als: Sassen/Eichmann.
80 *Ibid.*, Band 17, p. 8.
81 *Ibid.*, Band 17, p. 6.
82 *Ibid.*, Band 17, p. 8.
83 Internationaler Militärgerichtshof (*IMG*), *Der Prozess gegen die Hauptkriegsverbrecher vor dem Internationalen Militärgerichtshof* (Nürnberg, 1947), Band XI, p. 463, 464.
84 Franciszek Piper, *Gas chambers and crematoria*, in: Yisrael Gutman en Michael Berenbaum (Eds.), *op. cit.*, p. 157-159, 177, voetnoot 18.
85 Danuta Czech, *Auschwitz Chronicle, op. cit.*, p. 117.
86 *Ibid.*, p. 102.
87 Franciszek Piper, *Arbeitseinsatz der Häftlinge aus dem KL Auschwitz* (Oswiecim/Auschwitz: Verlag Staatliches Museum in Oswiecim, 1995), p. 147-149.
88 Danuta Czech, *Auschwitz Chronicle, op. cit.*, p. 112, 120.
89 *Ibid.*, p. 102.
90 Robert Jan van Pelt en Debórah Dwork, *op. cit.*, p. 177-179.
91 Rudolf Höss, Pery Broad, Johann Paul Kremer, *Auschwitz in den Augen der SS, op. cit.*, p. 110.
92 Danuta Czech, *Auschwitz Chronicle, op. cit.*, p. 105, 106.

93 Hermann Langbein, *People in Auschwitz* (Chapel Hill: University of North Carolina Press, 2004), p. IX (Forword by Henry Friedlander); http://en.wikipedia.org/wiki/Auschwitz_concentration_camp; Danuta Czech, *Auschwitz Chronicle, op. cit.*, p. 13.
94 Danuta Czech, *Auschwitz Chronicle, op. cit.*, p. 13.
95 *Ibid.*, p. 99, 107, 108.
96 Christopher R. Browning, *The origins of the Final Solution. The evolution of Nazi Jewish policy 1939-1942* (Lincoln/Jeruzalem: University of Nebraska Press/Yad Vashem, 2004), p. 397, 398.
97 Peter Longerich, *Holocaust. The Nazi persecution and murder of the Jews* (Oxford: Oxford University Press, 2010), p. 281.
98 Danuta Czech, *Auschwitz Chronicle, op. cit.*, p. 111.
99 *Der Dienstkalender Heinrich Himmlers 1941/42, op. cit.*, p. 293, 294.
100 Werner Jochmann (Hrsg.), Adolf Hitler. *Monologe im Führerhauptquartier 1941-1944*, (Hamburg: Albrecht Kraus, 1980), p. 106. (*'Es ist gut, dass uns der Schrecken vorangeht, dass wir das Judentum ausrotten.'*)
101 *Der Reichsführer-SS, Feldkommandostelle, den 28. Dezember 1941: Meldungen an den Führer über Bandenbekämpfung. Meldung Nr. 61, Rusland-Süd, Ukraine, Bialystock. Bandenbekämpfungserfolge von 1.9. bis 1.12.41: c) Juden exekutiert 363211*. Er staat hier '1.9', maar de maand augustus is ook in het overzicht meegenomen, het gaat dus om een periode van vier maanden (augustus tot en met november). *Bandenbekämpfung* (bestrijding van 'bendes') was vooral een codewoord voor de executie van Joden, maar er vielen ook andere groepen en personen (bijvoorbeeld 'bandieten') onder.
102 *Besprechungsprotokoll (Geheime Reichssache!)*, Wannseeconferentie, 20 januari 1942, p. 5, in: *Die Wannsee-Konferenz und der Völkermord an den Europäischen Juden* (Berlijn: Gedenk- und Bildungsstätte Haus der Wannsee-Konferenz, 2008), p. 115-119 (volledige tekst *Bespechungsprotokoll*.
103 *Ibid.*, p. 6 (elf miljoen), p. 7 (*'...natürliche Verminderung...'*), p. 8. (*'...entsprechend behandelt werden müssen...'*)
104 *The Trial of Adolf Eichmann* (Jeruzalem: State of Israel/Ministry of Justice, 1992), vol. IV, p. 1826.
105 *Ibid.*, vol IV, p. 1827; Emerson Vermaat, *Adolf Eichmann. Technocrat van de Holocaust, op. cit.*, p. 56, 57.
106 Sassen/Eichmann, *op. cit.*, Band 3, p. 5-7.
107 Dieter Pohl, *Nationalsozialistische Judenverfolgung in Ostgalizien 1941-1944* (München: R. Oldenbourg, 1996), p. 204, 291.
108 *Beuthen (Bytom), Poland*, http://www.edwardvictor.com/Ghettos/beuthen_main.htm; *Beuthen Jewish community*, http://en.wikipedia.org/wiki/Beuthen_Jewish_Community.

109 *Translation of unpublished list prepared in 1942: Jews deported from Beuthen (Bytom), Upper Silesia*, http://ellisisland.jewishgen.org/Yizkor/bytom/bytom.html. De volledige lijst staat op: http://ellisisland.jewishgen.org/Yizkor/bytom/Bytom1.html, ook beschikbaar bij Yad Vashem en het United States Holocaust Memorial Museum, Microfiche RG-15.030*01.
110 Danuta Czech, *Holocaust Chronicle, op. cit.*, p. 135.
111 Rudolf Höss, *Kommandant in Auschwitz, op. cit.*, p. 191, alsmede voetnoot 2 (Martin Broszat), p. 241 ('...*vielleicht aber auch erst im Januar 1942.*')
112 Danuta Czech, *Auschwitz Chronicle, op. cit.*, p. 135, alsmede voetnoot *.
113 Rudolf Höss, *Kommandant in Auschwitz, op. cit.*, p. 191, 192, 241, 242 ('...*zur Entlausung...*')
114 Franciszek Piper, *Die Zahl der Opfer von Auschwitz, op. cit.*, p. 183-186 (Polen), p. 193 (Berlijn), p. 194 (Duitsland), p. 195 (Wenen).
115 Danuta Czech, *Auschwitz Chronicle, op. cit.*, p. 146.
116 Franciszek Piper, *Gas chambers and crematoria, op. cit.*, p. 161, 178, voetnoten 25 en 26; Danuta Czech, *Holocaust Chronicle, op. cit.*, p. 189.
117 *Ibid.*, p. 162, 178, voetnoot 33.
118 Wolfgang Sofsky, *Die Ordnung des Terrors: Das Konzentrationslager* (Frankfurt am Main: Fischer Taschenbuch Verlag, 1997), p. 292, 293; Franciszek Piper, *Die Zahl der Opfer von Auschwitz, op. cit.*, p. 23 (4 juli 1942).
119 Franciszek Piper, *Gas chambers and crematoria, op. cit.*, p. 162.
120 Rudolf Höss, Pery Broad en Johann Paul Kremer, *op. cit.*, p. 153, voetnoot 30.
121 Danuta Czech, *Auschwitz Chronicle, op. cit.*, p. 148.
122 Irena Strzelecka, *Women*, in: Yisrael Gutman en Michael Berenbaum (Eds.), *op. cit.*, p. 394.
123 *Enzyklopädie des Holocaust*, Band III (München: Piper, 1995), p. 1325.
124 *IMT*, vol. IV, p. 357, 358 (3 januari 1946).
125 Danuta Czech, *Auschwitz Chronicle, op. cit.*, p. 151.
126 Serge Klarsfeld, *Vichy-Auschwitz. Die 'Endlösung der Judenfrage' in Frankreich* (Darmstadt: Wissenschaftliche Buchgesellschaft, 2007), p. 57, 407.
127 *Ibid.*, p. 368-371, alsmede voetnoot 4.
128 Radu Ioanid, *The Holocaust in Rumania. The destruction of the Jews and gypsies under the Antonescu regime, 1940-1944* (Chicago/Washington: Ivan R. Dee/United States Holocaust Memorial Museum, 2000), p. 264-266; Martin Gilbert, *The Routledge Atlas of the Holocaust* (Londen: Routledge, 2009, Fourth Edition), p. 112.
129 Martin Gilbert, *The Routledge Atlas of the Holocaust, op. cit.*, p. 108.
130 Rudolf Höss, *Kommandant in Auschwitz, op.cit.*, p. 176-179.
131 *Ibid.*, p. 177, 178.
132 Danuta Czech, *Auschwitz Chronicle, op. cit.*, p. 251.

133 www.auschwitz.dk/women/Mandel.htm.
134 Grese, Irma, www.go2war2.nl/artikel/1667/4.
135 Irina Strzelecka, *Women, op. cit.*, p. 394, 395.
136 Rudolf Höss, Pery Broad en Johann Paul Kremer, *op. cit.*, p. 160, alsmede voetnoot 58.
137 *Ibid.*, p. 154, alsmede voetnoot 31.
138 *Ibid.*, p. 153.
139 Danuta Czech, *Auschwitz Chronicle, op. cit.*, p. 232.
140 Rudolf Höss, Pery Broad en Johann Paul Kremer, *op. cit.*, p. 155, 158, alsmede voetnoot 47.
141 Zalmen Gradowski, *op. cit.*, p. 148, 149.
142 Danuta Czech, *Auschwitz Chronicle, op. cit.*, p. 591.
143 Rudolf Höss, Pery Broad en Johann Paul Kremer, *op. cit.*, p. 130.
144 Mirjam Blits, *Auschwitz 13917. Hoe ik de Duitse concentratiekampen overleefde* (Meppel: Just Publishers, 2012; eerste uitgave in 1961), p. 219.
145 Danuta Czech, *Auschwitz Chronicle, op. cit.*, p. 324.
146 *Ibid.*, p. 363.
147 *Ibid.*, p. 513; Sylvia Pabst, *Ende einer Ehrenzeit*, in: *Badische Zeitung*, 23 oktober 2003; Franceska Mann, http://en.wikipedia.org/wiki/Franceska_Mann; Josef Schillinger, http://de.wikipedia.org/wiki/Josef_Schillinger; *Josef Schillinger – the SS man who was shot in the undressing room of Gas Chamber # 2 at Auschwitz*, furtherglory.wordpress.com.
148 Martin Gilbert, *The Holocaust, op. cit.*, p. 621.
149 Danuta Czech, *Auschwitz Chronicle, op. cit.*, p. 392, 397, 398.
150 Rudolf Höss, *Kommandant in Auschwitz, op. cit.*, p. 174, 175.
151 Rudolf Vrba, *Ich kann nicht vergeben. Meine Flucht aus Auschwitz* (Frankfurt am Main: Schöffling & Co., 2010; 1e druk Duitse uitgave in 1964), p. 23-28, 482 (tatoeagenummer 44070).
152 *Ibid.*, p. 29.
153 *Der Dienstkalender Heinrich Himmlers, op. cit.*, p. 491.
154 Laurence Rees, *op. cit.*, p. 327; Danuta Czech, *Auschwitz Chronicle, op. cit.*, p. 793.
155 Rainer Fröbe, *Hans Kammler. Technokrat der Vernichtung*, in: Ronald Smelser en Enrico Syring (Hrsg.), *Die SS. Elite unter dem Totenkopf* (Paderborn: Ferdinand Schöningh, 2000). p. 309-311.
156 Rudolf Vrba, *op. cit.*, p. 30, 31.
157 *Ibid.*, p. 31, 32.
158 Rudolf Höss, *Kommandant in Auschwitz, op. cit.*, p. 162 (ziekte Noma), p. 163, 273-275.
159 *Ibid.*, p. 275.
160 *Der Dienstkalender Heinrich Himmlers 1941/42, op. cit.*, p. 492, voetnoot 70; Danuta Czech, *Auschwitz Chronicle, op. cit.*, p. 199.

161 Danuta Czech, *Auschwitz Chronicle, op. cit.*, p. 198 ('...*449 deportees are killed in the gas chambers.*')
162 *Der Dienstkalender Heinrich Himmlers, op. cit.*, p. 492, alsmede voetnoot 71; Rudolf Höss, *Kommandant in Auschwitz, op. cit.*, p. 278.
163 http://de.wikipedia.org/wiki/Lagerbordell; http://de.wikipedia.org/wiki/KZ_Auschwitz_I_Stammlager#Lagerbordell; Robert Sommer, *Das KZ Bordell. Sexuelle Zwangsarbeit in nationalsozialistischen Konzentrationslager* (Paderborn: Ferdinand Schöningh, 2009).
164 Rudolf Höss, *Kommandant in Auschwitz, op. cit.*, p. 276, 277.
165 Danuta Czech, *Auschwitz Chronicle, op. cit.*, p. 199, alsmede voetnoot *.
166 *Der Dienstkalender Heinrich Himmlers, op. cit.*, p. 493, alsmede voetnoot 75.
167 Rudolf Höss, *Kommandant in Auschwitz, op. cit.*, p. 278, 279.
168 *Ibid.*, p. 279.
169 *Ibid.*, p. 279 ('...*und nach Berlin zurückflog.*'); *Der Dienstkalender Heinrich Himmlers 1941/42, op. cit.*, p. 493, alsmede voetnoot 78 (Odilo Globocnik: '*Der Reichsführer-SS war hier und hat uns viel neue Arbeit gegeben, dass nun alle unsere geheimen Wünsche damit in Erfüllung gehen.*')
170 OMX de OMQ 1000 89 ? ? *Geheime Reichssache! An das Reichssicherheitshauptamt, zu Händen SS Oberstumbannführer EICHMANN, BERLIN*/OLQ de OMQ 1005 83 234 250, *Geheime Reichssache! An den Befehlshaber der Sicherheitspol, zu Händen SS Oberstumbannführer HEIM, KRAKAU, Betr. 14-tägige Meldung Einsatz REINHART. ( ) Stand 31.12.42 ( ) Zusammen 1274166, SS und Pol. führer LUBLIN, HOEFLE, Sturmbannfuehrer.*
171 René Kok en Erik Somers, *Het grote 40-45 boek. Een visuele geschiedenis van de Tweede Wereldoorlog* (Zwolle/Amsterdam: Uitgeverij Waanders/NIOD, 2011), p. 274.
172 Ahlrich Mayer, *Das Wissen um Auschwitz. Täter und Opfer der 'Endlösung' in Westeuropa* (Paderborn: Ferdinand Schöningh, 2010), p. 42, 43, 67, 68.
173 *Ibid.*, p. 44.
174 Danuta Czech, *Auschwitz Chonicle, op. cit.*, p. 198.
175 B.A. Sijes, RIOD, brief aan het Joods Historisch Museum te Amsterdam, 21 april 1964, afgedrukt in: *Documenten van de Jodenvervolging in Nederland 1940-1945* (Amsterdam: Joods Historisch Museum/Polak en Van Gennep, 1965), p. 115; Guus Luijters, *In Memoriam. De gedeporteerde en vermoorde Joodse, Roma en Sinti kinderen 1942-1945* (Amsterdam: Nieuw Amsterdam Uitgevers, 2012), p. 33.
176 Guus Luijters, *op. cit.*, p. 33 (chronologie van de transporten, op datum van vertrek), p. 37 (Jozef Hony: 'Er was in de trein niet eens plaats voor alle mensen die uitgezocht waren.').
177 *Ibid.*, p. 38.

178 Pim Griffioen en Ron Zeller, *Jodenvervolging in Nederland, Frankrijk en België 1940-1945* (Amsterdam: Uitgeverij Boom, 2011), p. 893, 894; http://www.kampwesterbork.nl/geschiedenis/doorgangskamp/transporten/.
179 Emerson Vermaat, *Adolf Eichmann. Technocraat van de Holocaust, op. cit.*, p. 164-167.
180 http://www.niod.knaw.nl/CijfermateriaalDuitsebezetting.htm; Jules Schelvis, *Vernietigingskamp Sobibor* (Amsterdam: De Bataafsche Leeuw, 1993), p. 216, 223.
181 Jules Schelvis, *op.cit.*, p. 217.
182 *Ibid.*, p. 13.
183 Pim Griffioen en Ron Zeller, *op. cit.*, p. 898.
184 http://www.niod.knaw.nl/CijfermateriaalDuitsebezetting.htm.
185 Pim Griffioen en Ron Zeller, *op. cit.*, p. 897.
186 Insa Meinen, *Die Shoah in Belgien* (Darmstadt: Wissenschaftliche Buchgesellschaft, 2009), p. 238 (tabel met 27 transporten naar Auschwitz), p. 239.
187 Michel Dumoulin, Emmanuel Gerard, Mark van den Wijngaert en Vincent Dujardin, *Nieuwe geschiedenis van België*, deel II, 1905/1950 (Tielt: Terra Lannoo, 2006), p. 1199.
188 Marc Michiels en Mark van den Wijngaert, *Het XXste transport naar Auschwitz. De ongelijke strijd op leven en dood* (Antwerpen: Standaard Uitgeverij, 2012), p. 153 (namen van tijdens het transport overleden personen), p. 251, 252 (cijfers), p. 263-269 (lijst van gedeporteerden).
189 *Ibid.*, p. 162, 163.
190 Danuta Czech, *Auschwitz Chronicle, op. cit.*, p. 260.
191 Sassen/Eichmann, Band 25, p. 2, 3.
192 Danuta Czech, *Auschwitz Chronicle, op. cit.*, p. 483.
193 *Family Camp Theresienstadt*, http//www.wsg/hist.uni/linz.ac.at/auschwitz/html/Theresienstadt.html (Universität Linz).
194 Danuta Czech, *Auschwitz Chronicle, op. cit.*, p. 483, 485, alsmede voetnoot *, p. 501 (1260 Joodse kinderen), p. 591 (inspectiebezoek van Eichmann), p. 595.
195 *Theresienstadt: Concentration/Transit camp for German and Austrian Jews*, http://www.ushmm.org/wlc/en/article.php?Moduled=10007507.
196 *Ibid.*
197 Nederlands Auschwitz Comité, *Expositie in Auschwitz/overige kampen*, http://www.auschwitz.nl/paviljoen/deportatie/overige-kampen/theresienstadt.
198 *Jewish deportees from Norway during World War II*, http:/en.wikipedia.org/wiki/Jewish_deportees_from_Norway_during_World_War_II.
199 Danuta Czech, *op. cit.*, p. 276; Konzentrationslager Auschwitz Kommandantur / Abt. II, Az 14 c 4 / 12.42 /St., 1 december 1942, *Übernahmebestätigung*.
200 *Jewish deportees from Norway during World War II, op. cit.*
201 Danuta Czech, *Auschwitz Chronicle, op. cit.*, p. 266.
202 *Ibid.*, p. 276, 277.

203 *Ibid.*, p. 280, 281, 308.
204 Heiner Lichtenstein, *Mit der Reichsbahn in den Tod. Massentransporte in den Holocaust 1941 bis 1945* (Keulen: Bund-Verlag, 1985), p. 67; Danuta Czech, *Auschwitz Chronicle, op. cit.*, p. 324, 325.
205 Danuta Czech, *Auschwitz Chronicle, op. cit.*, p. 352, 354.
206 Erik Somers en René Kok, *Het 40-45 boek* (Zwolle: Uitgeverij Waanders, 2002), p. 379.
207 Danuta Czech, *Auschwitz Chronicle, op. cit.*, p. 452-460.
208 Martin Gilbert, *The Routledge Atlas of the Holocaust, op. cit.*, p. 155.
209 Franciszek Piper, *Die Zahl der Opfer von Auschwitz, op. cit.*, p. 183-186.
210 Danuta Czech, *Auschwitz Chronicle, op. cit.*, p. 182, alsmede voetnoot **.
211 *Ibid.*, p. 229, 230.
212 *Ibid.*, p. 231.
213 Rudolf Höss, Pery Broad en Johann Paul Kremer, *op. cit.*, p. 158.
214 Jean-Claude Pressac en Robert-Jan van Pelt, *The machinery of mass murder at Auschwitz*, in: Yisrael Gutman en Michael Berenbaum (Eds.), *op. cit.*, p. 222.
215 Zalmen Gradowski, *op. cit.*, p. 231, 237, 239.
216 *Auschwitz-Prozess Frankfurt am Main, 4 Ks 2/63* (Frankfurt am Main/Keulen: Fritz Bauer Institut/Snoeck Verlagsgesellschaft, 2004), p. 290, 291.
217 *Anweisung Himmlers an Korherr*, http://www.ns-archiv.de/verfolgung/korherr/anweisung-himmler.php.
218 Konzentrationslager Auschwitz FS.-Dienst, Oranienburg, Nr. 4685, 30.7.43, 2010 K.
219 Franciszek Piper, *Die Zahl der Opfer von Auschwitz, op. cit.*, p. 45, voetnoot 12.
220 Danuta Czech, *Auschwitz Chronicle, op. cit.*, p. 276-293.
221 *Ibid.*, p. 291.
222 *Besprechungsprotokoll Wannseekonferenz, op. cit.*, p. 7, 8.
223 *Faschismus, Getto, Massenmord. Dokumentation über die Ausrottung und Widerstand der Juden in Polen während des zweiten Weltkrieges* (Berlijn: Rütten & Loening, 1960), p. 402.
224 Rudolf Höss, Pery Broad en Johann Paul Kremer, *op. cit.*, p. 127.
225 Stephan en Norbert Lebert, *My father's keeper. Children of Nazi leaders: An intimate history of damage and denial* (Boston: Little Brown and Company, 2001), p. 113.
226 Danuta Czech, *Auschwitz Chronicle, op. cit.*, p. 238, 239, alsmede voetnoot *.
227 Rudolf Höss, Pery Broad en Paul Kremer, *op. cit.*, p. 127.
228 Zalmen Gradowski, *op. cit.*, p. 223-225, 227.
229 Danuta Czech, *Auschwitz Chronicle, op. cit.*, p. 364, 365, 429.
230 Jean-Claude Pressac en Robert-Jan van Pelt, *op. cit.*, p. 215 (4 kg Zyklon B), p. 233, 234; Robert Jan van Pelt en Debórah Dwork, *op. cit.*, p. 332.
231 *Ibid.*, p. 234; Robert Jan van Pelt en Debórah Dwork, *op. cit.*, p. 331.

232 Danuta Czech, *Auschwitz Chronicle, op. cit.*, p. 357, 358, 368, 429 (totaal van 4756 lijken per dag).
233 Robert Jan van Pelt en Debórah Dwork, *op. cit.*, p. 332.
234 Jean-Claude Pressac en Robert-Jan van Pelt, *op. cit.*, p. 238, 239.
235 *Auschwitz Concentration Camp: The gas chambers & crematoria*, http://www.holocaust-researchproject.org/othercamps/auschwitzgaschambers.html.
236 Jean-Claude Pressac en Robert-Jan van Pelt, *op. cit.*, p. 221 (ovens en ventilatiesystemen), p. 230, 231.
237 B.A. Sijes, *Vervolging van zigeuners in Nederland 1940-1945* ('s-Gravenhage: Martinus Nijhoff, 1979), p. 128, 129, 163, 165; Danuta Czech, *Auschwitz Chronicle, op. cit.*, p. 338, 341, 346.
238 *Ibid.*, p. 120, 121, 165; Danuta Czech, *Auschwitz Chronicle, op. cit.*, p. 630; Guus Luijters, *op. cit.*, p. 769-773.
239 *Ibid.*, p. 166.
240 Danuta Czech, *Auschwitz Chronicle, op. cit.*, p. 358, 359.
241 *Ibid.*, p. 405.
242 Laurence Rees, *op. cit.*, p. 313, 316, 317 (ooggetuige); B.A. Sijes, *Vervolging van zigeuners in Nederland 1940-1945, op. cit.*, p. 129, 130, 166.
243 B.A. Sijes, *Vervolging van zigeuners in Nederland 1940-1945, op. cit.*, p. 131-133.
244 Meir Michaelis, *Mussolini and the Jews. German-Italian relations and the Jewish Question in Italy 1922-1945* (Oxford: Oxford University Press, 1978), p. 311, 312.
245 Mark Mazower, *Inside Hitler's Greece. The experience of occupation, 1941-44* (New Haven/Londen: Yale University Press, 2001), p. 235 (70.000 tot 80.000 Joden; Sefardische Joden); Raul Hilberg, *Die Vernichtung der europäischen Juden, op. cit.*, Band 2, p. 737.
246 *The Trial of Adolf Eichmann, op. cit.*, vol. V, p. 1930, 1931.
247 Hans Safrian, *Eichmann und seine Gehilfen* (Frankfurt am Main: Fischer Taschenbuch Verlag, 1995), p. 231.
248 *Ibid.*, p. 237.
249 *Ibid.*, p. 242.
250 Danuta Czech, *Auschwitz Chronicle, op. cit.*, p. 359, 360.
251 Raul Hilberg, *Die Vernichtung der europäischen Juden, op. cit.*, Band 2, p. 745.
252 Hans Safrian, *op. cit.*, p. 247, 248
253 Danuta Czech, *Auschwitz Chronicle, op. cit.*, 688 (Rhodos).
254 Mark Mazower, *op.cit.*, p. 252; Danuta Czech, *Auschwitz Chronicle, op. cit.*, p. 609.
255 Raul Hilberg, *Die Vernichtung der europäischen Juden*, Band 2, *op. cit.*, p. 755.
256 Israel Gutman (Hrsg.), *Enzyklopädie des Holocaust, op. cit.*, Band I, p. 19.
257 http//eeo.uni–klu.ac.at/index.php?title=Vernichtungspolitik (Alpen-Adria Universität Klagenfurt, *Vernichtungspolitik*).

258 Raul Hilberg, *Die Vernichtung der europäischen Juden, op. cit.*, Band 2, p. 761, 764; *Der Korherr-Bericht (lange Fassung)*, p. 10 (23 maart 1943), www.ns-archiv.de; Danuta Czech, *Auschwitz Chronicle, op. cit.*, p. 222, 225, 230.
259 *Ibid.*, Band 2, *op. cit.*, p. 764, alsmede voetnoot 1255; Israel Gutman (Hrsg.), *Enzyklopädie des Holocaust,* Band II, *op. cit.*, p. 828. (Hier wordt echter het te lage cijfer van 1150 genoemd.)
260 Danuta Czech, *Auschwitz Chronicle, op. cit.*, p. 392, 396.
261 Meir Michaelis, *op. cit.*, p. 305.
262 Peter Longerich, *The Holocaust, op. cit.*, p. 389, 403.
263 http://en.wikipedia.org/wiki/Branko_Lustig; *8 Branko Lustig Bar Mitzvah in Auschwitz and Steven Spielberg Message – You Tube. ('Branco Lustig was 12 years old when he arrived in Auschwitz...')*
264 Meir Michaelis, *op. cit.*, p. 169, 170, 183.
265 Claudia Steur, *Theodor Dannecker. Ein Funktionär der Endlösung* (Essen: Klartext Verlag, 1997), p. 113.
266 Danuta Czech, *Auschwitz Chronicle, op. cit.*, p. 512.
267 Franciszek Piper, *Die Zahl der Opfer von Auschwitz, op. cit.*, p. 198. (Hier is echter sprake van 1031 Joden.)
268 Danuta Czech, *Auschwitz Chronicle, op. cit.*, p. 545.
269 *Ibid.*, p. 581; Raul Hilberg, *Die Vernichtung der europäischen Juden, op. cit.*, Band 2, p. 721.
270 *Polizei- und Durchgangslager Fossoli*, www.broschuere.resistenza.de/verfolgung/zwangs-arbeit/fossoli.htm; Raul Hilberg, *Die Vernichtung der europäischen Juden, op. cit.*, Band 2, p. 721, voetnoot 1078.
271 Israel Gutman (Hrsg.), *Enzyklopädie des Holocaust, op. cit.*, Band II, p. 652.
272 Danuta Czech, *Auschwitz Chronicle, op. cit.*, p. 741.
273 Franciszek Piper, *Die Zahl der Opfer von Auschwitz, op. cit.*, p. 198.
274 *Ibid.*, p. 142; Giulana Donati, *Ebrei in Italia, Deportazione, Resistenze* (Florence: La Giuntina, 1975); Israel Gutman (Hrsg.), *Enzyklopädie des Holocaust, op. cit.*, Band II, p. 648, 649.
275 Danuta Czech, *Auschwitz Chronicle, op. cit.*, p. 523.
276 Rudolf Höss, *Kommandant in Auschwitz, op. cit.*, p. 202-204, alsmede de voetnoten.
277 Danuta Czech, *Auschwitz Chronicle, op. cit.*, p. 533, alsmede de voetnoten * en **.
278 *Ibid.*, p. 561, 566, alsmede voetnoot *.
279 *Ibid.*, p. 527, alsmede voetnoot **.
280 http://de.wikipedia.org/wiki/Maximilian_Grabner.
281 Danuta Czech, *Auschwitz Chronicle, op. cit.*, p. 574, 575.
282 Robert Jay Lifton, *Ärzte im Dritten Reich* (Berlijn: Ullstein Verlag, 1998), p. 442.
283 *Ibid.*, p. 448-450.

284 Danuta Czech, *Auschwitz Chronicle, op. cit.*, p. 574.
285 Rudolf Höss, *Kommandant in Auschwitz, op. cit.*, p. 205.
286 *Ibid.*, p. 208.
287 Danuta Czech, *Auschwitz Chronicle, op. cit.*, p. 562, 621, voetnoot *.
288 *Ibid.*, p. 621, voetnoot **.
289 Joachim C. Fest, *Das Gesicht des Dritten Reiches. Profile einer totalitären Herrschaft* (München/Zürich: Piper, 2010; 1e druk 1963), p. 279, 280.
290 Danuta Czech, *Auschwitz Chronicle, op. cit.*, p. 409, alsmede voetnoot **, p. 420.
291 *Rede des Reichsführers-SS vor dem Reichs- und Gauleitern in Posen, am 6. Oktober 1943*, p. 16, 17, 19, Bundesarchiv Berlin, BArch NS 19/4010.
292 Albert Speer, *Erinnerungen* (Frankfurt am Main: Verlag Ullstein), p. 385, 386.
293 Albert Speer, *Der Sklavenstaat. Meine Auseinandersetzung mit der SS* (Stuttgart: Deutsche Verlags-Anstalt, 1981), p. 394.
294 Jochen von Lang (Hrsg.), *Das Eichmann-Protokoll. Tonbandaufzeichnungen der israelischen Verhöre* (Berlijn: Severin und Siedler, 1982), p. 127, 128.
295 *Der Holocaust Chronik* (Potsdam: H.F. Ullmann, 2010), p. 190; Laurence Rees, *op. cit.*, p. 126.
296 *Sassen/Eichmann*, Band 23, p. 6; Avner W. Less (Hrsg.), *Schuldig. Das Urteil gegen Adolf Eichmann* (Frankfurt am Main: Athenäum Verlag, 1987), p. 193; *Faschismus, Getto, Massenmord. Dokumentation über die Ausrottung und Widerstand der Juden in Polen, op. cit.*, p. 389 (Eichmanns bezoek aan Lodz).
297 Albert Speer, *Der Sklavenstaat, op. cit.*, p. 395-398.
298 Danuta Czech, *Auschwitz Chronicle, op. cit.*, p. 600, 606, 607.
299 *Ibid.*, p. 610, 620.
300 Jenö Lévai (Hrsg.), *Eichmann in Ungarn. Dokumente* (Boedapest: Pannonia Verlag, 1961), p. 53, 54.
301 *Ibid.*, p. 71.
302 Raul Hilberg (Ed.), *Documents of destruction. Germany and Jewry 1933-1945* (Chicago: Quadrangle Books, 1971), p. 187-190.
303 Gideon Hausner, *Justice in Jerusalem. The trial of Adolf Eichmann* (Londen: Thomas Nelson and Sons Ltd, 1967), p. 135.
304 Perry Pierik, *Hongarije 1944-1945. De vergeten tragedie* (Nieuwegein/Soesterberg: Uitgeverij Aspekt, 1995), p. 84.
305 Claudia Steur, *op. cit.*, p. 135, 136.
306 Danuta Czech, *Auschwitz Chronicle, op. cit.*, p. 618.
307 Jenö Lévai (Hrsg.), *op. cit.*, p. 136.
308 Danuta Czech, *Auschwitz Chronicle, op. cit.*, p. 632, alsmede voetnoot *, p. 636, 641-643.
309 Jenö Lévai (Hrsg.), *op. cit.*, p. 125, alsmede voetnoot 64.

310 Randolph L. Braham, *The destruction of Hungarian Jewry. A documentary account* (New York: Pro Arte for the World Federation of Hungarian Jews, 1963), p. 443.
311 Jenö Lévai (Hrsg.), *op. cit.*, p. 146, 147.
312 Franciszek Piper, *Die Zahl der Opfer von Auschwitz, op. cit.*, p. 182; Danuta Czech, *Auschwitz Chronicle, op. cit.*, p. 686, 735.
313 *Ibid.*, p. 182.
314 Raphael Patai, *The Jews of Hungary. History, culture, psychology* (Detroit: Wayne State University Press, 1996), p. 569.
315 *The Trial of Adolf Eichmann, op. cit.*, vol. III, p. 1050-1052, 1061; Emerson Vermaat, *Adolf Eichmann. Technocraat van de Holocaust, op. cit.*, p. 128.
316 L. Randolph Braham, geciteerd in: Raphael Patai, *op. cit.*, p. 569.
317 Rudolf Höss, Pery Broad en Johann Paul Kremer, *op. cit.*, p. 129, 130.
318 Israel Gutman en Bella Gutterman (red.), *Het Auschwitz Album. Reportage van een transport* (Laren, N.H./Jeruzalem: Uitgeverij Verbum/Yad Vashem, 2005), p. 11, 12, 53.
319 Alec Wilkinson, *Picturing Auschwitz*, in: *The New Yorker*, 17 maart 2008, p. 48; Alec Wilkinson, *Karl Hoecker's Album, slide 14*, in: *The New Yorker*, 17 maart 2008; Israel Gutman en Bella Gutterman (red.), *Het Auschwitz Album, op. cit.*, p. 117 (Emmerich Höcker).
320 Israel Gutman en Bella Gutterman (red.), *op. cit.*, p. 76-78 (aankomstperron met op de achtergrond de Crematoria II en III met hun hoge schoorstenen), p. 78 (gevangene van het *Kanada-Kommando* praat op het aankomstperron met vrouw), p. 104 en 105 (angstig kijkende mannen), p, 117 (Höcker), p. 118 (mannen van de vrouwen gescheiden en in rijen opgesteld), p. 119 (Heinz Thilo) p. 127 (detailopname van de selectie), p. 129 en 130 (twee rijen met mannen en vrouwen, op de achtergrond de toegangspoort van Birkenau), p. 152 (angstig kijkende oudere mannen op het perron, die voor de gaskamers zijn geselecteerd), p. 159 (angstig kijkende bejaarde man), p. 170 (Joodse vrouwen en kinderen die in de richting van de gaskamer lopen), p. 171 (angstig kijkende bejaarde vrouw met wandelstok, Jodenster en hoofddoek op het perron).
321 Alec Wilkinson, *Karl Hoecker's Album, slide 3, 4*, in: *The New Yorker*, 17 maart 2008. Enkele foto's uit dit album zijn te zien op: www.newyorker.com/online/2008/03/17/slideshow_080317_wilkinson (Karl Hoecker's Album).
322 Danuta Czech, *Auschwitz Chronicle, op. cit.*, p. 564, 685.
323 Franciszek Piper, *Die Zahl der Opfer von Auschwitz, op. cit.*, p. 186.
324 Danuta Czech, *Auschwitz Chronicle, op. cit.*, p. 707.
325 *Ibid.*, p. 702, 703; Zalmen Gradowski, *op. cit.*, p. 251, 252.
326 *Ibid.*, p. 588.
327 *Ibid.*, p. 699.
328 *Ibid.*, p. 715, 716.

329 L. de Jong, *Het Koninkrijk der Nederlanden in de Tweede Wereldoorlog. Het laatste jaar II*, deel 10b, tweede helft ('s-Gravenhage: Martinus Nijhoff, 1982), p. 845, 846.
330 *Ibid.*, p. 844.
331 Zalmen Gradowski, *op. cit.*, p. 254, 255; L. de Jong, *Het Koninkrijk der Nederlanden in de Tweede Wereldoorlog. Het laatste jaar II*, deel 10b, *op. cit.*, p. 845; Danuta Czech, *op. cit.*, p. 726. Czech meldt dat de leden van het *Sonderkommando* die in Crematoria III ('58B') en IV ('60B') werkten, niets deden omdat ze niet op de hoogte van de plannen waren. Dit is een typefout en moet Crematorium V zijn. '60B' slaat immers op Crematorium V.
332 Nathan Cohen, *Diaries of the Sonderkommando*, in: Yisrael Gutman en Michael Berenbaum (Eds.), *op. cit.*, p. 523.
333 Danuta Czech, *Auschwitz Chronicle, op. cit.*, p. 775.
334 Emerson Vermaat, *Heinrich Himmler en de cultus van de dood* (Soesterberg: Uitgeverij Aspekt, 2010), p. 173, 232; Danuta Czech, *Auschwitz Chronicle, op. cit.*, p. 743; L. de Jong, *Het Koninkrijk der Nederlanden in de Tweede Wereldoorlog. Het laatste jaar II*, deel 10b, *op. cit.*, 845.
335 Danuta Czech, *Auschwitz Chronicle, op. cit.*, p. 754.
336 *Ibid.*, p. 757, 766, 773; Zalmen Gradowski, *op. cit.*, p. 258, 259.
337 *Ibid.*, p. 778.
338 Andrzej Strzelecki, *Die Todesmarsch der Häftlinge aus dem KL Auschwitz*, in: Ulrich Herbert, Karin Orth en Christoph Dieckmann (Hrsg.), *op. cit.*, p. 1095, 1096.
339 L. de Jong, *Het Koninkrijk der Nederlanden in de Tweede Wereldoorlog. Het laatste jaar II*, deel 10b, *op. cit.*, p. 848.
340 Danuta Czech, *Auschwitz Chronicle, op. cit.*, p. 762.
341 Daniel Blatman, *Die Todesmärsche 1944/45. Das letzte Kapitel des nationalsozialistischen Massenmords* (Reinbek bei Hamburg: Rowohlt Verlag, 2011), p. 132, 133.
342 Daniel Blatman, *Die Todesmärsche – Entscheidungsträger, Mörder und Opfer*, in: Ulrich Herbert, Karin Orth en Christoph Dieckmann (Hrsg.), *op. cit.*, p. 1068, 1069.
343 Danuta Czech, *Auschwitz Chronicle, op. cit.*, p. 782, 783, alsmede voetnoot *, p. 784.
344 Andrzej Strzelecki, *Die Todesmarsch der Häftlinge aus dem KL Auschwitz, op. cit.*, p. 1099; Danuta Czech, *Auschwitz Chronicle, op. cit.*, p. 793 (bevel van HSSPF Schmauser om alle gevangenen die niet konden lopen, te doden); Daniel Blatman, *Die Todesmärsche 1944/45, op. cit.*, p. 137 (300 zieke Joodse gevangenen doodgeschoten), p. 149, 155 (Schmausers bevel van 19 of 20 januari 1945 om zieke gevangenen te doden).
345 *Ibid.*, p. 1098 (Gross-Rosen), p. 1101, 1102.
346 Daniel Blatman, *Die Todesmärsche 1944/45, op. cit.*, p. 354, 355.
347 Robert Jan van Pelt en Debórah Dwork, *op. cit.*, p. 199, 200.
348 *Ibid.*, p. 202, 203.
349 *The crime and punishment of IG Farben*, 6, http://www.bibliotecapleyades.net/sociopolitica/sociopol_igfarben02f.htm; *New York Times*, 28 maart 1995 ('Nerve gas in

Tokyo subway attack wasn't developed by Nazi's').
350 Robert Jan van Pelt en Debórah Dwork, *op. cit.*, p. 205-207.
351 *Der Dienstkalender Heinrich Himmlers 1941/42, op. cit.*, p. 123.
352 Rudolf Höss, *Kommandant in Auschwitz, op. cit.*, p. 270, 271. Höss schrijft dat (*SS-Obergruppenführer* en HSSPF) Heinrich Schmauser erbij was, het ging echter om von dem Bach-Zelewski, de HSSPF Südost, die diezelfde dag ook jarig was.
353 Danuta Czech, *Auschwitz Chronicle, op.cit.*, p. 54; Robert Jan van Pelt en Debórah Dwork, *op. cit.*, p. 208.
354 Robert Jan van Pelt en Debórah Dwork, *op. cit.*, p. 208; Florian Schmaltz, *op. cit.*, p. 9, 10, Danuta Czech, *Auschwitz Chronicle, op. cit.*, p. 55.
355 Rudolf Höss, *op. cit.*, p. 272, 273, alsmede voetnoot 1.
356 Robert Jan van Pelt en Debórah Dwork, *op. cit.*, p. 209 (vergadering in Kattowitz); Danuta Czech, *Auschwitz Chronicle, op. cit.*, p. 57.
357 *Ibid.*, p. 210, 211.
358 Dr. Otto Ambros, I.G. Farbenindustrie Ludwigshafen, an die Herren Direktor Dr. ter Meer, Direktor Dr. Strauss, I.G. Frankfurt, 12 april 1941 (als document afgedrukt achterin dit boek); met als bijlage 'de verslagen van onze besprekingen inzake de bouw die regelmatig eenmaal per week onder mijn leiding plaatsvinden'.
359 Florian Schmaltz, *op. cit.*, p. 10-12.
360 *Ibid.*, p. 12, 13 alsmede voetnoot 50. Zo verklaarde IG Farbens Camillo Santo dat 'de SS nogal wat problemen had opgeworpen' ('quite a few difficulties on the part of the SS').
361 Rudolf Höss, *Kommandant in Auschwitz, op. cit.*, p. 275; Danuta Czech, *Auschwitz Chronicle, op. cit.*, p. 199.
362 *Der Dienstkalender Heinrich Himmlers, op. cit.*, p. 293.
363 Hans Citroen en Barbara Starzynska, *Auschwitz-Oswiecim* (Rotterdam: Post Editions, 2011), p. 168, 169; Teresa Swiebocka, *Auschwitz. A history in photographs* (Bloomington, Ind.: Indiana University Press, 1993), p. 75, 76; *Auschwitz III – Monowitz. History of a man-made Hell*, www.scrapbookpages.com/auschwitzscrapbook/history/articles/Monowitz.html; http://digitalassets.ushmm.org/photoarchives/detail.aspx?id=1036453&search=SCHMAUSER&index=5.
364 Rudolf Höss, *Kommandant in Auschwitz, op. cit.*, p. 275.
365 Florian Schmaltz, *op. cit.*, p. 15, 19, 21; Danuta Czech, *op. cit.*, p. 531.
366 *Ibid.*, p. 15-18.
367 *Ibid.*, p. 28-34.
368 *Ibid.*, p. 42.
369 Piotr Setkiewicz, *Häftlingsarbeit im KZ Auschwitz-Monowitz*, in: Ulrich Herbert, Karin Orth en Christoph Dieckmann (Hrsg.), *op. cit.*, p. 587, 589, 593 (bezoek van *SS-Obersturmbannführer* Gerhard Maurer aan Monowitz).
370 *Ibid.*, p. 600.

371 Florian Schmaltz, *op. cit.*, p. 33.
372 Piotr Setkiewicz, *Häftlingsarbeit im KZ Auschwitz-Monowitz, op. cit.*, p. 594, 595, 597.
373 Franciszek Piper, *Arbeitseinsatz der Häftlinge aus dem KL Auschwitz, op. cit.*, p. 243; Piotr Setkiewicz, *Häftlingsarbeit im KZ Auschwitz-Monowitz, op. cit.*, p. 595 (Gerhard Maurer en IG Farben).
374 Florian Schmaltz, *op. cit.*, 26.
375 Denis Avey, *The man who broke into Auschwitz* (Londen: Hodder & Stoughton, 2011), p. 107, 147, 149.
376 *Ibid.*, p. 147, 162.
377 *Ibid.*, p. 164, 165.
378 *Ibid.*, p. 159.
379 Danuta Czech, *Auschwitz Chronicle, op. cit.*, p. 396.
380 *Ibid.*, p. 610, 611, 682, 684, 692.
381 *Ibid.*, p. 697.
382 *Ibid.*, p. 708.
383 *Ibid.*, p. 756, alsmede voetnoot **, p. 764, 768; Martin Gilbert, *Auschwitz and the Allies, op. cit.*, p. 388.
384 David S. Wyman, *Why Auschwitz wasn't bombed*, in: Yisrael Gutman en Michael Berenbaum (Eds.), *op. cit.*, p. 569-577.
385 Hermann Langbein, *Der Auschwitz-Prozess. Eine Dokumentation*, Band 1 (Frankfurt am Main: Europäische Verlagsanstalt, 1965), p. 59.
386 *Ibid.*, p. 60, 61.
387 Piotr Setkiewicz, *Häftlingsarbeit im KZ Auschwitz-Monowitz, op. cit.*, p. 586.
388 Hermann Langbein, *Der Auschwitz-Prozess, op. cit.*, p. 62.
389 *Ibid.*, p. 63.
390 *Ibid.*, p. 63.
391 *Ibid.*, p. 64.
392 *Auschwitz-Prozess Frankfurt am Main, 4 Ks 2/63, op. cit.*, p. 277, 278; Hermann Langbein, *Der Auschwitz-Prozess, op. cit.*, p. 199, 201.
393 Hermann Langbein, *Der Auschwitz-Prozess, op. cit.*, Band 1, p. 202.
394 *Auschwitz-Prozess Frankfurt am Main, 4 Ks 2/63, op. cit.*, p. 283.
395 *Ibid.*, p. 289.
396 Hermann Langbein, *Der Auschwitz-Prozess, op. cit.*, Band 1, p. 197.
397 *Ibid.*, p. 166.
398 *Auschwitz-Prozess Frankfurt am Main, 4 Ks 2/63, op. cit.*, p. 291; Hermann Langbein, *Der Auschwitz-Prozess, op. cit.*, Band 1, p. 211.
399 *Ibid.*, p. 292; Hermann Langbein, *Der Auschwitz-Prozess, op. cit.*, Band1, p. 203.
400 Hermann Langbein, *Der Auschwitz-Prozess, op. cit.*, Band 1, p. 167.
401 *Ibid.*, p. 176.

402 *Ibid.*, p. 165.
403 *Ibid.*, p. 203, 204.
404 *Ibid.*, p. 204.
405 *Auschwitz-Prozess Frankfurt am Main, 4 Ks 2/63, op. cit.*, p. 332.
406 Hermann Langbein, *Der Auschwitz-Prozess, op. cit.*, Band 1, p. 205.
407 *Ibid.*, Band 2, p. 874 ('*...weiterreichung von Fernschreiben...*'), p. 875.
408 *Ibid.*, Band 1, p. 194, 195.
409 *Ibid.*, p. 198.
410 *Auschwitz-Prozess 4 Ks 2/63, op. cit.*, p. 314.
411 *Ibid.*, p. 332; Hermann Langbein, *op. cit.*, Band 2, p. 874.
412 *Ibid.*, p. 332.
413 Hermann Langbein, *Der Auschwitz-Prozess, op. cit.*, Band 1, p. 195.
414 *Ibid.*, p. 198; *Auschwitz-Prozess Frankfurt am Main 4 KS 2/63, op. cit.*, p. 314.
415 *Ibid.*, p. 190, 191, Band 2, p. 874, 875.
416 Staatliches Museum Auschwitz-Birkenau (Hrsg.), *Sterbebücher von Auschwitz. Fragmente*, Band 1, (München: K.G. Saur Verlag, 1995), p. 98.
417 Hermann Langbein, *Der Auschwitz-Prozess, op. cit.*, Band 1, p. 368.
418 *Auschwitz-Prozess Frankfurt am Main, 4 Ks 2/63, op. cit.*, p. 390, 391.
419 Hermann Langbein, *Der Auschwitz-Prozess, op. cit.*, Band 1, p. 373, 374.
420 *Ibid.*, p. 374, 375.
421 *Ibid.*, p. 378, 379.
422 *Ibid.*, p. 379, 380.
423 *Ibid.*, p. 387, 388.
424 *Ibid.*, p. 388.
425 *Auschwitz-Prozess Frankfurt am Main, 4 Ks 2/63, op. cit.*, p. 435-437.
426 Hermann Langbein, *Der Auschwitz-Propzess, op. cit.*, Band 1, p. 419, 420.
427 *Auschwitz-Prozess Frankfurt am Main, 4 Ks 2/63, op. cit.*, p. 413-415; Hermann Langbein, *Der Auschwitz-Prozess, op. cit.*, Band 1, p. 421, 422; *Frankfurter Rundschau*, 24 april 1964 ('*Die Sache mit dem Apfel*').
428 *Ibid.*, p. 424.
429 *Ibid.*, p. 420, 421; Hermann Langbein, *Der Auschwitz-Prozess, op. cit.*, Band 1, p. 423, 424. ('*Ich habe ihn nahezu täglich gesehen.*').
430 Hermann Langbein, *Der Auschwitz-Prozess, op. cit.*, Band 1, p. 423, 424.
431 *Ibid.*, p. 424, 425.
432 *Ibid.*, p. 425.
433 *Ibid.*, p. 426, 427.
434 Raul Hilberg, *Die Vernichtung der europäischen Juden, op. cit.*, Band 2, p. 1009; Ernst Klee, *Auschwitz, die NS-Medizin und ihre Opfer* (Frankfurt am Main: Fischer Taschenbuch Verlag, 2008), p. 436.

435 *Letter to Heinrich Himmler concerning sterilization experiments*, Harvard Law School Library, Nuremberg Trials Project, Item No. *1273*, brief van Professor Dr. med. C. Clauberg aan Himmler, gedateerd 30 mei 1942 (Duitse tekst); Raul Hilberg, *Die Vernichtung der europäischen Juden, op. cit.*, Band 2, p. 1007.
436 *Persönlicher Stab RFSS, Aktennotiz R. Brandt, Geheime Reichssache! 1.Ausfertigung* (ongedateerd, in elk geval was het in juli 1942); Ernst Klee, *Auschwitz, die NS-Medizin und ihre Opfer, op. cit.*, p. 438.
437 Raul Hilberg, *Die Vernichtung der europäischen Juden, op. cit.*, Band 2, p. 1008.
438 *Prof. Dr. med. C. Clauberg an den Reichsführer SS Herrn Heinrich Himmler, Berlin;* Königshütte, 7 juni 1943, *Geheim* (rood stempel).
439 Robert Jay Lifton, *op. cit.*, p. 308; Ernst Klee, *Auschwitz, die NS-Medizin und ihre Opfer, op. cit.*, p. 439.
440 Ernst Klee, *Auschwitz, die NS-Medizin und ihre Opfer, op. cit.*, p. 440.
441 Robert Jay Lifton, *op. cit.*, p. 314.
442 *Ibid.*, p. 309.
443 Raul Hilberg, *Die Vernichtung der europäischen Juden, op. cit.*, Band 2, p. 1010, alsmede voetnoot 306.
444 *Letter to Rudolf Brandt concerning x-ray equipment*, Harvard Law School Library, Nuremberg Trials Project, Item No. *1269*, brief van Professor Dr. med. C. Clauberg aan Himmlers secretaris Rudolf Brandt, gedateerd 6 augustus 1943 (Duitse tekst).
445 Danuta Czech, *Auschwitz Chronicle, op. cit.*, p. 388, 409, 411, 517, 547, 631 (verhuizing naar het tegenover Block 10 liggende Block), p. 746, 760, 778, voetnoot.
446 Robert Jay Lifton, *op. cit.*, p. 314, 315.
447 *De Telegraaf*, 27 augustus 2010 ('Martelwerktuigen Auschwitz gevonden').
448 Michael H. Kater, *Ärzte als Hitlers Helfer* (Hamburg: Europa Verlag, 2000), p. 132, 376, 377.
449 Robert Jay Lifton, *op. cit.*, p. 390, alsmede voetnoot *.
450 Raul Hilberg, *Die Vernichtung der europäischen Juden, op. cit.*, Band 2, p. 1010.
451 Robert Jay Lifton, *op. cit.*, p. 428; *Sinti and Roma (Gypsies) in Auschwitz*, Memorial and Museum Auschwitz-Birkenau, http://en.auschwitz.org.
452 *Return to Auschwitz*, EO-documentaire, 19 juni 1989 (regie en samenstelling: Franz Arnold). De auteur, die met de regisseur nauw heeft samengewerkt, was als interviewer ook bij deze documentaire betrokken. Zie tevens: Martin Gilbert, *The Holocaust, op. cit.*, p. 687.
453 Robert Jay Lifton, *op. cit.*, p. 403.
454 Ernst Klee, *Auschwitz, die NS-Medizin und ihre Opfer, op. cit.*, p. 478.
455 *Ibid.*, p. 490.
456 Ulrich Völklein, *Josef Mengele. Der Arzt von Auschwitz* (Göttingen: Steidl Verlag, 2000), p. 151.

457 Ernst Klee, *Auschwitz, die NS-Medizin und ihre Opfer, op. cit.*, p. 480.
458 *Ibid.*, p. 486, alsmede voetnoot 147.
459 Ernst Klee, *Deutsche Medizin im Dritten Reich. Karrieren vor und nach 1945* (Frankfurt am Main: S. Fischer Verlag, 2001), p. 365.
460 Helena Kubica, *The crimes of Josef Mengele*, in: Yisrael Gutman en Michael Berenbaum (Eds.), *op. cit.*, p. 323-326.
461 *Time*, 18 februari 1985 (*'Israel visions of hell'*); Martin Gilbert, *The Holocaust, op. cit.*, p. 687.
462 Ernst Klee, *Auschwitz, die NS-Medizin und ihre Opfer, op. cit.*, p. 478, alsmede voetnoot 122.
463 Ulrich Völklein, *op. cit.*, p. 164, 165.
464 *Ibid.*, p. 153, 154.
465 Helena Kubica, *op. cit.*, p. 324.
466 *Hyg.-bakt. Unters.-Stelle der Waffen-SS, Südost*, Auschwitz, den 29.Juni 1944, *Anliegend wird übersandt: Material: Kopf einer Leiche entnommen an 12-järiges Kind, zu untersuchen auf: Histologische Schnitte. Anschrift der entsendenden Dienststelle: H.-Krankenbau Zigeunerlager Auschwitz III, B II e, Der Lagerarzt K.L. Auschwitz II, J. Mengele, SS-Hauptsturmführer*, http://www.gesch.med.uni–erlangen.de/gewissen/austell/zwill/text_09htm.
467 Robert Jay Lifton, *op. cit.*, p. 398.
468 Ulrich Völklein, *op. cit.*, p. 154.
469 Robert Jay Lifton, *op. cit.*, p. 398. (*'...er habe Neugeborene sofort in die Krematorien beziehungsweise ins offene Feuer geworfen.'*)
470 Yehuda Koren en Eilat Negev, *In our hearts we were giants: The remarkable story of the Lilliput troupe – a dwarf family's survival of the Holocaust* (New York: Carroll & Graf Publishers, 2004), p. 152, 155, 157.
471 Ernst Klee, *Auschwitz, die NS-Medizin und ihre Opfer, op. cit.*, p. 474.
472 *Ibid.*, p. 475.
473 *Ibid.*, p. 473; Helena Kubica, *op. cit.*, p. 326.
474 Helena Kubica, *op. cit.*, p. 328.
475 *Ibid.*, p. 327.
476 Ernst Klee, *Auschwitz, die NS-Medizin und ihre Opfer, op. cit.*, p. 471.
477 Martin Gilbert, *Descent into Barbarism. A history of the 20th century 1933-1951* (Londen: Harper Collins Publishers, 1999), p. 507.
478 Ernst Klee, *Auschwitz, die NS-Medizin und ihre Opfer, op. cit.*, p. 469; Robert Jay Lifton, *op. cit.*, p. 393.
479 *Ibid.*, p. 472.
480 Hermann Langbein, *Der Auschwitz-Prozess, op. cit.*, Band 1, p. 74, 75.
481 Ulrich Völklein, *op. cit.*, p. 153, 155.

482 Robert Jay Lifton, *op. cit.*, p. 393.
483 Ernst Klee, *Auschwitz, die NS-Medizin und ihre Opfer, op. cit.*, p. 469, 470.
484 Michael H. Kater, *op. cit.*, p. 380.
485 Danuta Czech, *Auschwitz Chronicle, op. cit.*, p. 628, 653, 660.
486 *Beurteilung des SS-Hauptsturmführers Dr. Josef Mengele*, 19 augustus 1944, *Bundesarchiv Berlin*, BArch/BDC: Mengele, microfiche 1613/33.
487 Danuta Czech, *Auschwitz Chronicle, op. cit.*, p. 784.
488 Helena Kubica, *op. cit.*, p. 330-332.
489 Jules Schelvis, *Vernietigingskamp Sobibor* (Amsterdam: De Bataafsche Leeuw, 1993), p. 503 (deportatielijst van 6 juli 1943); *In Memoriam* ('s-Gravenhage: Sdu Uitgeverij, 1995), p. 191 (omgebracht in Sobibor op 9 juli 1943).
490 Bloeme Evers-Emden, *Als een pluisje in de wind* (Amsterdam: Uitgeverij Van Praag, 2012), p. 80, 81.
491 Interview auteur met dr. Bloeme Evers-Emden, Amsterdam, 18 juli 2012.
492 *Ibid.*
493 *Ibid.*
494 Danuta Czech, *Auschwitz Chronicle, op. cit.*, p. 702.
495 Guus Luijters, *op. cit.*, p. 787.
496 Interview auteur met dr. Bloeme Evers-Emden, Amsterdam, 18 juli 2012.
497 *Ibid.*
498 *Ibid.*
499 *Ibid.*
500 *Ibid.*
501 *Ibid.*
502 *Ibid.*
503 *Ibid.*
504 *Ibid.*
505 *Ibid.*
506 *Ibid.*
507 *Ibid.*
508 *Elsevier* (internet), 11 februari 2011 ('Rabbijn Evers doet aangifte van antisemitisme').
509 Interview auteur met dr. Bloeme Evers-Emden, Amsterdam, 18 juli 2012.
510 *In Memoriam, op. cit.*, p. 760.
511 Interview auteur met Ernst Verduin bij hem thuis op 29 februari 2012 (schrikkeljaar); Anne Frank, *Het Achterhuis. Dagboekbrieven van 14 juni 1942-1 augustus 1944* (Amsterdam: Uitgeverij Contact, 1949; 5de druk), p. 39 (9 oktober 1942).
512 *Ibid.*
513 *Ibid.*
514 *Ibid.*

515 Ibid.
516 Ibid.
517 Ibid.
518 Ibid.
519 Ibid.
520 Ibid.
521 Ibid.
522 *Rede S. Em. des Grossmufti anlässlich der Protestkundgebung gegen die Balfour-Erklärung am 2. November 1943*, Bundesarchiv Berlin, Barch NS 19/2637, p. 6, 7.
523 *Der Grossmufti von Jerusalem beim Führer. Aus der Aufzeichnung des Gesandten Schmidt, NS Archiv: Dokumente zum Nationalsozialismus*, 28.11.1941, p. 2.
524 Gerhard Höpp (Hrsg.), *Mufti-Papiere. Briefe, Memoranden, Reden und Aufrufe Amin Al-Hussainis aus dem Exil, 1940-1945* (Berlijn: Klaus-Schwarz Verlag, 2004), p. 180, 181.
525 S. Wiesenthal, *Grossmufti – Grossagent der Achse* (Salzburg/Wenen: Ried Verlag, 1947), p. 37: 'Haj Amin liet zich voorstellen aan het bewakingspersoneel van het kamp en sprak daarbij zijn waardering uit voor SS-mannen die bijzonder bekwaam waren.'
526 Interview auteur met Ernst Verduin bij hem thuis op 29 februari 2012 (schrikkeljaar).
527 Lukasz Hirszowicz, *The Third Reich and the Arab East* (London/Toronto: Routledge & Kegan Paul/University of Toronto Press, 1966), p. 312, 313. (*'The Mufti worked closely with the Nazi machinery responsible for exterminating the Jews.'*)
528 Jeffrey Herf, *Nazi propaganda for the Arab world* (New Haven/Londen: Yale University Press, 2009), p. 126.
529 Interview auteur met Ernst Verduin bij hem thuis op 29 februari 2012 (schrikkeljaar).
530 Ibid.
531 Ibid.
532 Ibid.
533 Katrin Himmler, *Die Brüder Himmler: Eine deutsche Familiengeschichte* (Frankfurt am Main: Fischer Taschenbuch Verlag, 2007).
534 Interview auteur met Ernst Verduin bij hem thuis op 29 februari 2012 (schrikkeljaar).
535 Herman M. van Praag, *Joden-haat en Zions-haat. Een drama in vijf bedrijven* (Soesterberg: Uitgeverij Aspekt, 2009), p. 129, 130, 139. Prof. dr. H.M. van Praag is psychiater.
536 Erich Fromm, *The anatomy of human destructiveness* (New York: Holt, Rinehart and Winston, 1979), p. 398.
537 Eberhard Jäckel (Hrsg.), *Hitler. Sämtliche Aufzeichnungen 1905-1924* (Stuttgart: Deutsche Verlags-Anstalt, 1980), p. 89, 90.
538 Werner Jochmann (Hrsg.), *Adolf Hitler. Monologe in Führerhauptquartier 1941-1944*, (Hamburg: Knaus, 1980), p. 106.
539 Adolf Hitler, *Mein Kampf* (München: Franz Eher Verlag, 1939; eerste deel verschenen in 1925, tweede deel in 1927, later tot één deel samengevoegd).

540 Max Domarus, *Hitler. Reden und Proklamationen*, Band II, Erster Halbband, 1939-1940 (Wiesbaden: R. Löwit, 1973), p. 1058.
541 *Ibid.*, p. 1315. (*'Wer mit Gift kämpft, wird mit Giftgas bekämpft.'*)
542 Joachim Riecker, *Hitlers 9.November. Wie der Erste Weltkrieg zum Holocaust führte* (Berlijn: Wolf Jobst Siedler Jr., 2009), p. 192.
543 Joachim Riecker, *op. cit.*, p. 193.
544 *Ibid.*, p. 193.
545 Helmut Krausnick en Hans-Heinrich Wilhelm, *Die Truppe des Weltanschauungskrieges. Die Einsatzgruppen der Sicherheitspolizei und des SD 1938-1942* (Stuttgart: Deutsche Verlags-Anstalt, 1981), p. 74, 75.
546 Max Domarus, *op. cit.*, Band II, Zweiter Halbband, 1941-1945, p. 1663.
547 Emerson Vermaat, *Adolf Eichmann. Technocraat van de Holocaust, op. cit.*, p. 26-29; Emerson Vermaat, *Heinrich Himmler en de cultus van de dood, op. cit.*, p. 184-190, p. 380 (volledige tekst brief van Hermann Göring aan Reinhard Heydrich).
548 *Hitlers Holocaust*, deel 1 (De beslissing), *EO Tweede Wereldoorlog Documentaires* (Hilversum: EO, niet gedateerde DVD-kopie).
549 Christian T. Barth, *Goebbels und die Juden* (Paderborn: Ferdinand Schöningh, 2003), p. 190.
550 Elke Fröhlich (Hrsg.), *Die Tagebücher von Joseph Goebbels*, Teil II, Band 2, oktober-december 1941 (München: K.G. Sauer, 1996), p. 497 (*'...dass seine nationalsozialistische Überzeugung im Kriege nur noch gewachsen sei.'*), p. 498, 499.
551 *Ibid.*, p. 499.
552 *Ibid.*, p. 533, 534.
553 *Der Dienstkalender Heinrich Himmlers 1941/42, op. cit.*, p. 292-294.
554 Martin Gilbert, *The Holocaust, op. cit.*, p. 240.
555 Helmut Heiber (Hrsg.), *Reichsführer! Briefe an und von Himmler* (München: Deutscher Taschenbuch Verlag, 1972), p. 167 (document 130).
556 Max Domarus, *op. cit.*, Band II, Zweiter Halbband, p. 1828, 1829.
557 Elke Fröhlich (Hrsg.), *Die Tagebücher von Joseph Goebbels*, Teil II, Band 3, januari-maart 1942 (München: K.G. Saur, 1994), p. 561.
558 Peter Longerich, *'Davon haben wir nichts gewusst!' Die Deutschen und die Judenverfolgung 1933-1945* (München: Pantheon Verlag/Random House, 2007), p. 213.
559 Peter Longerich, *Goebbels. Biographie* (München: Siedler Verlag, 2010), p. 524.
560 Peter Longerich, *'Davon haben wir nichts gewusst!', op. cit.*, p. 238.
561 Max Domarus, *op. cit.*, Band II, Zweiter Halbband, p. 1920.
562 *Ibid.*, p. 1937.
563 *Ibid.*, p. 1992.
564 Anne Frank, *Het Achterhuis. Dagboekbrieven 14 juni 1942-1 augustus 1944, op. cit.*, p. 39.

565 David Barnouw en Gerrold van der Stroom (red.), *De Dagboeken van Anne Frank* (Amsterdam: Uitgeverij Bert Bakker, 2001), p. 317, voetnoot a. (*BBC Home News Bulletin*, July 9, 1942, 6 p.m.: 'Jews are regularly killed by machinegun fire, hand grenades – and even poisoned by gas.')

566 Walter Laqueur, *The terrible secret. The first, disturbing account of how the news of Hitler's 'Final Solution' was suppressed and how it was eventually revealed* (Londen: Weidenfeld and Nicolson, 1980), p. 73, 74, 129-132; L. de Jong, *'Een sterfgeval te Auswitz.'* Rede uitgesproken bij de aanvaarding van het buitengewoon hoogleraarschap in de geschiedenis van de jongste tijd aan de Nederlandse Economische Hogeschool te Rotterdam, op 21 september 1967 (Amsterdam: Em. Querido's Uitgeverij/Wetenschappelijke Uitgeverij, 1967), p. 10 (archief NIOD). 'Auswitz' is met opzet gespeld zonder 'ch', omdat het om een geciteerd bericht aan de Joodse Raad gaat (zie p. 7). Engelse versie: Louis de Jong, *The Netherlands and Auschwitz*, in: *Yad Vashem Studies*, vol. VII (1968) alsmede in: Yisrael Gutman en Livia Rothkirchen (Eds.), *The catastrophe of European Jewry* (Jeruzalem: Yad Vashem, 1976), p. 299-318.

567 Martin Gilbert, *Auschwitz and the Allies* (Londen: Michael Joseph/Rainbird, 1981), p. 42, 43, 45; Walter Laqueur, *op. cit.*, p. 74.

568 'Höfletelegram' gericht aan *SS-Obersturmbannführe*r Adolf Eichmann te Berlijn en *SS-Obersturmbannführer* Franz Heim te Krakau, stand per 31.12.42: *OMX de OMQ 1000 89 ? ? Geheime Reichssache! An das Reichssicherheitshauptamt, zu Händen SS Obersturmbannführer EICHMANN, Berlin. OLQ de OMQ 1005 83 234 250. Geheime Reichssache! An den Befehlshaber der Sicherheitspol. zu Händen SS Obersturmbannführer HEIM, KRAKAU. Betr: 14-tägige Meldung Einsatz Reinhart. Stand 31.12.42.*

569 *De Vonk*, juli 1942, *Manifest.*

570 *Documenten van de Jodenvervolging in Nederland 1940-1945* (Amsterdam: Polak en Van Gennep/Joods Historisch Museum, 1965), p. 156 (volledige tekst manifest).

571 L. de Jong, *Het Koninkrijk der Nederlanden in de Tweede Wereldoorlog*, deel 7, eerste helft, mei '43-juni '44 ('s-Gravenhage: Martinus Nijhoff, 1976), p. 346.

572 *Vrij Nederland*, 21 februari 1943, 3de jaargang, nr. 7 *(Joodsch Krankzinnigengesticht "Het Apeldoornsche Bosch")*.

573 Emerson Vermaat, *Adolf Eichmann, op. cit.*, p. 165-167.

574 B.A. Sijes, *Studies over Jodenvervolging, op. cit.*, p. 142; L. de Jong, *'Een sterfgeval te Auswitz', op. cit.*, p. 10. ('Een maand later, op 29 juli, had Radio Oranje voor het eerst van gaskamers gerept.')

575 *Ibid.*, p. 142, 143.

576 Jeremy D. Harris, *Broadcasting the massacres. An analysis of the BBC's contemporary coverage of the Holocaust*, in: *Yad Vashem Studies*, vol. XXV (1996), p. 66.

577 *Ibid.*, p. 73, 74.

578 *Ibid.*, p. 74, 80-82, 88, 89, 94-98. ('*The BBC Home Service's coverage of the Holocaust was very limited.*' '*...reports on the fate of the Jews on the BBC's European services were much fuller...*' '*...then the antisemites would demand a right to reply, "which would be difficult to refuse."*')

579 L. de Jong, '*Een sterfgeval te Auswitz*', *op. cit.*, p. 11. Let op de bewust gekozen onjuiste spelling van 'Auswitz'.

580 Martin Gilbert, *Auschwitz and the Allies*, *op. cit.*, p. 43; Walter Laqueur, *op. cit.*, p. 73, 74; *The Daily Telegraph*, 25 juni 1942, p. 5, met als hoofdkop: '*Germans murder 700,000 Jews in Poland.*'

581 Walter Laqueur, *op. cit.*, p. 74.

582 *Ibid.*, p. 75.

583 Martin Gilbert, *Auschwitz and the Allies*, *op. cit.*, p. 44.

584 *Life and legacy of Herbert H. Lehman*, http://library.columbia.edu/indiv/rbml/units/lehman/biography.html.

585 Walter Laqueur, *op. cit.*, p. 74, 75.

586 *Ibid.*, p. 76, 77.

587 Martin Gilbert, *Auschwitz and the Allies*, *op. cit.*, p. 46, 47; *The Daily Telegraph*, 10 juli 1942.

588 http://en.wikipedia.org/wiki/Szmul_Zygielbojm.

589 B.A. Sijes, *Studies over Jodenvervolging*, *op. cit.*, p. 165, 166; L. de Jong, *Het Koninkrijk der Nederlanden in de Tweede Wereldoorlog*, *op. cit.*, deel 7, eerste helft, *op. cit.*, p. 330, 331.

590 H.C. Touw, *Het verzet der Hervormde Kerk*, deel I ('s-Gravenhage: Boekencentrum, 1946), p. 400; Emerson Vermaat, *Anton Mussert en zijn conflict met de SS* (Soesterberg: Uitgeverij Aspekt, 2011), p. 172.

591 *Het proces Rauter* ('s-Gravenhage: Martinus Nijhoff, 1952), p. 41, 42.

592 L. de Jong, *Het Koninkrijk der Nederlanden in de Tweede Wereldoorlog*, *op. cit.*, deel 7, eerste helft, p. 332.

593 *Ibid.*, p. 331, 333.

594 *Het proces Rauter*, p. 43, 44; Emerson Vermaat, *Anton Mussert en zijn conflict met de SS*, *op. cit.*, p. 176-178.

595 L. de Jong, *Het Koninkrijk der Nederlanden in de Tweede Wereldoorlog*, *op. cit.*, deel 7, eerste helft, *op. cit.*, p. 334.

596 Ian Kershaw, *Hitler, the Germans, and the Final Solution* (Newhaven/Londen: Yale University Press, 2008), p. 111. ('*As such, it highlights the central ideological driving-force of National-Socialism...*')

597 Daniel Jonah Goldhagen, *Hitler's willing executioners. Ordinary Germans and the Holocaust* (New York: Little, Brown and Company, 1996), p. 159, 160.

598 Jeffrey Herf, *The Jewish enemy. Nazi propaganda during World War II and the Holocaust*, op. cit., p. 166-168. De betreffende poster is in het fotokatern afgedrukt.
599 Bernward Dörner, *Die Deutschen und der Holocaust* (Berlijn: Propyläen Verlag, 2007), p. 608.
600 Ian Kershaw, *Hitler, the Germans, and the Holocaust*, op. cit., p. 225. ('Evidence about knowledge of the fate of the Jews is, therefore, overwhelming in indicating that the availability of that knowledge was widespread.')
601 Frank Bajohr en Dieter Pohl, *Der Holocaust als offenes Geheimnis*, op. cit., p. 60, 61; Ian Kershaw, *Hitler, the Germans, and the Holocaust*, op. cit., p. 142-144; Herbert en Sibylle Obenaus (Hrsg.), *'Schreiben, wie es wirklich war!' Aufzeichnungen Karl Dürkefäldens aus den Jaren 1933-1945* (Hannover: Niedersächsische Zentrale für Politische Bildung, 1985).
602 *Ibid.*, p. 61.
603 Ian Kershaw, *Hitler, the Germans, and the Holocaust*, op. cit., p. 224, 225.
604 Walter Laqueur en Richard Breitman, *Breaking the silence. The secret mission of Eduard Schulte who brought the world news of the Final Solution* (Londen: The Bodley Head, 1986), p. 12-16; *Der Dienstkalender Heinrich Himmlers 1941/42*, op. cit., p. 491, 492.
605 *Ibid.*, p. 120-122.
606 (Cypher). Departmental No. 1. From Berne to Foreign Office, Mr. Norton, No. 2831 August 10th, 1942, Following from His Majesty's Consul General at Geneva No. 174 (Begins). D. 4.48 p.m. August 10th 1942. R. (=received) 6.25 p.m. August 10th 1942.
607 Tom Bower, *Blind eye to murder. Britain, America and the purging of Nazi Germany – a pledge betrayed* (Londen/New York: Granada, 1983), p. 51, 52, 471; Foreign Office 371 30917/7853.
608 Walter Laqueur en Richard Breitman, op. cit., p. 125, 126, 128.
609 *Ibid.*, p. 129.
610 *Ibid.*, p. 130, 132.
611 *Ibid.*, p. 131-134.
612 Tom Bower, op. cit., p. 62-64; Arthur D. Morse, *While six million died. A chronicle of American apathy* (New York: Hart Publishing Company, Inc., 1968), p. 31-34.
613 *Ibid.*, p. 64, 65.
614 Arthur D. Morse, op. cit., p. 35.
615 *Ibid.*, p. 64, 65; *Hans Frank Diary*, RG 238, PS 2233, National Archives (NARA).
616 Jeremy D. Harris, op. cit., p. 75. Anders dan Harris meldt, vond die uitzending niet op 16, maar op 15 juni 1944 plaats. Zie Frank Bajohr en Dieter Pohl, op. cit., p. 121.
617 Frank Bajohr en Dieter Pohl, op. cit., p. 120.
618 Henryk Swiebocki, *London würde informiert. Berichte von Auschwitz-Flüchtlingen* (Oswiecim: Staatliches Museum Auschwitz-Birkenau, 1997), p. 95.

619 *The Times* (Londen), 30 juni 1942 (*'Massacre of Jews – Over 1,000,000 dead since the war began'*).
620 *New York Times*, 4 december 1942 (*'Nazi War on Jews – Deliberate Plan for Extermination'*).
621 *New York Times*, 27 augustus 1943 (*'Report bares fate of 8,300,000 Jews: More than 3,000,000 killed in Hitler-dominated lands'*).
622 Jan Karski, *Mein Bericht an die Welt. Geschichte eines Staates im Untergrund* (München: Verlag Antje Kunstmann, 2011), p. 451.
623 *Ibid.*, p. 459, 608, voetnoot 10 (David Landau).
624 *Ibid.*, p. 460.
625 *Ibid.*, p. 461.
626 *Ibid.*, p. 462.
627 *Ibid.*, p. 463.
628 *Ibid.*, p. 464
629 *Ibid.*, p. 465, 466.
630 *OMX de OMQ 1000 89 ? ? Geheime Reichssache! An das Reichssicherheitshauptamt, zu Händen SS Obersturmbannführer EICHMANN, Berlin, op. cit.*
631 E. Thomas Wood en Stanislaw M. Jankowski, *Jan Karski – Einer gegen den Holocaust. Als Kurier in geheimer Mission* (Gerlingen: Bleicher Verlag, 1997), p. 165, 166.
632 Jan Karski, *Story of a secret state. My report to the world* (Londen/New York: Penguin Books, 2011; 1e uitgave in 1944 in New York), p. 368, 446, voetnoot 3 (*'It was in fact a Ukranian (and not Estonian) guard, as all the guards in Belzec and neighbouring camps were Ukranian.'*)
633 Jan Karski, *Mein Bericht an die Welt*, op. cit., p. 476, 482, 612, voetnoot 5. (Meeste Joden in Izbica kwamen uit getto's in Slowakije en het *'Protektorat Böhmen und Mähren'.*)
634 *Ibid.*, p. 484-487.
635 *Ibid.*, p. 487.
636 *Ibid.*, p. 487, 488.
637 E. Thomas Wood en Stanislaw M. Jankowski, op. cit., p. 185.
638 Jan Karski, *Mein Bericht an die Welt*, op. cit., p. 15 (Inleiding door Céline Gervais-Francelle).
639 Walter Laqueur, *The terrible secret*, op. cit., p. 121.
640 Wladyslaw Bartoszewski en Zofia Lewin (Eds.), *Righteous among Nations. How Poles helped the Jews 1939-1945* (Londen: Earlscourt Publications Limited, 1969), p. 775 (*BBC Broadcast by Edward Raczynski*); *The mass extermination of Jews in German occupied Poland. Note published on behalf of the Polish Ministry of Foreign Affairs* (Londen: 1942).
641 Jan Karski, *Mein Bericht an die Welt*, op. cit., p. 15 (Inleiding door Céline Gervais-Francelle).

642 David Engel, *Facing a Holocaust. The Polish-government-in-Exile and the Jews, 1943-1945* (Chapel Hill: The University of North Carolina Press, 1993), p. 209, voetnoot 109.
643 Martin Gilbert, *Auschwitz and the allies, op. cit.*, p. 130.
644 Richard Breitman, *Official secrets. What the Nazis planned, what the British and Americans knew* (New York: Hill and Wang, 1998), p. 117.
645 *Ibid.*, p. 118.
646 *Ibid.*, p. 118.
647 Martin Gilbert, *Auschwitz and the allies, op. cit.*, p. 130.
648 Richard Breitman, *Official secrets, op. cit.*, p. 118.
649 *Spartacus Educational Witold Pilecki*, http://www.spartacus.schoolnet.co.uk/GERpilecki.htm; *Witold Pilecki*, http://en.wikipedia.org/wiki/Witold_Pilecki.
650 *Witold Pilecki's Auschwitz Report*, http://www.witoldsreport.blogspot.nl (volledige tekst).
651 *Spartacus Educational Witold Pilecki*, http://www.spartacus.schoolnet.co.uk/GERpilecki.htm.
652 *Witold Pilecki's Auschwitz Report, op. cit.*
653 Danuta Czech, *Auschwitz Chronicle, op. cit.*, p. 233.
654 *Witold Pilecki*, http://en.wikipedia.org/wiki/Witold_Pilecki; *Spartacus Educational Witold Pilecki*, http://www.spartacus.schoolnet.co.uk/GERpilecki.htm.
655 Raul Hilberg, *Die Vernichtung der europäischen Juden, op. cit.*, Band 3, p. 1203, 1204, alsmede voetnoot 221; Raul Hilberg, *The destruction of the European Jews* (New Haven/Londen: Yale University Press, 2003; 3ᵉ editie), vol. III, p. 1212.
656 Jozeph Michman en Bert Jan Flim (red.), *The encyclopedia of the Righteous among the Nations. Recuers of Jews during the Holocaust: The Netherlands* (Jeruzalem: Yad Vashem, 2004), p. 747, 748.
657 *The Kurt Gerstein Report*, Tübingen, 4 mei 1945, p. 1, www.holocaustresearchproject.org/ar/gersteinreport.html.
658 Saul Friedländer, *Spion im Lager der Mörder. Kurt Gerstein: Ein SS-Mann sabotiert die Endlösung, Der Spiegel*, 23 december 1968, www.spiegel.de/spiegel/print/d-4585062.html.
659 Bert Tigchelaar, *De gemiste kans. Staatsgreep tegen Hitler 1938. Officieren tussen moed en wanhoop* (Zwolle: Waanders Uitgevers, 2004), p. 92-96 (zomer 1938: Osters eerste plannen voor een staatsgreep tegen Hitler), p. 97-113 (door kwalijke rol van de goedgelovige Chamberlain – *'Peace in our time'* – vallen Osters redelijk goed voorbereide plannen voor een staatsgreep in duigen), p. 134 (*SS-Einsatzgruppen* in Polen), p. 148-150 (Van Kleffens), p. 167-174 (Van Kleffens, de verpersoonlijking van de 'verkrampte neutraliteit'), p. 193 ('massa-executies van Joden, mannen, vrouwen en kinderen en het systematisch uitroeien van Poolse intellectuelen'), p. 203-229 (waarschuwingen van

Hans Oster, die Hitlers invasieplannen aan de Nederlandse majoor Gijsbertus Jacobus Sas doorgeeft), p. 206 ('beestachtige moordpartijen in Polen').

660 *The Kurt Gerstein Report, op. cit.*, p. 1; L. de Jong, *'Een sterfgeval te Auswitz'*, *op. cit.*, p. 13.
661 L. de Jong, *'Een sterfgeval te Auswitz'*, *op. cit.*, p. 13.
662 *The Kurt Gerstein Report, op. cit.*, p. 2.
663 *Der Dienstkalender Heinrich Himmlers 1941/42, op. cit.*, p. 521, 523.
664 H.R. Trevor-Roper (Ed.), *Hitler's table talk 1941-1944* (New York: Enigma Books, 2008), p. 490-494.
665 *Der Spiegel*, 13 januari 1969, p. 5, *Spion im Lager der Mörder. Kurt Gerstein: Ein SS-Mann sabotiert die Endlösung*, deel 3 (*Fortsetzung und Schluss*), www.spiegel.de/spiegel/print/d-45845460.html.
666 *The Kurt Gerstein Report, op. cit.*, p. 2, 3.
667 *Ibid.*, p. 3.
668 *Ibid.*, p. 3.
669 *Ibid.*, p. 3
670 *Ibid.*, p. 3.
671 *Ibid.*, p. 3.
672 Israel Gutman (Hrsg.), *Enzyklopädie des Holocaust, op. cit.*, Band I, p. 523; *Testimony – Waffen SS-officer Kurt Gerstein*, http://www.auschwitz.dk/sobibor/kurtgerstein.htm; Walter Laqueur, *op. cit.*, p. 49, 50; *Göran von Otter*, http.//de.wikipedia.org/wiki/Göran_von_Otter.
673 *The Kurt Gerstein Report, op. cit.*, p. 3. ('There I was asked if I am soldier. Then any further conversation with me was refused and I was asked to leave the embassy of His Holiness.')
674 Saul Friedländer, *Spion im Lager der Mörder, op cit.*, p. 6, 7.
675 L. de Jong, *'Een sterfgeval te Auswitz'*, *op. cit.*, p. 13, 14; L. de Jong, *Het Koninkrijk der Nederlanden in de Tweede Wereldoorlog, op. cit.*, deel 7, p. 345, 346.
676 *Gersteins verklaring in Nederland, ARC (Archival Research Catalogue, National Archives), Main Page, Belzec Kampgeschiedenis, het Gerstein-rapport*, http://www.deathcamps.org/belzec/gersteinnl_nl.html, laatste update 23 augustus 2006.
677 Ben van Kaam, *De waarheid bleef liggen onder een dakpan, Trouw*, 22 juli 1995; L. de Jong, *'Een sterfgeval te Auswitz'*, *op. cit.*, p. 15.
678 *Ibid.* (Ben van Kaam).
679 *Gersteins verklaring in Nederland, op. cit.*, p. 1, 2.
680 Ben van Kaam, *op. cit.*; Saul Friedländer, *Spion im Lager der Mörder, op. cit.*, p. 6.
681 L. de Jong, *Het Koninkrijk der Nederlanden in de Tweede Wereldoorlog*, deel 9, *Londen*, eerste helft ('s-Gravenhage: Martinus Nijhoff, 1979), p. 561, voetnoot 1.
682 Jim van der Hoeven, *De Nederlandse regering in ballingschap wist al heel vroeg van de 'Endlösung', Vrij Nederland*, 22 mei 1992; Florent Brayard, *An early report by Kurt Gerstein, Bulletin du Centre de recherche français à Jérusalem*, 2000 nr. 6, p. 4, 5, alsmede

voetnoten 22-24, http://bcrfj.revues.org/3022.

683   *Het Parool*, 27 september 1943, p. 1 (*Concentratiekampen: Waar de Nazi's hun idealen in praktijk brengen*, www.hetillegaleparool.nl/archief/1943/430927-4.php.): 'In Mauthausen had men een zekere Etlinger (Ettlinger) als gevangeniscommandant. Deze zag kans de hem toevertrouwde gevangenen zelfs in één dag 'fertig' te maken. Etlinger is thans werkzaam in het concentratiekamp in Vught...'

684   L. de Jong, *Het Koninkrijk der Nederlanden in de Tweede* Wereldoorlog, deel 7, eerste helft, *op. cit.*, p. 347; Bart van der Boom, *Wij weten niets van hun lot. Gewone Nederlanders en de Holocaust* (Amsterdam: Uitgeverij Boom, 2012), p. 227.

685   Madelon de Keizer, *Frans Goedhart. Een biografie. Journalist en politicus (1904-1990)* (Amsterdam: Uitgeverij Bert Bakker, 2012), p. 123. 'Op 27 november 1943, twee dagen voor de laatste Jodenrazzia in Amsterdam, verscheen het meer dan twee pagina's lange artikel.' Dit klopt niet. Het artikel verscheen op 27 september 1943.

686   *Het Parool*, 27 september 1943, nr. 58, p. 1 (*Concentratiekampen: Waar de Nazi's hun idealen in praktijk brengen*).

687   *Ibid.*, p. 5.

688   Jermy D. Harris, *op. cit.*, p. 75.

689   Martin Gilbert, *Auschwitz and the Allies, op. cit.*, p. 44, 45.

690   *Ibid.*, p. 45.

691   Wladyslaw Bartoszewski en Zofia Lewin (Eds.), *op. cit.*, p. 776, 777.

692   *Topographie des Terrors. Eine Dokumentation* (Berlijn: Stiftung Topographie des Terrors, 2010), p. 138 (volledige tekst telegram).

693   Klaas A.D. Smelik (red.), *Etty. De nagelaten geschriften van Etty Hillesum 1941-1943* (Amsterdam: Uitgeverij Balans, 2008; 5e herziene en aangevulde druk), p. 651, 693 (doorgangskampen').

694   *Ibid.*, p. 697.

695   *Ibid.*, p. 686, 694.

696   *60 Jaar bevrijding. Westerbork, NOS/Bridge Pictures*, 2005/2006 (documentaire op DVD).

697   Klaas A.D. Smelik (red.), *op. cit.*, p. 687, 695.

698   *Ibid.*, p. 697.

699   Guus Luijters, *op. cit.*, p. 641.

700   Rudolf Vrba, *Ich kann nicht vergeben, op. cit.*, p. 480-484 (*Zeittafel*); *Auschwitz-Prozess 4 Ks/63 Frankfurt am Main, op. cit.*, p. 299, 300.

701   Hermann Langbein, *Der Auschwitz-Prozess, op. cit.*, Band 1, p. 78, 79.

702   *Auschwitz-Prozess 4 Ks/63 Frankfurt am Main, op. cit.*, p. 317; Hermann Langbein, *Der Auschwitz-Prozess, op. cit.*, Band 1, p. 79.

703   *Ibid.*, p. 318.

704   Rudolf Vrba, *op. cit.*, p. 333.

705 *Ibid.*, p. 333.
706 *Ibid.*, 365 (Fritz Wetzler), p. 388-393, 484; *Auschwitz-Prozess 4 Ks 2/63, op. cit.*, p. 319 (volledige tekst telegram Getapostelle Litzmannstadt).
707 Hermann Langbein, *Der Auschwitz-Prozess, op. cit.*, Band 1, p. 122.
708 *Ibid.*, p. 123.
709 *The Auschwitz Protocol: The Vrba-Wetzler Report,* Part II, p. 1, www.holocaustresearchproject.org/othercamps/auschproto.2html.
710 *Ibid.*, p. 3.
711 *Ibid.*, p. 3.
712 *Ibid.*, Part III, p. 4, 5.
713 Rudolf Vrba, *op. cit.*, p. 415, 427.
714 Rudolf Vrba, *op. cit.*, p. 419.
715 www.go2war2.nl/artikel/1865/6 ('Vrba, Rudolf. De geallieerden en de Hongaarse Joden'); Laurence Rees, *op. cit.*, p. 305.
716 Jenö Lévai (Hrsg.), *op. cit.*, p. 137.
717 http://en.wikipedia.org/wiki/Vrbra-Wetzler_report ('Vrbra-Wetzler report').
718 *Enzyklopädie des Holocaust op. cit.*, Band I, p. 128.
719 *The Trial of Adolf Eichmann, op. cit.*, vol. III, p. 946.
720 http://en.wikipedia.org/wiki/Vrbra-Wetzler_report ('Vrbra-Wetzler report').
721 Jenö Lévai (Hrsg.), *op. cit.*, p. 137.
722 *Der Prozess gegen die Hauptkriegsverbrecher vor dem Internationalen Militärgerichtshof (IMG)*, Neurenberg, Band XXXI, *Dokument* 2738-PS, 26 november 1945, p. 85.
723 OMX de OMQ 1000 89 ? ? *Geheime Reichssache! An das Reichssicherheitshauptamt, zu Händen SS Oberstumbannführer EICHMANN, BERLIN*/OLQ de OMQ 1005 83 234 250, *op. cit.*
724 Wolfgang Curilla, *Die deutsche Ordnungspolizei und der Holocaust im Baltikum und in Weissrussland 1941-1944* (Paderborn: Ferdinand Schöningh, 2006), p. 827, 832-836.
725 Wolfgang Benz, *Dimension des Völkermords. Die Zahl der Öpfer des Nationalsozialismus* (München: R. Oldenbourg, 1991), p. 15.
726 Franciszek Piper, *Die Zahl der Opfer von Auschwitz, op. cit.*, p. 212.
727 Jenö Lévai (Hrsg.), *op. cit.*, p. 273.
728 Arthur R. Butz, *The Hoax of the Twentieth Century. The case against the presumed extermination of European Jewry* (Torrance, Cal.: Institute for Historical Review, 1983, 6e druk; eerste Engelse uitgave in 1976, eerste Amerikaanse uitgave in 1977), p. 81; *Enzyklopädie des Holocaust, op. cit.*, Band I, p. 123.
729 Jean-Claude Pressac, *Les carences et incohérences du 'Rapport Leuchter', Jour J, la lettre télégraphique juive,* 12 december 1988, www.phdn.org/negation/pressac–leuchter.html, p. 5 ('...lié financièrement à Zündel...').
730 *Ibid.* p. 3-5, 8.

731 Brigitte Bailer-Galanda, Wolfgang Benz en Wolfgang Neugebauer (Hrsg.), *Die Auschwitzleugner. 'Revisionistische' Geschichtslüge und historische Wahrheit* (Berlijn: Elefanten Press, 1996), p. 119; Till Bastian, *Auschwitz und die 'Auschwitz Lüge'. Massenmord und geschichtsfälschung* (München: Verlag C.H. Beck, 1995), p. 78; *Enzyklopädie des Holocaust, op. cit.*, Band I, p. 126. (*'Es gab keine Exekutions-Gaskammern an irgendeinem dieser Orte.'*)

732 http://de.wikipedia.org/wiki/Germar_Rudolf.

733 Brigitte Bailer-Galanda, Wolfgang Benz en Wolfgang Neugebauer (Hrsg.), *op. cit.*, p. 119; Jean-Claude Pressac, *Die Krematorien von Auschwitz. Die Technik des Massenmordes* (München: Verlag Piper, 1994), p. 76.

734 Brigitte Bailer-Galanda, Wolfgang Benz en Wolfgang Neugebauer (Hrsg.), *op. cit.*, p. 143; Jan Markiewicz/Wojciech Gubala en Jerzy Labedz, *A study of the cyanide compounds in the walls of the gas chambers in the former Auschwitz and Birkenau concentration camps*, Z Zagadnien Nauk Sadowych, z. XXX, 1994, p. 17-27, www.nizkor.org.

735 Brigitte Bailer-Galanda, Wolfgang Benz en Wolfgang Neugebauer (Hrsg.), *op. cit.*, p. 110-114 (volledige tekst Pools onderzoeksrapport).

736 Jean-Claude Pressac, *Les carences et incohérences du 'Rapport Leuchter', op. cit.*, p. 5-7.

737 Michael Shermer en Alex Grobman, *Denying history. Who says the Holocaust never happened and why do they say it?* (Berkeley/Londen: University of California Press, 2009), p. 130; Arthur R. Butz, *op. cit.*, p. 104, 105.

738 Richard J. Green, *Leuchter, Rudolf & the Iron Blues*, p. 1-7, http://www.holocaust–history.org/auschwitz/chemistry/blue/ (Version 6.0).

739 Michael Shermer en Alex Grobman, *op. cit.*, p. 132.

740 Hermann Langbein, *Der Auschwitz-Prozess, op. cit.*, Band 1, p. 167. (*'...gasdichte Türen mit eimem Guckloch...'*)

741 Stijn Vanermen, *De ontkenning van de Jodenuitroeiing. Het negationisme en de invloed ervan op extreem-rechts in België* (Brussel: VUB Press, 1996), p. 44.

742 SS-Standortfunkstelle Auschwitz, 22.8.42, 1558, W.V.H.A., K.L. Auschwitz, *Fahrgen. für einen LKW nach Dessau zur Abholung von Material für Sonderb wird hiermit erteilt.* Auschwitz-Prozess Frankfurt am Main, 4 Ks 2/63, *op. cit.*, p. 291. (*Antrag von 2.10.42. Fahrgenehmigung für einen 5 To. LKW mit Anhänger nach Dessau u. zurück, zwecks Abholung von Materialien für die Judenumsiedlung.*)

743 Bftgb.Nr.:2225c/43/Bi/L, 29 januari 1943, *Betr.: Krematorium II. Bauzustand, Bezug: Fernschreiben des SS-WVHA Nr. 2648 von 28.1.43.*

744 Institute for Historical Review, *Selected IHR Author Biographies*, http://www.ihr.org/other/authorbios.html.

745 Mark Weber, *Goebbels and World War II propaganda*, http.//www.ihr.org/other/goebbels2011weber.html.

746 Jeffrey Herf, *The Jewish enemy, op. cit.*, p. 146-151.

747 Arthur R. Butz, *The Hoax of the Twentieth Century* (Newport Beach, Cal.: Institute for Historical Review, 2002, 10e druk), p. 223. De tiende druk is veel uitgebreider.
748 Jeffrey Herf, *The Jewish enemy, op. cit.*, zie de fotobijlage waar deze poster in kleur is afgedrukt; http//en.wikipedia.org/wiki/Nazi_propaganda. (*'The National Socialist Propaganda Directorate which Goebbels oversaw...'*)
749 Peter Longerich, *'Davon haben wir nichts gewusst!', op. cit.*, p. 213.
750 Michael Shermer en Alex Grobman, *op. cit.*, p. 272-274; *Irving, Weber speak on Hitler's place in history*, http://www.ihr.org/news/050427_meeting.shtml.
751 *Ibid.*, p. 274, 275.
752 *Ibid.*, p. 275, 276.
753 Elihu D. Richter en Alex Barnea, *Tehran's genocidal incitement against Israel*, in: *Middle East Quarterly*, Summer 2009, p. 45-51.
754 Emerson Vermaat, *Nazi's, communisten en islamisten. Opmerkelijke allianties tussen extremisten* (Soesterberg: Uitgeverij Aspekt, 2008), p. 57-61.
755 Matthias Küntzel, *The Booksellers of Tehran*, in: *The Wall Street Journal Online*, 28 oktober 2005.
756 Elihu D. Richter en Alex Barnea, *op. cit.*, p. 45-51.
757 *Ibid.*, p. 45-51.
758 *Mailonline*, 8 februari 2012 ('"Kill all Jews and annihilate Israel!" Iran's Ayatollah lays out legal and religious justification for attack').
759 Khaled Hroub, *Hamas. Political thought and practice* (Washington: Institute for Palestine Studies, 2000), p. 272 (volledige tekst Hamashandvest).
760 *International Herald Tribune*, 1 april 2008, p. 8 (*'Hamas ratchets up anti-Jewish rhetoric'*).
761 *MEMRI*, 30 november 2012 (*'Tunisian cleric Ahmad Al-Suhayli calls the Jews Prophet slayers and apes, prays for Allah to annihilate them'*).
762 Emerson Vermaat, *Adolf Eichmann. Technocraat van de Holocaust, op. cit.*, p. 191-208.
763 Khaled Hroub, *op. cit.*, p. 13, 14.
764 Golda Meir, *My life* (New York: G.P. Putnam's Sons, 1975), p. 304.
765 *The Antisemitism Monitoring Forum. Report of Antisemitic Incidents*, april 1998, www.mfa.gov.il.
766 Roger Garaudy, *Les Mythes fondateurs de la politique israélienne* (Samiszdat Roger Garaudy, 1996). p. 3, 55 (*'Le mythe des 6 millions juifs exterminés devenu un dogme justifiant, sacralisant (comme l'implique le mot même: Holocauste) toutes les exactions de l'Etat d'Israel'*), p. 83-93 (*'Le mythe des "six millions" (L'Holocauste)'*), p. 93-106 (*'Le mythe d'une "terre sans peuple ou un peuple sans terre"'*), p. 107-119 (*'L'utilisation politique du mythe'*); http://fr.wikipedia.org/wiki/Roger_Garaudy.
767 Meir Litvak en Esther Webman, *Empathy to denial. Arab responses to the Holocaust* (Londen: Hurst & Company, 2009), p. 340-344.
768 http://en.wikipedia.org/wiki/Roger_Garaudy.

769 Stephen Atkins, *Holocaust denial as an international movement* (Westport, Connecticut: Praeger Publishers, 2009), p. 219.
770 Mark Weber, *Swiss revisionist forced into exile for thought crime*, in: *Journal for Historical Review*, september/oktober 2000, p. 11. (Hoewel dit nummer van het blad als 'september/oktober'-uitgave wordt aangegeven, is Webers artikel zelf op 23 december 2000 gedateerd.); Alex Bauer, *Heil in Moskau*, in: *Die Weltwoche*, 5 juli 2008 (internet).
771 *Ibid.*
772 Kasra Naji, *Ahmadinejad. The secret history of Iran's radical leader* (Londen/New York: I.B. Tauris, 2008), p. 156.
773 Stephen E. Atkins, *op. cit.*, p. 217, 218.
774 http://en.wikipedia.org/wiki/Arthur_Butz.
775 Bundesamt für Verfassungsschutz, *Verfassungsschutzbericht 2006* (Keulen/Berlijn: BfV, 2007), p. 115.
776 *Ibid.*, p. 132.
777 Kasra Naji, *op. cit.*, p. 144.
778 *Ibid.*, p. 168.
779 Bundesamt für Verfassungsschutz, *Verfassungsschutzbericht 2006, op. cit.*, p. 115.
780 Kasra Naji, *op. cit.*, p. 159, 167.
781 *Ha'aretz.com*. 13 december 2006 ('Ahmadinejad at Holocaust conference: Israel will "soon be wiped out"'); *CBS News*, 12 december 2006 ('Israel assailed at Holocaust conference'); *IRNA*, 12 december 2006 ('Ahmadinejad: Zionist regime endless threat to region').
782 Steffen Gassel, *Alles was Nazis hören möchten*, in: *Stern*, 12 december 2006 (internet). Gassel was op de conferentie als verslaggever aanwezig en schreef er kritische artikelen over.
783 Frederick Töben, *The alleged murder weapon: Homicidal gas chambers*, '*Review of the Holocaust: Global vision*', Teheran 11-12 december 2006, p. 10-13.
784 Kasra Naji, *op. cit.*, p. 165.
785 Franciszek Piper, *Die Zahl der Opfer von Auschwitz, op. cit.*, p. 202.
786 Danuta Czech, *Auschwitz Chronicle, op. cit.*, p. 429.
787 Frederick Töben, *The alleged murder weapon: Homicidal gas chambers, op. cit.*, p. 17.
788 *Iran hosts anti-Semitic hatefest in Tehran, Conference Attendees: A Who's Who of hate*, www.adl.org.
789 http://en.wikipedia.org/wiki/Holocaust_conference.
790 OMX de OMQ 1000 89 ? ? *Geheime Reichssache! An das Reichssicherheitshauptamt, zu Händen SS Oberstumbannführer EICHMANN, BERLIN*/OLQ de OMQ 1005 83 234 250, *op. cit.*; http://en.wikipedia.org/wiki/File:Hoefletelegram.jpg. Er staat 71355, maar dit moet 713555 zijn omdat het totaal aantal doden in Treblinka, Belzec (434508), Sobibor (101370) en Lublin-Majdanek (24733) op 1274166 uitkomt.

791 Kasra Naji, *op. cit.*, p. 168; http://en.wikipedia.org/wiki/Stormfront_(website).
792 http://www.hitlerresearch.org; www.adolfthegreat.com.
793 Matthias Küntzel, *Iran's obsession with the Jews. Denying the Holocaust, desiring another one*, in: *The Weekly Standard*, 19 februari 2007 (internet); Kasra Naji, *op. cit.*, p. 169.
794 *Iran hosts anti-Semitic hatefest in Tehran, Conference Attendees, op. cit.*
795 *Ibid.*; Kasra Naji, *op. cit.*, p. 169.
796 Steffen Gassel, *Holocaust-Konferenz: Deutsche Nazis fremdeln*, in: *Stern*, 11 december 2006 (internet).
797 Kasra Naji, *op. cit.*, p. 177.
798 *IRNA* (Teheran), 14 december 2006 ('World Foundation for Holocaust Studies set up in Tehran').
799 Krassimir Kanev, *The history of a photograph* (pdf), http://issuu.com/bghelsinki/docs/127-02-1/1?mode=a_p.
800 Jan Bernhoff, *The Holocaust Demography. Paper prepared for the Tehran Conference on The Holocaust*, 11-12 december 2006, p. 5, 22, 38, 41, http://www.bernhoff.se/holocaust_demography.pdf.
801 Kasra Naji, *op. cit.*, p. 171.
802 Harold Brackman en Aaron Breitbart, *Holocaust denial's assault on memory: Precursor to Twenty-First Century Genocide?* (Los Angeles: A Simon Wiesenthal Center Report, 2007), p. 29; Emerson Vermaat, *Nazi's, communisten en islamisten, op, cit.*, p. 234.
803 Robert Faurisson, *Un Holocauste imaginaire peut conduire à un véritable Holocauste, Le Blog Inofficiel*, 8 oktober 2001.
804 *Iran hosts anti-Semitic hatefest in Tehran, Conference Attendees, op. cit.*
805 Kasra Naji, *op. cit.*, p. 171, 172.
806 *Iran hosts anti-Semitic hatefest in Tehran, Conference Attendees, op. cit.*
807 Kasra Naji, *op. cit.*, p. 172.
808 http://www.adelaideinsittute.org/newsletters/n309.pdf, p. 6, januari 2007.
809 *Dr. Schaller to replace Gerd Honsik at the Tehran Holocaust-Conference*, http://globalfire.tv.nj/06en/persecution/drschaller.htm.
810 Anton Maegerle, *Die iranische Rechtsextremisten-Connection*, in: *Vierteljahresheft Tribüne. Zeitschrift zum Verständnis des Judentums*, 2006, tweede kwartaal, nummer 178, http://www.doew.at/thema_iran/maegerle.html.
811 Steffen Gassel, *Alles was die Nazis hören möchten, op. cit.*
812 George Michael, *Deciphering Ahmadinejad's Holocaust revisionism*, in: *Middle East Quarterly*, Summer 2007, p. 11-18.
813 *Jerusalem Post*, 30 augustus 2012 ('Ban condemns Iran's threats, Holocaust denial'), internet.
814 *Press TV* (Teheran), 1 september 2012 ('Ban in disgraceful show of US puppetry'), internet.

815 *Arutz Sheva. Israelnationalnews.com*, 8 februari 2012 ('*Hamas outraged over PA's official's Auschwitz visit*'); *NRC Handelsblad*, 2 augustus 2012, p. 9 ('Hamas gispt Palestijns bezoek aan Auschwitz'); *jta.org*, 27 juli 2012 ('*Abbas advisor visits Auschwitz*').
816 *Ibid.*
817 Jan Kuhlmann, '*Wie konnten diese Leute so grausam sein?' Junge Muslime lernen in Auschwitz über den Holocaust*, in: *Deutschlandfunk, Aktuell*, 9 november 2011.

Personenregister

Abbas, Mahmoud 216, 233
Abromeit, Franz 71
Ahmadinejad, Mahmoud 216, 223, 227, 228, 230, 233, 247, 326, 327
Alexander, Vera 125
Ambros, Otto 93, 94, 96, 97, 104, 105, 278
Arnold, Franz 123, 311
Asche, Kurt 54
Astal, sjeik Yunus Al- 224, 231, 247
Aumeier, Hans 12, 52
Avey, Denis 102, 141, 309

Bach-Zelewski, Erich von dem 11, 14, 21, 94, 95, 308
Baer, Richard 76, 85
Bajohr, Frank 169, 170, 176, 318
Bandak, Ziad Al- 233, 234
Banna, Hassan Al- 225
Barhoun, Fawzi 233
Baumgartner, Ludwig 107, 243
Belin, Ferdinand Lammot 188
Bentata, Camila 127
Benz, Wolfgang 214, 323, 324
Berger, Gottlob 9, 11, 157, 241
Berkowitz, Marck 124
Bernhoff, Jan 231, 327
Bischoff, Hildegard 107
Bischoff, Karl 31, 51, 107, 229
Blits, Mirjam 45, 46, 299
Blobel, Paul 64
Bock, Hans 17

Böck, Richard 128
Boger, Wilhelm 107, 112-117, 242
Boom, Bart van der 234, 322
Bormann, Gerda 64
Bormann, Martin 64
Borzio, Giuseppe 210
Bosshammer, Friedrich Robert 73
Bracht, Fritz 19, 49, 51, 89, 99, 171, 246
Brack, Viktor 118
Bracken, Brendan 165
Brandt, Rudolf 119
Breitman, Richard 174, 185, 186, 318, 320
Broad, Pery 31, 45, 64, 65, 83, 84, 295, 296, 298, 299, 302, 306
Broszat, Martin 38, 298
Browning, Christopher 32, 33, 297
Brunner, Alois 69, 70
Bütefleisch, Heinrich 95, 104, 105
Butz, Arthur D. 215, 216, 218, 220, 227, 228, 323-326

Caesar, Joachim 16
Calmeyer, Hans 168
Carto, Willis 220
Chamberlain, Sir Neville 190
Churchill, Sir Winston 103, 183, 221
Clark, Veronica 230
Clauberg, Carl 45, 68, 85, 107, 117-121, 124, 204, 242, 264, 265, 286 (document), 311
Cohen, Arnold 232

Curilla, Wolfgang 214, 323
Cyrankiewicz, Jozef 74, 187, 188
Czech, Danuta 17, 22, 23, 28, 38, 133, 238, 293-305, 311, 313, 320, 326

Daluege, Kurt 9
Dannecker, Theodor 54, 73, 304
Dejaco, Walter 64
Dibelius, bisschop Otto 194
Donati, Giulana 74
Dörner, Bernward 169, 318
Draser, Hans 115, 116
Duke, David 216, 230
Dulles, Allen 171
Dürkefälden, Karl 169-171, 318
Dürrfeld, Walter 93, 95, 96, 104, 105
Dwork, Debórah 27, 66, 93, 97, 294, 296, 302, 307, 308

Ebeling, Bertha 189
Eden, Anthony 173, 175, 183
Ehlers, Ernst 202
Eichmann, Adolf 8, 9, 13, 22, 25, 26, 28-30, 35-38, 40, 41, 51, 53-56, 58, 69-74, 76, 78, 80-83, 91, 100, 129, 130, 145, 154, 157, 161, 162, 184, 191, 202-204, 207, 209-211, 213, 225, 229, 238-240, 244, 245, 288, 291, 293, 296, 297, 300, 301, 303, 305, 306, 315, 316, 319, 323, 325, 326
Eicke, Theodor 9, 13
Elting, Howard 174
Emden, Bloeme (zie ook Evers-Emden, Bloeme) 86, 133
Emden, Emanuel 131
Emden, Roza Emden-de Vries 131
Emmerich, Wilhelm 47
Ensel, Remco 234
Entress, Friedrich 61

Erber, Josef (Houstek) 115, 116
Ettlinger, Franz 139, 199
Evers-Emden, Bloeme 131-138, 276, 313
Evers, Raphael 138

Faurisson, Robert 216, 218, 220, 228, 231, 327
Faust, Max 98, 99, 104, 105
Feig, Jenta-Jehudit 125, 126, 128
Feiner, Leon 179-181
Fest, Joachim C. 76, 305
Fitzner, Otto 171
Ford, Henry 221
Forghani, Alireza 223
Frank, Anne 86, 89, 131, 134, 137, 139, 159, 160, 163, 216, 231, 235, 245, 313, 315, 316
Frank, Edith 86, 131, 137, 245
Frank, Hans 176
Frank, Margot 86, 89, 131, 134, 137, 245
Frank, Otto 86, 131, 133, 134
Freudiger, Fülop (Pinhas) 210
Friedländer, Saul 189, 297, 320, 321
Friedman, Sylvia 120
Fritsch, Karl 12, 16, 17, 23, 29, 32
Fröhlich, Wolfgang 226, 231

Gajowniczek, Franz 16, 17, 238
Gans, Evelien 234
Garaudy, Roger 216, 225-228, 325
Gassel, Steffen, 326, 327
Gebhardt, Karl 118
Gemlich, Adolf 151
Gemmecke, Albert Konrad 203
Gerstein, Kurt 188-195, 197, 198, 320, 321
Gervais-Francelle, Céline 319
Gilbert, Martin 47, 127, 185, 201, 295, 298, 299, 302, 309, 311, 312, 315-317, 320, 322

Gliebe, Erich 232
Globocnik, Odilo 54, 191, 300
Glücks, Richard 9-12, 22, 62, 63, 74, 76, 94, 95, 118, 237, 295
Goebbels, Joseph 37, 107, 108, 155-159, 168, 177, 220, 221, 222, 239, 243, 315, 324, 325
Goebel, Johanna 119
Goedhart, Frans 195, 199, 200, 234, 284 (document), 322
Goldhagen, Daniel Jonah 168, 317
Göring, Hermann 25, 35, 94, 154, 315
Göth, Amon 232
Grabner, Maximilian 12, 75, 114, 304
Gradowski, Zalmen 88, 245
Graf, Jürgen 226, 228
Green, Richard J. 218
Greiser, Arthur 78, 79, 291 (document)
Grese, Irma 43, 299
Grohé, Joseph 155
Guggenheim, Paul 172
Günther, Rolf 69, 168, 191, 202, 203, 288 (document)
Gustav V, koning 210

Hackenholt, Lorenz 193
Hagen, Herbert 8
Hal, Ies van der 199
Hanke, Karl 77
Harris, Jeremy D. 163, 316, 318, 322
Harrison, Leland 174
Hartjenstein, Friedrich 75, 76
Harvey, Lilian 128
Hassan II, koning 231
Hegazi, Mohammed 229
Heim, Franz 291 (document), 300, 316
Heydrich, Reinhard 7-9, 15, 20, 25, 35, 36, 54, 63, 153, 154, 157, 240, 293, 315

Hilberg, Raul 70, 188, 303-305, 310, 311, 320
Hillesum, Etty 203, 234, 322
Himmler, Ernst 150
Himmler, Heinrich 7-12, 14, 16, 18-22, 25-31, 35, 42, 49-55, 62-64, 67, 69, 71, 74, 76-79, 81, 88, 90, 93-95, 97-99, 104-106, 112, 118, 119, 121, 122, 125, 129, 145, 147, 150, 152, 153, 156, 157, 167, 168, 171, 177, 191, 193, 197, 205, 207, 213, 214, 219, 224, 237-241, 245, 246, 275, 277 (document), 286 (document), 291 (document), 294, 295, 297, 299, 300, 302, 307, 308, 311, 314, 315, 318, 321
Himmler, Katrin 150, 314
Hirsch, Sigismund 126
Hirszowicz, Lukasz 147, 314
Hitler, Adolf 7, 8, 18, 20, 22, 25, 32, 35, 36, 51, 54, 64, 69, 76, 77, 79, 81, 88, 93, 94, 107, 112, 118, 122, 129, 137, 138, 142, 145-147, 151-159, 166-169, 171, 173, 174, 178, 181, 189-191, 193, 194, 198, 207, 210, 213, 215, 216, 220, 221, 224, 225, 230, 231, 234, 237-239, 277 (document), 291 (document), 293, 294, 297, 311, 314-321, 325, 327
Hochstrasser, Oscar 194
Höcker, Emmerich 85
Höcker, Karl 85, 261
Hoen, Pieter 't Hoen (zie ook Goedhart, Frans) 199
Hoeven, Jim van der 198
Höfle (Hoefle), Hermann 54, 157, 184, 213, 214, 229, 291 (document), 300, 316, 326
Hofmann, Ernst 84
Hooft, Cornelis van der 194, 195, 198
Honsik, Gerd 232, 327

Horthy, Miklos 81, 82, 207, 210, 211
Höss, Rudolf 7, 10-12, 14-19, 21-30, 32, 37, 38, 42, 43, 47-53, 62, 64, 74, 76, 80, 83, 85, 86, 95-99, 104, 105, 107, 108, 110-113, 136, 197, 218, 219, 237-239, 241, 243-245, 263, 275, 279 (document), 293-296, 298-300, 302, 304-306, 308
Hössler, Franz 21, 64, 85, 88, 295
Höttl, Wilhelm 213, 215, 231
Hony, Jozef 300
Huffener-Veffer, Lotty 138
Hull, Cordell 175
Husseini, Haj Amin Al- 145, 224, 225, 314

Jacob-Zelmanovic, Lilly 84
Jacobs, Arthur 21
Jacobs, Luise 21, 295
Janicki, Georg 114
Jankowski, Stanislaw M. 182
Joachimowski, Tadeusz 124
Johannes Paulus II, paus 17, 238
Jong, L. de 87, 160, 162, 164, 168, 190, 194, 195, 198, 307, 316, 317, 321, 322

Kadar, George 230
Kaltenbrunner, Ernst 9, 30, 202
Kammler, Hans 49-51, 53, 99, 219, 229, 299
Karski, Jan 179-185, 319
Kasztner, Reszö 209, 210
Kauffmann, Kurt 30
Keizer, Madelon de 199, 322
Kershaw, Ian 168, 169, 171, 316, 317
Khadaffi, Muammar 216, 226
Khamenei, ajatollah Ali 223, 225, 227
Khomeini, ajatollah Ruhollah 222, 223
Ki-moon, Ban 233
Klarsfeld, Serge 84, 298

Klee, Ernst 119, 310-313
Kleffens, Eelco van 190, 320
Knochen, Helmut 202
Koch, Ilse 64
Koch-Erbach, Rudolf von 80
Kok, René 60, 300, 302
Kolbe, Maximilia(a)n 16, 17, 238, 294
Koppelmann, Isidor 172
Koretz, Zvi 69
Korherr, Ernst 62, 302, 304
Kozielewski, Jan (zie ook Karski, Jan) 179
Kral, Jozef 114, 115
Kramer, Josef 12, 76, 293
Krauch, Carl 94, 104, 105
Krausnick, Helmut 154, 315
Krege, Richard 229
Kremer, Johann Paul 42, 44, 59, 61, 241, 295, 296, 298, 299, 302, 306
Kriegel, Olga 123
Kriegel, Vera 123, 124
Kuftaro, sjeik Ahmad 226
Kügler, Joachim 108, 109
Küntzel, Matthias 222, 325, 327

Lages, Willy 54
Landau, David 180
Langbein, Hermann 75, 105, 113, 297, 309, 310, 312, 322-324
Lange, Herbert 21
Langefeldt, Johanna 42, 43, 52, 53
Lanik, Jozko (zie ook Wetzler, Alfred) 209
Laptos, Leo 199, 200
Laqueur, Walter 160, 164, 165, 174, 183, 194, 316-319, 321
Law, Richard 173
Lebert, Norbert 64, 302
Lebert, Stephan 64, 302
Leeuwarden, Willi 113
Lehmann, Herbert 165

Leuchter, Fred 216, 217, 220, 323, 324
Lewenhoff-Kotowski, Karina 55
Lichtheim, Richard 174
Lidth de Jeude, jhr. Otto Cornelis Adriaan van 198
Liebehenschel, Arthur 62, 74-76, 108, 244
Lifton, Robert Jay 75, 304, 311-313
Lingens, Ella 127
Lobethal, Ernst 102
Longerich, Peter 33, 158
Lörner, Georg 95
Lüftli, Walter 220
Lullay, Hauptmann 82
Lustig, Branko 71, 72, 304
Luijters, Guus 300, 303, 313, 322

Magnussen, Karin 124
Mahler, Horst 215, 227, 228
Maiski, Ivan 173
Mandel, Maria 43, 299
Mann, Franceska 46, 47, 299
Markiewicz, Jan 217, 324
Maurer, Gerhard 10, 76, 100, 101, 242, 308, 309
Maurer, Luise 52
McCalden, David 220
McNally, Patrick 232
Meinen, Insa 56, 301
Meir, Golda 225, 325
Meisel, Jankel 49
Mengele, Josef 43, 58, 68, 70, 85, 107, 121-130, 136, 137, 243, 246, 275, 285 (document), 311-313
Merten, Maximilian 69
Meshaal, Khaled 224
Michiels, Marc 56
Mikolajczyk, Stanislaw 165
Mikusz, Jozef 115
Mildner, Rudolf 31, 32, 239

Mohammed (stichter van de islam) 223
Mok, G. Philip 146
Moll, Otto 85, 87, 116
Molotov, Vjatsjeslav 172, 179
Mottaki, Manouchehr 228
Mulka, Robert 53, 62, 107-112, 219, 241, 243, 279 (document)
Müller, Filip 117, 207
Müller, Heinrich 8, 9, 35, 37
Münch, August 120
Murr, Gustav 106
Mussolini, Benito 68, 70-72, 303

Nahayn, sjeik Zayed Sultan Al- 226
Napoleon Bonaparte, keizer 221
Nasrallah, Hassan 216, 226
Nasser, Gamal Abdel 215, 225
Nebe, Arthur 21
Neumann, Margarita 120
Niemöller, Martin 194
Novak, Franz 81

Ormond, Henry 105
Orsenigo, mgr. Cesare 194
Oster, Hans 189, 190, 320, 321
Otter, baron Göran von 193
Ovici, Elisabeth 126

Palarczyk, Anna 116, 117
Palitzsch, Gerhard 23, 31, 32
Pasztuska, Johanna 234
Pavelic, Ante 71
Pelt, Robert van 27, 66, 93, 97, 294, 296, 302, 303, 307, 308
Pétain, maarschalk Philippe 178
Pfannenstiel, Wilhelm 191
Pierik, Perry 81, 305
Piket, Jan 140
Pilecki, Witold 14, 186-188, 320

Piper, Franciszek 24, 27, 73, 83, 214, 229, 293, 295, 296, 298, 302, 304, 306, 309, 323, 326
Piper, Michael Collins 230
Pius XII, paus 41, 210
Plato 226
Pohl, Dieter 169, 170, 176, 297, 318
Pohl, Oswald 9, 10, 14, 37, 61, 64, 76, 79, 107, 239
Potthast, Hedwig 64
Pressac, Jean-Claude 216, 217, 302, 303, 323, 324
Prey, Günther 168
Preysing, bisschop Konrad von 194
Princz, Alexander 110-112, 116
Puzyna, Martina 124

Raczkiewicz, Wladyslaw 165
Raczynski, Edward 184
Rafsanjani, Ali Akhbar 223
Rami, Ahmed 216, 231
Ramin, Mohammed Ali 230
Randwijk, H.M. van 160-162
Rauf, Hisham Abd-Al- 227
Rauter, Hanns Albin 167, 168, 317
Reams, Robert Borden 175
Rees, Laurence 15, 23, 28, 68, 294-296, 299, 303, 305, 323
Reible, F.P. 166-168
Remer, Otto Ernst 215
Renouf, Michelle 230
Ribbentrop, Joachim von 69, 71, 81, 179, 211
Riecker, Joachim von 153, 315
Riegner, Gerhart 171-174, 184, 241
Ringelblum, Emanuel 160
Rommel, Erwin 102, 224
Roosevelt, Franklin Delano 174, 176, 183, 210, 221

Rosenberg, Walter (zie ook Vrba, Rudolf) 49, 110, 204, 207, 209, 290 (document)
Rudolf, Germar 215, 217, 228, 229
Rybka, Rudolf 111

Sagalowitz, Benjamin 172
Salski, Jerzy 184, 185
Samuel, Sir Herbert 175
Santo, Camilla 308
Sapieha, Adam 16
Sas, G.J. (Bert) 189, 190
Sassen, Willem 29, 58, 296, 297, 301, 305
Schaller, Herbert 232
Schelvis, Jules 56, 301, 313
Schillinger, Josef 47, 299
Schindler, Oscar 72, 78, 232
Schmaltz, Florian 97, 101, 294, 308, 309
Schmauser, Ernst-Heinrich 49, 51, 53, 79, 90, 98, 99, 246, 307, 308
Schmelt, Albrecht 32, 33
Schmidt, Fritz 167
Schönhuber, Franz 215
Schulte, Eduard 171, 172, 241, 318
Schumann, Horst 22, 68, 119, 120, 125, 242, 295
Schurz, Hans 75
Schwarz, Heinrich 61, 75, 99
Schwarzbart, Ignacy 164, 165, 178, 183, 185
Seidl, Siegfried 47
Setkiewicz, Piotr 100, 105, 308, 309
Seyss-Inquart, Arthur 167
Shaur, Issam 234
Shermer, Michael 221, 324, 325
Sikorski, Wladyslaw 165
Silverman, Sidney S. 164, 173-175, 177, 241
Slager, Netty 135
Slatter, Jo 195

Smith, Bradley R. 216, 230
Speer, Albert 76-79, 291, 305
Spielberg, Steven 72, 138
Somers, Erik 60, 300, 302
Springorum, Walter 19
Staciak, Leon 142-144
Stalin, Josef 20, 108, 115, 142, 179, 183, 221
Stangl, Franz 59, 189
Steinbach, Anna Maria (Settela) 67
Suhayli, Ahmad Al- 224
Sumner Welles, Benjamin 174
Sijes, B.A. 25, 67, 166, 168, 296, 300, 303, 316, 317

Tantawi, sjeik Al-Azhar Muhammad Al- 226
Thiel, Georges 231
Thilo, Heinz 44, 84, 262
Tighelaar, Bert 190, 320
Tiso, Jozef 204
Töben, Frederick 216, 228, 229, 233, 326
Todt, Fritz 76
Topf, J.A. 14, 66, 237

Ubbink, Anna 188
Ubbink Johan Herman 188-190, 194, 195, 197, 198

Vansittart, Sir Robert 163
Veesenmayer, Edmund 81, 82, 210, 211
Verbeke, Siegfried 216
Verduin, Ernst 138-150, 198, 225, 235, 276, 313, 314
Verduin, Wanda 138
Verschuer, Othmar Freiherr von 122, 124, 127, 130
Vogel, Heinrich 15
Vorontsov, Alexander 89

Voss, Peter 45
Vorrink, Koos 161
Vrba, Rudolf 49, 50, 110-112, 204-210, 290, 299, 322, 323

Wäckerle, Hilmar 9
Wallace, Henry 174
Walter, Bernhard 84
Wasserstrom, Dounia Zlata 113, 115
Weber, Bruno 120
Weber, Mark 215, 220, 221, 228, 233
Welie, Steven van 144
Wetzler, Alfred 204, 207-210, 290, 323
Wiejowski, Tadeusz 14
Wiesenthal, Simon 145, 189, 314
Wigand, Arpad 11
Wilhelm, Hans-Heinrich 154, 315
Wirth, Christian 189, 191-193
Wirths, Eduard 44, 75, 120, 122, 129, 242
Wirths, Helmut 75
Wise, Stephen 174
Wisliceny, Dieter 41, 69, 204, 225
Wolff, Karl 94, 95, 104, 156
Wróblewski, Zdzislaw 114, 115
Wood, E. Thomas 182, 319
Wijngaert, Mark van den 56, 301

Yasin, sjeik Ahmad 226

Zakrzewski, Zygmund 199, 200
Zamboni, Guelfo 70
Zombirt, Maria Halina 127
Zöpf, Wilhelm 54, 78, 202, 288 (document)
Zündel, Ernst 215-217, 232
Zygielbojm, Manya 165
Zygielbojm, Szmul 160, 164, 165, 183, 317
Zygielbojm, Tuvia 165